全国重点马克思主义学院建设项目
江苏省委宣传部与南京师范大学共建马克思主义学院建设项目
江苏省优势学科"马克思主义理论"三期建设项目
南京师范大学"马克思主义理论"一流学科建设项目

人对自然界的身份与责任

曹孟勤　著

中国社会科学出版社

图书在版编目（CIP）数据

人对自然界的身份与责任 / 曹孟勤著 . —北京：中国社会科学出版社，2022.3

ISBN 978-7-5203-9624-0

Ⅰ.①人… Ⅱ.①曹… Ⅲ.①伦理学—研究 Ⅳ.①B82

中国版本图书馆 CIP 数据核字（2022）第 020990 号

出 版 人	赵剑英
责任编辑	周晓慧
责任校对	刘 念
责任印制	戴 宽

出　　版	中国社会科学出版社
社　　址	北京鼓楼西大街甲 158 号
邮　　编	100720
网　　址	http://www.csspw.cn
发 行 部	010-84083685
门 市 部	010-84029450
经　　销	新华书店及其他书店

印刷装订	三河弘翰印务有限公司
版　　次	2022 年 3 月第 1 版
印　　次	2022 年 3 月第 1 次印刷

开　　本	710×1000　1/16
印　　张	23.25
插　　页	2
字　　数	347 千字
定　　价	128.00 元

凡购买中国社会科学出版社图书，如有质量问题请与本社营销中心联系调换
电话：010-84083683
版权所有　侵权必究

目　录

导　论　规范伦理和美德伦理统一的可能性……………………（1）

第一章　人是有身份的存在………………………………………（16）
　　一　身份的界定……………………………………………（16）
　　二　传统社会中的身份……………………………………（25）
　　三　现代社会中的角色……………………………………（32）
　　四　身份的社会功能与困境………………………………（39）

第二章　身份规定责任……………………………………………（51）
　　一　责任与道德责任………………………………………（51）
　　二　身份与责任……………………………………………（58）
　　三　自由责任与契约责任…………………………………（65）
　　四　责任伦理学……………………………………………（73）

第三章　自然的显现………………………………………………（84）
　　一　作为本体显现的自然…………………………………（84）
　　二　创造的自然和被创造的自然…………………………（95）
　　三　作为物性显现的自然…………………………………（101）
　　四　作为生态显现的自然…………………………………（108）

第四章　身份走向自然 (118)
　　一　人对自然界的身份何以可能 (118)
　　二　人在世界中有自己的位置 (131)
　　三　历史上人对自然界的身份 (139)
　　四　近现代人的身份危机 (149)

第五章　人对自然界的当代身份 (159)
　　一　人在自然世界之中 (159)
　　二　人与自然的对立统一 (169)
　　三　人是自然界的看护者 (178)
　　四　人与自然和谐共生 (190)

第六章　看护自然界的现实根据 (198)
　　一　自然界是人生存的家园 (198)
　　二　科技时代的自然风险 (209)
　　三　自然是人性的来源 (220)
　　四　自然界是审美的对象 (227)

第七章　自然界看护者的道德责任 (236)
　　一　看护者身份与道德责任 (236)
　　二　看护自然界的存在 (246)
　　三　守护自然界生态平衡 (257)
　　四　遵循自然界生态真理 (266)

第八章　看护自然界与人的美德 (280)
　　一　看护自然界是人的美德 (281)
　　二　看护自然界与人性崇高 (295)
　　三　看护自然界与美好生活 (309)

第九章　**看护自然界的实践** …………………………………… (325)
　　一　看护自然界的实践目的 ………………………………… (325)
　　二　看护自然界的实践方式 ………………………………… (336)
　　三　人自由亦让物自由 ……………………………………… (348)

结束语　**自我与他者** ………………………………………………… (357)

导 论

规范伦理和美德伦理统一的可能性

2019年下半年到2020年中旬，真是一个让世人感到震惊的年月，几乎流行于所有国家的新型冠状病毒令全球千万余人感染肺炎，几乎将几十亿人隔离在家中，让百万人的生命消逝。电视新闻报道中每天不断增长的感染者数字令人心惊肉跳；燃烧了近4个多月的澳洲森林大火，黑烟滚滚、空气中弥漫着呛人的气息，致使75%的公众的生活受到影响，惨死于烈火中的动物多达5亿多只；南极洲的气温突破了有史以来的最高温度，达到20摄氏度，其不仅加速了冰川融化，还致使无数生活在南极的动物因无所适从而死于非命；从非洲出发的数十亿只蝗虫席卷了20多个国家，致使许多地区受灾，1900多万人面临着粮食安全危机。人们不禁惊呼，大自然怎么了？为什么会如此疯狂地折磨人类？从人与自然相互作用、相互制约的关系出发，不难得出这样的结论：自然界对人类野蛮疯狂，一定是人类对自然界野蛮疯狂的后果，因为人类对自然界做什么，自然界就会对人类做什么，以眼还眼、以牙还牙，似乎是大自然对付人类的法则。恩格斯在《自然辩证法》中论述过自然界的报复问题，劝告人们不要过分陶醉于对自然界的胜利，对于每一次这样的胜利，自然界都报复了我们。面对自然界对人类的凶猛报复，一个普遍性的话题摆在了世人面前：人类到底如何对待自然界，才能保证自然界与人类和平相处、和谐共生，不再向人类展开报复呢？

对所出现的这些自然灾害问题的反思，可以从各个学科和各个角度进行。但从在环境伦理学视域,无疑要对环境规范伦理和环境美德伦理进行反思。环境伦理学在20世纪60年代就已经诞生,作为环境规范伦理之代表的人类中心主义和非人类中心主义伦理学,对人如何对待自然万物制定了行为道德规范,尊重动物的权利,尊重生命,不许虐待动物,不许污染和破坏自然环境,成为最基本的道德要求。尽管如此,人类对自然环境的破坏还是越来越严重,自然环境的持续恶化似乎已经成为一个不争的事实。对此人们提出批评,认为环境保护并不完全是一个道德规范问题,还涉及人性高尚的美德问题。只有具备了高尚的、自愿关爱自然环境的人性和美德,才有可能激励人们积极行动起来,自觉遵守环境伦理规范并自觉保护自然环境。在当今市场经济法则下,人们只崇拜游戏规则而蔑视人性高尚,谈论人性的崇高往往会被当作一个笑料。然而,问题是,当现代性社会抛弃了人性高尚的美德之后,只留下赤裸裸的私人利益和人对人像狼一样的存在,人还能不能对自然环境自觉地承担起道义,人和社会还能不能对自然界向善而存在。健全而合理的环境伦理规范是起码的、基础性的要求,但如果缺乏个体自愿的行为动机支持,恐怕任何环境伦理规范都难以奏效。由此有些人提出,唤醒人的内心良知和充分的向善意愿、自觉地承担起对自然环境所应有的道义,甚至比规范伦理更显得有价值。当今发生的众多自然灾难,本质上是对人性和美德提出的挑战,如何确定人之为人的存在,使人性从对自然的野蛮中走向崇高,做到人人自觉地善待自然环境,应当是当代人的一件大事。

在反思环境规范伦理的过程中,环境美德伦理应运而生,就像环境美德伦理的创始人托马斯·希尔所认为的那样,环境保护更多地涉及人的道德品质问题,只有拥有环境美德的人才能够在行为上做到自觉保护自然环境。笔者在清华大学读博士期间所做的毕业论文,也是反思人类中心主义和非人类中心主义的规范伦理,将环境伦理的哲学基础奠基于关爱自然的人性基础上,认为崇高的、与自然统一的人性才是自觉保护自然环境的根本,并提出环境伦理不是对人的道德约束,而是崇高人性的显现。但是我们也应当看到,人性和美德是脆弱的,内心世界的良心和道德自觉往往需要外在道德条件的支撑，没有外在制度和道德规范约束的人性，道德自觉难以持久维持。中国历史上出现的令人敬佩的君子、英雄、义士，在道德理想人格的关照下，做出了惊天地、泣鬼神的壮举，像文天祥那样，面对死亡的威胁大声吟出"人生自古谁无死，留取丹心照汗青"的慷慨诗句并做到舍身就义。但是，在进入现代社会之后，人们普遍生活在相互陌生的公共领域，追求个人品德的崇高、卓越、优秀，被认为是一种过度理想主义的吁求。在现实的公共生活中，对人格高尚的追求往往让位于利益的博弈。国家倡导公民不要使用塑料袋已经多年，但是人们对塑料袋照样使用不误；国家提倡保护野生动物，可是许多人仍然照吃不误。清华大学韩立新教授在评价笔者的拙作《人性与自然》时就批评性地提出，作为一个关怀自然万物的道德高尚的人，完全可以自觉履行对自然万物的义务，但是作为一个漠视自然环境的道德低劣且欲壑难填的人，希望他们保护自然环境就基本上无望了。因为基于良心和自觉的义务的道德是软弱的，不具有外在的命令性。这是包括约纳斯、曹教授在内的这种基于人性之新思路的倡导者需要回答的问题。①

由此产生一个值得思考的问题，如何将环境规范伦理与环境美德伦理结合起来，使得人们在现实生活境遇下，既受到环境规范伦理的约束，又培养起崇高人性和美德自觉，从而保证环境伦理规范能够在崇高人性和美德的引领下得到自觉遵守，使拥有崇高人性和美德的人在道德规范的约束下持久地表现出环境保护的卓越行为。麦金泰尔在《追寻美德》（也译《德性之后》）中的一个思想是富有启示性的，他谈道："正如其他许多前现代的社会一样，在大多数古代和中世纪的世界中，个人是通过其特定角色予以识别并且是由这种角色构成的。这些角色将个人缚系在各种共同体中，而且唯有在这些共同体中并通过这些共同体，才能够获得人所特有的那种善；我是作为这个家庭、这个家族、这个氏族、这个部落、这个城邦、这个民族、这个王国的一名成

---

① 韩立新：《从相互性到人性：环境伦理的一条新思路》，《中国社会科学报》2009 年 8 月 25 日。

员而面对世界的。除此之外,别无他'我'。"① 在传统社会中,个人的自我概念以及自我品德源于所在的特定社会中的角色,角色与人格融合在一起,成为一种文化氛围和道德理想。由此麦金泰尔确认,在历史上存在着一种与角色相关的美德。在这种历史文化语境中美德就呈现为一个人所扮演的角色,以及在扮演该角色而不得不履行的行为中必然呈现出的那些道德品质。或者说,"那些能够使个体去做他或她的角色所要求的事情的品质,亦即优秀或美德的概念。"② 就像柏拉图所指认的"理想国"那样,城邦管理者的角色需具备智慧的美德,城邦保卫者的武士身份需具备勇敢的美德,城邦生产者的角色需具备节制的美德。对此,万俊人教授认为,在现代社会条件下寻求美德伦理可以参考麦金泰尔所提出的角色和身份概念,并强调在现代社会文化语境中,人们并没有杜绝美德作为道德主体的"特殊角色"或"特殊身份"的直接表现形态,以及重新解释美德伦理之可能性。相反,现代文化气氛还要求人们必须根据现代人"特殊角色"或"特殊身份"内涵的相应变化,重新对处于现代道德文化中的人所应当持有的美德加以阐述和说明,并依此建构一种与现代社会道德文化需要相一致的美德伦理。尽管处于现代社会中的人的角色和身份已然不同于古代人的角色和身份,如同现代社会结构不断转型为社会公共化一样,现代人的角色和身份也不断趋向于同质化和公共化,但是,万俊人教授仍然指证说,同质化的现代人还是有着各自的角色和身份差异的,由此寻求与现代人角色和身份内在存有的相关美德仍然是可能的,这不仅是现代人在现代生活中仍然需要保持的道德生活样态,而且在许多具体生活情境下还是一项至关重要的社会伦理品质。更为重要的是,现代社会完全是凭借着角色和身份对社会进行治理和管理的,角色和身份成为现代社会不可或缺的法器,几乎可以说,没有角色和身份就没有现代社会。马克斯·韦伯就认为,现代社会以"科层制"为基本特征,而"科层制"就是角色和身份的等级系列和结构,通过"科层制"将人们纳入各个

---

① [美] 麦金泰尔:《追寻美德》,宋继杰译,译林出版社 2003 年版,第 217 页。
② [美] 麦金泰尔:《追寻美德》,宋继杰译,第 162 页。

角色和身份之中，使每个人完全按照自己的角色和身份与他人进行交往和互动，从而保障社会呈现出秩序。由此，在马克斯·韦伯看来，角色和身份是"科层制"赋予人们的一件几乎摆脱不掉的"铁衣"，没有这件"铁衣"，现代社会中的人们就无法完成交往并达成社会目标。

无论是古代社会的角色和身份，还是现代人的角色和身份，其共同特点或本质是与人的社会地位相一致的一整套权利义务的行为规范和行为模式。也就是说，角色或身份本身就是一种普遍性的行为规范，不管何种人，只要他承担了某种角色并获得了某种身份，就必须按照角色和身份所规定的一套行为规范进行活动。教师必须上课、批作业、辅导学生，医生必须问诊号脉、治病救人，军人必须保家卫国。违背了角色或身份的行为模式，即破坏了角色和身份的行为规范，或者会受到社会的惩罚，或者会受到社会舆论的谴责，严重者还有可能被解除所承担的角色和身份。角色和身份不仅代表着普遍的行为规范，还内在地要求角色和身份的承担者应具备并呈现出某种美德。法官的角色要具备正义的美德，商人和企业家的身份要保证诚信美德，政治家必须拥有廉洁的美德。由此可见，在角色和身份中行为的道德规范和个人的美德被融合在一起。承担了某种角色和拥有了某种身份，除了不得不遵守角色和身份所规定的行为规范外，还应当拥有与角色和身份直接相应的美德。具备了正义美德的法官能够很好地履行法官的道德行为规范，对于应得的赏罚能够做出正确、正义的判断与分配；具备了诚信美德的商人和企业家能够童叟无欺，保证买卖公平。一个拥有优秀美德的教师，不仅能够卓越地执行教师行为规范，教好书、备好课，还能够关怀、关爱他的学生，保证把学生培养成为优秀的人才。虽然承担角色和身份的人并不必然具备与该角色和身份直接相关的美德，但具备与该角色和身份相应的美德是社会的一种期待和要求。

正是角色和身份内在地蕴含着道德规范和美德要求，受其启发，将角色和身份概念引入环境伦理学研究当中，探究人对自然的身份和责任，为统一环境规范伦理和环境美德伦理提供参考，就成为本书的一项基本任务。除此之外，我们还应该看到，现代性对自然界的价值理念是支配自然和控制自然,人是自然的主人和征服者则是现代人对自我身份的认同。正是近现代人通过对自然之主人身份的价值认同,并以征服自然之主人的姿态投入改造自然界的实践活动,确保了现代性支配自然之理念的彰显、落实和运行。也正是现代性对征服自然的身份的充分运作,导致了现代人对自然资源掠夺和对自然界破坏的可怕后果。可以说,生态危机的发生是现代人误认了自己身份的必然后果,因此将身份引进环境伦理学研究当中,确认人对自然界的一种合理身份,还具有批判现代性支配自然价值观的意蕴。可是,当今环境伦理学研究虽然努力破除现代性支配自然的价值理念,却一直没有对现代性征服自然的身份进行批判,也没有为人们寻找到对自然界的新身份,致使人们不知道以怎样的身份投入环境保护运动中,不知道怎样合理地承担对自然的伦理责任。实际上,人们总是以一定的身份投入改造自然界的实践活动当中,人拥有怎样的身份,就会对自然界承担怎样的道德责任,对自然界采取怎样的态度和怎样的行为,身份总是与人的道德责任、道德态度和道德行为具有内在一致性的。当今的人类中心主义环境伦理学强调,为了保护人自身存在的利益而保护自然环境,人类存在的利益是环境伦理的出发点和归宿点。非人类中心主义环境伦理学则主张从动物感受苦乐的能力、动物权利、生命价值的平等性、自然内在价值、大地共同体出发,建构人对自然界的道德责任。然而,当人类中心主义环境伦理学与非人类中心主义环境伦理学陷入不可共度的激烈争论当中时,就已经宣告了它们对环境伦理谋划的失败,麦金泰尔就是如此批判现代性道德谋划的。为了走出人类中心主义和非人类中心主义环境伦理学的困境,笔者试图从身份出发研究人对自然界的道德责任和道德行为。因为人的身份总是与人的道德责任、道德行为密切相关的,有什么样的身份,就必须承担什么样的道德责任,表现出什么样的道德行为。所以,研究人在自然面前的身份及其道德责任,做到正名、正身、正责,就成为环境伦理学研究和生态文明建设亟待解决的一项重要任务。

不过,我们需要注意的是,无论在古代还是现代,人们所讨论的角色和身份概念都属于社会范畴，出发点是个人、个体，其立足于社会立场而将角色与身份等同于个人在社会关系结构中的位置或地位，因而角色和身份是对人与人之间社会关系的表达，属于社会角色和社会身份。环境伦理对应的是人与自然的关系，其出发点不仅是个人，还包含着人类，人与自然关系中的"人"往往指认的是人本身。由此产生的问题便是，能否将一个充满社会关系色彩的角色概念应用到人与自然关系范畴中，概念的这一腾挪是否具有合法性。笔者对此的回答是，个人在社会关系结构中有自己的位置或地位，人类在自然界中也有自己的位置或地位，能够将社会范畴中的角色和身份概念应用到人对自然关系范畴上。德国哲学家舍勒就曾以《人在宇宙中的位置》为书名，探究人的人性问题，亦表明人在宇宙中有自己的地位。角色和身份是对个人在社会关系中地位的表达，将这一概念应用到人与自然关系之中，指认的是人类在宇宙中抑或在自然界中所居有的位置或地位。人在宇宙中有自己的位置和地位，因而人对自然界就拥有了角色和身份。人类在加工改造自然界时，总是不断面对自然界反思自我，确认自己在宇宙中的位置和地位，以便呈现出与该位置和该地位相一致的实践行为。人类在自然界面前这种根据位置和地位进行的自我画像，即自我在自然世界面前是一个什么样的人，便是人对自我所扮演的角色和身份的认定。人总是以一定的角色和身份从事加工改造自然界的实践活动，人面对自然界所认定的角色和身份不同，对自然的权利义务以及道德行为也就不同，加工改造自然界的目的和效果也不尽一样。不同时代的人们，对自己所在宇宙中的位置指认不同，因而不同时代的人们对自然界就拥有不同的角色和身份，对自然界就有不同的表现方式和实践行为。古代人将自己的位置摆在宇宙之下，于是古代人就沦为自然界仆人的角色和身份，对自然界表现为战战兢兢，不敢有所作为；现代人将自己的位置摆在宇宙之上，现代人就以自然界之主人的角色和身份而自居，对自然界表现为无所畏惧并胡作非为。

不论是对自然界的仆人角色和身份，还是对自然界的主人角色和身份，都不是人应有的角色和身份。人既不处在宇宙之下，亦不处在宇宙之上，而是居在宇宙之中，人与自然界本质上是一个统一的整体，就像一枚硬币的两个面一样。人与自然界融合为一个统一的整体，人在自然界之中，自然界在人之中，自然界由此成为人存在的根源和依据，自然界成为人存在的命运，于是，看护自然界就成为人的宿命和不得不担当的使命。人在宇宙之中而与自然界共在，人便获得了守护自然界的角色和身份，人是自然界的看护者。当人确认自己是自然界看护者的角色和身份后，人就必须看护好自然界，让自然界美丽和谐地存在，这是"看护者"角色和身份所应有的道德承诺和必须履行的道德责任。自古以来，对人在宇宙中的位置有多种多样的解读，但从来还没有一种思想和理论把人规定为自然界的看护者。之所以如此，是因为自古以来人们总是将人与自然的关系视为对立的存在。无论是古代人屈从于自然界，还是现代人征服自然界，其基本前提是人与自然关系的二元对立。人与自然融为一体的新型世界观，则在本体论上终结了人与自然的对立割裂，开辟了人类存在的新方式。由此，人必然要褪去对自然界屈从者和征服者的旧装，以自然界看护者的新角色和新身份站立于这个世界之上。

　　人是自然界的看护者，这一角色和身份必然包含着一整套对自然界的行为方式和道德规范，包含人对自然界的道德责任和道德律令，"角色可以基于他自己乃是其中一个部分的制度，以及承担角色的个体与那些制度的关系，给予充分的阐明"[1]。因而自然界看护者角色和身份自身所蕴含的道德行为规范具有环境规范伦理属性，它内在地规定了人对自然界应当做什么和不应当做什么。但是，看护自然界也是对人是一个什么样的人的自我画像，看护自然界是人的一种美德，它既体现着人性崇高，又表达着人要做到保护好自然界的道德动机和卓越道德成就。在这个世界上从来还没有任何一个物种能够自觉地承担起看护自然界的重任，从来还没有任何一个物种能够将利他主义精神运用到异类身上，这就使得看护自然界的身份成为人之为人存在的象征。

---

[1] [美] 麦金泰尔：《追寻美德》，宋继杰译，译林出版社2003年版，第37页。

看护自然界使人超出尘表，在终极意义上完成了人的道德存在，使人性真正变得崇高和伟岸起来。人是自然界的看护者，意味着人必须执行看护自然界的道德律令，表现出一整套在看护自然界的律令下人应当做什么和不该做什么的道德行为规范，同时又呈现着看护自然界的道德自觉和实现人之为人才有的终极目的追求，做到了环境规范伦理与环境美德伦理的相互补充和相互支撑。只要人承认和接受了看护自然界的角色和身份，这一角色和身份就会引领人们自觉地表现出看护自然界的相应行为，并追求成功地看护自然界。

麦金泰尔之所以强调复兴美德伦理，是因为他对现代普遍性规范伦理有一个基本判断，即启蒙运动以来的"普遍理性主义规范伦理学"已然失败，在文化多元性和道德谱系多样性的社会条件背景下，各种文化传统下的道德几乎"不可公度"。当社会要求遵循普遍正义原则而行动时，麦金泰尔认为，对此必须追问"谁之正义，何种合理性"？在麦金泰尔看来，道德不能脱离特殊文化共同体，人们先行生活在社群性的特殊文化共同体之中，人们的角色和身份也总是相对于某种特殊文化共同体而存在的，并接受这一特殊文化共同体之特殊文化的塑造，形成适合某种特殊文化共同体的美德。虽然不同文化群体中的道德可以展开对话，但试图建构一种超越各自特殊文化共同体的普遍性道德是不可能的。由是，借助角色和身份建构环境伦理不得不面临一种挑战。因为环境伦理所面对的道德关怀对象是自然环境，而保护自然环境已经成为当今世界的公共社会生活领域，自然环境的好与坏，美丽与残破，已不再是私人领域，甚至不是某一国家、某一民族的事情，而成为人类的共同命运。由此我们不难得出这一结论：看护自然界的环境伦理具有普遍性的规范伦理属性，是对所有人和所有国家进行的必要的行为道德约束；看护自然界的美德属于整个人类的美德，成为人之为人存在的普遍追求和达成的终极目的。如果麦金泰尔对现代性道德的判断是对的，那么，在面临不同国家不同文化传统、不同国家在经济发展方面存在高低差异的国际背景下，建构一种普遍的环境伦理规范极有可能成为一次失败的道德谋划。但是，我们也必须看到，社会发展趋势是，公共生活领域越来越扩大，私人生活领域越来越萎缩，国际社会越来越全球化，这一点已被视为现代性社会的基本特征之一。尤其是自然环境问题，已经超越了国界和民族区域，一个国家、一个社会不可能完成对整个地球自然环境的保护。也就是说，在公共社会生活领域普遍存在和进一步扩张的情形下，以及自然环境的存在命运已然成为人类共同命运的情形下，普遍性道德规范和人类共同美德的存在不仅是必要的，而且是必需的。由此可见，麦金泰尔对现代性规范伦理的过激性批判，只能归于反现代主义的过度理论情绪反应。当然，强调自然环境保护的普遍性伦理规范和人类环境美德的存在，并不否认各个国家和各个民族自己的文化传统，看护自然界的方式具有多样性，各个国家和各个民族都可以根据自己的文化传统选择适合自己的看护自然界的方式。

人是自然界的看护者，人的这一新角色和新身份决定了人的首要美德和第一道德律令是看护好自然界：你要如此行动，无论做什么，都不要破坏自然界的完整存在，并努力维护自然界的美丽、和谐与稳定。当代伦理学家约纳斯在《责任原理》中提出，在世界中存在是人的第一道德律令，人没有任何权利毁灭自己，"人类必须存在是首要律令"[①]。人类必须存在也意味着自然界必须存在，人没有任何权利毁灭自己，同时也意味着人没有任何权利将自然界加以毁灭，因为人在自然世界之中存在，没有自然界的存在就根本不可能有人的存在。因此，人要想看护好自己的存在，就必须先行看护好自然界的存在。虽然说人与自然界本质一体的新型世界观内在地蕴含着看护自然界就是看护自己，看护自己必定要看护好自然界的辩证关系，但就看护自然界与看护自己的先后顺序来说，看护自然界具有先在性。人们必须先行看护好自然界，才能够实现自身的美好生活，只有守护好自然界才能真正地守护好自己。在人与自然的关系中，人是主导、主动的方面，自然界是被动的方面。人为了维持自己的存在，就必须主动地、按照自己的目的进

---

① ［德］汉斯·约纳斯：《责任原理》，方秋明译，香港：世纪出版有限公司2013年版，第57页。

行改造自然界的实践活动，变自然之物为"为我之物"。自然界只有在接受人类对其进行改造的作用之后，才能够对人的改造作用进行回应和反应。就是说，自然界对人类改造其自身的行为所做的反应是好还是坏，完全依赖于人类对自然界的改造行为是好还是坏。人与自然之间的辩证法已指示我们，人怎样对待自然界，自然界就会怎样对待人。人对自然界善，自然界也就对人善；人对自然界恶，自然界也就对人恶。善待自然界必遭自然界善待，恶待自然界必遭自然界恶待，人将自然界置于死地，自然界也必定将人类送上不归之路，人对待自然界的一切所作所为最终都反转回来指向人自身。既然人与自然的相互作用关系是人先行做什么，然后才是自然界对人的所作所为进行相应或对等的反应，由此就决定了看护自然界的伦理要求必定是优先的。人应当先行承担看护自然界的道德责任，先行守护好自然界，才能够引起自然界对人的友善性的回应，对人进行守护。没有人先行对自然界的善，就不会招来自然界对人的善。进而言之，在看护自然界与看护自己之间，人应当优先选择看护自然界，由此才能够达成看护自己的目的。如果人将看护自己置于优先位置，人就会把自然界当作单纯的手段，结局只能是破坏自然界，最终的结果是守护不了自己。康德曾宣布：人是目的，并把它视为道德的绝对命令。可是，以"人是目的"为宗旨的现代性社会，发展的结果是将自然界破坏得不堪入目，人反而没有成为目的，自然界几乎要将人送上不归路。所以，只有把自然界当作目的，人才能够真正地成为目的。虽然说自然界当中没有免费的午餐，人类对自然界的每一次获取都要付出代价，但是，建构看护自然界的伦理，就是试图降低这种代价，以求获得人与自然界互动的最佳效果。当然，看护自然界的行动并不仅仅是人的一种善良愿望，要取得人与自然互动的最佳效果，人类还应当遵循生态法则，按照自然界的生态规律对待自然界，以减少人类对自然界有机整体的盲目性。

看护自然界具有先在性，还在于看护自然界是人之为人的实现活动。人通过看护自然界的行为，就将利他主义精神贯彻到了自然界，由此人就真正从自然王国之中超拔出来而成为人之为人的存在。人是自然界的看护者，不仅是人对自己身份的一种新的认定，也是人对自己存在本质的自我意识和规定，是人对自己是一个什么样的人的真正确认，因而也是对人本质的显现。马克思说，人是人的最高目的，黑格尔则称人世间最为高贵的事情就是成为人。基于此，看护自然界作为对人性的实现就合乎逻辑地具有了优先性。就像保罗·泰勒所说："一种行为是否正确，一种品质在道德上是否良善，将取决于它们是否展现或体现了尊重大自然这一终极性的道德态度。"[①] 看护自然界具有先在性，意味着人的一切活动都理所应当地围绕人的最高目的而展开，以保证人的本质的实现，保证人之为人的存在。进而言之，人的经济活动、科技活动、社会活动和政治活动都应以看护自然界为旨归，不破坏自然界的美丽和生态平衡，做到人与自然和谐共生。现代工业文明社会的经济活动、科技活动、社会活动和政治活动都是围绕着康德所谓的"人是目的"这一中心而旋转的，看护自然界的伦理则反其道而行之，要求人的经济活动、科技活动、社会活动和政治活动都围绕自然界的美丽、和谐与稳定而运转，最起码不破坏这一伦理底线。因为"人是目的"寓于自然界的美丽之中，建基在自然界的美丽之上。没有自然界的美丽存在，人的一切活动、一切追求、所有的目的都会化为乌有。"人是目的"一旦脱离了自然界的美丽、和谐与稳定，就不再成为目的。当然，有人会说，看护自然界最终还是为了人，还是以人为目的，对此我并不否认。但是，需要说明的是，我所承认的人是目的，是与自然界一体化的目的，人是自然界的目的，同时也是自然界的手段，而不是康德所谓的与自然界完全割裂对立，纯粹把自然界视为手段和目的。当今人类经济活动、科技活动、社会活动和政治活动所造成的人与人之间的贫富差距加大和不平等，国与国之间的紧张与冲突，甚至兵戎相见，其中一个主要原因就是把自然界当作纯粹资源，把自然界视为纯粹的利益对象，优势群体希望比弱势群体占有得更多，掠夺得更多；甚至是在环境美丽方面也会出现不公正现象，强势群体享有良

[①] 转引自余谋昌、王耀先主编《环境伦理学》，高等教育出版社2004年版，第76页。

好的自然环境，而弱势群体则处在遭受污染的自然环境中。在利益的争夺下，"人是目的"则演化为"我是目的"，其他人都是手段。看护自然界则是将自然界的存在当作目的，认为自然界是美好生活的基础，应当为所有人所共有。当自然界不再是纯粹获得个人利益的资源时，尤其是当人人参与、国国参与看护自然界的实践活动，充分实现了对自然环境的全民性共同控制时，就有可能减少人与人、国与国之间为争夺自然资源而发生的冲突。看护自然界具有优先性，其伦理意蕴是人类之间的所有冲突都应当止步于并让位于对自然界的看护。为了保护人类存在的自然环境基础，即为了看护自然界，任何国家都没有理由使用严重破坏自然环境和人类生命的核武器，决不允许为了利益争夺而毁灭自然界。

在康德的伦理学思想中德与福的统一为"至善"，这是人们所追求的最高的善和完整的善。除此以外，再也没有比它更高的善了。康德认为，以追求幸福为目的，并不能使人达成道德上的完善，而有可能摧毁人性的崇高。但是，单纯追求道德的存在也不能达成人存在的最好状态，作为有德之人，只有还能够享受到物质幸福，才会使其的存在美轮美奂。由此康德有充足的理由确认，在"至善"中德是占据第一位的，福是配享的，以德配享幸福才是正当合理的。康德虽然提出了"至善"概念，但他对此却是悲观的，认为在现实生活当中不可能达成德与福统一的"至善"。原因在于，求福是人的感性存在的必然追求，求德则是人的理性所为，有道德的人未必享有幸福，享有幸福的人未必有道德。康德提出，人存在于两个王国之中，一是人与自然关系的"自然王国"，另一是人与人关系的"自由王国"。人在"自然王国"里只是谋求物欲的满足和幸福，基本上与动物无异。只有通过道德抑制自身的物欲冲动，人才能够进入不同于动物存在的"自由王国"。"自然王国"和"自由王国"在康德那里是彻底割裂的，中间有一条不可逾越的鸿沟，人为自身立法的实践理性不能进入"自然王国"，人的求福活动的理论理性也不能进入"自由王国"，否则会引起二律背反。然而，笔者认为，康德在这一问题上完全错了，人之为人的存在不是在人与人关系之中的道德利他主义，而是在人与自然关系中的道德利他主义。人仅对人施与道德义务，而对自然万物却不给予道德关怀，即人仅对自己的同类善，而对异类却野蛮地大打出手，得到的人性只能是半人半兽的分裂人格。而且，人越想在自然界中求福，就越有可能求不到福，生态危机的发生已经证明，现代性社会在遵循"人是目的"原则下所追求的"最大多数人的最大幸福"是不可能实现的。看护自然界作为人的身份和伦理法则以及人的美德打破了"自然王国"与"自由王国"之间的鸿沟，将实践理性充分运用于自然界，道德地对待自然万物。自然界在人的看护下呈现出生机勃勃、郁郁葱葱、鸟语花香的美丽状态，人就实现了自己的物质幸福。"绿水青山就是金山银山"，美丽的自然环境同样也能促进经济的发展。可持续发展经济学、循环经济学，揭示的就是看护自然界与美好生活具有统一性。就此而言，看护自然界的实践活动，能够将康德所谓的"至善"从天国落实到人间。

  环境伦理学研究已经开展了几十年，保护自然的环境伦理思想也逐渐深入人心，并成为当代人对待自然环境的一种基本伦理理念。笔者自提出生态危机的实质是人性危机的伦理判断之后，一直从本体论向度试图突破人类中心主义和非人类中心主义环境伦理的限制，建构一种人与自然本质统一的人性论，为环境伦理提供哲学基础。然而，环境哲学的本体论研究属于最基本的根据性研究，远离火热的现实生活。如何从环境哲学的本体论研究转向现实生活，使环境伦理更加贴近现实生活，是我一直思考的一个问题。在现实生活中，人们都是根据自己所获得的身份或角色而行动的、根据自己的身份或角色而与他人展开交往和互动的。离开了人的身份或角色，人就几乎无法确认自己是谁，也无法行动和与他人交往。社会生活呈现出有序性，恰恰是人们忠诚于自己的身份或角色，恪尽职守地履行了身份或角色所内在地蕴含的各种职责。许多人在生活中之所以受到他人的批评和指责，除了自身的性格因素等外，往往是自我对自己的身份或角色辨认不清，超越了身份或角色所应有的行为限度。身份或角色是对个人在社会中位置的辨识与规定，与此类似，人在自然世界中也有对自己位置的反思与规定，所谓世界观实际上就是人类对自己所在宇宙中位置的指认。也就是说，人类在自然世界面前也是规定自己身份或角色的，并根据所规定的身份或角色加工改造自然界。

实际上，人类总是根据自己的身份投入改造自然界的实践活动之中的，没有身份的指示，人类对自然界可能会感到茫然失措。据此，笔者将身份或角色概念引入环境伦理之中，确认不同时代的人们对自然界拥有不同的身份或角色，以及对自然界的不同身份或角色会产生不同的道德态度、道德责任和道德行为。生态文明时代完全不同于渔猎文明、农业文明和工业文明时代，生态文明时代的人们必然有自己对自然界的身份或角色。正如前文所说，渔猎文明和农业文明时代的人们屈服于自然界的身份或角色，不敢对自然界有所作为，工业文明时代的人们扮演的是征服自然界的身份或角色，对自然界胡作非为，那么生态文明时代的人们则是看护自然界的身份或角色，既对自然界有所作为，又拒绝胡作非为。从人的身份或角色向度探讨人与自然的伦理关系，以及人对自然界应有的道德责任和伦理美德，在国内外环境伦理学研究中尚不多见。然而，这种创新性探索，总是意味着没有充分的学术资源可以借鉴，使得该研究不可避免地在一孔之见的束缚下存在这样或那样的缺点与不足，希望各位学术同仁批评指正。抛出砖总是希望能够引来玉，期待中国环境伦理学研究能够更多地产生自己的学术话语和本土化的学术思想，并迎来环境伦理学研究的进一步繁荣。

第一章

人是有身份的存在

从能够意识到自己身份及其自我存在这一向度来说，动物是没有身份的存在物，人是有身份的存在物。人的身份的出现及其在个人身上的应用，使得每个人在社会芸芸众生中都能够被标识出来并区别于他人，使得每个人都能够依据自身的身份产生相应的行为及其反应。身份不仅具有标识个人和规定个人行为的功能，还将人类社会结构化和秩序化，人与人之间的关系固定化，并由此演化出一系列相关的社会问题。正是人的身份存在，使得传统社会出现了社会等级和分层，个人有了尊卑贵贱的区别。有的人声名显赫，像众星捧月一般；有的人默默无闻，像一粒灰尘被淹没在浩瀚的星空当中。随着传统社会身份向现代社会角色的转换，身份的等级性在某种意义上被平面化了。由于身份内在地包含着地位与价值的意蕴，规定着人的道德行为和相互交往的规范，从而产生了人们对身份的渴望与焦虑。无论是在过去时代，还是在现代社会，身份始终是解释社会、解释个人行为的一把钥匙，并成为众多社会科学研究的对象。

一　身份的界定

凡是结群而存在、而生活的动物，在其内部成员中几乎都有某种程度的分工，简单来说，都有首领与部下的二元存在，以及由首领指挥和协调群体成员的行为，保证群体性行为的步调一致，从而能有效地达成群体的目标。如蜜蜂蜂群就分为蜂王、雄蜂和工蜂，其各司其职以保障蜂群的正常生活秩序和种群的繁衍。任何一个狼群都存在着首狼和一般成员的划分，由首狼协调各个成员合作猎杀大型动物。正是动物的结群生活导致群体内部分工的存在，使得每个成员在群体中都具有一定的位置，从而为人的身份起源奠定了生物学和进化论基础。人类是结群而生活的，人类由结群而生发的社会生活，其复杂程度远远高出任何结群生活的动物群体，因此，人类社会内部的分工便成为人类社会存在的基本结构。诚如孔德所言：随着社会的发展，各个民族都必然会加入社会分工活动的行列中，而且每个阶级中的每个人都会以自己所认可的方式，以某种特殊形式但又非常确定的程度，加入公共事业分工活动中。人类社会分工的出现，相应地产生的一个基本问题，便是在群体内部分工之后对每个人所占据的位置如何进行标识与指认，身份正是对每个人所占据位置加以标识的结果。例如，在家庭中因自然分工而使得不同的成员占据着不同的位置，男性占据着丈夫、父亲、儿子的位置，女性占据着妻子、母亲、女儿的位置。在社会中因社会需要而导致的分工，使得不同的人占据着不同的社会位置，有的人是首领，有的人是大臣，还有的人是武士和生产者。父亲、丈夫、妻子、母亲、首领、大臣、武士等，都是因为占据着某种社会位置而获得的一种身份。

　　人类无论是因自然分工而形成的，还是因社会分工而形成的种种位置，亦称为地位。英文的 Status 指的就是社会中的地位，即由社会分工而形成的种种社会位置。身份则是对特定社会关系中个人所处地位或位置的标识和确认。就是说，人类的群体生活和社会分工将人们安置在不同位置，并需要用身份将处于不同位置的各个成员标识出来，用身份确定每个成员在群体中通过分工而获得的社会地位，以及分工后人与人之间的相互关系。随着社会的发展，尤其是进入现代社会之后，劳动分工越来越细，社会结构越来越复杂，于是社会中的地位也就越来越多，人的身份随之也就越来越复杂。由于原初社会分工的位置具有等级性，身份最初总是与社会等级地位相联系；更由于在社会发展的很长一段时间内，身份是可以继承和遗传的，于是，身份又总是和一个人的家庭出身相关。因此，《汉语大辞典》对身份的界定是："指出身和社会地位。"① 在《辞海》中，身份则是指"人的出身、地位或资格"②。由刘光华编译的《新社会学词典》，对社会身份的定义除了强调地位之外，还补充说这种地位内在地规定着一定的权利、责任及行为方式，以及与其他身份关系的性质和亲切程度。③ 随着人类社会进入现代之后，社会地位逐渐由高低纵向排列转向平行排列，身份就逐渐转化为现代的角色。也就是说，社会地位有狭义和广义之分，狭义的社会地位往往是指社会等级制度中不同等级层次的位置，是权利、声望、财富、职业的象征，身份往往是对这种等级地位的标识，并使得身份有了高低贵贱的差异。广义的社会地位是指在社会关系中所处的位置，这种位置是在社会空间平行排列的，不具有高低贵贱的差别，对广义社会地位的标识往往是社会角色。

具体来讲，身份的最初含义应当是：指的是谁，指的是什么样的人，其功能与人的名字或名称完全不同，个人的名字或名称仅仅是一个符号，虽然其也具有指认某人是谁的功能，但仅仅是对人的称谓。身份则是为了识别群体中个体的社会地位，并规定个体的相应行为，以及通过身份对个体行为产生预判和预期。也就是说，身份不仅具有标识个人的功能，还具有规范个人行为的功能。身份导致了个体之间行为的差异，身份不同，其行为表现也必然不同。因此，身份显现着人与人之间的特定关系，体现着社会的一定结构和秩序。身份也是个人进入社会的通行证，拥有了身份也就拥有了社会成员资格，个人完全凭借着身份被他人或社会识别出来，凭借着身份与他人进行交往和互动，与他人建立起社会关系。吉登斯在《社会的构成》一书中，用"社会定位"概念解释社会中的身份现象，认为社会系统作为规律化的社会

---

① 罗竹风主编：《汉语大辞典》（第10卷），汉语大辞典出版社1992年版，第700页。
② 《辞海》，上海辞书出版社2002年版，第5157页。
③ 刘光华编译：《新社会学词典》，知识出版社1986年版，第87页。

实践活动之所以能够组织起来，并在散布于时空中的日常接触里得以经久维系，完全依赖于那些以其行为构成这类社会实践的行动者都完全被社会"定了位"，即社会中的所有社会实践的行动者在时空中都有自己的定位或处境。社会定位在社会结构上是作为一种表达意向、控制行为，并使其合法化的关系交织构成的，社会定位涉及行动者的类型化，指认社会关系网络中个人的确切身份，并伴有一系列特定行为规范的制定和生成。"至于说该如何定义'定位过程'，我打算采用自己以前书中的提法。把它理解为'某种社会身份，它同时蕴含一系列特定的（无论其范围多么宽泛）特权与责任，被赋予该身份的行动者（或该位置的在任者）会充分利用或执行这些东西：它们构成了与此位置相连的角色规定'。"① 按照吉登斯的理解，社会自身要维护一定的秩序，建立一定的结构，就需要对社会中的每个人给予一定的位置，给予位置即是对个人的社会定位，赋予个人一定的身份。

社会虽然基于分工赋予个人某种身份，但是这种身份还必须被个人所认可、所认同和所接受，并成为个人自我意识的一部分，从而使个人能够自觉地表现出与身份相一致的行为，或者说，通过特定的行为将个人身份呈现在社会和他人面前。由此，身份又有了一个不同于 Status 的英文词，即 Identity。"Identity"一词包含着心理认同和身份，亦为身份认同。"Identity"一词有两种含义：一是对"我是谁"的认知，即自我能够用某种身份来指称自己，认为自己隶属于这种身份，自我就是这一身份；另一是对自己的内在自我和外在表现以及在不同发展阶段的一致性和确定性的认知，属于对自己是什么样的人的统一性和稳定性认知。"身份就是一个个体所有的关于他这种人是其所是的意识。"② 如我是一名医生，我要遵守医生的职业道德，做合乎医生身份的事情。身份必须包含自我认同，个人自我认同了自己的身份，才能够自觉地

---

① ［英］安东尼·吉登斯：《社会的构成——结构化理论纲要》，李康、李猛译，中国人民大学出版社2016年版，第78页。

② Peter Straffon, Nicky Hayes, *A Student's Dictionary of Psychology*, Edward Arnold, 1988, p. 87.

履行自己这一身份所承载的权利和义务,自觉地呈现这一身份所规定的种种行为。如果一个人对社会所赋予的身份并不认同,亦不接受,那么身份对这个人就没有任何意义和影响。

个人对自己身份的认同,总是脱离不了他人,即必须通过他人才能反观自照自身,进而认同自我和认同自己的身份。没有他人作为镜像反映自己,自我身份认同几乎是难以发生的。诚如马克思所说:"人起初是以别人来反映自己的,名叫彼得的人把自己当作人,只是由于他把名叫保罗的人看作是和自己相同的。"[①] 黑格尔亦曾表明,一个人所形成的自我意识完全是对他人存在的反映,没有"你"或"他"的存在,就没有"我"的存在。符号交换理论的创始人米德提出,人们是在不断地与他人交往中获得自我概念的。个人对自己身份的认同总是要以他人为参照对象,针对妻子而知道自己是丈夫,针对孩子而知道自己是父亲或母亲。因为只有他人在场,自我才能够与他人进行比较和辨别,从而形成不同于他人的独一性身份意识。在不参照他人的情况下,自我的身份是无法得到描述的。身份既然是个体在社会交往过程中、在与他人的观照中形成的某种自我意识,并通过这种自我意识使自身获得有效的认同和标识。从这一意义上讲,身份认同既包含着对自我身份的认知,亦包含着对他人身份的认知。正是有了对他人身份的认知,个人自我才能够区分出他人身份与自己身份的迥异,在此基础上,形成身份归属的认知和认同,即将自我身份归属于哪个群体、哪个民族、哪个国家等,于是形成了群体身份、民族身份和国家身份等。

他人在场对自我身份认同的重要性,除了没有"他人"就没有"自我",以及自己归属于哪个群体的意义外,还在于他人在场能够对自我产生一定的评价,而这种他人的评价往往能够影响和制约个体对自我身份认同的效用性。也就是说,他人在场不仅会作为一个参照系统,使自己能够反观自照自己而形成自我的身份意识,即形成"我是

---

① [德] 马克思:《资本论》(第1卷),人民出版社1975年版,第67页。

谁"的概念，还在于他人在场能够产生对自我的好与坏的评价，自我借助他人的这种评价进而形成"我是一个什么样的人"的意识。在社会现实生活中，这种"什么样的人"的意识往往比"我是谁"的身份概念更加重要。个体在社会中是积极地表现自己，还是消极地表现自己，决定人生是有价值，还是没有价值，往往取决于他人的这种评价。阿兰·德波顿在《身份的焦虑》中指认说："他人对我们的关注之所以如此重要，主要原因便在于人类对自身价值的判断有一种与生俱来的不确定性——我们对自己的认识在很大程度上取决于他人对我们的看法。我们的自我感觉和自我认同完全受制于周围人对我们的评价。"①当我们受到他人的积极评价时，自我便感到很高兴，由此便可能产生积极向上的人生观和价值观；反之，如果受到周围人消极的评价，便可能觉得自己一无是处，甚至产生消极的人生观和价值观。当然，他人的评价仅仅是对自我认同产生影响的一个重要方面，个人还会通过自身的所作所为评价自己，如果一个人对自我所拥有的身份有着十分清醒的觉知，完全能够清楚地意识到自己的真实所在和价值所在，他人不公正的看法也不会伤及这个人的自我认同。

在身份认同理论中产生较大影响的理论有三个：一是奥尔波特关于个体自我发展的理论。该理论指明个体的自我意识是循序渐进、逐步发展的，其发展过程是由生理的自我到社会的自我，再到心理的自我。生理的自我是自我的原初状态，代表个体通过身体认知所形成的自我，其重心是关注自己的身体，产生对自己身体的占有感、支配感和爱护感。在儿童阶段产生社会自我，社会自我是儿童通过游戏与他人互动所形成的自我观念，即通过他人认知自己的意识，社会自我能够使个体呈现出符合审核要求的行为。青春期形成的心理自我，是个体通过对自己心理活动、情感评价的认知，所形成的较为稳定的自我观念。二是埃里克森的自我同一性理论。该理论将人的一生分为八个阶段，每个阶段都有不同的自我同一性发展任务，比如婴儿期是基本信任和不

---

① [英]阿兰·德波顿：《身份的焦虑》，陈广兴、南治国译，上海译文出版社2007年版，第7页。

信任的心理冲突，儿童期是自主与害羞的心理冲突，学龄期是主动与内疚的心理冲突等。依据埃里克森的看法，自我同一性作为人格内在的本质内容本身蕴含着对自己的角色、意识观念和价值追求的承诺，在每个发展阶段都包含一个核心问题，并包含积极与消极两个方面的心理品质，如果各个阶段都实现积极方面的心理品质，就完成了各个阶段的任务，会形成积极健康的人格和自我。三是米德的符号互动理论，该理论提出自我意识的产生是人们之间社会互动或符号互动的结果，自我与社会是不可分离的，自我是社会的产物，个体与他人的互动是通过符号完成的。米德指出，自我形成和发展经历了三个阶段：（1）准备阶段，儿童无意识地模仿他人而游戏性地扮演某种角色；（2）模仿阶段，儿童扮演"重要他人"的角色，并学会从对方角度看待自己；（3）泛化他人阶段，个体能够从几个"重要他人"的角度看待自己，即从不同的社会期望中形成被社会认可的自我。

身份认同理论重视身份的稳定性和统一性，即个体的自我概念在一定时期内还必须是稳定的和统一的，如此才能保证个体对自己是谁、对自身怎么样产生确定性和真实感。一个稳定统一的自我意识和自我形象，不仅有益于个体自身的存在和行为的统一，也有利于社会交往中他人的正确认知和合理应对。正是个体身份的稳定性和统一性，维护了个体自我身份的可辨认性和行为的一致性，能够让个体的行为表现在他人眼里是可预测的、可掌握的。身份的可确认性和行为表现的可预测性，能够增强社会交往双方的彼此信任感，避免了双方不信任而带来的社会不安全感。如果个体自我概念不能保持稳定性和统一性，就会引起"身份危机"，即个体对自我的认知混乱，不能形成稳定的"我是谁"的身份概念。发生身份危机或身份认知失败，个体就会出现失望、焦虑、愤怒、敌对等情绪，严重者还会导致人格分裂。埃里克森就曾强调指出，在自我发展的每个阶段，如果不能形成自我同一性，导致不成熟的自我概念或导致自我同一性弥散，个体就没有能力认知"我是谁"，从而产生自我同一性危机并导致自我承诺混乱。安东尼·吉登斯从社会发展视域方面指证说，现代性社会依据现代目标迅速发展的代价之一就是个人身份危机的出现,即"在晚期现代性的背景下,个人的无意义感,即那种觉得生活没有提供任何有价值的东西的感受,成为根本性的心理问题"[①]。他提出,个体的身份认同就是个体总是能够依据某种描述确知自身当下的行为及其原因,但这种身份认同随着现代性社会生活的迅速转换和碎片化,使得迅速转换的每个片段都有极大的可能变成某种身份认同危机,结果是造成个体对自我是一个什么样的人认知模糊不清。就像电影《我是谁》那样,由成龙扮演的失去记忆的杰克在传统社会与现代社会之间,以及在各种情境的迅速转换之间,不得不大声呼喊"我是谁"。而在大声呼喊"我是谁"的背后,是杰克发生了自我身份认同的危机,对所遇到的种种问题不知道怎样做才是应当的、正确的。

身份可以是先赋的,也可以是自致的。先赋身份是与生俱来的,因先天因素而分配到的身份,不需要个人努力就可以获得。如男女性别身份、不同年龄阶段的身份、种族民族身份、子女身份、父母身份等。自致身份是指经过个人努力而争取来的身份,如教师、军人、大学生、公务员等。身份是一个含义非常复杂的概念,还可以依据身份内容的不同来区分身份,如经济身份、政治身份、法律身份、文化身份、血缘身份、信仰身份、职业身份等;也有人从个人身份的归属来区别身份类型,如家庭身份、社团身份、组织身份、阶层身份、阶级身份、民族身份、国家身份等。哲学、社会学、心理学、文化学、法学都从自己的学科出发对身份概念做出解释,学科不同,对身份一词含义的解释也不尽相同。尽管有关身份研究的理论多种多样,但有代表性的身份理论是以上所呈现出来的两种:一是社会身份理论,另一是身份认同理论。社会身份理论强调个人是通过社会分工所获得的位置来认知和建构自己与他人身份的,身份体现着一定的社会结构和某种社会秩序。身份认同理论则认为,个人是在与他人持续不断的交往中认知与建构自己与他人身份的,身份体现的是,我是一个什么样的人,我与哪些人相

---

① [英]安东尼·吉登斯:《现代性与自我认同》,赵旭东等译,生活·读书·新知三联书店1998年版,第10页。

同，与哪些人不相同，从而区分出内群体与外群体、自我与他人。

正是身份问题的复杂性，反映出身份问题对社会存在的重要性，以及身份在研究社会各种问题中的不可或缺性。亚当·斯密甚至认为，自我身份能否显赫成为人们追求的重要价值，它决定着人们在社会生活中的行为表现。也就是说，人们在这个世界上辛苦、忙碌、操劳到底是为了什么？贪婪且野心地追求财富、权力和优越地位的根本目的究竟又是为什么？是为了更多地挣得生活的必需品吗？是为了生活富裕富足吗？如果生活单纯是为了如此目的，最低级的劳动者所挣的工资即足以为他们提供基本的必需品。但是，人们并不满足于这些利益，引人注目、受人重视、博得赞许、赢得尊重、高人一等诸如此类的东西，才是生活所追求的根本利益。引起我们注意的是虚荣而不是物质的舒适快乐。当然，虚荣心的满足是建立在我们自信满满地认为自己是受关心和赞同的对象基础上的。富人因富有而洋洋得意，这不是因为他们生活得舒适，而是因为他们富有的地位和身份能够引起世人对他们的关注和羡慕，让他们拥有高人一等的心理感受。不仅社会上的人们注重对身份的追求，各个学科的学者也往往通过对身份的分析来探究社会的结构与功能，个人行为的规则，以及各种追求背后的动机等。身份由最初的对个人地位的标识而逐渐上升为社会的基本结构，成为研究社会问题的最基本单位。政治家的宣言、法律的方针、国家政策的制定、重要舆论的发表、社会问题研究等，几乎多多少少都涉及身份问题。没有身份的存在，不可以成为社会，不可以有人们日常生活的接触与交往。无论在过去的传统社会，还是在当下的现代社会，"身份"始终成为社会关注的中心，被置于一系列社会问题和政治问题的核心地位。任何有关社会问题和政治问题的研究，以及日常生活中个人行为的表述与分析都离不开它。托克维尔在《论美国的民主》一书中写道："随着我研究美国社会的逐步深入，我益发认为身份平等是一件根本大事。"① 身份是社会结构得以表现的根本要素，是社会秩序产生的出发

---

① [法]托克维尔：《论美国的民主》，董果良译，商务印书馆1997年版，绪论第1页。

点和支撑点,是社会这一庞大机器得以运行的不可或缺的部件。没有身份的存在、缺乏身份所蕴含的行为规则和责任,则意味着社会秩序及其运行机制的瓦解。所以,身份为历代社会所重视,就不足为奇了。

二 传统社会中的身份

自身份意识产生以后,随着人类社会的逐步发展,身份概念的内涵被赋予了越来越多的内容,社会地位等级、尊卑贵贱逐渐成为身份概念不可或缺的内容,而且在工业社会以前的传统社会里形成了一种依据身份确定人的权利大小、地位高低的制度,即身份不仅是一种个人存在的标识,而且其所内在蕴含的生活模式被制度化和规范化,形成了一种身份制度。按照郭玉锦的研究,身份仅仅是作为人类社会构成的必须具有的结构原件而存在的,最初只是属于人类社会自然而然的产品。随着社会的逐渐发展,人们开始借助符号工具制造名号和称谓,以表达人的身份。最初作为自然产品的身份逐渐附加了越来越多的社会规则,在发展到稳定的社会规范时,就形成了一种身份性的社会制度。

所以说,身份制是成员相关身份的思维方式和行为方式的制度化。所谓制度化是相关身份的规范在成员意识中达到内化。构成社会成员思维和行为的规范是内化了(可以自动地、无意识地做出)的思维方式和行为方式。就现在的意义上讲,身份制是指组织或社会按成员的身份,规范成员的行为方式和配置组织或社会的资源,并形成等级阶序的规范体系。①

传统社会是一种身份制的社会,因而传统社会也被称为身份社会,

---

① 郭玉锦:《中国身份制及其潜功能研究》,黑龙江人民出版社2002年版,第36—37页。

即国家通过明确的法律和制度规定，确定各种不同身份的人应当享有哪些权利和承担哪些义务，并由此构成社会生活的常态和基本秩序。也就是说，身份社会、身份制是一种模式化的行为规范，人们在社会中一举手、一投足、说什么样的话、做什么样的事、穿什么样的衣服，都要合乎自己的身份，不能有任何僭越。身份本身就意味着一整套的行为模式和行为规范，身份完全是通过一整套行为模式和行为规范来显现自身的。当然，身份制对个人行为的这种规约作用，并不是作为明文规定写在每个人身上，或贴在每个人的脑门上，时时警醒着个人如何做，而是作为行为规范积淀在文化深层中，并通过文化的无形影响，内化于人的自我意识中，成为个人自我意识的一部分，结果使得个人自觉地和无意识地完成身份所要求的各种规范性行为。正如吉登斯所言：

> 互动必须依赖个体在活动的时空情境中的"定位过程"；而社会关系则关注个体在符号范畴和纽带所构成的"社会空间"中的"定位过程"。社会定位的有关规则一般是具体规定了具有某一特定社会身份或从属于某一特定社会范畴的人所拥有的权利与义务。换句话说，这种规则的规范性尤其得到强调，但上述所有对规则属性的判断也同样适用于此。具体来说，人们可以心照不宣地遵从它们，而无须以话语形式加以阐述。①

个人在社会中所获得的身份不是一个，而是多个，每个人都是一个身份集群，或者是一个身份集合体。因此，面对不同的人，个人有不同的身份，因而也就有不同的行为规范要求，并使得个人表现出不同的行为。

身份制不仅是传统社会一套模式化的行为规范，而且是按照人的身份把人分成三六九等的一种等级制度。《左传·昭公七年》云："天有十日，人有十等。下所以事上，上所有供神也。故王臣公，公臣大夫，

---

① ［英］安东尼·吉登斯：《社会的构成——结构化理论纲要》，李康、李猛译，中国人民大学出版社2016年版，第83页。

大夫臣士，士臣皂，皂臣舆，舆臣隶，隶臣僚，僚臣仆，仆臣台，马有圉，牛有牧，以待百事。"《左传·宜公十二年》云："君子小人，物有服章，贵有长尊，贱有等威，礼不逆矣。"就是说，在传统社会中身份还承载着重要的社会等级秩序作用，把差别、亲疏、尊卑、贵贱等不平等价值内置于身份之中，使身份成为确定人的权利大小、社会地位高低的标准。所谓君君、臣臣、父父、子子，既是对人的身份表达，亦是对人与人之间等级关系的描述，更是对社会尊卑贵贱等级结构的呈现。当说出一个人的身份之时，就表明了他在社会中的地位，名分的高低，以及权力的大小。可以说，身份负载着传统社会中人与人之间差序格局的功能，是人与人之间一切尊卑贵贱的总根源。卢梭对此有过精彩的论述：

> 没有政府的干预，声望和权威的不平等，在个人与个人之间，也将是不可避免的，因为人们一结成社会，就不得不互相比较，并从他们继续不断的互相利用中注意到所发现的彼此间的差异。这种差异可分为许多种类。但是，由于通常人们主要是根据财富、爵位或等级、权势和个人功绩等方面的差异来互相评价，因此我可以证明这种种力量的协和或冲突，是一个国家组织得好坏最可靠的标志。我可以指明，在这四种不平等中，个人的身份是其他各种不平等的根源，财富则是最后的一个。[①]

身份制不仅设定了人的等级性，而且规定了身份在等级之间是不能随意僭越的。皇帝的身份只能由皇子继承，即使坐在皇位上的人是一个不懂事的孩子，下级官员仍然要向其俯首称臣，不能有任何不合乎礼制的行为发生。正是身份在社会等级之间的固化，必然使得身份在传统社会里成为一种世袭制，即"官恒为官，民恒为民"。

身份的等级化与传统社会的等级社会制度密切相关。传统社会的等

---

① ［法］卢梭：《论人类不平等的起源和基础》，李常山译，商务印书馆1963年版，第143页。

级制度是奴隶制国家和封建制国家中统治集团通过国家的成文法律或不成文法——礼教伦常制度规定其享有某种特殊权利。由于被法律条文、纲常伦理所规定的权利与义务不同，各等级之间便形成了由高到低的不平等阶梯，导致彼此间形成支配和被支配的制度性关系。传统社会是一个等级森严的社会，无论是在中国封建社会，还是在古印度、古埃及、古希腊罗马社会，都有一套完整的社会等级制度。如古印度的种姓制度，就是一种森严的等级制度：第一等级是婆罗门，以僧侣贵族为主，拥有解释宗教经典和祭祀神灵的特权，以及享受奉献的权利；第二等级是刹帝利，以军事贵族和行政贵族为主，掌管军政大权，拥有征收各种税赋的特权；第三等级是吠舍，以商人为主，以布施和纳税的方式供养前面两个等级；第四等级是首陀罗，主要是被征服的土著居民，从事体力劳动，被认为是贱民。在古希腊哲学家柏拉图所设计的"理想国"中，也划分了三个基本等级，即管理统治国家的"哲学王"，保卫国家的"武士"，从事生产活动的手工业者。在欧洲的中世纪逐渐演化出一种贵族身份，这种贵族身份也被依次分为公爵、侯爵、伯爵、子爵、男爵五个等级。传统社会完全凭借着等级制度建构起社会秩序，凭借着等级制度维系社会秩序，可以说，传统社会的等级制度是传统社会秩序稳定的保证，安国家、定社稷，必然是与"序人民"紧密结合在一起的。然而，传统社会的等级制度要在社会中充分显现出来，就需要有具体的载体，这一载体就是人的身份。传统社会将人安排在等级不同的社会位置上，实际上就是赋予个人某种身份。传统社会的等级制度与传统社会的身份制在某种意义上是同一的，身份的等级化是对社会等级制度的具体实现。例如，在中国古代秦朝社会里，社会的等级制度设计为最高统治者，然后是中央政府，再次是郡，郡以下为县，县以下为乡。与此相应的职位身份就有：最高统治者的职位身份是皇帝；中央政府的职位身份则设三公九卿制：三公有丞相、太尉、御史大夫，九卿则有奉常、郎中令、卫尉、太仆、廷尉、典客、宗正、治粟内史、少府；郡这一等级的职位身份有郡丞、郡守、郡尉；县一级的职位身份是县丞、县令、县尉；乡一级的职位身份则是三老、啬夫、游徼。

第一章 人是有身份的存在

中国传统社会是一个十分重视人的身份的社会，什么身份的人，可以坐什么样的轿子，穿什么样的衣服，住多大面积的房子，使用什么样的器皿，这些都是有着严格等级规定的。

> 从天子到百姓，中间有无数的级差，表现在日常生活中，则饮食、衣饰、房舍、舆马、婚仪、丧葬、祭祀等皆有等差，其中，每一项又有许多细微的差别，如衣饰一项，颜色、质地，皮毛、冠履佩饰都因身份而异。即或是公服朝服，由于品级不同，冠式、冠饰、服色、花样、腰带、佩绶、朝笏等也各不相同。总之，衣食住行、婚丧嫁娶，无处不体现出名分的差异。违反了它就是逾制，为国法所不容。①

因为中国传统社会较早地形成了比较成熟的宗法制度，按照张岱年先生和方克立先生的说法，这种成熟的宗法制度所达到的完善程度都是世界上各个国家所无法比拟的。李宗桂先生也确证说："中国的宗法制度产生于氏族社会末期，成熟于西周。"② 李宗桂先生还确认，西周朝代所形成、确立的这种宗法制度，其核心内容是围绕宗族血缘关系来贯彻"授民授疆土"的继统法，而且区分了宗统和君统两种类型。宗族或宗统行使的是族权，以血缘身份为基础；君统行使的是政权，以政治身份为基础。由于中国传统文化家国不分，使得宗统和君统虽有区别但又密切相联系，以血缘为基础的身份和以政治为基础的身份往往连为一体。作为皇帝的"天子"既是全国最高的掌权者和主宰者，又是整个国家大家族的最大族长。"天子"借助纽带性的宗族血缘关系，依照父权家长制的大小辈分来分封田地，赐予官位。天子、诸侯、卿大夫、士等身份既是政治制度上的等级性隶属关系，又是血缘制度上的宗族关系。人们拥有不同的身份和名分，就处在不同的社会阶序上，享有不同的政治权利和经济特权。

---

① 梁志平：《身份社会与伦理法律》，《读书》1986年第2期。
② 李宗桂：《中国文化概论》，中山大学出版社1988年版，第39页。

正是这种宗法制度在中国传统社会形成了完整的血缘身份和政治身份等级体系，并深深积淀于中国传统文化的深层，使得中国历史悠久的传统社会对人们的身份意识造成了极大的影响。在中国传统社会中，绝大多数人的一生都是在家庭中度过的，即使出门也不过方圆几十里。中国传统社会家庭血缘身份和政治身份是一体的，即家国同构，从而使得家庭成员的身份也具有十分确定的等级。父父、子子、兄兄、弟弟、夫夫、妇妇，既表示身份，又表达等级。如此一来，中国人从小受到的教育和熏陶大都是在浓重的身份等级观念和身份等级文化下完成的。社会学家戈夫曼在《日常生活中的自我表演》一书中，引用了一个中国传统社会家庭中子女恭敬父母的事例，充分表明中国传统社会中身份规范的文化熏陶。

> 他们整洁优雅的服饰本身便是对其父母的孝敬。其典雅大方的举止也是对父母的孝敬。在父母面前，子女们必须表现得严肃庄重：一言一行、一颦一笑都要十分留心；不能打嗝，不能打喷嚏，不能咳嗽，不能打呵欠，不能擤鼻涕，也不能吐痰。在父母面前吐痰尤显不孝，可能被视为对父母尊严的亵渎。露出衣服的衬里也是一种不孝行为。为了对作为一家之长的父亲表示尊敬，子女们在他面前应目不斜视，身体站直，不能把身体靠在任何物体上，不能躬腰，也不能用一只脚站着。每天早出晚归，子女都要走到父母跟前，带着奴仆般的谦卑表情低声地向他们请安，然后站在一旁，听候父母的吩咐。①

虽然戈夫曼引用的事例来源于外国人对中国文化的见闻，不见得对中国传统家庭生活有多深入的了解，但也足以表明身份制在家庭生活中的样态。可以说，中国人在传统社会中从小就受到严格而特殊的身份教化训练，子女稍微懂事，家长便教导他或她有关亲属结构中的亲

---

① ［美］欧文·戈夫曼：《日常生活中的自我表演》，徐江敏译，云南人民出版社1988年版，第36—37页。

属称谓及其相应的等级规则,成人后便告知其在外面做事如何与人交往的身份规则。中国人在家庭生活中就能够学习到强烈而持久的根据身份而行为的生活经验,并习惯性地养成一种固执而敏感的身份意识,即身份的等级性应当是"天经地义"的。

在传统社会里,无论是中国还是欧洲的古希腊和中世纪,社会结构以及运作的基本单位是身份而不是个人,所有人不是被视为一个活生生的个人,而是被视为一个特定社会结构中的身份,特定社会阶层、团体中的一个成员。正是传统社会中的个人不被重视,一切都是以身份为重,都以身份排名分、论次序,由此身份成为人存在的象征,身份的价值远远重于个人的其他方面。身份不但是政治生活、经济生活、文化生活和日常生活的核心要素,甚至也成为人生价值观的主导要素。然而,这种"有贵贱,有大小,有上下,分等级"的身份制度,必然会造成个人社会价值的大小和人格尊严多寡的分别。身份高的人往往受到社会的尊重,门前车水马龙,并促使个人感到人生具有意义;而身份低的人则往往被社会瞧不起,门庭冷落,形成无意义感和无价值感。也就是说,身份虽然是对个人在社会关系结构中地位的标识和划分,但由于身份等级制的建构和存在,使得人与人之间的人情冷暖受制于身份的高低贵贱。面对高官厚禄之人,他人都笑颜奉迎,而一旦落魄,就落得人走茶凉。身份制导致的社会后果只能是,每个人都异常重视个人的身份,唯恐失去所拥有的重要身份,并拼命地按照身份阶梯向上爬。"我们的'自我'或自我形象就像一只漏气的气球,需要不断充入他人的爱戴才能保持形状,而他人对我们的忽略则会轻而易举地把它扎破。"[①] 有身份才有面子,有身份既是个人成功的标志,又是值得在他人面前炫耀的资本。于是,积极进取、拼命挤进高阶层的身份群体,实现鲤鱼跳龙门的飞跃,便成为身份制社会对所有人的无声命令。

[①] [英]阿兰·德波顿:《身份的焦虑》,陈广兴、南治国译,上海译文出版社2007年版,第1页。

三　现代社会中的角色

　　传统社会以身份标识人的社会地位，在进入近现代社会之后，角色概念逐渐代替了身份而成为个人社会地位的标识。角色取得身份地位的这一过程，被亨利·梅因称为身份向契约的转变。英国思想家亨利·梅因在其所著的《古代法》中谈到，所有社会进步运动都有一个显著的一致性特点，即在社会运行发展过程中，个人依附于家族的症候逐步被瓦解，代之而起的是个人独立性义务的不断增强，个人的崛起而引发的一个变化是，他逐步代替家族而成为法律考虑的基本单位。亨利·梅因由此得出一个基本结论：这种用以逐步代替传统家族中各种权利义务依附性关系形式的东西，是逐步独立的个人与个人之间所达成的契约。"在以前，'人'的一切关系都被概括在'家族'关系中，把这种社会状态作为历史上的一个起点，从这一个起点开始，我们似乎是在不断地向着一种新的社会秩序状态移动，在这种新的社会秩序中，所有这些关系都是因'个人'的自由合意而产生。"[①] 在传统社会中，个人的所有社会关系都被含括在家族关系当中，个人所作所为都被家族所先行确定的具有依附性质的伦理关系所决定。如果把以家族为主的社会生活状态作为历史上的一个开端，人们便可以发现，从这个历史开端开始，社会似乎是在向着一种非事先预知的新社会秩序状态行进。这种新产生的社会秩序运行状态的一个显著标志是，个人所发生的一切社会关系都是因个人的自由合意而生成出来的。所谓个人的自由合意，讲的就是个人按照自己的意愿与他人所达成的某种契约。由此，亨利·梅因提出了一个影响至今的重要思想：社会进步是一种从身份到契约的运动。

---

① ［英］亨利·梅因：《古代法》，沈景一译，商务印书馆2009年版，第96页。

"身份"这个字可以有效地用来制造一个公式以表示进步的规律，不论其价值如何，但是据我来看，这个规律是可以足够地确定的。在"人法"中所提到的一切形式的"身份"都起源于古代属于"家族"所有的权利和特权，并且在某种程度上，到现在仍旧带有这种色彩。由此，如果我们依照最优秀著者的用法，把"身份"这个名词仅仅用来表示这一些人格状态，并避免把这个名词适用于作为合意的直接或间接结果的那种状态，则我们可以说，所有进步社会的运动，到此处为止，是一个"从身份到契约"的运动。①

依亨利·梅因之见，身份是发生在家族之中的，家族成员由于对家族的伦理依附性，导致其不具有为自己利益而做出独立决定的能力，缺乏用"契约"模式达到与他人定约的必要条件，这就使得身份在家族中是对个人"人格状态"的一种限制。也就是说，身份在家族伦理关系中意味着个人处于外在关系的强制之下，没有自主性和独断性，更没有自由和平等；契约则是个人之间的独立自主约定，属于出于自己意志的合意行为。依据罗马法的规定："一项契约是两个或更多的人之间就契约规定的作为所导致的同一效果达成意思合致的协议。"② 由合意行为而达成的契约，表明契约双方是一种平等关系而非强制关系，契约中的约定是个人自主决定的，就此而言，契约是个人的一种独立人格状态。社会进步构成是由身份到契约的运动，说明了社会发展是将个人从家族禁锢中解放出来的过程，使个人成为独立自主的个体，人与人之间成为平等的存在。

亨利·梅因所谓的"从身份到契约的运动"，实际上指认的是从传统社会向现代社会发展的过程，在这个过程中，个人逐步从家庭、家族走向公共领域，按照费孝通的说法，是由"熟人社会"走向"陌生人社会"。随着传统社会向现代社会的转型，个人进入公共领域而生活，

---

① [英] 亨利·梅因：《古代法》，沈景一译，商务印书馆2009年版，第97页。
② 江平、米键：《罗马法基础》，中国政法大学出版社1987年版，第236页。

传统社会中那种等级性身份随之被瓦解了，人们更多地强调人与人之间的自由和平等。但是我们需要注意的是，传统社会身份制的瓦解并不意味着身份完全游离出了人们的视线，或者说，身份在现代社会不再发生任何作用了。事实上，现代社会所抛弃的是传统社会那种身份的等级性，抛弃的是身份制度，并没有放弃用身份标识人的做法。因为现代社会没有消除社会分工，也不可能取消人在社会结构关系中的位置。现代社会不仅没有消除社会分工，而且社会分工比传统社会更加发达和更加复杂。这样，用身份标识因社会分工而形成的社会位置就势必不可避免。也就是说，现代社会并没有也不可能取消身份，只不过是身份的内容和形式与传统社会相比发生了根本性的变化，身份更多的是平面化地铺开，体现出平等的意蕴。当然，我们也要看到，身份这一概念在现代社会里的使用频率逐渐被弱化，代之而起的是"角色"这个概念。易言之，在现代社会生活实践中对人与人关系判断起着决定性作用的概念是社会角色，人们往往用"社会角色"这一概念来表达人们在社会中位置的不同，以及相互作用的方式。

"角色"概念起源于戏剧表演，按照该词的原初含义，角色指认的是演员依据剧本设计、在戏剧舞台上扮演所安排的剧中某个人物。演员一旦扮演剧中某个人物，就要说剧中该人物的话，穿剧中该人物的衣服，表现剧中该人物的行为和举止。即使是某个演员由于某种原因而不再扮演这个剧中人物，但剧中这个角色并不因此而消失，仍旧会长期存在，甚至可以由其他演员扮演。戏剧中角色概念由于与社会生活中人的行为表现具有相似性，就像英国著名戏剧家莎士比亚在《人间喜剧》中所言："全世界是一个大舞台，所有的男人女人都是演员，他们有各自的进口和出口，一个人在一生中会扮演许多角色。"于是美国社会学家米德将戏剧中的角色概念借用到社会学和社会心理学研究当中，用以表明个人自我在社会生活中何以如此的所作所为，以及与他人角色之间的相互关系。米德认为，个人自我概念或自我意识是在自我反思的基础上，通过想象和学习扮演他人的角色而逐渐发展出来的。人类学家林顿在《人类研究》一书中论述了个人在社会关系中的地位与个人角色之间的关系,认为个人社会地位是权利与义务的集合,个人角色则是对该社会地位的动态显现。当个体占据某一地位后,并将该地位所拥有的权利与义务付诸实践活动中时,就是扮演某种角色。在此之后,角色概念被社会学和社会心理学研究广泛接受和使用,寓意为社会是一个大舞台,社会生活犹如一幕幕戏剧,社会生活中每个人都是一个演员,并时时处处扮演着各种社会角色。

由于米德在借用角色概念时没有给角色概念一种清楚的界定,就像安德烈耶娃所指证的那样:"他把它当作无定型的和很不确切的概念来使用"[1],结果造成人们在使用角色概念研究不同问题时给出了不同的定义。角色是社会学研究的重要内容,从社会学研究来看,其侧重于从社会地位、社会关系、社会规范角度界定角色概念,如《中国大百科全书·社会学卷》的定义是,角色是指"与人的社会地位、身份相一致的一整套权利、义务和行为模式"[2]。郑杭生教授的定义是:"社会角色是指与人们的某种社会地位、身份相一致的一整套权利、义务的规范和行为模式,它是人们对具有特定身份的行为期望,它构成社会群体或组织的基础。"[3]外国社会学者对角色概念的定义也基本大同小异。横山宁夫的界定是:"社会性相互作用的主体在一定的社会中必然具有特定地位及其随之而来的角色,这些制约着人们对行为的发生和选择。"[4]波普诺则强调:"角色是对群体或社会中具有某一特定身份的人的行为期待。"[5]社会学学者对于角色概念的思考真是仁者见仁、智者见智,甚至有些学者悲观地认为,角色是社会学中最模糊不清且最富有争议的概念。

角色概念是社会学和社会心理学研究的一个十分重要的范畴,几乎

---

[1] [苏]安德烈耶娃:《西方现代社会心理学》,李翼鹏译,人民教育出版社1987年版,第167页。
[2]《中国大百科全书·社会学卷》,中国大百科全书出版社1991年版,第311页。
[3] 郑杭生:《社会学概论新编》,中国人民大学出版社1987年版,第126页。
[4] [日]横山宁夫:《社会学概论》,毛良鸿译,上海译文出版社1983年版,第85页。
[5] [美]波普诺:《我们身处的世界——波普诺社会学》,李强等译,中国人民大学出版社2014年版,第79页。

所有介绍社会学一般原理的著作，都绕不开或回避不了角色的概念。尽管学者和专家对角色概念的含义有不同的观点和表达，但概括起来说有三个基本内涵：第一，角色是与地位相关的一整套权利、义务的规范，就像人类学家林顿所认为的那样，个人在社会体系中所占据的特定位置被称为此人的地位，个人为其地位所履行的权利、义务的总体被称为该人的角色。也就是说，任何角色都有相应的权利，也有相应的义务，享有权利和履行义务是角色的基本规范。例如教师角色拥有令学生好好学习的权利，亦有认真教好书的义务。第二，角色是一整套行为模式，就像演员在舞台上所表演的角色那样，都要有规定好的说唱念白和表现方式。在日常生活中，虽然角色的行为模式经过角色扮演者的理解而表现出某种程度的差异，但总体上还是不能偏离角色的行为要求。例如父亲这一角色，有一套教育孩子、关心孩子的行为模式，但怎样教育孩子，不同的父亲有不同的理解，有不同的教育孩子的方式。第三，角色是社会或他人对某种行为的期待。当某个人占据了某个地位，承担了某个角色后，人们就会期待该人表现出某种符合角色要求的行为。例如警察这一角色，当人们看到警察后，就期待或相信他一定会表现出维持社会秩序、扶危救困、除暴安良等行为。如果该警察不能做出符合角色要求的行为，或所作所为不符合人们对他的期待，就会引起人们对该角色的不满，并遭到人们对其的谴责。

奚从清教授提出，一个社会角色的基本构成要素有六个：第一构成要素是角色扮演者。社会上根本不存在没有身份的个人，只存在承担着形形色色社会角色的个人，社会中的个人完全被各种身份所裹挟。个人是角色的承担者、扮演者，是角色的主体。角色以个人为对象并附着在个人身上，因为个人在社会关系结构中总是占据某种地位或位置，由此而获得某种身份和扮演一定的角色。第二构成要素是社会关系。角色的本质是人的社会性，正是人在社会当中与他人发生各种交往互动，建立起各种社会关系，才需要用身份或角色将人从复杂的社会关系中标识出来。第三构成要素是个人的社会地位。社会地位表达的是个人在社会关系结构中所处的位置，角色则是社会地位的动态性表现形态，离开了社会地位，角色就丧失了产生的基础。第四构成要素是权利义务。角色是在社会关系中发生的，而社会关系的最基本形态是双方互动关系，夫与妻、父与子、教师与学生、店主与顾客等。社会关系的这种两极性，必然导致发生于其中的角色既要有一定的权利，又要有一定的义务。履行角色义务是行使角色权利的前提，行使角色权利则是履行角色义务的保证。第五构成要素是社会期待。角色是社会对处于一定地位的人的行为规范要求，角色是社会所期待的行为模式。没有社会期待，个人往往就不知道该怎样表现自己的行为。第六构成要素是具体行为模式。每种角色都事先规定了一整套行为，不同的角色有不同的行为模式，行为模式是具体呈现角色的必要装置。当个人扮演了某个角色之后，就要按照角色规定的行为规范行事；他人也总是期望处于一定社会地位上的个人在扮演某个角色时，按照该角色规定的要求行为办事，要符合角色的行为规定。例如，子女要孝顺父母，教师要为人师表，医生要救死扶伤，干部要廉洁奉公，军人要保家卫国。①

像身份一样，角色既可以是先赋的，又可以是自致的。先赋角色是指个人不需要做出任何努力争取而是与生俱来的角色，它建立在血缘、生理、遗传等先天要素基础上。先赋角色有三种基本形态：第一种是由血缘等先天因素决定的角色，如家庭角色、性别角色、民族角色、种族角色。第二种是个人在生命成长过程中必经的阶段所决定的角色，如儿童、少年、青年、中年、老年这类社会角色。第三种是个人出生时被社会预先规定好了而不得不承担的某种社会地位。如在封建社会中，皇帝的女儿就是公主，皇帝的长子一般来说就是太子。自致角色是指后天经过个人努力而争取到的角色。现代社会中的角色大部分是自致角色。自致角色也有三种情况：第一种是个人经过努力而争取到的角色，如教授、厂长、经理、工程师等；第二种是因社会需要而分配确定的角色，如社会指派某个人担当市长、县长、乡长等官职。第三种是因

---

① 奚从清：《角色论：个人与社会的互动》，云南人民出版社2010年版，第8—9页。

个人所获得某种成就而得到的称号性角色，如模范人物、功臣、榜样等。先赋角色因先天因素而自然而然地获得，缺乏竞争性，当先赋角色在社会中占据主导地位时，社会上下的流动性就会大大减少，官者恒官、民者恒民，必然造成社会活力降低。自致角色是个人努力奋斗的结果，竞争性较强，如果自致角色占据社会主流，社会的上下流动性就会增强，社会竞争性加剧且充满活力。

在现实社会生活中，每个社会成员都是一个演员，扮演着一个或多个角色。每个角色都有相应的规范要求和期待，因而每个人在扮演角色时都必须认真履行角色中的权利与义务，以角色身份与他人发生交往互动，并符合他人对角色的期待。扮演父亲的角色一定要像一个父亲的样子，扮演教师的角色一定要像一个教师的样子，如此才能赢得他人的喝彩，成为合格的社会成员。所谓像父亲的样子、像教师的样子，是指角色的理想状态，或者说是对角色的完美规定。在社会生活中，人们总是抱有一种良好的愿望，希望人是完美的、至善的，同样的道理，人们也希望每个人都能够成功地扮演每一种角色，把角色最美好的方面充分、完整地呈现出来。但实际情况却是，每个人在扮演角色时都有自己对角色理想状态的领悟，并按照自己的理解进行角色扮演。于是，"理想角色"就会转变为"领悟角色"。如对父亲角色应该呈现出什么样的行为，有的人理解为父亲的样子应当是威严，有的人领悟为父亲的样子应当是慈祥。领悟角色是角色扮演者把社会对角色的期待内化为自我意识，角色扮演者对角色领悟得好与坏，决定其是否能够成功地扮演该角色。当然，个人所领悟的角色能否在现实生活中真正地扮演并呈现出来，还取决于主客观条件。主客观条件的制约，使得角色扮演者不能完全按照自己的愿望，呈现出角色所内在具有的权利与义务规范，因而现实生活中所呈现出来的实际角色可能与理想角色、领悟角色存在一定的距离偏差。

无论是身份，还是社会角色，除了要有自我认同之外，还必须有他人的承认。身份或社会角色的自我认同决定了个体对履行身份责任和扮演角色的自觉性，而他人对该身份和角色的承认则决定了社会的认可和接受，并规定了他人与该身份或角色打交道的方式。他人对某人身份和角色的承认，构成了个人身份和角色生成的基础。他人对某人身份和角色的承认，既可以是正式的，也可以是非正式的。正式的承认需要经过一定程序，并得到社会组织的认定和任命，如对某领导的考核和任命。非正式承认属于自然性，或个人性承认，无须经过组织程序认定和任命。不管是正式承认，还是非正式承认，社会承认都是个人以身份或角色姿态进入社会并能够与他人发生社会交往和互动的必要条件。德国古典哲学大师黑格尔在《精神现象学》中谈到自我意识时，提出了"为承认而斗争"的思想，认为得到承认的要求是个人自我在社会存在中的基本价值要求，得不到他人的承认，个人的身份就会流于形式，个人的实在性就难免化为虚无。

四 身份的社会功能与困境

任何人只有以被承认了的身份进入社会，并真实地与他人发生社会互动，展开社会活动，他才是现实的、真实的存在。任何人失去了身份，或没有身份，都会成为一种纯粹的抽象。不仅如此，个人身份也是任何一个社会存在的必要条件，没有个人的身份存在，社会就有可能陷入混乱和无序状态；没有个人身份的存在，甚至社会存在本身都会成为问题。身份是社会结构中具体位置的功能性体现，是社会关系网络中的实体性存在，人之所以必须被赋予某种身份甚至多种身份，就是因为只有通过个人身份行为才能实现社会结构的规定性功能，呈现出社会所期待和所规定的秩序。从这一意义上讲，身份对个人生活和社会存在来说都是必要的，其所具有的功能性价值是不可或缺和替代的。

首先，身份内在地蕴含着人的权利和义务。个人拥有了某种身份，就相应地享有某种权利并承担某种义务。身份正是通过其内在所蕴含的权利和义务而得以显现的。身份所蕴含的权利和义务可以是约定俗成的，也可以是明文规定的。身份的权利指认的是身份的拥有者有权利对他人主张某种东西或某种事物，以及从他人或社会那里获得某种权益和利益。身份的义务是指身份承担者为他人和为社会所应当做的事情和事务，即所应尽的责任。例如公民身份就享有宪法所规定的选举权和被选举权，享有言论自由，出版、结社等自由的权利，同时要履行遵守宪法、遵守公共秩序、遵守社会公德、维护国家安全等的义务。教师的身份拥有要求学生学习的权利并受到学生尊重的权利，同时也必须履行传道、授业、解惑的义务。身份所内含的权利、义务满足个人从他人和社会那里得到自己所需要东西的要求，让他人和社会服务于自己，同时也要求个人必须为他人和社会做出自己的贡献，使个人服务于他人和社会。个人仅有所得而没有贡献是自私的，个人仅有贡献而没有所得是不能持久的。在一个以平等自由为首要价值的社会当中，身份所规定的权利与义务是统一的，不存在没有权利的义务，也不存在没有义务的权利。权利与义务的有效交换，表明个人与他人之间的平等性和互动行为的有效性。身份存在的真实性表现为权利与义务执行的有效性，个人按照身份的要求确实有效地履行了权利与义务，才能够表明其身份存在的现实性。没有权利与义务的有效承担，身份就会被彻底虚无化，即使是个人还保留着某种身份，该身份也会形同虚设。

　　身份所蕴含的权利与义务是社会结构中具体的权利与义务，是本体论意义维度的权利与义务在日常生活中的具体体现。本体论维度的权利与义务是在最抽象的层面揭示了权利与义务的本质，表明权利与义务关系是人类的一种最普遍的关系，只要有人类存在，就必定呈现出某种权利与义务关系的分配形态。近现代启蒙精神普遍认为，唯有既有权利又承担义务的关系才是真正的权利与义务关系，只要人是自由的存在，就必定享有权利并承担义务。在现代性意义上不存在没有权利的义务，也不存在没有义务的权利。近现代启蒙精神之所以主张权利与义务关系的平等，就是因为在传统社会当中，权利义与务关系的分配并不是平等的，一部分人享有较少的权利，却承担着较多的义务，而另一部分人却较多地享有权利,而较少地承担义务。本体论维度的权利与义务落实到现实生活当中,就转化为社会结构中体系功能化之身份的权利与义务。身份的权利与义务是本体论权利与义务在社会生活中的定在,是对具体社会交往关系的具体性功能规定。本体论维度的权利与义务关系代表着一定的伦理精神,在被应用到具体社会生活之中而成为身份之间的关系时,就使得身份之间权利与义务的互动所建构起来的身份关系成为一种伦理关系。当黑格尔说"一个人负有多少义务,就享有多少权利;他享有多少权利,也就负有多少义务"①时,就表达了个人身份之间一种平等自由的伦理关系。身份与身份之间的关系不仅是一种社会关系,也蕴含着伦理意蕴,是一种伦理关系,其彰显着社会本身的制度性诉求。黑格尔认为,道德是个人内心世界的良心和操守,具有主观任意性,要将道德的这种主观任意性变为现实客观性,就必须从内心世界走向社会现实的生活世界,进入现实而具体的各式各样的社会关系网络之中。而在现实社会关系中得以实现的道德由此就不再被称为道德,而成为一种伦理。伦理是社会客观现实生活中的"法",是人的自由在社会现实生活中的"定在",它是现实生活世界的善好关系和善好秩序。社会现实生活是一个大舞台,每个人在社会大舞台上扮演着各种角色,演出着一幕幕生动活泼的人生喜剧或悲剧。因此,黑格尔认定,伦理是活的善,即伦理是现实而具体的善,是呈现于活生生的现实生活中的善。"伦理是自由的理念。它是活的善,这活的善在自我意识中具有它的知识和意志,通过自我意识的行动而达到它的现实性。"② 伦理作为活的善是现实的、具体的,因而伦理也就具有实体性,用黑格尔的话说便是,伦理是实体。在《法哲学原理》一书中,黑格尔具体指证了三种伦理实体:家庭、市民社会和国家。然而,这三种伦理实体都是依靠现实的人与人之间的身份关系而成为伦理实体的,或者说,这三种伦理实体表达了三种现实的人与人之间身份的关系秩序。在现实社会生活中,人与人之间关系在

---

① [德] 黑格尔:《法哲学原理》,范扬、张企泰译,商务印书馆1982年版,第173页。
② [德] 黑格尔:《法哲学原理》,范扬、张企泰译,第164页。

某种意义上说仍然是抽象的，当人与人关系中的个人拥有了某种身份之后，人与人之间关系由此便成为一种身份关系，这才可以说人与人关系是具体的、现实的实体关系。也就是说，人与人关系是抽象而普遍的，身份关系则是现实而具体的。身份是保证人与人之间伦理关系现实性和具体性的关键。人总是以身份的形式进入人与人之间的必然伦理关系，也总是以身份的形式营造出人与人之间的必然伦理关系。家庭作为伦理实体就是由夫妻、父子、母子、兄弟姐妹之间的身份关系建构起来的。家庭关系是抽象的，而父母子女、夫妻的身份关系则是具体现实的。由此言之，黑格尔所谓的伦理或伦理实体真正落实到实处，就是人与人之间的身份关系。人与人之间的身份关系由此而成为一种伦理关系或伦理实体。身份是一种社会关系，因而身份本身也必然蕴含着伦理价值。每个人都依照自己所承担的身份与他人进行交往，参与社会活动，就是个人具体而现实的生活。这种现实生活无疑是合乎时代要求的伦理生活，具有社会正当性。就像黑格尔所言："一个人必须做些什么，应该尽什么义务，才能成为有德之人，这在伦理性的共同体中是最容易说出的：他只需做在他的环境中所以指出的、明确的和他所熟知的事就行了。"① 依据黑格尔之见，个人在现实生活中，只要按照身份的规定性与他人进行社会交往和互动，就履行了个人对社会、对他人的义务，享有了社会对个人的权利。正是个人有效地履行了身份规定的权利与义务，客观的善、伦理实体才得以建构起来。

其次，身份规定了个人的行为方式，迫使伦理实体关系中的每个成员都必须按照身份的规定表现自己的行为。社会是由人组成的，作为构成社会之成员的个人，在社会中的存在并不是处于孤立静止状态，而是处于不断与他人发生交往的动态状态。当个人与他人发生社会交往互动时，怎样交往互动才是道德合理的，怎样交往互动才是社会正当的，需要用身份先行存在的行为规范和行为模式去规定交往双方当事人的所做和所为、所说和所行。身份本身表达的就是一整套权利与

---

① ［德］黑格尔：《法哲学原理》，范扬、张企泰译，商务印书馆1982年版，第168页。

义务的行为模式，任何身份都事先规定好了某种行为方式，只要个人承担了某种身份，就必须表现出身份所规定的行为。身份所具有的行为模式和行为规范对个人来说具有在先的价值。在传统社会中，个人一举手、一投足、穿衣、戴帽都要合乎身份的要求，个人对行为的自由选择权利几乎微乎其微。尽管现代社会赋予个人较大的自由选择权利，个人可以在一定程度上自主地选择社会中的位置，但是仍然无法选择身份所蕴含的行为方式，或者说无法选择身份对行为的规范性要求。虽然现代社会对身份的行为模式给予了个人一定的领悟权利，个人完全可以按照自己对角色身份的领悟表现出角色身份的行为，但是做父亲要像父亲的样子，做教师要像教师的样子，做医生要像医生的样子，是社会的基本期待。当一个人按照身份所规定的行为模式行为时，合乎他人对该身份的行为期待，就会被人们认为是合理的、正当的；如果不合乎人们对该行为的期待，就会被认为是不合理、非正当的。就此而言，身份是社会结构的功能性表达，身份本身就是一种社会规定和社会制度，体现着社会的伦理规范，是社会制度性要求的承载物，对个人具有先在性。

身份之所以能够规定个人的所作所为，命令个人一定要按照身份本身所具有的行为模式进行活动，是因为身份本身仅仅是一个空洞的符号，其只有依靠自身所蕴含的行为方式才能变成活生生的客观现实，变成具体而真实的身份。唯有现实的、活生生的身份才能完成身份所承载的社会结构的位置功能。身份是社会结构中位置的体现，社会结构中的位置都承载着社会结构的功能，而功能的发挥则需落实到某种行为上。社会结构中有不同的位置，每个位置都具有自身不同于其他位置的功能，因而就使得体现社会位置的身份具有不同的行为方式，不同的权利与义务形式。身份正是通过必要的行为方式呈现出自己的社会功能，通过必要的行为方式表现出自己的特殊存在。教师正是通过备课、上课、批作业、指导学生等一系列行为而成为教师的，医生正是通过看病问诊、救死扶伤等一系列行为而被识别为医生的，工人正是通过一套生产行为模式而被认为是工人的。没有上课的行为，教师就不再成为教师；没有看病的行为，医生就不再是医生；没有生产行为，工人就不再是工人。身份包含着行为的方式，个人按照身份所规定的行为方式进行活动，才名正、言顺、事成，才使个人行为成为一种道德合理性的活动。所谓名不正、言不顺、事不成，则是因为个人违背了身份的行为方式要求，没有清楚地表达身份的规定性而遭到了他人的反对和阻止。

最后，身份将人们的社会交往和社会活动纳入一定的轨道当中，以保证社会呈现出某种秩序性和稳定性。身份是对人们在社会中位置的标识，同时也是社会对身份承担者的行为规范。社会用身份的形式规范承担者的行为方式，属于一种制度性安排，目的是要将身份承担者的活动纳入一定的轨道，既保证身份承担者活动的有效性，又保证身份承担者活动的秩序性。人类社会的存在必须有秩序并且要保持稳定，社会要达成这一目的，除了用法律和道德的形式约束人们之外，还将社会结构中的众多位置赋予个人，使得身份成为社会结构的实体性存在。身份由于社会的等级和分工而呈现得形形色色和多种多样，但都是用来完成社会结构的某种特定功能，因此身份也是社会的功能性规定。对于社会而言，它并不关心哪个人居于社会中哪个位置、拥有某种身份或角色，它只关注这一身份或角色的功能本身，以及功能发挥的效果。社会中的每个成员都按照身份所规定的行为方式与他人进行交往，本身就是社会结构的功能性发挥，是合乎社会要求的制度性安排。每个身份都有效地发挥其功能，社会必然呈现出秩序性，因为功能活动本身就具有有序性。

由于身份本身是一个历史范畴，具有社会历史性，不同的时代身份所指代的功能含义会有差异，因而身份所维护的社会秩序在不同时代也是完全不一样的。身份本身所具有的这种历史性从权利与义务的关系来看，表现为对权利与义务的分配差异。主体间权利与义务分配得不一样，所产生的社会秩序也就根本不同。康德从本体论维度分析了主体间权利与义务的分配形态，认为存在四种形式：第一是既无权利又无义务，这是人对自然的关系，自然没有理性，既不能加义务于我们，我们也不受它规定的责任所约束；第二是既有权利又有义务，这是人对人的关系；第三是只有义务而无权利，这是奴隶对主人的关系；第四是只有权利而无义务，这是上帝对人的关系。① 康德认定，只有既享有权利又承担义务的分配关系，才"是一种真正的权利和义务的关系"。

自人类社会产生以来，就存在着权利与义务的分配关系，只不过是不同的社会各自以自己的方式实现权利与义务的分配罢了。欧洲的古希腊社会是一种奴隶制，奴隶是会说话的工具，因而其只承担对奴隶主的义务而不享有任何权利；即使是获得城邦公民资格的奴隶主们同样也被区分为不同的等级，在柏拉图的《理想国》中，柏拉图充分论证了一个理想的国家应当是由三部分人的身份所构成，治理国家的哲学王身份，保卫国家的武士身份，从事生产的生产者身份。"哲学王"处于国家的最高等级，"武士"处于国家的第二等级，"生产者"则位于国家的最底层。国家的三个身份等级，各就其位，各谋其政，各守其分，管理者管理好国家，武士守护好国家，生产者为国家生产出物质生活资料，形成和谐的等级秩序，于是国家就呈现为正义的状态。柏拉图在此表明，等级和谐便为德，身份的等级差异秩序具有必要的伦理性质，合乎古希腊城邦社会的伦理精神，属于城邦的政治之善。在欧洲的中世纪，基督教神学统治着一切，上帝对它的臣民基督徒就只享有权利而不承担任何义务。中国的传统社会是一种等级社会，等级地位高的身份意味着较多地享有权利而较少地承担义务，而等级地位低的身份则意味着较少地享有权利而较多地承担义务。如"君为臣纲、父为子纲、夫为妻纲"，就是中国传统社会之身份的权利与义务分配的规定。中国传统社会是"家""国"同构的，家相当于国，国相当于家。一个家庭的家长相当于国家的皇帝，对其子女只拥有权利而不承担义务。一个国家的皇帝相当于一个家庭的家长，所有的国民都是他的臣民，"普天之下莫非王土，率土之滨莫非王臣"，就表明了皇帝只享有

---

① [德] 康德：《法的形而上学原理：权利的科学》，沈叔平译，商务印书馆1991年版，第36页。

权利而对其臣民不承担义务。"君要臣死，臣不得不死；父叫子亡，子不得不亡"，说的就是这个道理。黑格尔在《历史哲学》中就曾提出，在中国传统社会里就只知道皇帝一个人的自由权利，"各种义务都是从下而上，绝少自上而下的"①。虽然传统社会中的身份之权利与义务的交换是不平等的，但传统社会的本质本身就是等级制的，不平等的权利与义务交换恰好体现了不平等的社会本质，其仍然维持了等级性的和谐秩序。

从传统社会向近现代社会的历史转型，开启了一场"从身份到契约"的社会进步运动。传统社会中的等级身份在近现代社会里开始平等化，形成了"社会角色"这一概念。社会角色扮演的本体论基础是社会契约，社会契约所蕴含的平等主义伦理代表了角色身份的伦理精神。当中世纪管控一切的基督教神学的上帝，被西方近现代启蒙运动驱逐之后，由上帝附着于人身份之上的一切价值和形而上学依据都随之烟消云散了，人进入了一个"非此即彼"的公共领域，人自身成为终极目的和一切价值的来源。人对基督教上帝的解放，带来了个人自由主义的兴起，每个人在近现代社会中都是一个独立、自主的平等个体，只要个人不干涉他人的自由，就拥有绝对的自主性和自由。每个独立自主的平等个体为了维护自己的利益，避免陷入霍布斯所描述的"人对人像狼一样"的境遇，相互之间不得不订立契约，以保障个人与个人之间相互交往成为可能，使社会进入良序状态成为可能。于是，社会契约论便成为现代公共社会治理的基本依据，契约伦理成为人与人之间角色身份交往互动的基础。"社会契约论不仅是国家起源及其正当性的一种可能解释，而且是我们所有视为重要的公共世界的规范体系的起源及其正当性的一种强有力的解释。"② 人与人之间通过契约而达成的角色身份关系的社会状态，属于黑格尔在《法哲学原理》中所说的市民社会，在该社会中每个人都把自己视为目的而把他人视为手段。"在市民社会中，每个人都以自身为目的，其他一切在他看来都是虚

---

① [德]黑格尔：《历史哲学》，王造时译，上海世纪出版集团2001年版，第123页。
② 包利民：《当代社会契约论》，江苏人民出版社2008年版，"编者的话"第1页。

无。但是，如果他不同别人发生关系，他就不能达到他的全部目的，因此，其他人便成为特殊的人达到目的的手段。但是特殊目的通过他人的关系就取得了普遍性的形式，并且在满足他人福利的同时，满足自己。"① 每个人都把自己当作目的，把他人当作手段，导致的实际后果则是：在人人是目的的同时人人又都是手段，从而形成了权利与义务的平等交换。当黑格尔说"一个人负有多少义务，就享有多少权利；他享有多少权利，也就负有多少义务"时，他所指认的就是现代市民社会实体中人与人之间的权利和义务分配关系。既然市民社会是一个角色身份之间相互利用的社会，通过劳动获取财富，就必然使得某些人借助于一定的货币资本手段从他人那里获得更多的利益，造成社会贫困和富有的两极分化，结果导致角色身份的平等性伦理精神流于形式，成为一种马克思所说的形式平等，而实质不平等。

身份作为社会结构功能实现的载体，规定着人的权利与义务和规范着人的行为，以达到维护社会和谐秩序与有效运行的目的，但是，身份对个人的规定性也像"铁笼"一样严重地束缚着人，使得每一个人都像一架自动机器那样按照事先规定好的程序运转。马克斯·韦伯提出，现代社会的行政管理形式是"科层制"，并认为"科层制"是迄今为止最有效、最系统、最有希望的社会组织管理形式。"科层制"的本质是分工明确，无论是纵向还是横向的各个部门，都明确规定职责、权限和任务，下一层的管理人员要听上一层人员的指挥，每一层的管理人员都要照章办事，不能掺杂个人情绪和意愿。科层制中官员和职员的所有决定和行动，无论制定政策还是实施管理都必须以组织本身的目标或需要为圭臬。不可否认，科层制相对于传统社会的管理模式，能使组织规模成长壮大，能使控制得到加强，能使效率得到充分提高，这无疑是一种进步。但是，科层制却使其中的人员付出精神或情感方面的沉重代价，效率的逻辑残酷地淹没了人的感情和情绪，使人沦为科层制机器中附属的而又不可或缺的零件。"在发展和促进科层制形式的组织

---

① ［德］黑格尔：《法哲学原理》，范扬、张企泰译，商务印书馆1982年版，第197页。

的时候，人们实际上是在给自己建造一个'铁牢笼'，他们将来有一天会发现从这个'铁牢笼'里逃出去是根本不可能的。"① 人类社会本身原本是为了人的美好生活和人的美好存在而产生的，但是人类社会一旦产生之后，就成为凌驾于人之上并控制人的"利维坦"，使得人们不再为了自己的美好生活而存在，而是为了社会才存在的，从而导致人与社会关系的异化。

现代社会中个人所承担的身份不是一个，而是多个，个人往往是多个角色的集合。一个人在家庭里可能是父亲、母亲、儿子、女儿，在工作单位可能是老师、教授、同事、公务员，在科层制中可能是科员、科长、处长、厅长，出入商场时可能是顾客，等等。一个人在日常生活中被多个角色所笼罩，所作所为都是角色表演活动，就如同舞台上的演员演戏一样。如此一来，个人的生活、与人交往等就必然沦落为一种表演，即扮演角色就等于戴上一幅面具，表演得好就会赢得作为观众的他人的喝彩，表演得不好就会被他人批评指责。扮演角色成为个人的表演活动，个人的真实自我就会掩藏在面具之后，即个人所直接真实感受到的自我仅仅是角色扮演的自我。于是扮演角色不可避免地产生出一种悲剧：个人找不到自己的真实自我，个人真实自我会被角色自我所扼杀，甚至误把角色自我当作真实自我。就像戈夫曼在《日常生活中的自我表演》中所认为的那样，个人只要出现在他人面前，就开始了角色表演。这种角色表演按照角色行为要求展开，就如同给表演者戴上一个面具。"从某种意义上说，只要这种面具代表着我们已经形成的自我概念，即代表着我们力图充分体现的角色，那么，这种面具便是我们的更真实的自我，即我们所希望努力达到的自我。"② 在戈夫曼看来，角色扮演是具有情境性的，即表演者受当下舞台场景的影响，角色自我正是从这一舞台场景中产生出来的，自我完全是所有这些角色

---

① ［美］D. F. 约翰逊：《社会学理论》，南开大学社会学系译，国际文化出版公司1988年版，第292页。
② ［美］戈夫曼：《日常生活中的自我表演》，徐江敏译，云南人民出版社1988年版，第3页。

安排的必然产物。在日常生活中每个人都扮演着多个角色,由此产生出由角色安排的多个自我形象,对此戈夫曼认定"自我不过是角色之衣借以悬挂的一个'衣架'"①。也就是说,现代社会使得个人角色多样化,其后果是造成个人真实自我的迷失,不知道自己到底是一个什么样的人。人是社会性的存在,是在社会关系中的存在,身份本来是指认和标识人的这种社会存在的工具,使得个人能够通过身份认识到自己的真实自我和真实存在。但是,现代社会将人的身份角色多重化和多样化,个人自我完全成为角色所戴的面具。摘掉了角色面具,个人自我什么也不是,丧失了自己的真实存在。"这种不具有任何必然社会内容和必然社会身份的民主化的自我能够是任何东西,能够扮演任何角色、采纳任何观点,因为他本身什么也不是,什么目的也没有。"② 身份或角色本来是让个人获得真实自我和真实存在的东西,但怪异的是,现代社会越是赋予个人多种身份或角色,个人就越是戴上多种面具与他人交往,个人自我被牢牢地依附在面具上,甚至成为面具本身。个人扮演角色的结果是丧失自己的真实存在,找不到自己的真实自我,这不能不说是一个悲剧。

现代身份或角色来源于现代社会,而现代社会的产生往往认为是人与人之间达成契约的结果,是人类对抗自然界的结果。在论证契约社会时,人们总是强调社会契约仅仅是人与人之间关系的约定,把自然界完全排除在社会本身或社会契约之外。因此,契约社会或社会契约只强调对契约当事者的道德责任,完全忽视了对生于斯、长于斯的自然界的道德责任,使得身份或角色成为纯粹的社会身份或社会角色,完全不包括对自然界的关心和爱护。实际上,社会是人与自然统一关系的中介,人正是通过结成社会才与自然界发生相互作用关系的,才与自然界发生实践活动的。就像马克思所言,人们只有结成一定的关系,才有对自然界的关系,才有对自然界的生产。因此,说人的本质是社会关系的总和,也就是说,人的本质存在于社会和自然的

---

① [美] 麦金泰尔:《德性之后》,龚群等译,中国社会科学出版社 1995 年版,第 42 页。
② [美] 麦金泰尔:《德性之后》,龚群等译,第 42 页。

统一关系当中。"社会是人同自然界的完成了的本质的统一,是自然界的真正复活,是人的实现了的自然主义和自然界的实现了的人道主义。"① 人类社会统一着人与自然的关系,那么在人类社会中就不仅应当包含人对人的道德责任,还应当包含人对自然界的道德责任。缺乏对自然界关爱与责任的人类社会一定不是一个好的社会,把人类社会当作掠夺自然界的中介,一定是一个异化的社会。正是从这一意义上讲,从身份到契约的运动,即从传统社会到现代社会的运动,其内在蕴含的重大缺陷无疑是在赋予每个人的社会身份中忽视了对自然界的道德责任和对自然万物的关爱。矫正这一缺陷,探究人在自然界面前的身份和道德责任,就成为环境伦理学研究的必然和重要任务。

---

① [德]马克思:《1844年经济学哲学手稿》,人民出版社2000年版,第83页。

第二章

身份规定责任

人是有身份的存在，人的任何身份都内在地蕴含着权利与义务要求。义务也就是责任，因此，个人拥有了某种身份，也就相应地要担负起某种责任。人是有身份的存在，也就意味着人是担当责任的生存，人是责任担当的主体，担负责任是人不可逃避的定在。人与动物的根本区别就在于人能够对自己的所作所为担负起责任。人的身份是人参与社会生活和与他人发生交往互动的基本条件，合乎身份而生活、按照身份的规定与他人进行交往，也是社会对个人的基本道德要求。就此而言，个人拥有了某种身份，就必须履行身份所内在蕴含的责任，而且履行这种责任本身也是身份所规定的基本内容。

一 责任与道德责任

江畅老师在为谢军的《责任论》所作的序中表明：

> 人是社会性动物，必须生活在人群中、生活在社会中，离开了他人和社会，人就不能成其为人，也不能生存下去。因此，社会性是人的先在规定性。人的社会性的重要体现之一，就是人的责任性。人生活在社会中，就不能不对家人承担责任，不能不对所在的生活共同体承担责任。承担责任是人之所以为人的基本规定性之

一。如果每一个人都不对他人和所在的各种共同体承担责任，社会就不能存续下去，人类也不能存续下去。①

江畅老师道出了一个社会真谛，那就是在社会生活中的人不能不担当责任，人只要存在并与他人发生交往，就必须为社会和为他人承担责任。责任内在于人的存在和社会生活之中，成为人的存在和社会生活不可或缺的部分。人是社会性存在，必须生活在社会中，承担责任则是人的社会性的体现，也是人成其为人的标志。正如康德所说："每一个在道德上有价值的人，都要有所承担，没有承担，不负任何责任的东西，不是人而是物件。"② 有德之事和无德所行皆与责任密切相关，尤其是随着社会的发展而进入现代之后，人们的社会关系和社会生活越来越复杂，责任概念越来越受到人们的重视，并日益成为一个十分显赫的概念。可以说，责任概念在社会生活的方方面面几乎无所不在，在经济活动、政治活动、艺术文化活动、宗教活动、伦理活动、科学和技术活动的道德讨论中已然升华为判断活动好坏善恶的试金石，责任概念已确切地成为现代性十分重要的普遍话语之一。

责任概念对于我们成为人的存在，对于我们的社会生活秩序建构如此重要，那么责任概念的内涵是什么呢？或者说，什么是责任呢？《汉语大词典》的解释是："①使人担当起某种职务和职责；②分内应做的事；③做不好分内应做的事，因而应该承担的过失。"③ 在对"责任"概念的这种解释中，"使人担当起某种职务和职责"是说，责任主体一旦担当了某种职务就必须履行相应的责任，以及作为人的存在本身就要对他人和社会承担一定的职责。有了某种职务以及作为人的存在必须承担的某种责任，这种责任是一定职务和人的存在的分内之事。例如，担当了领导的职务，就必须履行领导的责任，领导责任就成为领导职务的分内之事。再比如"天下兴亡，匹夫有责"，揭示了作为人的存

---

① 转引自谢军《责任论》，上海人民出版社2007年版，序第1页。
② ［德］康德：《道德形而上学原理》，苗力田译，上海人民出版社2002年版，代序第7页。
③ 罗竹风主编：《汉语大词典》，汉语大辞典出版社1992年版，第91页。

在，对社会发展承担责任是不可逃避的分内之事。基于此，《现代汉语词典》将"责任"含义规定为两层：一是"分内应做之事，二是没有做好分内应做的事，因而应该承担的过失。"① 教师履行教师的职责，医生履行医生的职责，士兵履行士兵的职责，就属于教师、医生和士兵的分内之事，亦即教师、医生和士兵必须履行的道德责任。或者说，教好学生是教师之身份必须承担的责任，治好病人是医生之身份不得不履行的义务，保卫祖国是士兵之身份应尽的分内之事。如果教师没有教好学生，医生没有治好病人，士兵在战场上成为逃兵，那就要承担遭受惩罚的后果。

在对责任含义的这两种界定中，所谓"分内应做之事"，指的是作为人，或者说只要你是个人，就应当承担起对自己、对他人、对社会的一种职责、任务、使命或负担。从社会角度来说，所谓"分内应做之事"，是指社会对个人的强制性要求和命令。正如马克思所言："作为确定的人，现实的人，你就有规定，就有使命，就有任务，至于你是否意识到这一点，那都是无所谓的。"② 这表明责任是人存在的灵魂或精神，只要人存在，就必定要对责任有所担当。康德提出，只有出于责任的行为才具有道德价值，而责任则是由于尊重道德法则而产生的行为必要性。生命哲学的创始人柏格森则把职责作为伦理学的核心范畴，认为职责是人们之间的相互约束，也是自己对自己的约束。对责任概念界定的第二层含义更多的是对责任主体的"实然行为"和"实然恶行"的追溯性责任，即责任主体应该做出某种行为而没有做出这种行为，或者做了某种事情而导致不良后果，就要对其不良后果承担责任。如朱贻庭主编的《伦理学大辞典》就将责任规定为"人们对自己行为的过失及其不良后果在道义上所承担的责任"③。在西方伦理思想史上将责任视为对行为不良后果的追究，也是大有人在的。如亚里士多德

---

① 中国社会科学院语言研究所词典编辑室：《现代汉语词典》（修订本），商务印书馆2014年版，第1627页。
② 《马克思恩格斯全集》（第3卷），人民出版社1960年版，第329页。
③ 朱贻庭主编：《伦理学大辞典》，上海辞书出版社2002年版，第36页。

认为，个人所做的恶行除非被迫无奈的，或者个人对所做恶行根本不知不觉，否则所有恶行都要担当责任且应遭受惩罚。至于在被迫、无奈和无知情形下所做出的恶行，则是可以不承担责任的。在《责任与控制》一书中，作者提出："个体不仅对自己的行动负道德上的责任，而且还对没有采取的行动负道德责任。另外，我们认为人们应当对他们的行动后果和疏漏负责任。"① 当然，人们对责任的理解还有不同的意见，对责任概念的界定大有"仁者见仁、智者见智"的特点，由解释责任概念所产生的文献也非常多，但在众多文献中，将责任视为"分内应做之事"和"对过失承担责任"这两种含义，在中西方伦理学中赢得较多人的支持。

美国现代法哲学家哈特从地位、原因、义务和能力四个方面具体分析了"责任"的含义：（1）地位责任。该责任所表达的意思是：某一社会组织中的某人只要占有一种特殊地位，而这一特殊地位是为了给他人带来某种好处，或以某种特殊方式促成该组织目标的实现，所占据的该地位就赋予某人某种职责。人们由此便可以恰当地表明，他有责任履行特殊地位所赋予的职责，或有责任履行这些职责所必须做的事情。（2）原因责任，其表达方式是"应对……负责"，即对某种活动后果负责任。这种后果不仅是对他人的，也包括对自己的，不管是作为的还是不作为的。（3）义务责任，分为法律义务责任和道德义务责任，是指因某人应对某一行为负法律责任，故他因此而承担受惩罚的义务，在道德上应当受到谴责。（4）能力责任，是指个人有能力承担责任，"他应对其行为负责任"这一命题的前提是个人有正常的能力，能够担负起这种责任，能力构成了责任的必要条件和正常标准。能力责任中的能力包括理解、领悟，判断推理和行为控制，能力责任要求个人对法律规范或道德所要求的行为能够做出准确理解和判断，在此基础上思考并做出符合这一行为的有关要求的决定，在做出决定之后还能够下

---

① ［美］约翰·马丁·费舍、马克·拉维扎：《责任与控制》，杨绍刚译，华夏出版社2002年版，第233—234页。

定决心认真执行这些决定。①

"责任"概念不仅在伦理学研究中是一个核心范畴,而且在经济学、政治学、法学、社会学等社会科学研究中也占据着重要位置,并由此引出了经济责任、政治责任、法律责任、社会责任、道德责任等相关概念。人类社会的存在,以及社会秩序的建构与运行,人们的经济生活、政治生活、社会生活、道德生活和法律过程的合理展开,都完全依赖于个人对责任的承担与履行。不仅如此,在现实社会生活中,个人应该如何做人,应该如何行动,如何建构一种合理的人际关系,也依赖于个人对责任的领悟与执行。责任在人类社会中具有十分重要的维持社会和整合社会的功能,责任是个人实现自我人生价值的必要条件。正是责任对社会存在和个人存在具有不可或缺的作用,因而责任具有十分重要的道德价值,它包含着丰富的道德意蕴。可以说,责任是人类精神的灵魂,是一切道德价值的基础,它不仅是一种应然性,也是一种必然性的规定。责任作为内在于社会之中的应然性和必然性规定,对个人在社会生活中的所作所为具有规范性,但这种社会行为规范能够被个人自觉履行,必须内化为个人自我意识,形成所谓的责任心、责任感或责任意识,最终由社会他律转变为个人自律。责任心、责任感和责任意识是个人对责任的一种积极态度和心理感受,亦即个人意识到自己应该做的分内之事,从社会的外在规定变为个体的自我规定,从社会的强制性升华为个人的道德自觉。从某种意义上说,履行责任对个人来说是一种负担,即责任对个人来说也是一种重负,担负责任必然使得个人负重前行,但由于任何人都逃避不了责任,都需要对责任有所担当,因此,逃避责任实际上是一种自我欺骗。

伦理学亦非常关注责任问题,甚至在某种意义上可以说,伦理学就是关于人如何承担责任以维持社会有序运行的道德学问,如果脱离了责任问题,许多道德现象就无法得到解释。黑格尔就说过:"道德之所

---

① 参见[美]哈特《惩罚与责任》,王勇等译,华夏出版社1989年版,第201—219页。

以是道德,全在于具有知道了自己履行义务这样一种责任。"① 伦理学研究人的责任问题,亦称为道德责任,即道德上应当承担的责任。道德责任与责任一样,在人之为人的存在和社会生活中是绝对不可或缺的。古罗马最有才华的政治家和思想家西塞罗提出:

> 虽然哲学提供许多既重要又有用的、经过哲学家们充分而又仔细地讨论过的问题,关于道德责任这个问题所传下来的那些教诲似乎具有最广泛的实际用途。因为任何一种生活,无论是公共的还是私人的,事业的还是家庭的,所作所为只关系到个人的还是牵涉到他人的,都不可能没有其道德责任;因为生活中一切有德之事均由履行这种责任而出,而一切无德之事皆因忽视这种责任所致。②

国内外关于道德责任概念的界定也是众说纷纭的,郭金鸿在《道德责任论》中认为,西方伦理学关于道德责任概念的界定主要有三种观点:第一种是斯特劳森派的以"反应性态度"为基准的道德责任概念,强调用情感反应对该为之事或该为之行为负责的某人做出反应,如表现出感激、赞赏、尊重、谴责、愤怒、宽恕等;第二种是"墓石观",主张道德责任是判断行为者自身是否能够担负责任,其要义在于行为是否来自行为者自身本性的某种东西,赞赏该人是因为其人生墓碑上有光彩记录,谴责该人是因为其人生墓碑上有污点;第三种是以鲁卡斯为代表的应答观,其道德责任内涵的根本在于,人们可以提出这样一个问题,"为什么你要做某事?"如果被问者不能合理地回答出为何做某事的原因或缘由,他就应当为此事情负责任。③ 关于道德责任概念的界定,国内伦理学界也是多种多样,人们从道德规范、道德应当、利益关系、主体自由、责任能力、行为后果、行为理由等方面对道

---

① [德]黑格尔:《精神现象学》(下卷),贺麟、王玖兴译,商务印书馆1979年版,第157页。

② [古罗马]西塞罗:《论老年 论友谊 论责任》,徐奕春译,商务印书馆2009年版,第91页。

③ 郭金鸿:《道德责任论》,人民出版社2008年版,第18—19页。

德责任的本质、内涵进行了分析和研究，各自都充分表达了自己的学术立场。从权威性辞典方面来看，《中国大百科全书》将道德责任定义为"人们在一定的社会关系中所应该选择的道德行为和对社会和他人所承担的道德义务"①。《中国哲学大辞典》《伦理学大辞典》《马克思主义哲学大辞典》都基本上从行为后果方面定义道德责任。在笔者看来，责任的基本内涵是应做分内之事，以及没有做好分内之事而成为过失，那么，道德责任的基本内涵也应当是道德上应做分内之事，以及没有做好道德上分内之事而为过失承担的处罚。

与责任概念相关的一个概念是"义务"，许多学者从"分内应做之事"的角度，将"义务"与"责任"、"道德义务"与"道德责任"的内涵看作相同的，承担责任即是履行相关义务，履行相关义务亦是担当某种责任。"在西方语言中，尤其是在英文中，'责任'与'义务'总体上是可互换使用的同质概念，在内涵上二者相互包含。人之为人而履行道德责任是人的当然义务，而人承担义务实质上就是在履行为人的责任。"② 宋希仁先生主编的《伦理学大辞典》也强调过在伦理学上，责任和义务具有相同的含义。不过，有一些学者不太认同这一观点，认为"责任"与"义务"不能是同质范畴的。如谢军认为："如果说道德义务还较多地表现为外在的道德要求，那么道德责任则已把这种外在的要求转化为内在的要求。道德责任是自觉自愿承担和履行的，是人们主动意识到的道德义务。"③ 从笔者行文来说，由于本著述不是专门对伦理学基本概念进行研究，对"责任"与"义务"、"道德责任"与"道德义务"，甚至"责任"与"道德责任"不做严格的区分，大体上将它们视为同一含义来使用。

---

① 《中国大百科全书》（哲学卷），中国大百科全书出版社1987年版，第131页。
② 江庆心：《人在世界中的位置及其责任——古斯塔夫森的伦理思想研究》，中央编译出版社2011年版，第118页。
③ 谢军：《论责任的道德价值》，《学术交流》2006年第6期。

二 身份与责任

人在社会中存在与生活，一定要承担责任和履行义务，这是人不可逃脱的天命。但是，人在社会生活中为什么一定要担当责任呢？担当责任的依据是什么呢？这是必须回答的问题。一般来说，研究责任需要澄清三个基本问题：一是责任的内涵，二是责任的对象，三是责任产生的根据。众所周知，任何责任的发生和生成都需要具备一定的必要性前提条件，必要性前提条件不同所生成的责任也不尽相同，没有相关的前提条件的存在，就不会生成与此相关的责任。责任的产生和担当具有因果必然性。责任本身是对人的一种强制、命令和要求，这种命令和要求要切实发挥作用并让人自觉执行，就必须基于充分而正当且令人信服的前提条件，即给出责任发生和存在的充分理由。因此，在我们明确了责任概念内涵和对象之后，就需要对责任的根据与前提条件做出回答，以便为履行责任提供充分而必要的理由。

人在社会中存在与生活，首先获得是自己的身份，人一出生就具有社会成员的身份，有了儿子、女儿的身份，以及兄、弟、姐、妹的身份，随着年龄的增长，个人获得的社会身份越来越多。可以说，每个人之所以能够顺利地在社会中生活，或者说，每个人都能够合理地、合乎规范地参与社会生活，主要是因为个人所获得的社会身份。社会正是通过赋予每个社会成员身份的方式，让每个成员依据身份而活动，依据身份而生活，依据身份而与他人进行社会交往，将社会结构中的功能发挥出来，并保障社会呈现出一定的秩序。虽然社会生活的有序性可以通过各种方式得到保证，但身份是保证社会有序性的重要条件。离开了人的身份，人们的社会生活和交往秩序就会出现障碍。

为什么身份能够保障社会秩序的有效运行呢？这是因为每个身份本身都内在地蕴含着一整套不可或缺的权利与义务行为模式和道德规范，或者说，身份本身就是一套权利与义务的标志与呈现。某人拥有了某

❖ 第二章　身份规定责任 ❖

种身份，就意味着该人要享有某种权利并履行某种义务。义务相当于责任，履行义务就是承担责任。由此可以说，任何身份都内在地蕴含着责任，人的身份本身就象征着一定的责任，身份本身就意味着责任的担当。亮出身份，就表示担当责任。就此而言，身份是责任产生的根源之一，身份是担当责任的必要理由之一，从人的身份当中能够引出人的相应责任。一个人如果不履行责任，就将失去身份，或失去身份所具有的意义。有身份必有责任，身份是责任的载体，责任是身份的保障。每个人所拥有的身份不同，其承担的责任也就不同。就像后现代主义哲学代表人物齐格蒙特·鲍曼所说："责任依赖于角色，而不是依赖于完成任务的人。"① 中国伦理学会会长万俊人教授也认为：

> 任何人都生活在特定的社会文化环境之中，都有其特定的社会伦理身份（角色）和社会身份（角色），因而其行为总是他或她以某种或某些特定的社会伦理身份，在特定的社会文化和伦理情境中做出的。这也就意味着，他或她的行为必定受到特定的社会风俗习惯或者某种或某些类似的行为习惯规约的约束，如果他或她想使自己的行为合乎道德，就必须使其行为合乎特定的行为规范。在伦理学中，任何行为约束和行为规范都不仅意味着限制，同时也意味着责任或义务。行为的约束或界限即是行为的责任承诺之所在。人的责任或义务首先是由人类自然身份赋予的，然后是由其社会身份赋予的，前者具有天赋义务的性质，后者具有人为约定义务的性质，这便是人类责任的双重来源。②

对身份与责任关系的描述，从西方文化的历史来看，最早见诸柏拉图的《理想国》，柏拉图在"理想国"中确认了三种基本身份：国王、武士和生产者，国王这一身份所必定履行的责任是治理好国家，武士

---

① ［英］齐格蒙特·鲍曼：《后现代伦理学》，张成岗译，江苏人民出版社2004年版，第6页。

② 万俊人主编：《清华哲学年鉴——2003年》，河北大学出版社2004年版，第6页。

这一身份所必须承担的责任是保卫好国家,生产者这一身份所必须承担的责任是生产出人们日用的产品。在中世纪,基督徒身份内含的责任是信仰上帝并传播福音。在中国传统社会里同样也重视身份与责任的关系,所谓"君君,臣臣,父父,子子",表达的就是为君的身份要承担"君"的责任,为臣的身份要履行"臣"的义务,为父的身份要负载"父"的责任,为子的身份要尽"子"的责任。中国传统社会中所谓的"君为臣纲、父为子纲、夫为妇纲""父子有亲、君臣有义、夫妇有别、长幼有序、朋友有信"等,也都是强调某种身份所须承载的某种责任。在现代社会里,身份转换成为角色,角色同样也内在地蕴含着责任,角色也必然要求扮演角色的人尽职尽责。医生要治病救人,为人民的健康服务;教师要教书育人,为国家培养人才;司机要遵守交通规则,保障自身和顾客的生命安全;公务员要为人民服务,促进经济发展;学生要学习知识,成为国家有用人才;子女要孝顺父母,成为有德之人。

将身份作为责任的根源和根据,无论是自然身份还是社会身份,其所表达的意向是:身份责任完全是由社会规定的,而根本不考虑个人的任何诉求。也就是说,个人所承担的身份责任,根本不是由个人意愿所决定的,也不是出于个人意愿,其与个人的意志自由、情感偏好几乎无涉。不管是什么样的人,也不管个人有什么需要爱好的差异,更不管你乐意还是不乐意,只要个人获得了某一身份或角色,就不得不承担起相应的责任,并按照身份所规定的权利与义务和行为模式进行活动和表现自己。身份先于个人而存在,身份的产生完全是由社会结构中的位置所决定的,每种身份都承担着特定的结构功能与作用,而且这种结构功能和作用不是由身份的承担者自身所决定的,而完全是由社会关系和社会结构所决定的。也就是说,身份来源于社会,身份的责任是社会规定的结果,身份责任完全是社会结构所产生的功能和功效。身份已经事先设置在社会当中,个人步入社会就是不断地被摆放到某个或某些位置上,个人承担身份责任就是实现社会的某种结构功能,身份责任对个人来说具有先在性。这与戏剧中演员扮演剧中角色是一样的，角色是由剧本事先确定好的，某个演员在扮演某一角色之后，就必须按照角色的规定表现剧中人物。一位好的演员就是扮演好剧中的角色，淋漓尽致地发挥出该角色在剧中所承担的功能与作用。人们常说，角色在戏剧中没有好坏之分，只有不好的演员，而没有不好的角色，所谓好演员就是认真履行了角色所赋予的责任，把角色表演好。尽管在人的身份当中有"天赋身份"或"先赋角色"，如父亲、母亲、儿子、女儿等身份，但这种"天赋身份"或"先赋角色"仍然是社会客观关系的反映，其责任仍然是由社会规定的，对个人具有强制性。如此一来，由身份产生的责任就具有一种特性，完全忽视了个人的主观能动性，忽视个人对责任的自由选择，完全把责任强加给个人。尽管身份承担者可以对身份所蕴含的责任进行个人领悟，甚至不同的人对身份责任所产生的领悟还可能有一定的差异，但身份责任仍然是事先规定好的，不是个人自由选择与决定的。例如父亲这一身份所必须完成的责任是照顾好子女、教育好子女，这是父亲这一身份不容置疑、不容选择的事先设置好的责任，至于用什么样的方式教育好子女，则可以依据个人的领悟而进行。

尽管身份中的责任是社会规定的，但是个人一旦拥有了某种身份之后，就必须无条件地履行该责任。个人只要承担了某种身份，就决定了他必须担当该身份所蕴含的道德责任，履行该身份所蕴含的道德义务，执行该身份所规定的道德行为。任何身份都包含着一整套行为模式，个人在承担了某种身份之后，将身份所含有的整套行为模式表现出来就成为个人的一种应当，成为个人的一种必然。表现身份所要求的行为，履行身份所内含的行为道德规范，是身份承载者的分内之事。身份是通过担当责任呈现出来的，没有责任的担当，就没有身份的存在。"要想完善自己，就得了解自己所扮演的角色，让自己完全适合自己的职业……我们要完善自我，决不在于志得意满，决不在于赢得听众的掌声和一知半解的赞许，而在于我们各尽其责，在于我们再接再厉地继续我们的工作的能力。"① 个人对身份责任履行的好与坏，能否尽职尽责，直接决定着身份的成功与否，直接决定着身份的尊严和身份的影响力，以及他人对该身份的认可与承认。换成"角色"的话语来说，对角色责任履行的好与坏，能否尽职尽责地展现角色要求，直接决定着角色扮演的成功与否。角色扮演的成功与否，关键在于能否赢得观众的喝彩与鼓掌。赢得了观众的喝彩和掌声，说明个人角色扮演的成功；如果没有观众的喝彩，甚至是引起观众喝倒彩，说明个人角色扮演的失败。由此可见，一个人成功地实现身份并赢得他人的赞赏，关键在于认真履行身份中的责任，使与身份或角色互动的他人能够得到一定的好处和利益。也就是说，身份或角色的成功不在于身份或角色承担者从他人那里获得了多少利益，因而充分实现了自己的权利，而在于为他人履行了多少义务，为他人做出了多少贡献。一个人对身份责任履行的好坏，成为这个人的身份成功或失败的关键因素。父亲的身份是否成功，关键在于这位父亲是否认真履行了教育子女的责任。"子不教，父之过"，说的就是没有履行好教育子女的责任，是父亲这一身份的过错。

  能否履行好身份中的责任，还与身份承担者的能力有关。尽管一个人拥有良好的愿望，愿意认真履行身份中的责任，但是如果该人不具备完成这一责任的能力，也不能很好地履行责任和完成责任。能力是个人完成某一任务的综合素质，作为完成身份责任的能力，首先是对自己的身份以及所包含的责任有清晰的认知和定位，清楚地知道自己的身份地位和责任，清楚地知道自己的身份该做什么和不该做什么。身份认同和责任认同不仅是个人认可与接受这一身份和这一责任，而且是个人清楚地知道身份与责任的限度、界限和范围，以及达成的目标。其次是对履行责任的方式和手段做出明智的选择，能够通过有效的手段和有效的方式出色地完成身份责任。亚里士多德把明智视为一种美德，认为明智是善于谋划对自身的善和有益之事，明智能够保证

---

① ［法］埃米尔·涂尔干：《社会分工论》，渠东译，生活·读书·新知三联书店 2000 年版，第 5 页。

个人在恰当的时间、恰当的地点，以恰当的方式，运用恰当的手段，达到责任的目的。如果说个人认真履行身份责任是一种美德，那么，明智则是美德存在的基本条件，离开了明智，美德则无法得以实现。最后是能够通过一系列行动把身份责任充分地呈现出来。任何责任都蕴含着行动要求，任何责任最终都要落实到个人的行动上。没有个人的行动，担当责任就会成为一句空话。如果说责任是一种"应当"和"命令"，那么这种"应当"和"命令"本身就包含着"能够"，"应当"的也是能够做到的，能够实现的。完成身份责任的能力落实到个人行动上，就是能够产生一系列正确的行动。个人正是通过一系列正确的行动才保证有效地呈现身份责任的。

　　身份责任本身是一种命令，要求个人必须做分内应做之事。做分内应做之事即是按照身份的规定去行动。按照身份规定的行动属于正确的行动，合乎道德规范的行动，而没有按照身份规定所从事的行动，则不合乎道德规范，属于违规行为。当个人未能尽职尽责地履行身份所规定的行为时，就要遭受一定的惩罚，也就是为此事的不良后果承担责任，要么遭受舆论的谴责或实际的惩处，要么免去身份。如果一位父亲不履行照顾和教育子女的责任，就不是一位称职的父亲，他必然会遭到周围人的议论，甚至有可能失去做父亲的身份。由此可以看出，身份本身也是一种道德规范，约束人必须按照身份的道德规定从事行动。拥有身份，扮演角色，就必须承担责任。身份越重要，责任也就越重大，道德约束也就必然更强烈。这就是在社会生活当中为什么身份越显赫的人，社会大众对其的道德要求就越高的缘由。

　　由身份所确认的责任与普通责任的区别在于，身份所履行的责任往往具有针对性，即针对与自己身份相对应的另一身份，或针对与自己身份相对应的特定对象。如父亲这一身份所履行的责任是针对儿女的，教师这一身份所履行的责任是针对学生的，士兵身份所履行的责任是针对国家的，校长身份所履行的责任是针对学校的。尤其是在现代社会的角色互动中，身份责任更多地表现为角色之间的权利与义务交换。也就是说，某一身份或角色针对互动对象及另一角色时，根据身份的要求为对方尽自己的角色义务，同时从对方那里享受自己身份或角色所应有的权利。只有角色互动顺利完成权利与义务的公平交换，才能保证角色互动的和谐与成功，如果角色之间的权利与义务交换不能公平进行，那么就难免发生角色之间的冲突，并有可能使身份或角色责任的履行出现障碍或受到限制。当然，角色之间权利与义务交换的公平性是一个模糊的概念，甚至是一种个人的心理感受，对此很难确定一个统一、公认的尺度，以表明权利与义务交换的公平性。只要角色扮演者在角色互动中感受到权利与义务交换的公平性就可以认为是公平的，并由此保证角色互动双方继续向对方履行身份或角色的责任。

美国汉学家安乐哲提出的"儒家角色伦理"，对我们理解身份责任的关系本质是有益的。安乐哲首先表明，创造"儒家角色伦理"的初衷，完全是基于儒家角色伦理当中重视"关系"这一事实。

> 儒家角色伦理看重人的各种特殊角色；各种特殊角色成为约定俗成的各种关系样态，呈现为家庭与社会生活——作为儿子、教师、祖母、邻居等我们离不开的各种生活角色。在儒家思想之中，这些特殊角色不仅仅是我们关系的表述，它们也具有指示性，示意着家庭与社会角色本身含有的规范意义，向我们指明恰当作为的方向。关系一经存在，则家、国之繁荣兴旺就是我们根据这些关系条件所能成就的最好样态。①

安乐哲凸显儒家角色伦理，是因为儒家角色伦理学是一种有别于西方伦理学而自成一格的伦理学取向。西方伦理学中个人主义根深蒂固，伦理责任完全被视为个人自由意志的结果，儒家角色伦理所规定的道德生活则是一种整体性取向，并奠基于人与人交往关系原则中。"儒家角色伦理坚持以关系为本，不接受任何将人视为最终个体性的概念。人与人的分散、不联系是个抽象概念，也是一个误导性的虚构概念，人

---

① ［美］安乐哲：《儒家角色伦理学》，孟巍隆译，山东人民出版社2017年版，中文版序言第1页。

与人的相关性是一个事实。简单而言，我们生活中所有的角色所显示的，就是事实的人与人关系的更细致性与特殊性。"① 在安乐哲看来，儒家伦理为人们提供的权利与义务的行为规范是以角色为指导标准的，儒家伦理是一种角色关系叙事，修身、养性、齐家、治国、平天下，都是个人在社会关系中角色伦理的要求，并在这些角色伦理关系中成就个人。安乐哲的"儒家角色伦理"虽然受到国人的不断质疑，但他强调角色身份，以及社会关系对伦理责任的重要性，对于我们研究身份责任是富有启示意义的。

身份是社会结构中位置的表达，身份责任是社会结构中位置的功能，因此，无论是身份角色的承担，还是对身份责任的履行，都具有社会强制性，不管个人愿意还是不愿意，都必须扮演身份角色，履行身份角色中的责任。在传统社会中，身份往往是固定的，士者恒士，农者恒农，个人往往无法选择自己的身份，这使得个人所承担的责任也无法选择。在现代社会里，身份作为角色虽然可以由个人进行选择，增加了个人主观意志的能动性，但角色仍然是固定的、先在的，社会容不得个人制定角色规范，而且在现代社会竞争激烈的场景下，个人对角色的选择在许多情况下是无奈之举。身份与责任的强制性与责任担当的自觉性往往存在一种悖论，越是强制个人担当责任，就越是降低了个人的责任感。如果我们承担的身份责任并非出于个人内心自愿，而是不得已而为之，势必会影响个人履行身份责任的积极性和效果。例如在企业管理和社会行政管理的科层制体系当中，许多角色成为个人谋生的手段，于是，当一天和尚撞一天钟，敷衍了事，便成为许多人的一种选择。

三 自由责任与契约责任

除了身份能够产生责任之外，在伦理学当中人们还广泛讨论了责任

---

① ［美］安乐哲：《儒家角色伦理学》，孟巍隆译，山东人民出版社2017年版，中文版序言第4页。

的另外两个来源：由个人自由意志产生的责任和人与人之间签订契约而产生的责任。责任根源于人的自由意志，或者根源于个人的主体自由，是西方伦理学的一个主要论说传统。自由的本意是指不受任何束缚与限制，或者是对束缚与限制的克服。然而，人在社会中生活，不可能没有束缚和限制，"没有规矩不成方圆"这一成语表达的就是束缚与限制对社会生活的必要性和必然性。基于此，人们认为自由就是自我的选择不妨碍他人选择的自由。如密尔在《论自由》中提出："唯一实称其名的自由，乃是按照我们自己的道路去追求我们自己的好处的自由，只要我们不试图剥夺他人的这种自由，不试图阻碍他们取得这种自由的努力。"① 由此人们认定，自由是人的自我选择、自我决断、自我做主的能力，自由是人自己对自己的支配。自由是意志的根本规定性，有意志而无自由，意志就会沦为一句空话。黑格尔说："自由只有作为意志，作为主体，才是现实的。"② 既然个人所作所为完全出于自己的自我决断，出于自己的自由意志，没有任何他人加以干涉，那么个人就必须对自己的所作所为承担责任，或者说个人必须对自己的行为后果——无论是善还是恶，都要负责任。这就是责任根源于人的自由的致思逻辑。自由是责任的前提，没有自由就没有责任，而责任则是对自由的实现。"只有完全自主的意志抉择，才能具有完全的责任性。任何阻碍意志自由的障碍、力量，都会减轻意志的责任性。一般来说，愈是意志自主，愈能增强责任性；反之，要增强行为的责任性，就应该注意增强意志抉择的自主性。"③

从古希腊哲学家亚里士多德开始，道德责任就被视为人的自由选择的必然后果。亚里士多德说：

> 既然愿望是有目的的，而达到目的则依靠策划和选择，那么与此相关的行为就要依靠选择，并且是自愿的。各种德性的实现活

---

① [英] 约翰·密尔：《论自由》，许宝骙译，商务印书馆1959年版，第14页。
② [德] 黑格尔：《法哲学原理》，范扬、张企泰译，商务印书馆1982年版，第12页。
③ 罗国杰：《伦理学》，中国人民大学出版社1996年版，第392页。

动，也就是与此相关。德性是对我们而言的德性，邪恶也是对我们而言的邪恶。我们力所能及的事，可以做也可以不做。在我们能说不的地方，也能说是。如若高尚的事情是由我们做成的，那么丑恶的事情就不由我们来做。如若我们不去做高尚的事情，那么，丑恶的事情就是由我们所做。如果我们有能力做高尚的事情和邪恶的事情，我们也有能力不去做。行为既可以是对善事的行为，也可以是对恶事的行为，那么，做一个善良之人还是邪恶之人，总是由我们自己。①

中世纪教父哲学的集大成者奥古斯丁论证了人的自由意志与对上帝所犯下罪责的关系。奥古斯丁深深地确信，人的自由意志是上帝赋予的，因而自由意志是善的，人不可能在没有自由意志的条件下正当地生活。奥古斯丁把自由意志看作人的一种赞成或反对上帝这一实体的能力。上帝让亚当居住在伊甸园，规定亚当不准吃智慧果，但是亚当没有听从上帝的旨意，在蛇的引诱下偷吃了智慧果，即人类祖先第一次运用自己的自由意志，却违背了上帝的旨意。因而人必须为此承担责任，这种责任就是人的罪责，即被驱赶出伊甸园，亚当遭受汗流满面的劳动之苦，夏娃遭受生育子女之苦。正是意志能够做出自由的决断，就使得人不得不担当责任，意志的自由决断是责任的基石，我们是能够享有还是不能够享有伟大而又真实的善，取决于我们的自由意志。

在进入近代之后，论证道德责任与自由的关系成为伦理学研究的一种普遍现象，其中德国古典哲学家康德的研究影响较大。康德指出，道德上的善或恶，既与人的苦乐感觉无关，也与神的旨意无关，因为依从于苦乐感觉和神意的善恶概念，均属于他律，取决于人自身之外的存在。这种从外部世界对人提出伦理要求的他律性伦理学，都以牺牲人的自由意志为代价。康德主张善恶概念的存在源自于道德法则本身，而道德法则的出现和生成则来自于自由意志，人的自由意志则是整个

---

① [古希腊]亚里士多德：《尼各马科伦理学》，苗力田译，中国社会科学出版社1999年版，第55页。

道德大厦的拱顶之石。"自由诚然是道德法则的存在理由,道德法则却是自由的认识理由。因为如果道德法则不是预先在我们的理性中被明白地思想到,那么我们就决不会认为我们有正当理由去认定某种像自由一样的东西(尽管这并不矛盾)。但是,假设没有自由,那么道德法则就不会在我们内心找到。"① 既然道德法则出于人的自由意志,而人的自由意志又是个人的自我决断,自我限制自己不能够妨碍、阻碍他人之自由,因而道德法则就纯粹是人为自身的立法。人为自身立法就是人的自由,或者说,人只有通过为自身立法才能够实现人的自由。康德强调,人的自由意志是先天而善的,在世界之中甚至在世界之外,除了善良意志自身,再也不可能设想出一个无条件的善的东西。正因为人的善良意志才能够保证人的勇敢、明智等品质为善而不为恶。人的善良意志也就是人的自由意志,自由是人的先天本质,人正是凭借着自由而从动物界升华到人之为人的存在。然而,人的这种先天自由要落实到现实生活当中并变成现实的自由,就必须通过人为自身立法这一环节。而人为自身立法表现为:"这样行动,你意志的准则始终能够同时用作普遍立法的原则。"② 人为自身立法而产生的普遍道德法则不再是一种他律,而成为一种自律,即自我对自己的约束,自我对自己的规范。人为自身立法而生成的人的自由,就是意志自由的规律,尊重这种规律,必须依据道德法则而行动就构成了人的责任。"责任就是由于尊重规律而产生的行为必要性。"③ 康德一再强调,只有出于责任而不是顺从责任的行为才具有真正的道德价值,个人出于责任而发生的行为,其道德价值不在于它所要实现的意图和偏好,而在于行为所必然遵循的普遍道德规律。康德提出的道德绝对命令,就是奠基于自由意志基础上的人的基本责任。

当代法国哲学家萨特从绝对自由的向度阐明了自由与责任的关系。萨特把人的自由提升到本体论高度,认为人的存在就是人的自由,人

---

① [德]康德:《实践理性批判》,韩水法译,商务印书馆1999年版,第2页注释。
② [德]康德:《实践理性批判》,韩水法译,商务印书馆1999年版,第31页。
③ [德]康德:《道德形而上学原理》,苗力田译,上海人民出版社1986年版,第50页。

的自由就是人的存在。人并不是先存在而后自由,也不是先自由而后存在,人的存在与人的自由完全是等义的。"人的自由先于人的本质并且使人的本质成为可能,人的存在的本质悬置在人的自由之中。因此,我们称为自由的东西是不可能区别于'人的实在'之存在的。人并不是首先存在以便后来成为自由的,人的存在和他'是自由的'这两者之间没有区别。"① 萨特不承认人拥有普遍本质,认为"人性是没有的,因为没有上帝提供一个人的概念。人就是人"②。在萨特看来,凡是主张人拥有普遍本质的思想,表达的都是"本质先于存在",即人还未出生出世,就已经具备了自己的本质。因此,萨特反其道而行之,提倡"存在先于本质",认为人一出生是先存在而后获得自己的本质,人先是自由,然后才有自己的各种规定性。"如果存在确是先于本质,人就永远不能参照一个已知的或特定的人性来解释自己的行动,换言之,决定论是没有的,——人是自由的,人就是自由。"③ 人的存在是绝对的,人的自由也必然是绝对的,人的绝对自由意味着人面临着无限多的可能性,并在无限多的可能性中进行选择。萨特由此确认,人的自由是一种选择性的自由,是面对众多选择的可能性进行自由的选择。自由本身就是选择,自由本身就是选择的自主性;而选择本身也是自由,选择本身是自由的选择或选择的自由。如果说自由是自我决定自己,那么自由是在众多可能性中自我选择了一种可能性。自由意味着在众多可能性中的选择,选择是人的没有干涉的自由选择,那么人的选择同人的自由就一致起来,成为绝对的、无条件的。只要人自由,人就不得不进行选择,不存在不选择,也不可能不选择。"自由是选择的自由,而不是不选择的自由。不选择,实际上就是选择了不选择。"④ 既然每个人的选择都是独立自主的选择,没有其他人加以干涉,也没有

---

① [法]萨特:《存在与虚无》,陈宣良等译,生活·读书·新知三联书店1987年版,第56页。
② [法]萨特:《存在主义是一种人道主义》,周煦良、汤永宽译,上海译文出版社2005年版,第6页。
③ [法]萨特:《存在主义是一种人道主义》,周煦良、汤永宽译,第11页。
④ [法]萨特:《存在与虚无》,陈宣良等译,第599页。

其他人可以依靠，在一个上帝不存在的世界里，每个人的自由选择都是孤立无援的，那么，每个人对他所做出的选择就要负责任。在萨特这里，责任是一种自由选择的必然性后果，选择是自己的自由选择，不是他人替自己的选择，因而只要个人做出了某种选择，就必定要完全由自己承担选择的后果和选择的责任，因为只有自己才能够为自己的选择承担责任，他人不可能为你的选择承担后果和责任。诚如人不得不自由、不得不选择那样，人也不得不为自由和选择担当责任。人被判断为自由的存在，他就必须肩负起对自由存在和自由选择的责任，任何人都无法推卸这种责任。"如果存在真是先于本质的话，人就要对自己是怎样的人负责。所以存在主义的第一个后果是使人明白自己的本来面目，并且把自己存在的责任完全由自己担负起来。当我们说人对自己负责时，我们并不是指他仅仅对自己的个性负责，而是对所有人负责。"① 萨特认为，自由是绝对的，由自由产生的选择和责任同样也是绝对的。正是责任对人来说是责无旁贷的，人才能够勇于承担起责任而鄙视逃避责任。也正是勇于承担责任，才给人带来崇高和尊严。

虽然从人的自由意志引出责任问题，获得了现代社会大众更多的情感共鸣和广泛认同，但其同身份引出责任具有局限性一样，由人的自由意志生成人的责任也面临着一定的困境。如同康德的道德自律完全忽视了社会风俗习惯以及他律对道德的作用一样，将履行责任完全托付给个人的偏好和选择，这在社会实践方面有可能完全行不通。例如，子女对父母的赡养责任，如果完全凭借子女的道德自觉，而没有社会力量的规范约束，就必然使得一部分子女借口个人自愿而放弃对父母赡养的责任。再比如，萨特所论证的绝对自由和绝对责任，有可能陷入无法选择的境地，即自由选择的无限可能性导致现实选择的不可能性。就像萨特自己所自嘲的那样，对国家的"忠"与对父母的"孝"无法两全选择，为国家尽忠，就不能对父母尽孝，为父母尽孝，就无

---

① [法]萨特：《存在主义是一种人道主义》，周煦良、汤永宽译，上海译文出版社2005年版，第6—7页。

法履行为国家尽忠的道德责任。基于身份与责任、自由与责任的局限性，人们又开辟了从社会本身寻找责任根源的路径。如果说责任来源于自由意志，主张的是人的主观能动性，那么，责任的社会来源重视的则是社会客观性，强调社会对个人责任的强制性要求。

责任的社会来源认定，只要个人存在于社会之中，就不得不对社会、不得不对他人承担责任。责任就是个人要对社会的存在与运行，对人类的文明与进步做出应有的贡献，或者说履行应尽的义务。

> 责任就其本质而言，是社会生活和社会关系对现实的人的现实要求。人们总是在一定社会关系中，处于特定的位置之上，肩负着特定的使命，这是不以人的意志为转移的。人们之间客观内在的社会联系决定着人们的责任，人们只有切实担负起自己的责任，社会生活才能正常进行，社会和个体才能得以顺利发展。可以说，一个自觉自主的人，必然拥有一份不可推卸的责任。[①]

如果这个世界上仅仅存在一个人，而没有社会和其他人存在，那么这个人就无所谓对社会、对他人承担任何责任。人是结群的社会性动物，人完全生活在人群中，生活在社会中，社会性是人的先在规定性。人的社会性存在的根本标志之一，就是人的责任性。人生活在社会中，就必须对社会、对他人承担责任。

在责任的社会来源中比较有影响的理论是社会契约论。社会契约理论认为，社会是人们达成契约的结果，人们一旦达成社会契约，对契约负责任就成为一种必然要求。社会契约论最早的提出者是霍布斯。霍布斯假设，在人类社会产生之前存在过一种没有共同权利的自然状态。在人的这种自然状态下，利己自私和自我保存是人的天性，每个人都出于自身利益、安全和名誉的考虑，而与他人发生竞争，"人对人就像狼一样"成为霍布斯对自然状态的经典评述。由于一切人反对一切人，

---

① 谢军：《责任论》，上海人民出版社2007年版，第1页。

因此自然状态并不能保证个人利益的充分实现,于是为了充分实现利己自私的目的,在尽力保卫自己的动机的驱使下,每个人都放弃超过他人权利的自然权利,做到"己所不欲、勿施于人",以便结束人对人的战争状态。然而,要结束人对人的战争状态,就必须以契约做保障,即社会全体成员与一位君主订立契约,全体社会成员放弃他们的自然权利并转交给君主,而君主则要保证全体成员的安全和福利。契约一旦订立之后,自然状态就得以终结。人们进入社会状态,全体社会成员必须遵守他们所订立的契约,履行契约即为公道,违约即为不义,就像霍布斯所言:"正义取决于事先存在的契约。"① 遵守契约并履行契约义务,成为社会状态下全体社会成员的基本责任。洛克的社会契约论认为,社会契约不仅发生在社会成员之间,而且发生在社会成员与统治者之间,统治者作为契约的一方,也必须遵守他与社会成员订立的契约,而不能像霍布斯所言的君主在契约之外。如果统治者不能守约,不能保障全体社会成员的权益,社会成员有权反对他,甚至推翻他。卢梭的社会契约论则是社会成员之间的契约,每个成员都把自己的自然权利全部上交给所有其他成员,即转交给整个的集体,由此而形成一种"公意",每个社会成员都被置于"公意"的最高指导之下。由于这种"公意"既是全体社会成员的意志和利益,又充分反映着每个成员个人的意志和利益,由此个人与整体达成最有效的结合。卢梭认为,人们订立社会契约的真实目的和根本任务,就是要寻求一种人与人之间最有效的结合形式,这种最有效的结合形式能够以共同体的全部力量来护卫和保障每个结合者个人的人身和财产安全,并且由于这一最有效的结合形式而使能够与全体人员用契约相联合的个人又只不过是在服从他自己本人的意志,仍然像以往在自然状态下一样地自由。

人在社会中生活,确实应当为社会承担责任,因为每一个社会成员总是生活在社会之中、生活在一定社群之中的,为了保障社会秩序有效的运行,社会和社群总要为其成员确定某种权利和义务,这种权利

---

① [英]霍布斯:《利维坦》,黎思复、黎廷弼译,商务印书馆1985年版,第115页。

和义务就是为每个人指定的责任。不过需要注意的是,道德责任的社会来源主张个人对社会负道德责任,个人为社会做贡献,其局限性往往是淡化了个人的正当权益及其优先性,容易把个人当成一种纯粹的手段,当作社会机器中的一个零件。道德责任的社会来源强调社会存在的优先性,社会存在的整体利益大于并优先于个人利益,但是其完全忽视了社会是由许多个人组成的,没有许多个人的存在,社会也无法存在。因此,如何协调个人利益与社会利益的关系,既保证社会利益的实现,又保证个人利益的满足,是道德责任社会来源理论的关键。虽然大河有水小河满,但没有涓涓细流的汇集,也不可能存在大河之水的饱满。

四 责任伦理学

德国著名学者马克斯·韦伯在1919年1月所作的"以政治为业"的演讲中,首次提出了"责任伦理"概念,[①] 并将这一概念与"意念伦理"概念相区别,以表明两种不同的伦理理念或伦理准则。

> 我们必须明白:凡是有伦理取向的行为,都有可能受支配于两种根本不同的、不可调和的相互对立的准则中的某一种:或者是以"意念伦理的"准则为依据,或者是以"责任伦理的"准则为依据。这倒不是说意念伦理就等于不讲责任,"责任伦理"就等于没有意念。当然不能这么说。不过,究竟是按意念伦理准则行事——用宗教语言来说就是"基督行公正,让上帝管结果",还是按"责任伦理"准则行事——就是说人们必须顾及自己行为的(可预见的)后果,这两者之间却有着极其深刻的对立。[②]

[①] 甘绍平:《应用伦理学前沿问题研究》,江西人民出版社2002年版,第100页。
[②] 高湘泽:《原义"责任伦理"纲要》,武汉大学出版社2015年版,第4页。

韦伯虽然提出了"责任伦理"概念，但并没有对什么是"责任伦理"进行明确的界定，高湘泽教授在认真研究了"以政治为业"的演讲文章后认为：

> 也许应该对韦伯心目中"责任伦理"的本来含义做如下概括理解，才比较符合《以政治为业》中的逻辑和事实：所谓"责任伦理"，即这么一种伦理精神或伦理类型，它认为行为之伦理道德善恶不仅取决于行为本身所遵从的意念是否符合行为者所肩负的责任的要求——即是否旨在"尽责"的意念，而且更根本地取决于行为之可预见的后果是否符合行为者为尽其应尽之责所应有的实际后果；当且仅当一个行为不仅其所遵从的意念符合行为者所肩负的责任的要求亦即尽责的意念，而且其行为之可预见的后果也是行为者为尽其应尽之责所应有的后果的时候，这个行为才是善的行为。倘若用一句格言式的话来概括如此"责任伦理"之最根本的伦理道德善恶准则，基本上可以表述为"尽己之责方为善，果副其责方尽责"。①

不过，令人感到遗憾的是，韦伯所倡导的一种超越意念伦理的责任伦理，以求克服政治家们只承诺权利的运用而很少考虑行为后果的问题，在他演讲完该演讲之后，对这两种伦理理念再也没有进行过系统的理论研究。

在韦伯之后对责任伦理与意念伦理真正进行系统理论分析的是德国学者伦克，不过，伦克将意念伦理称为良知伦理或良心伦理。伦克在《应用伦理学导论》中认为，传统伦理学都是将良知或良心作为核心范畴，并从良知和良心出发论证伦理道德上的善恶现象，如古希腊人称"良心是我们大家的上帝""良心代表上帝的声音"，直到古犹太神秘主义哲学家斐洛才第一次提出良心是行为者自己的法官，是内在的法庭

---

① 高湘泽：《原义"责任伦理"纲要》，武汉大学出版社 2015 年版，第 10 页。

的思想，并强调良心是一个人所有内心秘密谋划的见证人，也是该行为主体内藏于灵魂深处的原告与法官，该法官能够洞彻和见证行为主体的善与恶，并指引和命令行为主体采取它所认为正确的行动，在必要时还告诫他改邪归正。到了近代，影响最大的良知伦理倡导者当属康德，康德同斐洛一样，认定良心是一种本能，正因为是先天的善良意志才拥有能够强迫人们的力量，迫使我们按照它的要求去行动。康德的良知伦理的主要特征是把行为者的内在动机置于关键之处，要求人的行为动机必须纯粹善良且出于利他精神，只有出于纯粹善良的利他动机的行为才真正具有道德价值。一句话，目的的纯洁性、行为动机的至善性是良知伦理对行为主体的根本要求。只要行为出于道德良知，不掺杂个人私利，该行为便肯定是善的。虽然良知伦理在伦理学和社会生活中拥有极大的价值，但是伦克也黯然指出，良知伦理本身并不是尽善尽美的，也存在着相当大的片面性，它仅仅局限于内心的道德感受和动机纯粹善良，而对责任本身却一无所知，以为动机善良本身就能够带来责任，动机善良本身就是责任。伦克指出，在一个完全由上帝统治、掌管一切事务的世界秩序中，上帝也就为大家承担了一切责任，基督徒根本不需要考虑个人的计划和追求，自己的命运和所作所为完全可以寄托于创造和掌握世界一切的全知全能的上帝手里。正是上帝主管和承担了一切，基督徒个人就无须再担当任何责任。在一个一切都是被决定的决定论统治的世界里，人类的一切愿望和设想都受制于某个外在于他的神秘客观意志，自然而然也就无须对自己的行为承担什么责任，反正一切都是命里注定和必然如此的。但是在一个已经彻底祛魅化、宣布决定论非法化、以合理性和自由为原则的现代化世界里，人类的主体意识在启蒙精神的启蒙下得以觉醒并获得独立性，他觉察到并深深明了人类文明的各种形式完全是由自己创造和选择的结果，人类本身就拥有影响自然界发展并把握自己命运的权利和能力。当然，人类改变世界的这种权利和能力也必然有其局限性，那就是人类权力意志的行为对自然界和对人自身所造成的某种后果，可能连人类自己也无法预料和控制。然而，现代人一致认同的是，权利与责任总是不可分割地密切地结合在一起,在人类自主性权利对自然界达到登峰造极的历史条件下,人们也必然觉醒性地领悟到,不仅必须对自己行为的可预见性后果负责任,还必须为自己不可预见性的行为后果负责任。在一个祛魅化了的现代化世界里,人们所遵循的普遍道德法则应当是:所有参与世界生活秩序的人,在其进行行为决策之时,必须优先考虑可预见的行为后果的确定性,限制那些有可能带来危险的不可预见之行为后果,只有以此为导向的原则的决策和行为才是道德合法的,才是可靠的。[①]

在阐明了良知伦理和责任伦理的区别,以及责任伦理在当代的必要性之后,伦克进一步分析了责任伦理的"责任"内涵,他对责任概念下了一个颇为有影响的定义:"某人/为了某事/在某一主管面前/根据某项标准/在某一行为范围内负责。"在该定义中,(1)"某人"是指行为主体,亦即责任主体,这种责任主体不仅仅指向个人,也指向团体和社会,并且该责任主体还必须具有能够自主选择行为的自由意志,以及对自己的行为后果拥有最起码的认知和判断能力。(2)"为了某事"意指行为对象和行为后果,指认的是责任主体为了某种目的而从事某种活动,以及产生的某种行动结果。(3)"在某一主管面前",是指行为主体要处在通过评判与制裁方式能够为责任主体履行责任提供有效保障的监督机制面前,这种监督机制一是指内在的行为主体的个人良心,另一是指外在的上帝、社会、他人、法庭、媒体等。对行为主体责任的履行仅仅依靠个人的基本良心是不够的,责任还必须通过外在方式的监管才有可能成为具有约束性的普遍意识。(4)"根据某项标准",是指行为主体所处的具体情境,具体情境为行为主体提供是否承担和履行责任的一定依据。(5)"在某一行为范围内",是指行为主体发生相应行为与责任的空间界限和领域限度,即行为主体是在什么范围内发生了什么行为以及针对该行为应当承担什么样的

[①] 关于伦克的责任伦理论述,见甘绍平《应用伦理学前沿问题研究》,江西人民出版社2002年版,第100—102页。

责任。①

对责任伦理进行深入论证并产生巨大影响的是当代德国伦理学家汉斯·约纳斯。约纳斯的所谓"责任伦理"实际上指的是"科技时代的伦理",而不是科技伦理。就像其《责任伦理》一书的副标题那样,是关于"现代技术文明的伦理学"。所谓科技时代的伦理是针对现代技术迅猛发展而对未来社会带来极大的不确定性,甚至带来负效应而言的伦理。约纳斯认为,现代技术已经完全不同于传统的技术,前现代技术对自然界所造成的威胁十分弱小,不足以破坏自然界的生态平衡,人们可以放心大胆地进犯自然界而不需考虑对自然界的行为后果。因为前现代技术的行为效果不具有累进性,不同技术之间的行为效果不具备互相放大的效应,前现代技术行为对自在存在的自然界几乎没有什么巨大的冲击力,不会对自然界的完整性造成长久的伤害。然而,科技时代的技术,其发展方向以及所带来的后果完全超出了人们的普遍预期,几乎成为一种不可控制的东西,成为一种世界的命运。

> 现在,对技术的产品,甚至不仅对技术设备、仪器、机器、干预世界的手段来说具有独特意义,而且对权力的对象,即权力可以企及的东西或者权力可以实现的东西都有独特的意义。这使人的行动增添了全新的领域,在以前,这些领域根本不是人的权力所及的,一般人连想都不敢想。②

约纳斯指出,现代技术具有如下特征:(1)在任意一个技术领域中,向任何一个方向的新进展,任何现代技术都绝不会为了努力达到手段符合预定目标的一种平衡点或饱和点,而是恰恰相反,在技术成功的情况下,成功本身作为诱因又驱使着技术向任何可能的方向不断

---

① 参见甘绍平《应用伦理学前沿问题研究》,江西人民出版社2002年版,第120—123页。
② [德] 汉斯·约纳斯:《技术、医学与伦理学》,张荣译,上海译文出版社2008年版,第223页。

进步，纯然的"诱因"在每一次更大或更重要的技术进步中成了强制性原因，迫使人们不断地创造更新更有力量的技术。（2）每一个技术的革新很快就传遍整个技术学世界，在竞赛压力的逼迫下技术革新连续不断。（3）技术手段和技术目标扭曲的不再是一种单向度的直线性关系，而是辩证的循环关系。现代技术作为人类欲求和需要的对象不断为人类添加新的对象和新的种类。（4）"进步"不再是现代技术学的一个意识形态的装饰，也不单纯是一种由现代技术学提供的，而是成为技术本身的一个动力，而且这一动力不再受人的意志的控制。最后约纳斯不得不哀叹地说：拿破仑提出了"政治就是命运"，现在人们可以说"技术就是命运"①。

正是对现代技术发展所带来的新情况和新威胁的诊断，约纳斯认定，在科技时代，人的行为性质已经发生了根本性转变，传统的伦理学已经不再适应这种由科学技术统治的新时代，必须用一种新的伦理学取而代之，这就是他一再明确强调的责任伦理学。尽管约纳斯本人没有直接提出并使用"新伦理学"这个概念，但他却明确表达了类似的意思和观点，如他强调"赋予伦理学以一种前所未有的新的责任维度""面向长远未来并对长远未来负责所必需的新的责任伦理学"等。关于建立新的责任伦理学，约纳斯所提供的进一步理由是：

（1）人类所进行的活动本身存在一种不断变化扩展的习性，这一活动特征不断促使新成果的涌现，在实践活动中不断涌现出来的新成果的重要性和新奇性在于，对人类未来发展前景造成巨大影响，这势必会产生和引起一系列新的道德问题。传统伦理学由于只能局限于狭窄的面对面的时空领域处理人与人之间直接关系所发生的问题，对人类未来所产生的那些人与人的间接关系的伦理问题根本未曾触及。由此要求我们对传统伦理学发生的基本原则进行反思，以解决那些人类未来会出现的道德问题。

（2）随着人类行为领域空间的不断扩大，把负责任的问题与人类

---

① ［德］汉斯·约纳斯：《技术、医学与伦理学》，张荣译，上海译文出版社2008年版，第5—7页。

未来命运的关系直接推向伦理学舞台的中心,由此产生了一种改革传统伦理学的必要性,应当为私人领域乃至公共领域提出一种迄今为止仍然缺失的责任伦理理论。责任伦理的基本公理是:责任和权利、权能休戚相关,责任必须与权利以及权利的运用保持一致。为了更好地履行权利所赋予的责任,我们需要未雨绸缪,建构一种科学的未来伦理学。

(3) 即使运用目前可以使用的一切资料对未来状况做出最佳的推断,就预测的准确性和完整性意义而言,总还是做不到对技术行为因果性的准确判断。需要创建一种"忧惧启迪法"来替代传统伦理学的希望方案。"忧惧启迪法"可以告诉我们,什么事情可能处于危急、危险之中,什么事情是我们必须谨慎小心注意的。所想象的这些重大风险必然要求我们采用一种实用主义的伦理准则:对未来风险灾难的预知应当优先于对福祉的预知。

(4) 人们需要全力以赴加以保护的东西,规定着什么是人们必须全力以赴加以避免的东西,这是按照人们所持有的关于"人的形象"的知识来预测的。伦理学应当得到人学形而上学的支持,并以此为出发点,阐明人对自己、对他的子孙后代乃至对全部地球生命的伦理责任。新伦理学需要在自然科学所确立的"是"与道德所保证的"应当"之间架起一座统一的桥梁。

(5) 如此这般得到的针对人类发出的客观道德律令,对于人所拥有的普罗米修斯式的权力而言,能够保证人类对未来目标的设置做出合理与不合理的分辨。应当反对那些过度的目标设置,因为这些过度的目标会使现代技术给自然界存在所带来的危险最大化。应当提倡适度合理的一种目标设置,它使人类有希望从过分膨胀的权力力量中拯救自己的存在与人性。①

约纳斯提出的新责任伦理学的基本内容是:首先,树立一种责任意识,"对恶的预测优先于对善的预测"。约纳斯强调,正是因为科学技

---

① [德] 汉斯·约纳斯:《责任原理:现代技术文明伦理学的尝试》,方秋明译,香港:世纪出版有限公司2013年版,英文版序言第2—3页。

术时代的科学技术带来了巨大的不确定性和巨大的社会风险,所以不允许人类对未来抱有任何侥幸心理,即使是社会向善的思想也不能作为全体冒风险的理由;无论人类在何种场合下都绝对没有权利毁灭自己,人类永远不能将自身的生存置于风险中而不顾。因此,对不幸的预测应该比对福祉的预测给予更多的关注,道德目的和价值追求不在于实现最高的善,而在于阻止最大恶的发生;不在于将人类幸福、正义和完美化为现实,而在于拯救和保卫面临受破坏的自然环境和未来人类。对长远、未来的责任应当成为新伦理学的重要任务和首要原则,必须被包括进伦理学理论中,并成为一种新的原理。对未来人负道德责任之所以成为伦理学的新原理,是因为传统伦理学的适用范围仅仅限于人与人之间的直接交往,其"行为所关注的善恶与行为离得很近,它们要么处于实践活动本身当中,要么处于实践活动范围之内,而不是长远计划的事物。这种目标的切近同时空相关。行为的有效范围小,预见、目标设置以及责任的时间跨度就短,对环境的控制也就有限。得体的举止有它当下的标准,并且几乎有立竿见影的成效。超乎其上的长远结果在于机遇、命运或天意。因此伦理学关注的是此时此地,是产生于人与人之间的特殊场合,是私人和公共生活中周而复始的典型情境。"① 例如,"爱人如己""对待别人像你希望别人对待你自己一样"。于是,有人将传统伦理学称为近距离伦理,而把约纳斯的责任伦理学称为远距离伦理。

其次,人的责任必须由事后追究转变为预先承担。约纳斯指出,传统伦理学的责任属于事后追究责任,是一种形式上的责任。如"他有责任,因为他做了这件事"这句话,就充分表明了行为者必须对他的行为后果负责任,必须对他的所作所为对其他人有个交代。事后追究责任之所以是一种形式责任,乃是因为该责任仅仅具有基本的法律意义而没有道德意义,因为事后所追究的"责任"本身并不设置或禁止种种目的,其仅仅是加诸在人们之间所有因果行为之上的纯形式性的

---

① [德]汉斯·约纳斯:《责任原理:现代技术文明伦理学的尝试》,方秋明译,香港:世纪出版有限公司2013年版,第10—11页。

第二章 身份规定责任

义务，即人们可以在事后被追究责任。约纳斯所谋求的责任是一种根本不同于"形式责任"的"实质责任"，这种"实质责任"不是对已经做过的事情之不当性或错误性追究责任，不是对事情或行为的一种历史回溯性责任，而是对所作所为之事的危险前景提前预知和预先判定的责任，事先决定人应当怎么做该事情，将责任前置于所做事情之前，对所要求做的事情先行感到负有责任。实质性责任是：

> 另一种迥然不同的责任概念，这种责任概念所关心的不是对已然做过的事情做一种事后回溯性的交代，而是关于今后应该做什么事情的前瞻性决定，因而，受这种决定的命令，我感到有责任，不是首先感到对我的行为及其后果负有责任，而是首先感到对我的行动有一种要求的那个事情负有责任。例如，对他人的福祉的责任不是仅仅根据意向中的种种行为在道德上的可接受性来对意向中的种种行为进行"甄别"，而是还要把行为约束在根本不做任何别的盘算的行为上面。①

最后，约纳斯模仿康德的绝对命令提出了责任律令，即根据责任的要求，人们必须无条件地履行这种责任："如此行动，以便你的行为后果与人类持久的真正生活一致"，或者"如此行动，以便你的行为不至于毁灭未来这种生活的可能性""不要使人类得以世代生活的条件陷入危险的境地""在你的意志对象中，你当前的选择应考虑到人类未来的整体"②。约纳斯认定，责任首要的和最高的指向是人对人的责任，这是所有责任的原初形态，并且是重要形态。但是，这种人对人的责任不仅应当包括对当下周围人的责任，还要包括对未出生的未来人的责任。不仅如此，还要包括对人类生活与存在必要条件的自然环境的责任。人对人的责任和人对自然环境的责任都源于人的生存，没有人类生存，

---

① 参见高湘泽《原义"责任伦理"纲要》，武汉大学出版社2015年版，第91页。
② [德]汉斯·约纳斯：《责任原理：现代技术文明伦理学的尝试》，方秋明译，香港：世纪出版有限公司2013年版，第18—19页。

就谈不上任何责任。因此,人类生存是第一位的,保存这种生存的可能性是任何人的一种普遍性责任。由此,约纳斯进一步确认了责任的第一律令:"为了人类生存的责任位于所有责任之首。"或者说,"危险使'向不存在说不'成为我们的首要责任"。对所谓的人类生存,约纳斯的界定是"世界上必须有人生活着",由此引出责任的第二个律令:他们生活得必须好。① 约纳斯在《技术、医学与伦理学——责任原理的实践》一书中进一步明确指出,人既不能漠然无知地同人以外的生命世界打交道,又不能漠然无知地和人自身打交道,人的责任是对人类存在整体的责任,因此人必须肩负起对自然世界和未来人的责任。

  责任伦理的提出与建构,凸显了"责任"在当代的重要价值,尤其是约纳斯将承担"责任"置于优先地位,更彰显了在由现代科学技术所带来的巨大社会风险面前责任担当的必要性,以及责任在现代社会道德中的突出地位。在全球化时代,人类社会成为一个有机联系的命运共同体,一个地方因为一个人所引发的问题,有可能影响整个世界。在全球化时代,在庞大的地球变为小小的"地球村"的时代,整个人类构成了一个休戚与共、命运相关的共同体,于是,自然环境的好与坏,不再仅仅是一个人、一个社会的事情,而成为所有人、所有社会的共同命运,并直接影响着所有人和所有社会的生活质量,以及幸福感受。例如,日本福岛核电站被毁之后所产生的核废水,日本打算将其排泄到大海之中,结果引起了太平洋周围国家和民众的恐慌和抗议。在新型冠状病毒流行期间,欧美国家一些自由人士以自由为借口而根本不佩戴口罩,引起了众多人的不满,并谴责其对自己和对他人不负责任。由此可见,责任在当代社会成为一个十分显眼和十分重要的道德范畴,每个人必须先行恪尽职守、尽其所责,做应当做之事,成为当代维护人类共同存在和自然环境存在的最基本的道德要求。因此,先行承担责任问题应当引起当代人的足够重视,并置于社会生活和道德体系的中心位置。这也是人类避免毁灭自己、减少人类社会风险的必

---

  ① [德]汉斯·约纳斯:《责任原理:现代技术文明伦理学的尝试》,方秋明译,香港:世纪出版有限公司2013年版,第128页。

由之路。当然，对自然环境先行承担责任也要予以审慎考虑，避免对自然资源消耗过多的国家和对自然资源消耗较少的国家一律强求一种无差别的责任。在环境保护方面，我们既要坚持对自然环境保护的道德责任，也要坚持多消耗自然资源的国家和群体应更多地承担道德责任的正义性诉求。

第三章

自然的显现

在现代性社会当中,"自然"一词究竟指什么?对人们来说这似乎是不需要讨论的事情,因为每一个人都十分清楚地明白自然的概念,即自然是自然存在物的集合,自然存在物的价值仅仅是供人类使用,除此之外,再没有更多的意义了。然而,自生态危机发生后,人们惊诧地重新发现了自然,即自然的价值和意义从来没有像当代这样受到如此的重视,自然概念的内涵也从来没有像当代这样以多种含义进行显现。各个国家都在提倡保护自然,学者们也在广泛地研究自然,然而,"自然"究竟是什么?现今仍然需要对其进行解释与说明。进而言之,自然概念具有多种含义,我们需要将其显现出来,以便于人们对自然形成一个完整的认识。

一 作为本体显现的自然

本体一般是指万事万物产生的根源,万事万物存在的本原,是"是之所是""在之所在"。亚里士多德认为,所谓本体、本原是指"事物的所由成,或所从来,或所由以说明的第一点"[①]。作为本体显现的自然,则是把自然视为世界的本体、本原,万事万物产生的来源。把自

---

① [古希腊]亚里士多德:《形而上学》,吴寿彭译,商务印书馆1991年版,第84页。

第三章 自然的显现

然看作本体、本原,由此形成宇宙本体论,属于传统社会的哲学形态。

古希腊是西方文明的发源地,因此对自然概念含义的西方解释,也不得不先追溯到古希腊。按照存在主义哲学大师海德格尔的研究,在古希腊人那里,"自然"的原初含义是指涌现、绽出、生长,"自然这个词说的是什么呢?说的是自身绽开(例如,玫瑰花开放),说的是揭开自身的开展,说的是在如此开展中进入现象,保持并停留于现象中。简略地说,自然就是既绽开又持留的强力。按照词典的解释,自然的意思为生长,使成长。"① 海德格尔认为,古希腊人的自然概念的原初含义作为绽开性的表示,是可以处处为人们所经历到的,如植物生长、花蕊开放、动物生育、天空启明、大海涨潮等。但是海德格尔又表明,自然作为一种绽开性的强力不能与我们今天还称为自然的东西混为一谈,自然之绽开作为既朝里又朝外的绽出,也完全不同于我们现在所观察到的自然过程。自然是在本身之中并依赖在本身之中,才使得自然万物涌现出来而成为自然万物。海德格尔特别强调指出,古希腊人并不是通过现代所言的自然过程而获知什么是自然的,而是恰恰相反。

> 他们必得称之为自然的东西是基于一种对在的诗——思的基本经验才向他们展示出来的。只有在这种展示的基础上,希腊人才能看一眼狭义的自然。因此,自然原初地意指既是天又是地,既是岩石又是植物,既是动物又是人类与作为人和神的作品的人类历史,归根结蒂是处于天命之下的神灵自身。自然意指绽开着的强力以及由这种强力所支配的持留。②

在《荷尔德林诗的阐释》一书中,海德格尔对古希腊自然概念的原初含义又进行了解释:

> 被思为基本词语的自然,意味着进入敞开域中的涌现,进入那

---

① [德]海德格尔:《形而上学导论》,熊伟、王庆节译,商务印书馆1996年版,第16页。
② [德]海德格尔:《形而上学导论》,熊伟、王庆节译,第16页。

种澄明之照亮，入于这种照亮，根本上某物才显现出来，才展示在其轮廓中，才以其"外观"显示自身，并因此才能作为此物和彼物而在场。自然是涌现着向自身的返回，它指说的是在如此这般成其本质的作为敞开域的涌现中逗留的东西的在场。①

海德格尔通过对古希腊人的原初之自然概念含义的细致考察，无非表明现代意义上的自然万物不是原初的"自然"概念，也不是指现代意义上的自然界。原初自然概念表达的是使自然万物得以涌现出来并使自然万物保持自身、成为自身的某种力量。这种"自然"是不可见的，但正是"自然"的这种不可见性，表明自然是无所不在者，它现实地存在于自然万物之中，在场于一切现实存在物的存在中。自然只能是在不知不觉中已经出现，在不知不觉中发生作用，在不知不觉中成就万物。

  自然在一切现实之物中在场着。自然在场于人类劳作和民族命运之中，在日月星辰和诸神中，但也在岩石、植物和动物中，也在河流和气候中。自然之无所不在"令人惊叹"。它决非在现实范围中的某个地方，可以作为某个具体的现实事物而为我们所找到。自然之无所不在也决不是把具体个别现实事物集拢在一起的结果。就连现实事物整体，充其量也无非无所不在的自然的结果。自然本身不能从现实事物那里得到什么说明。我们甚至也不能用某个现实事物来解释无所不在的自然。它在不知不觉中已经出现，阻止着任何对它的特殊驱迫。②

"自然"使万物涌现出来，实际上指"自然"创造了自然万物，或者说自然万物是从"自然"当中生成出来的，"自然"是自然万物的生成和运行的法则。从这一意义上讲，"自然"比自然万物更为本原，是

---

① ［德］海德格尔：《荷尔德林诗的阐释》，孙周兴译，商务印书馆 2000 年版，第 65 页。
② ［德］海德格尔：《荷尔德林诗的阐释》，孙周兴译，第 60 页。

❖ 第三章 自然的显现 ❖

整个世界存在的本体，它相当于古希腊的神或神灵。因为创生万物的能力，让万物按照自身存在法则有条不紊运行的能力，以及让整个世界有序运行的能力，是人类不可企及的，也是人类根本不能觊觎的，它只能为神所具有，是神的一种属性和能力。雪蒙尼得说："自然的秘密只许神知道，人类应安分于人间的知识，不宜上窥天机。"① 因此，在古希腊人那里，神和自然具有某种同一性，只不过是自然本身更多地被视为活的、有生命、有灵魂、有理智的有机体，人和自然万物正是分有了"自然"的某个部分或全部而形成了自己的存在。正如柯林伍德在《自然的观念》中所分析的那样：

> 希腊自然科学是建立在自然界渗透或充满着心灵这个原理之上的。希腊思想家把自然中心灵的存在当作自然界规则或秩序的源泉，而正是后者的存在才使自然科学成为可能。他们把自然界看作一个运动体的世界。运动体自身的运动，按照希腊人的观念，是由于活力或灵魂。但是他们相信，自身的运动是一回事，而秩序是另一回事。他们设想，心灵在它所有的表现形式（无论是人类事务还是别的）中，都是一个立法者，一个支配和调节的因素。它把秩序先加于自身，再加于从属于它的所有事物，亦即，首要的是自身的躯体，其次是躯体的环境。由于自然界不仅是一个运动不息从而充满活力的世界，而且是有秩序和有规则的世界，他们理所当然地就会说，自然界不仅是活动而且是有理智的；不仅是一个自身有灵魂或生命的巨大动物，而且是一个自身有心灵的理性动物。居住在地球表面及其邻近区域的造物，其生命和理智——他们争辩说——代表了这种充满活力和理性机体的一个特定部分。这样，按照他们的理念，一种植物或动物如同它们在物质上分有世界"躯体"的物理机体那样，也依它们自身的等级，在心理上分有世界灵魂的生命历程，以及在理智上分有世界心灵的活动。②

---

① 转引自［古希腊］亚里士多德《形而上学》，吴寿彭译，商务印书馆1959年版，第5页。
② ［英］柯林伍德：《自然的观念》，吴国盛、柯映红译，华夏出版社1999年版，第4页。

海德格尔对古希腊自然概念的原初含义的分析，侧重于存在论，而且是诗意的、浪漫主义的分析。柯林伍德则是侧重于从自然科学研究视域，分析古希腊人自然概念的原初含义，表明古希腊人自然概念的原初含义都是指能够使包括人在内的自然万物生成和存在的神秘力量，自然万物和谐运行的有机法则。

从古希腊的自然哲学家来看，他们所做的哲学研究基本上是以"论自然"的形式出现的，并且是对自然本身的研究，而且往往把"自然"看作创生万物的本体和事物存在的普遍法则。当古希腊第一位哲学家泰勒斯指证"水"是万物生成的本原时，在某种意义上仍然是指自然本身是万物生成的本原、本体，即自然作为湿润的水孕育着万物。阿那克西曼德提出万物的本原是"无定"。"他说它既不是水也不是另外那些被认为是元素的东西，而是另一类无定的本性或自然。从这里生成了全部的事物及其中包含的各个世界。"[1]"无定"就是自然，一切都是自然的显现，一切又都复归于自然。赫拉克利特在《论自然》中写道："自然惯于掩盖自己"[2]，也就是说作为本原、本体的自然并不直接显现在人们面前，而是隐藏在万物的生成之中。赫拉克利特所谓的"逻各斯"实际上也是指自然本身，因为"逻各斯是很渊深的"，与自然惯于掩盖自己是同义的。赫拉克利特的"逻各斯"特别体现了自然的涌现含义，即自然万物通过"逻各斯"而涌现出来，这种涌现就像涌动的河流一样，一切皆流而无物常住。"逻各斯"不仅追求使万物涌现出来，还追求对立统一、对立中的和谐，即自然还是辩证地存在着的。由此，赫拉克利特要求人们一定要听从"逻各斯"，即听从自然所颁布的命令，按照自然所发布的指令行为办事，因为"逻各斯"也是作为人类的命运而存在的。巴门尼德也著有《论自然》，但他所指认的"自然"却不是万物的涌现和流变，而是万物存在的唯一根据，即存在本身。"所以只剩下一条途径可说，就是：存在物存在。在这条途径上有许多标志标明：因为它不是产生出来的，所以也不会消灭，完整、唯

---

[1] 苗力田主编：《古希腊哲学》，中国人民大学出版社1989年版，第25页。
[2] 苗力田主编：《古希腊哲学》，第49页。

第三章 自然的显现

一、不动、无限。它没有过去和未来，因为它整个在现在。作为完整、统一、联系的（连续的）东西。"① 由此可以看出，巴门尼德"论存在"实际上就是"论自然"，万物都依"存在"而存在，等于是说万物都自然而自然。

柯林伍德在《自然的观念》一书中，对古希腊人使用的"自然"一词的含义进行了专门的分析讨论，他认为，关于"自然"的含义在古希腊人那里更多的是指"本原"或"原则"。对自然含义的这种理解现在仍然存留于现代欧洲的语言使用中，遗憾的是，它并没有作为主导含义显现在现代语言中。如英文的 Nature，德文的 Natur，法文的 Nature，它们除了表示"自然界"这一主导性含义外，还包含"本性"的意思于其中。

> 在现代欧洲语言中，"自然"一词总的说来是更经常地在集合的意义上用于自然事物的总和或聚集。当然，这还不是这个词常常用于现代语言的唯一意义，还有另一个意义，我们认为是它的原义，严格地说是它的准确意义，即当它指的不是一个集合而是一种原则时，它是一个或说本源。②

也就是说，"自然"一词作为本性的含义表示的是，事物存在的根源是在其自身之内而不在其自身之外，如果事物存在根源在它自身之外，那么它的存在就不是本性使然的，而是被迫的。

> 自然一词在古希腊时亦有这些方面的应用，并且在古希腊中两种含义的关系同英文中两种含义的关系是一样的。在我们关于古希腊文献的更早期的记载中，自然总是带有被我们认为是英语单词 Nature 的原始含义。它总是意味着某种东西在一件事物之内或非常

---

① 北京大学哲学系外国哲学史教研室编译：《古希腊罗马哲学》，生活·读书·新知三联书店1961年版，第52页。
② [英] 柯林伍德：《自然的观念》，吴国盛等译，华夏出版社1999年版，第47页。

密切地属于它,从而它成为这种东西行为的根源,这是在古希腊作者们心目中的唯一含义。并且是作为贯穿希腊文献史的标准含义。但非常少见地且相对较晚地,它也富有第二种含义即作为自然事物的总和或聚集,它开始或多或少地与宇宙——"世界"一词同义。①

柯林伍德还认为:

在爱奥尼亚哲学家那里,自然从来没有在第二种意义上被使用过,而总是在其原来的意义上使用。"自然"对于他们从没有意味着世界或者意味着那可以组成世界的诸事物,而总是指本质上属于这些事物的、使得它们像它们所表现的那样的行为的某种东西。所以对早期爱奥尼亚哲学家提出的"什么是自然"的问题,不可能设想对他是一个"自然史"的汇集,是对自然客体和自然事实的简要描述。并且对这样的哲学家,如果他出版一本题为"论自然"的著作,我们不能够期望他用这个题目会向他的读者传达这样的思想,即他将要在书中描述的是自然客体和自然事实。在希腊文献史这个时期,一本有如此标题的书肯定不是一部自然史或叙述自然界中事物的著作,而是解释自然,叙述自然界中事物为何像它所表现的那样行为的原则。②

自然概念的含义随着古希腊社会的发展逐渐发生一些变化,并不断增添新的内涵。发展到了亚里士多德时代,自然概念的含义竟然达到了七种:一是起源或诞生;二是事物生长的种子;三是事物运动变化的源泉;四是构成事物的本原;五是事物本质或形式;六是一般本质或形式;七是万物变动的源泉。③ 在这几种含义中,第七种是亚里士多德的

---

① [英]柯林伍德:《自然的观念》,吴国盛等译,华夏出版社1999年版,第48页。
② [英]柯林伍德:《自然的观念》,吴国盛等译,第49页。
③ [古希腊]亚里士多德:《形而上学》,吴寿彭译,商务印书馆1959年版,第87—89页。

◆ 第三章 自然的显现 ◆

意思,他在《物理学》中曾指出:

> 凡存在的事物有的是由于自然而存在,有的则是由于别的原因而存在。"由于自然"而存在的有动物及其各部分、植物,还有简单的物体,因为这些事物以及诸如此类的事物,我们说它们的存在是由于自然的。所有上述事物都明显地和那些不是自然构成的事物有分别。一切自然事物都明显地在自身内有一个运动和静止的根源。反之,床、衣服或其他诸如此类的事物,在它们各自的名称规定范围内,亦即在它们是技术制品范围内说,都没有这样一个内在的变化的冲动力的。……"自然"是它原属的事物因本性(不是因偶性)而运动和静止的根源或原因。①

在亚里士多德看来,自然宇宙是一个遵循自己制定的法则而自我运动的世界,是一个活的拥有灵魂的生命世界,这个世界能够自我运行的活力就根源于自身之内的自然,是存在于其自身之内的自然才使其所以然。用宇宙自身之外的某种动力因去解释发生在宇宙之中事物的活动,在他看来,这是根本不可能的,因为其不合乎逻辑,并且不可理喻。这就是说,"自然"的本意是指属于事物自身本来具有的"本性",事物或现象因其自身之内所存在的这种本性而活动就属于自然,如果事物活动的根源根本不在其自身之内而在其自身之外,那么它的活动就属于不自然。一个人之所以走得快,是因为他强壮、有力量和决心坚定,我们可以说他走得快是出于他的本性;如果一个人走得快是因为在其身后有一种恐惧的力量驱使着他,例如有一头狼追赶着他,我们就可以说,他之所以走得快并不是出于他的本性而是出于被迫。一棵树在原野上生长是自然的,但是把一棵树做成各种弯曲形状的盆景则是不自然的。所以"自然"是指事物自身固有的是其所是的根据和自身活动的内部根源。亚里士多德对自然的这种解释,与古希腊自然概

---

① [古希腊]亚里士多德:《物理学》,张竹明译,商务印书馆1982年版,第43页。

念的原初含义有所区别。古希腊人自然概念的原初含义具有本体论意蕴，是指使万物涌现或生成。而亚里士多德的自然则是指事物的本性、本质，即研究自然事物之为自然事物的根据和根源，属于现代意义上的自然哲学。至于使万物生成和涌现的本体，亚里士多德则在形而上学中进行研讨。亚里士多德认为，其所著的《物理学》研究自然是什么，在物理学之后还应当有一门学问，专门研究"是"本身，即能够使万物"是"的本原，他把这样一门学问称为"形而上学"。

在亚里士多德之后的罗马化时期，对自然概念讨论影响较大的当属斯多葛学派。该学派不仅将自然本身本体化，还将自然本身道德化，从而赋予了自然概念更多的含义和更多的价值，在此基础上他们提出"合乎自然而生活"的伦理要求。在斯多葛学派看来，自然本身指认的是整个宇宙，有机性的自然界整体，自然宇宙中的每一部分都有机地结合在一起，和谐地共生共在着。波埃修斯在《论自然》中说道："自然这个词有时被他们用来表示把世界联结成一体的东西，有时是指引起地上万物生长的东西。自然的定义是自身运动的力量，它根据生成因在特定的阶段上产生事物，把它们保存起来并且影响与其源泉同质的结果。"① 作为一个有机整体的自然宇宙并不是纯粹的机械性的存在，而是活着的有生命的、让万物生长的存在。自然世界一方面有其自身的运行秩序，并按照自身的秩序运行，做到为自身立法；另一方面，它也要为生存于其中的所有自然物立法，使之按照其所立法则生存、生长。正因为大自然事先安排好一切事物运动变化的秩序，因而世界上根本不可能发生没有原因就可以产生后果的事情。按照斯多葛学派的观点，一切现象都是被大自然预先规定好的，即使是最细小的事物和环节也与大自然所颁布的命令具有内在一致的关系。自然宇宙中所发生的一切都被事先安排得井井有条，并按照一定的秩序、法则有条不紊地发生，有分寸地结束。自然宇宙的这种和谐有序性无不证明其本身充满智慧，因为只有拥有智慧的智者才能如此聪慧地把自然世界安

---

① 苗力田主编：《古希腊哲学》，中国人民大学出版社1989年版，第617—618页。

排得如此井然有序与美丽和谐。斯多葛学派一再强调,自然宇宙本身不仅是拥有灵魂的存在,而且是拥有理性的存在。理性代表着智慧,是智慧的象征,只有理性才能辨认和识别普遍的自然法则。"整个世界是一个活生生的存在,拥有灵魂和理性。"① 自然宇宙本身所拥有的智慧及其对万物生存秩序的安排,对于人类智慧来说是难以企及的,它完全超越了人类自身的理解能力和聪慧程度。自然宇宙的智慧既不属于人类,亦不属于自然物,它只能属于神,即自然宇宙的有序性及其和谐美丽一定是神的智慧、神意的结果。因此塞涅卡的结论便是:"这世界拥有智慧,并且把所有事物拥入怀中的元素是超凡完美和理性的,因此这世界就是神,世界上所有力量都被这种神圣的特质凝聚在一起。"② 自然宇宙本身拥有神性,自然宇宙本身所创造的万物又是如此和谐有序与美好,故而斯多葛学派认为,自然宇宙本身是善的存在,是拥有美德的存在。自然宇宙的本性是理性,是神性,它彰显着普遍法则,致使万物生长,因而它自身是无限的善,是神圣并拥有大德,没有任何东西比自然宇宙本身更加完善和神圣。西塞罗说:"世界拥有美德。因此它是智慧因而神圣的。"③ 由此可以说,自然、理性、神性、善、德性,在斯多葛学派那里是完全等同的,代表自然宇宙本身的特质。

既然大自然本身是拥有神性的存在,是理性的和善的存在,它能够使自然万物和谐生存和有序生长,那么它所颁布的宇宙律令必然是对一切存在物普遍有效的,是神圣而不可违背的,并具有深厚而广泛的道德效应,其必然超越于人世间的反复无常性和人类生活的历史变化性而普遍永恒。以此为前提,人类要想运用自然本身所颁布的普遍道德律令关照社会生活,使杂乱无章的社会生活变得井井有条,并与自然宇宙秩序协调一致,就应当将自然宇宙颁布的普遍道德律令纳入人类社会生活之中,并成为人类社会生活不可或缺的道德原则。正是在

---

① 苗力田主编:《古希腊哲学》,中国人民大学出版社1989年版,第616页。
② [法]吕克·费希:《什么是好生活》,黄迪娜等译,吉林出版集团有限责任公司2010年版,第189页。
③ [法]吕克·费希:《什么是好生活》,黄迪娜等译,第173页。

这一伦理理念的影响下,斯多葛学派坚信,不是根据人类自身确认社会道德生活秩序,而是根源于自然宇宙本身所颁布的道德律令确认社会道德生活秩序。由此,斯多葛学派提出"合乎自然而生活"的道德律令,要求人们按照自然宇宙颁布的道德秩序安排自己的生活和行为。塞涅卡说:"我跟随自然的指导——所有的斯多葛学派都一致同意这个原则。不要远离自然,根据她的法则和模式塑造我们自己——这才是真正的智慧。"① 自然宇宙本身是善,合乎自然而生活,也就是合乎善而生活,人的最高美德就是依据自然法则而生活。斯多葛学派创始人芝诺曾表明,人生所追求的终极目的是"合乎自然而生活",有德性的生活就是合乎自然的生活,正是德性自然而然地引导我们趋向生活目的。过一种合乎自然的生活,亦即过一种合乎道德的生活,过一种合乎美德的生活,而唯有道德的生活或善的生活才能合理地引导我们达成生活的终极价值目标。因此,"合乎自然而生活"在斯多葛学派看来,是人通向神、走向善、拥有理智的必然道路。

中国传统社会中自然概念的含义像古希腊人所认为的那样,仍然是本体论的自然,或者说是作为本体显现的自然。只不过,在中国传统社会中的自然概念往往以"道"和"天"的概念形式出现。在道家学派那里,老子的《道德经》充分体现了本体论自然的思想。老子在《道德经》中提出:"人法地、地法天、天法道、道法自然。"② 对这句话的解释是,君王以地为效法的对象,地则以天为效法的对象,天则以道为效法的对象,而道则以自身的本性即自然为法则。老子在这里揭示出"道"本身即是自然,"道"是天地万物包括人在内都必须遵循的法则。因为"道"先于天地而存在,它是天地万物生成的根源。老子说:"有物混成,先天地生。寂兮寥兮,独立而不改,周行而不殆,可以为天下母。吾不知其名,字之曰道。"③ 在儒家那里,自然概念主要表示为

---

① [法]吕克·费希:《什么是好生活》,黄迪娜等译,吉林出版集团有限责任公司2010年版,第173页。
② 老子:《道德经》第二十五章。
③ 老子:《道德经》第二十五章。

"天",而"天"则是整个世界的最高主宰,"天命"是人类所不可违背的。如孔子曰:"惟天为大""富贵在天""君主有三畏,畏天命、畏大人、畏圣人言"等;孟子则提出"天爵""天诚""顺天""事天"等思想;董仲舒的天人感应论则主张"人副天数",提出"天地者,万物之本,先祖之所出也。"虽然中国传统文化也强调"天人合一"思想,甚至提出了"天地与我并生,万物与我齐一""仁者与天地万物一体"等经典话语,但是,"天"是至高至上的存在仍然是不可更改的,人只能做到"敬天""畏天"和"以德配天"。

二 创造的自然和被创造的自然

当历史的脚步迈进中世纪的门槛之后,中世纪的基督教神学也形成了自己独具特色的自然概念,那就是双重自然概念。即一个是创造自然的自然,另一个是被自然所创造的自然。换一种表达方式则是:一个是创造自然万物的神或上帝,另一个是被神或上帝创造的自然万物。中世纪基督教神学的双重自然含义与古希腊自然概念密切相关,可以说是对古希腊自然概念的双重继承。一方面是将亚里士多德自然概念中的自然当作自然物的思想发扬光大,另一方面是将斯多葛学派的神圣性、创生性自然转变为具有人格形象的上帝。

吴国盛教授在《自然的发现》一文中提出,自然概念的含义在古希腊早期哲学家那里具有本体论地位,它对自然万物的存在保持着优先性。亚里士多德虽然意识到了"自然"的这种优先于其他万物的地位,但他却并未保持住对自然优先性的这种最高领悟,而是将它降低为"本质""本性"的一般存在。于是,这便产生了"自然"转换为"自然物"的可能性。"亚里士多德在《物理学》中完成的'自然的发现'的另一个方面,是划定了一个特殊的存在者领域即自然物的领域。因为这个特殊的存在者领域的划定,使得'自然'不再是一切存在者的本质，而只是'自然物'这种特殊存在者的本质。"① 亚里士多德把自然存在物又分为根据在自身之内和在自身之外两种，根据在自身之内的属于自然存在物，即"自然"是自然事物的本质和本性，如植物、动物等；根据在自身之外的属于人工制造物，即这类由人工技艺创造的自然物自身被当作没有自然的本性，如床、桌椅等。正是创造物概念的出现，为中世纪将整个自然宇宙都视为上帝的造物开辟了道路。

《圣经·旧约·创世纪》详细地描绘了上帝创造万物的整个过程。天地起初空虚混沌，渊面黑暗，神的灵运行于其中。神说要有光，于是光便出现了。神见光是好的，便把光与暗区别开来，神称光为昼，称暗为夜。有早晨、有晚上，这是第一天。第二天神创造了空气，空气之下为水，空气之上为天，水聚集在一起为海，旱地于是得以显露。第三天神在大地上创造了草木、蔬菜和果实。第四天神创造了天体，太阳管昼、月亮管夜，还有星体与时令。第五天神创造了水中的鱼、空中飞行的鸟和陆地上的爬行物。第六天神按照自己的形象创造了人，即创造了亚当和夏娃，并赐福他们管理水中的鱼，空中的鸟和地上的爬行物。第七天神就休息了。通过《圣经》中的创世纪，我们可以清楚地看到，"自然"概念的含义在基督教神学当中演变成了自然界、自然物的集合，而且是作为上帝的造物而存在的，是作为上帝对人类的恩宠而赐福给人类的物质性东西。由此，整个自然界存在的根据都不在自身之内，而在自身之外的上帝那里，上帝是整个自然界存在的本质和生成的根据。

然而我们要追问的是，上帝为什么能够创造自然万物呢？那是因为上帝本身就是斯多葛学派所谓的"自然"。我们知道，中世纪基督教神学的上帝概念，受斯多葛学派的影响较大，可以说，斯多葛学派的自然神圣、自然创造万物、自然本身是活的、有灵魂、有理智的思想，直接导致了基督教神学上帝概念的形成。斯多葛学派赋予"自然"所具有的地位、能力和价值都在上帝身上得到了体现。斯多葛学派所谓的自

---

① 吴国盛：《自然的发现》，《北京大学学报》（哲学社会科学版）2008年第2期。

第三章 自然的显现

然，本身就是一个神，只不过中世纪基督教的上帝比斯多葛学派的自然之神更具有人的形象和人的人格。正是自然之神灵的人格化，使得基督教神学的上帝更能够拉近与人的距离，更容易引起人们对上帝的崇拜和信仰。既然上帝是自然之神灵的人格化身，上帝集"自然"一切能力于自身，那么上帝也就是自然，是能够创造自然万物且高于自然万物的自然。于是，我们在中世纪基督教神学这里得到两种自然：上帝和自然界。人则是介于这两者之间的存在者，即人是被上帝创造的，其必须从属于上帝，听从上帝的诫命；但是，由于人是上帝按照自己的形象创造的，人类最接近上帝，最受上帝恩宠，于是上帝就把管理自然万物的权利赋予人类，让人类管理空中的鸟，水中的鱼和地上的爬行物。正是人类拥有上帝赋予管理自然万物的权利，因而人的地位和价值又高于自然万物。

中世纪的神学家爱留根纳曾对双重自然观念进行过论证。他在《论自然的区分》一书中表明自然是一个整体，即自然是一个名称，指认的是全体存在与不存在。在此基础上，爱留根纳对自然存在的类型进行了划分，提出有四种形式的自然。"在我看，自然可以区分为四种不同的形式：它首先是这样一种形式，这种形式是创造而非被创造的；其次是另一种形式，它是被创造的，又能创造；第三是这样一种形式，它是被创造的、而不能创造；第四是这样一种形式，它不创造，又是不被创造的。"[①] 第一种形式的自然是作为世界存在的终极原因而存在的，他就是上帝，是一切存在和不存在的根本原因。

> 第一种方式表现如下：理性以它为根据，要求一切可以清晰辨认的或超感觉的，都可以隶属于存在的范围，而与此相反，那存在由于本性卓绝，不仅超于物质、即感性之外，而且超于纯思维以及理性之外，却又表现为不存在。只有通过上帝，通过物质，还通过一切以上帝为根据的东西的基础和存在方式，才能正确地意识到这

---

① 北京大学哲学系外国哲学史教研室编译：《西方哲学原著选读》（上卷），商务印书馆1981年版，第235页。

个道理。①

第二种形式的自然是被创造且又能够创造的自然,这种自然指认的是存在于上帝之中的各种理念,上帝凭借这些理念进一步创造所有的特殊事物。第三种形式的自然是在时空中产生出来、能够被认识的自然万物,具体而言,它们是上帝理念的具体表现形态。

> 第三种创造方式是这样的,可见的世界上的事物的丰富多彩从而出现了,也还有在这个世界之先的原因,这种原因处于自然的深处而隐藏着。因为凡是根据在时间和空间里产生出来被形成了的物质原因本身而被认识的,习惯上称之为存在;反之,凡是仍然内含于自然深处,尚未成为被形成的物质,或者还不在时间和空间里,并且还没有由于某种机会成为可见的,正是这样,习惯上称之为不存在。②

第四种形式的自然,作为一切事物的终极目的和最终归属仍然指的是上帝,万物从上帝当中产生而又复归于上帝。爱留根纳强调,所谓上帝创造自然万物,应该理解为上帝存在于它所创造的自然万物之中,而不是存在于它所创造的自然万物之外,上帝是万物存在的本质。自然万物则是上帝的显现,认识自然万物也就是从某个方面反映上帝的神性和本质。

近现代欧洲大陆理性主义学派的代表斯宾诺莎也将自然概念的含义区分为两种,同样表达了双重自然观念,并把上帝直接等同于自然。他在《神、人及其幸福简论》一书中说:

> 我们将简略地在这里对自然的整体加以分类——即把自然划分

---

① 北京大学哲学系外国哲学史教研室编译:《西方哲学原著选读》(上卷),商务印书馆1981年版,第236页。
② 北京大学哲学系外国哲学史教研室编译:《西方哲学原著选读》(上卷),第238页。

❖ 第三章　自然的显现 ❖

为产生自然的自然和被自然产生的自然。所谓产生自然的自然，我们理解为这样的一种存在物；通过其自身，而不需要任何在它之外的东西，我们就可以清楚而且明晰地理解它，这就是神。有如托马斯主义者根据它来理解神那样，但是他们的产生自然的自然是超越于一切实体的一个存在。我们把被自然产生的自然划分为两类：一类是一般的，一类是特殊的。一般的被自然产生的自然是由直接依赖于神的全部样式组成的，而特殊的被自然产生的自然是由一般的样式所产生的全部特殊事物组成的。①

斯宾诺莎的"产生自然的自然"和"被自然产生的自然"，在他的《伦理学》著作中则被改为"能动的自然"和"被动的自然"，并表达了同样的意思："'能动的自然'是指在自身内并通过自身而被认识的东西，或者指表示实体的永恒无限的本质的属性，换言之，就是指作为自由因的神而言。但'被动的自然'则是指神的属性的全部样式，就样式被看作在神之内，没有神就不能存在，也不能被理解的东西而言。"② 斯宾诺莎明确地将上帝直接等同于自然。他认为，整个世界只存在一个实体，这个实体既是自然，又是上帝。在有些时候，斯宾诺莎干脆就将"自然"和"神"连在一起用。"自然或神是一个被断定为具有无限多属性的存在，其自身包含被创造物的一切本质，所以，在思想中就必然会产生一个关于所有这些本质的无限观念。这个无限观念客观地包含着整个自然，正如自然实在地存在于自身中一样。"③ 斯宾诺莎不仅多次说"神或自然""神和自然是同一名词"，而且还明确指认：神本身所拥有的力量就是自然本身的力量，上帝的必然性就是自然本身的必然性，上帝的本质就是自然本身的本质。由此可以看出，"神"和"自然"这两个范畴在斯宾诺莎那里，无论是在其早期著作还是在

---

① ［荷兰］斯宾诺莎：《神、人及其幸福简论》，洪汉鼎、孙祖培译，商务印书馆1987年版，第175页。

② ［荷兰］斯宾诺莎：《伦理学》，贺麟译，商务印书馆1958年版，第29—30页。

③ ［荷兰］斯宾诺莎：《神、人及其幸福简论》，洪汉鼎、孙祖培译，第259页。

其后期著作里，表达的都是同一个意思。

爱留根纳和斯宾诺莎将上帝等同于创生万物的自然，认为上帝存在于他所创造的自然万物当中，被视为泛神论和异端，因而遭到了基督教正统的反对。在基督教正统看来，上帝是整个宇宙的创造者，他存在于自然世界之外，属于人格神，根本不可能是自然，也根本不可能存在于自然世界之中，物性自然只能是上帝的创造物。随着生态危机的发生和基督教的绿色化，当代著名神学家莫尔特曼提出了"创造神学"，在某种意义上把上帝的存在仍然归属于他所创造的世界之中，并认为上帝就内在于他所创造的世界之中。

> 上帝创造世界，同时进入世界。他使世界开始存在，同时又通过存在显示自己。世界依靠上帝创造的力量生存，而上帝又住在世界之中。所以，如果创造主上帝与他的创造物对立，那么，他也和他自己对立。如果被造物与它的创造主对立，则上帝也再次与自己对立。超越世界的上帝和内在于这个世界的上帝，是同一个上帝。①

既然上帝内在于自然世界之中，那么上帝无疑是自然，所以，莫尔特曼的创造神学无疑是对爱留根纳和斯宾诺莎泛神论的恢复或让步。尽管莫尔特曼努力试图将自己与泛神论区别开来，强调上帝内在于自然世界的同时，又超越于自然世界，但上帝既创造自然世界，又内在于自然世界之中，无论如何都与创生万物的自然有着内在一致性。

在中世纪，基督教正统拒斥了古希腊人充满神性的自然概念，使自然变成了上帝的作品，变成了被造物。但是，如果我们仔细领悟的话，基督教的上帝与古希腊的神性自然仍然具有同一性，它们都是作为神圣的创生万物的本原、本体而存在的。由此我们可以确认，上帝作为创生万物的自然是隐性存在的，而自然界作为被造物则是上帝显现的存

---

① ［德］莫尔特曼：《创造中的上帝》，隗仁莲等译，生活·读书·新知三联书店2002年版，第25页。

在。自然成为上帝的创造之物，成为自然存在物，这为近现代征服自然界，使自然界成为摆置在人类面前并被人类所摆置的图像奠定了基础。

中世纪基督教神学的双重自然思想，对我们当今思考自然是富有启示意义的。如果我们把自然仅仅理解为创生万物的本体存在，无疑会贬低人在宇宙中的位置，使人屈服于自然。如果仅仅承认自然就是上帝的创造物，无疑又会将人凌驾于自然之上，使人对自然无法无天。自然的双重性存在，将人置于本体自然与现象自然之间，既给予人一定的支配自然万物的权利，又确认人不是世界的主人，在人之上还有上帝，还有创生万物的大自然存在，使人对自然心存敬畏而不敢胡作非为。另外，双重性自然的存在也使我们认识到，有一个作为本体，作为中国老子所谓的"道"，作为让万物和谐共生、协同进化的自然法则而存在的自然，对于这样一个自然，我们只能认识它，遵循它，甚至敬畏它。还有一个作为被自然本身创造的，作为自然万物之总和的自然，这样一个自然既是人类加工改造的对象，也是人类保护的对象。人类怎样改造与保护这个作为自然万物总和的自然，需要掌握并运用本体自然的运行法则和规律，用本体自然之"道"对待万物自然之身。笔者根据双重性自然思想曾提出，将自然与自然界区别开来，自然概念代表本体论的自然和宇宙整体运行法则，自然界概念代表被创造的自然万物，或自然万物的总和。通过对自然和自然界概念的区分，使人们能够对自然有一个清晰的分层认识。"自然"是人们遵循的对象，"自然界"则是人们栖身于其中并能够加以改造和利用的对象，人们应当遵循"自然"，因而善待我们的"自然界"[①]。

三 作为物性显现的自然

杀死上帝，是西方近现代启蒙运动的一个了不起的功绩，它使人从

---

① 曹孟勤：《自然与自然界》，《自然辩证法研究》2005年第4期。

上帝的仆人中解放出来,确立了人是一个"大写的人",以及人的独立自主性生存。然而,随着上帝的死亡和"大写的人"对上帝位置的僭越,神性自然和本体论自然随之也被近现代人罢黜了,使中世纪的双重自然概念简化为一个物质性的自然界,最终完成了对自然的祛魅。也就是说,人类历史在进入近代社会以后,自然概念的含义发生了根本性的转变,它不再是对涌现或本性的表达,也不再作为本体论意义之自然而存在,更不是创造万物的上帝式的自然。自然概念成为表示自然存在物的总和,表示具有物质属性的客观自然界。密尔在《论自然》中对自然的界定是:"自然一词有两个主要的含义:它或者是指事物及其所有属性的集合所构成的整个系统,或者是指未受到人类干预按照其本来应是的样子所是的事物。"① 《中国大百科全书》(哲学卷)对"自然"概念的定义是:"自然有二义:广义的自然是指具有无穷多样性的一切存在物,它与宇宙、物质、存在、客观实在这些范畴是同义的;狭义的自然是指与人类社会相区别的物质世界,或称自然界。它是各种物质系统的总和,通常分为非生命系统和生命系统两大类。"② 自然界从广义方面看是指宇宙,从狭义方面看则是指与人类社会不同的物质世界。在现时代,人们一般将"自然"看作自然存在物的总和,物质性的存在总体。用柯林伍德的话说,这种与古希腊根本对立的机械论自然观根本"不承认自然界、不承认被物理科学所研究的世界是一个有机体,并且断言它既没有理智也没有生命,因而它就没能力理性地操纵自身运动,更不可能自我运动。它所展现的以及物理学家所研究的运动是外界施与的,它们的秩序所遵循的'自然律'也是外界强加的。自然界不再是一个有机体,而是一架机器:一架按其字面本来意义上的机器,一个被在它之外的理智设计好放在一起,并被驱动着朝向一个明确目标去的物体各部分的排列。"③ 《韦伯斯特新世界词典》根据自然概念在人类历史上出现的前后次序,列出了自然这一概念的

---

① 转引自吴国盛《追思自然》,辽海出版社1998年版,第328页。
② 《中国大百科全书》(哲学卷),中国大百科全书出版社1987年版,第1253页。
③ [英] 柯林伍德:《自然的观念》,吴国盛等译,华夏出版社1999年版,第47页。

第三章 自然的显现

各种不同含义：

> 自然概念的第三个和第四个定义分别是"种类"或"类型"，以及"物质世界的整体"。这些都是近代资产阶级的科学和启蒙维度上的自然概念。它们有多种表达方式，如"什么东西存在着"、"存在着的所有事物"、"客观事物的整体"以及"物质世界自身"等。在这种维度上，自然是一种事物的集合体，它是一种像商品一样可以被拆分，同时又能以新的形式加以组合的东西。在欧洲社会自15世纪至18世纪的向工业资本主义漫长转型过程中，对自然的这种定义逐渐取得了主导地位。[①]

能够创生自然万物的自然，使自然万物得以涌现的自然，神学化的自然，之所以在近现代丧失了其本体和神性意义，而变成自然万物的集合体，变成所谓的自然界，是因为发生在近现代的两种力量造成的：一是自然科学的现代发展；另一是哲学认识论的出现。从自然科学发展来看，自西方文艺复兴运动倡导科学精神以来，逐渐摆脱了基督教神学启示真理约束的自然科学得到了迅猛的发展。天文学、物理学、化学、生物学、植物学、医学等学科相继登上了社会大舞台，演出了一场持续时间久，影响范围广的场面宏大的科学发展舞剧。在初步登上社会舞台的自然科学研究中，由于牛顿的作用而使得物理学的影响最大，它借助数学方法，能够精确计算事物之间力与力的相互作用关系，从而赢得了自然科学之皇冠的美誉。其他自然学科都努力效法它，对所研究的对象尽可能通过观察与实验、测量和计算的方式来发现它们所存在的规律。正是现代自然科学研究所遵循的这种实证的方式方法，揭开了各种自然事物和各种自然现象的神秘面纱，掌握了自然界中所发生的各种现象的本质性或规律性知识，从而赢得了人们对现代自然科学的顶礼膜拜。"科学"一词，在现代人的心目中能够与真理比肩，

---

① [美]奥康纳：《自然的理由》，唐正东、臧佩洪译，南京大学出版社2003年版，第34页。

科学由此成为真理的代名词。例如文艺复兴时期的达·芬奇坚信，真理只有一个，它不是在宗教之中，而是科学之中。哥白尼提出的"日心说"，表明地球与其他天体一样遵循天体运行的规律，沉重打击了基督教教会的宇宙观，使天文学从宗教神学中解放出来。伽利略开创了物理学研究的先河，他亲自通过实验以解决物理现象中的一些难题，表明自然界遵循的是物理运行规律。布鲁诺提出了自然万物都统一于物质的思想，物质世界之外不存在第一推动者。牛顿通过数学公式得出了万有引力定律、物理运动定律，使得自然成为一个遵循力学规律的物质体系。正是自然科学的这种发展，自然由此变成了纯粹的由感官经验可以把握的自然现象，变成了由数学可以计算的具有纯物理属性的自然。因为自然只有变成了自然物的集合，才可以对其运用观察、实验、计算等科学方法，才可以对其展开科学研究。卡西勒在《启蒙哲学》中提出：

> 与启示的真理一起，现在出现了一种独立的、新奇的自然真理。这种真理不是在上帝的话语中，而是在它的作品中显示出来的；它不以《圣经》中的证据或传统为依据，而是我们时时可以看见的。但是，只有认得出自然的手迹、能译解其原文的人，才能理解这种真理。单纯字词不能表达自然真理，唯有数学构图、图形和数字，才能恰当地表达自然真理。①

尤其是牛顿物理学的胜利，对如何看待自然界产生了巨大的影响，并由此形成了机械论自然观，即整个自然界完全是按照机械运动规律而存在、发生和运行的。如笛卡尔宣布动物是机器，霍布斯指认自然界是一部巨大的机器，人体是一部精巧的小机器。拉美特利干脆宣称人也是机器。自然是一架冰冷而有生命的机器，自然的神性由此消失殆尽。

---

① ［德］卡西勒：《启蒙哲学》，顾伟铭等译，山东人民出版社1988年版，第40—41页。

❖ 第三章　自然的显现 ❖

随着现代自然科学攻城拔寨似的迅猛发展，近现代哲学也由此发生了研究的转型，从古希腊哲学本体论转向近现代哲学认识论。近现代哲学之所以转型为认识论，是因为要对自然科学研究所发现的自然真理提供哲学上的合法性证明。经过哲学认识论对思维与存在、主观与客观关系的广泛深入的讨论与论证，最终一致确认思维与存在的同一性能够保证自然科学把握自然实在，获得关于自然事物和自然现象的真相，以及真理性知识。近现代哲学认识论由于对真理把握所持有的方式不同而分为两大流派：一是经验主义认识论，另一是理性主义认识论。经验主义认识论把观察、实验和实证作为主要研究方法，使用综合方法认识自然界，认为能够直接感受事物的经验是知识的唯一来源，只有通过感性经验获得的知识和被经验证明的知识才是真实可靠的。如牛顿就表明，实证研究的基本方法是观察和实验、测量和计算，物理学的任何概念，都必须经过经验的检验和实验的证明才能普遍使用，否则便不能给予承认。伏尔泰提出，不以经验之光为知识的向导，不用数学作为研究指南，对自然界的认识就不能前进一步。理性主义认识论则坚持从不证自明的普遍公理、天赋概念和先验原则出发认识自然界，认为只有运用分析的方法，经过严谨的逻辑演绎而获得的普遍性知识才是真实可靠的。笛卡尔提出的"我思故我在"的命题，以合乎分析方法的方式逻辑性地确认了人是认识的主体，自然界是认识的客体，完成了对自然的祛魅。在经验主义认识论认为唯有经验才可靠，理性主义认识论认为唯有理性才可靠，并争执得不分伯仲之时，德国古典哲学家康德挺身而出撰写了《纯粹理性批判》，以求调和经验主义和理性主义、唯物主义和唯心主义认识论的差异，在此基础上并对科学何以能成为科学，抑或对知识何以能成为知识，进行了详尽而复杂的讨论和论证，在德国古典哲学处将哲学认识论研究推向了一个高潮。即使是在康德逝世后的一二百年时间里，要求科学研究回到康德的呼声几乎不绝于耳，可见康德对哲学认识论的分析与批判产生了广泛而深刻的影响。

在《纯粹理性批判》中康德首先指证，要想使自然科学知识包含普遍而必然的知识本质，真正成为真理性的知识，必须具备两个不可缺少的要件：一是客观性，二是普遍性。康德强调，要保证知识的客观性，就须以对客观事物直接感受到的感觉出发，即一切知识都须从感性经验出发，如康德在《纯粹理性批判》导言中开篇便说："我们的一切知识都是从经验开始的。"① 康德所谓的经验，是指外在于主观的客观事物刺激感官之后而形成的感觉印象或表象，具体到自然科学研究来说，则是指具体的认识对象，自然科学知识是关于具体自然对象的知识。自然科学的这一认识对象并不是纯粹的事物本身，而是外界事物作用于感觉而生成的现象，即自然科学仅仅是关于自然界之现象的知识，至于自然界本身是什么，自然科学则表示不知道。虽然一切自然科学知识都必须从经验出发，从认识对象本身出发，但感官对认识对象本身所形成的感觉印象往往是无序的，即经验给予我们的只能是偶然性，不可能是普遍必然性。由此康德又提出，"尽管我们的一切知识都是以经验开始的，它们却并不因此就都是从经验中发源的"②。认识虽然从经验出发，但这并不意味着经验就一定成为认识论的第一原则。要保证知识的普遍必然性，克服经验的偶然性，只能是且必然是从先于感性经验的知性原则出发的。高于感性的知性本身具有先验性质，先天内在地具有十二对范畴，如时空范畴、因果范畴等。知性中这些先天具有的范畴只是纯粹的空洞形式，不包含任何具体内容，因此它能够最大限度地保证自身的普遍必然性。用这些先验知性范畴加工整理感性经验所得来的材料，就会将杂乱无章的无序性感觉印象整理出某种秩序，由此形成关于自然事物的普遍必然知识。知识的产生过程不再围绕客观认识对象旋转，而是围绕主观先天范畴旋转，这是康德最为得意的研究成果并自诩为哥白尼革命。康德所揭示的认识论告诉我们，自然科学知识由两个基本部分构成：感性和知性。感性提供经验的客观对象，知性提供先天性普遍范畴，两者相结合从而既保证了知识的客观性，又保证了知识的普遍必然性。自然科学知识如果没有经验

---

① ［德］康德：《纯粹理性批判》，邓晓芒译，人民出版社2004年版，第1页。
② ［德］康德：《纯粹理性批判》，邓晓芒译，人民出版社2004年版，第1页。

直观则是空洞的，如果没有知性范畴则是盲目和杂乱无章的。康德经过纯粹理性批判之后，对知性的运用画出了界限，即知性只能运用于现象界，只能认识自然现象，加工整理感性经验所得来的自然材料，而不能运用于本体界。知性一旦越出这一界限，就会产生二律背反。康德经过纯粹理性批判表明，自然科学知识仅仅是关于自然现象界的知识，自然科学知识表达的是人为自然立法。对于自然科学知识来说，使自然现象得以产生并隐藏在自然现象背后的"物自体"即本体，则是根本不可知的。作为自然科学知识，仅仅是对落入时空范围内的各种自然现象的知识，对作为本体论的"物自体"，即整个自然界本身，由于其完全处于时空范围和知性范畴之外，故不可能对其形成任何知识。

康德哲学认识论有一锤定音之势，自然科学知识作为普遍客观知识何以可能，答案就在于这一知识永远栖身于现象界，是关于感性对象的经验知识。然而我们必须清醒地看到，康德所指认的作为认识对象的感性对象，只能是具体的自然事物，知性所栖身的现象界也仅仅是各种具体自然现象的总称。只有具体的自然事物才是能够被感性看得见、摸得着的，才是能够被感官所直接把握的。就此而言，康德的认识论仍然没有逃脱近现代以来所形成的实体观念的窠臼，自然存在物仍然是一个个具有广延性的客观物质实体，人们只要借助于自然科学研究的方式，就能够完全认识和把握这一实体。总之，哲学认识论的出现，完成了对自然的彻底祛魅，自然由此变成了人们认识的纯粹对象。我们知道，要进行认识，就必须有认识的主体，而这个主体只有人才有资格担任，因为唯有人才拥有理性、拥有认识的能力；人要进行认识，还必须有认识的对象、认识的客体；如果人要认识自然，自然必然堕落为认识的对象或认识的客体。作为认识对象和认识客体的自然，只能是且必然是自然物。因为唯有自然是自然物才能够被人的感官所把握，对其所获得的知识才能够被经验所实证。

把自然显现为自然万物的集合和死一般的机器，目的在于抬高人在自然宇宙中的位置，把人树立为自然的主人，并赤裸裸地展开对自然的征服和控制。我们必须承认，这对于人从自然那里获得解放，从上帝那里获得解放，展示自然本身丰富多彩的财富和自然本身丰盛的工具价值具有一定的进步意义。自然只有祛除神性并成为自然物的集合，人类才敢于对其应用智慧，把自然深埋的宝藏挖掘出来，满足人类对幸福生活的追求。人类中心主义，或者是人本主义仅仅在这一意义上才具有存在的合理性。

四　作为生态显现的自然

随着生态学的兴起和发展，自然界本身的另一种图景被揭示出来，即自然界的生态性存在和内涵。由此，自然界还作为生态性存在加以显现。生态学研究表明，在自然界中任何生命的生存都必然脱离不了周围的环境，并与周围环境中的水分、土壤、空气、阳光、温度发生作用，与其他生命的存在发生相互作用。生命与周围环境、生命与其他生命由此建构起一种相互依存和相互影响的紧密关系。各种生命在其生活过程中依据周围环境的状况，从周围环境中取得他生活所必需的物质、能量和信息，同时又将不断排出的某些物质、能量和信息反馈给周围环境，并对他栖身其中的周围自然环境起到影响作用。根据生态学创始人海克尔的见解，生态学是"研究生物在其生活过程中与环境的关系，尤指动物有机体与其他动物植物之间互惠或敌对关系"[①]。奥德姆等人在《生态学基础》中则提出：

> "Ecology"一词源于希腊文，由词根"oikos"和"logos"演化而来，"oikos"表示"家庭"和"住所"，"logos"表示"研究"。对住所的研究必然包括所有生活在住所中的有机体以及各种提高住所可居住性的功能过程，因此，从字面意义上讲，生态学（ecology）是研究生物住所的科学，强调有机体与其栖息环境之间的相互

[①] 曹凑贵：《生态学概论》，高等教育出版社2006年版，第2页。

关系，这个定义被作为标准定义收录于词典中（《韦氏词典》第10版）。①

生态学还进一步表明，在生物与生物之间，生物与环境之间总是发生着相互作用和相互影响，这种相互作用和相互影响是通过物质、能量和信息的传递与交换完成的，从而使生物之间、生物与环境之间密切结合在一起并构成一个系统性整体，整个自然界的这种系统性整体亦被称为生态系统。英国生态学家坦斯利率先使用了生态系统的概念，把生物与其生存环境有机联系和相互作用所构成的整体作为一个系统加以研究。他说："更基本的概念是……完整的系统，不仅包括生物复合体，而且还包括环境的全部物理因素的复合体。我们不能把生物从其特定的、形成物理系统的环境中分隔开来。这种系统是地球表面上自然界的基本单位。这些生态系统有各种各样的大小和种类。"② 在20世纪50年代，美国生态学家奥德姆等人在总结、概括前人研究成果的基础上，进一步完善和发展了生态系统的概念，丰富了生态学研究内容。奥德姆等人对生态系统概念给出了一个比较完整的定义："生态学系统或生态系统就是在一定区域中共同栖居着的所有生物与其环境之间由于不断进行物质循环和能量流动过程而形成的统一整体。生态系统不仅仅是一个地理单元，还是一个具有输入和输出，具有一定自然或人为边界的功能系统单位。"③

自然界作为一个生态系统，是由非生物环境和生物群落两部分构成的，虽然生态系统内部的构成要素众多，但生态学将其归为四个基本的环节：无机环境、生产者、消费者、分解者。其中生产者、消费者、分解者是生态系统中三个主要功能要素。生态系统中的生产者代表的是那些能够充分利用无机物因素来制造有机物的自养生物，主要是指

---

① [美]奥德姆、巴雷特：《生态学基础》，陆健健等译，高等教育出版社2009年版，第1页。
② 转引自曹凑贵《生态学概论》，高等教育出版社2006年版，第24页。
③ [美]奥德姆、巴雷特：《生态学基础》，陆健健等译，第15页。

绿色植物。绿色植物借助光合作用能够将环境中的无机物化合成有机物，并把环境中的微生物和细菌性能量以某种化学能的形式吸收并固定到自身有机体内。消费者则是指那些直接或间接利用绿色植物作为食物来源的异养生物，其主要代表是动物和寄生性生物。根据食性的不同又可以将这些消费者分为食草动物、食肉动物、寄生动物、食腐动物和杂食动物。分解者又称还原者，主要指的是那些细菌、真菌、霉菌等微生物。分解者以动植物的残体和排泄物中的有机物质作为维持生命活动的食物源，并把复杂的有机存在物分解腐化为简单的无机物和腐殖质归还给自然环境，供生产者再度吸收利用。生态系统正是通过生产者、消费者、分解者之间的相互作用构成一个完整有效的食物链，才使得由绿色植物捕获并固定下来的非有机物环境的物质和能量以新陈代谢的方式持续不断地从一个生物机体转移到另一个生物机体，最终又回到非有机物环境中，形成一个完整的物质交换循环及能量流动链条。任何生态系统都是通过生物与其环境的新陈代谢作用完成物质循环、能量流动和信息传递过程的，通过这些过程才使得生态系统稳定和繁荣。生态系在没有外部侵袭、干扰的正常情况下，都自发地处在一种动态平衡之中，保持着各个部分和各个环节的稳定和谐。如果有外部力量和人类活动对生态系统的某个要素、某个环节，即对环境因子产生侵袭、干扰，改变其原初的存在状态，就会导致生态系统本身发生剧烈变化，并形成新的生态系统稳定与平衡。生态系统的稳定与平衡总是暂时的，变化则是持续的。对于自然生态系统的存在，人类目前是无法对此进行人工复制的，生物圈1号和生物圈2号实验的失败，足以表明人类对生态系统的仿生是无能为力的，因此，关心和维护地球生态系统的存在，远远胜于对生态圈的仿造和对生态圈的逃离。

美国生态学家康芒纳认为，自然环境本身就是一个庞大而组装起来的、自我运行极其复杂的活的有机体，它在地球表面形成了一个由生命相互作用而构成的生态圈或生态系统，人的每一项生存活动都依存于这部自然活机器的功能完整性和适应性平衡。如果绿色植物不发生光合作用或光合作用受损，就没有氧气供给人和动物，使其维护生命存在；如果没有植物、动物和微生物的化合分解活动，湖泊和河流中的水就不会干净透彻；如果土壤中缺乏微生物的上千年活动过程，粮食、石油和煤就根本不会生成。自然环境是人类得以存在的最大生物学资本，是人类全部生产活动得以产生的最基本设备。如果人类无视自然环境的存在并随意毁灭了她，人的一切经济、政治、文化体系都将会土崩瓦解。

各种生命，总的来说，是从地球的非生物外壳中出现的。生命是一个非常有力的化学形式，它们一旦出现在地球上，就迅速地改变了地球的面貌。每一种生物都是紧紧地依附于它的物理和化学的环境，结果在这种环境已经变更的时候，适合于新的环境的生命形式就可以出现了。生命产生着生命，结果一旦新的形式出现在它们所适宜的环境中，它们就能够增生和传播，直到它们占据了在物质范围以内的每一个适宜它们生存的环境生态位置。每一种生物都是靠很多其他的生物而生存的，不论是间接地通过环境中的各种化学和物理部分，还是直接成为食物或庇护所。在地球上的每一种生物中间，确切地说，在它每个单独的细胞里，都包括另一个组织结构，按照它自身的规模，就像环境系统一样复杂。这个组织是由非常多的和错综复杂的各种分子所组成的，这些分子通过化学反应而精巧地连接在一起，整个有机体的生命性能都依赖于它。①

在强调地球是一个生态圈的基础上，康芒纳提出了生态学的四个基本法则："生态学的第一个法则：每一种事物都与别的事物相关。"② 这是生态关联法则，它反映了生物圈精密的内部联系网络的存在。"生态学的第二个法则：一切事物都必然要有其去向。"③ 这是物质不灭定律

---

① [美]巴里·康芒纳：《封闭的循环》，侯文蕙译，吉林人民出版社1997年版，第15—16页。
② [美]巴里·康芒纳：《封闭的循环》，侯文蕙译，第25页。
③ [美]巴里·康芒纳：《封闭的循环》，侯文蕙译，第30页。

的体现,它意味着在自然界中是没有"废物"这种东西的,由一种有机物所排泄出来的被当作废物的东西都会被另一种有机物当作食物而吸收。"生态学的第三个法则:自然界所懂得的是最好的。"① 这是生态智慧法则,它强调任何在自然系统中因人为而引起的变化,对这个系统都可能是有害的。"生态学的第四个法则:没有免费的午餐。"② 这是生态代价法则,它表明每一次获得某种东西都要付出相应的代价,在生态系统中没有免费的东西。

通过对上述生态概念和生态系统概念的描述和梳理,我们可以看到,自然世界作为一个生态系统,本身具有自组织特征,自身能够自发地进行物质和能量在生物之间的循环流动,并能够自觉维持自身的动态平衡存在。这说明整个自然界是一个有机体,它自在的就是目的,自我维持、自我发展,使各种生命不仅丰茂,还能够持续繁衍、进化和扩张。地球在产生之初没有任何生命,在地球表面只有原始的无机环境,荒凉灰蒙。经过大约10亿年的缓慢进化,地球上才出现了有机分子,然后再生成高分子物质以及由这些高分子物质组成的多分子体系,然后是生命的结构基础——细胞的出现,再由细胞逐渐进化产生了生命。经过无性繁殖和有性繁殖,就有了植物和动物的进化,以及人的生命的诞生。地球使生命由海洋发展到陆地,由低级一步步进化为高级,终于孕育出数以万计的生命种类,造就了瑰丽多姿、绚丽多彩、生机勃勃的大地。生命从无到有,从少到多,由低级到高级,即使是最蔚为壮观的一幕——人类的诞生,也无不是大自然自身持续不断进化的结果。生态学由此给我们揭示出自然的另一副存在景象,即自然界的有机性存在。自然界的这种有机性存在亦称为生态自然。生态自然的内在规定性首先是生态本质,万物有机地结合在一起,相互联系、相互影响、自我生成、自我维护,共同构成一个生态整体或生态系统。如果人类损害了其中的一个环节,与其相关联的其他自然存在物也会受到牵连,甚至会对整个生态系统产生不良影响。进而言之,生态自然有其自身运

---

① [美] 巴里·康芒纳:《封闭的循环》,侯文蕙译,吉林人民出版社1997年版,第32页。
② [美] 巴里·康芒纳:《封闭的循环》,侯文蕙译,第35页。

行的法则，具有创生性，它能够让自然万物涌现出来，并让万物按照自身的存在目的而存在和发展。人类只能遵守这种法则，根本不能掌握这种运行法则，而且生态自然本身还具有恩格斯所言的报复能力，人类如果破坏了这种生态运行法则，就会遭到"自然的报复"。从这一意义上说，生态自然的这种内在本质有些像古希腊人所谓的让万物涌现的自然，万物本性的自然；像中国古代人所言的"道"和"天"。只不过生态自然是祛魅化，不具有神秘性，更不可能是上帝。生态自然的内在规定性其次是物质性的存在，生态自然有自然万物集合的内涵，也可以称其为自然界。生态自然的物质属性方面与现代性的自然概念基本相同，但它与现代性自然概念不同的是，它不是机械论的存在，不是一架机器，而是一个有机的存在，是康德所言的"无目的的目的性"存在。生态自然是古代人自然概念与当代人自然概念的统一，是物性自然与有机自然的统一。

确认生态自然概念的含义具有重要的现实价值，它提供了一种完全不同于以往一切时代的自然概念的含义，它应当具有工业文明之后生态文明时代所使用的自然概念的基本内涵。我们知道，在不同的时代自然概念有不同的含义，这表明自然概念本身具有意识形态的作用，它为当时的统治阶级的统治提供了理论服务，为人与人之间的不平等性提供了合法性辩护。例如，古希腊人的自然概念具有神圣性，它始终是人们敬畏的对象。古希腊自然概念的意识形态功能在于，既然人与自然的关系是天然不平等的，那么人与人的关系遵循自然法则也必然是不平等的。柏拉图就以此论证了理想国家的公民等级存在的合法性。柏拉图将城邦中的公民分为三个等级：统治者、保卫者和生产者。城邦统治者只能由"爱智慧"的哲学家来担任，因为哲学家的灵魂以理性为核心，能够洞察和掌握作为自然法则和宇宙智慧的"理念"，只有"哲学王"才能够运用自然宇宙秩序管理好城邦。城邦保卫者只能由武士来担当，因为武士的灵魂以意志为核心，虽然其不能洞察到自然智慧，却拥有坚强和勇敢的力量，适于作为武士保卫城邦。城邦生产者只能由手工业者担任，因为他们的灵魂完全被情欲所支配，根本不能理解和掌握自然法则，只适合于作为最底层的公民为城邦多多生产出各式各样的商品。中国传统社会中的人始终萦绕在"天"之下而生活，"天"拥有至高无上的道德地位和权威，人的所作所为、生老病死、福乐灾祸，都由"天命"所决定。如果人违背了"天"的意志，就会遭到"天怒""天谴"或"天罚"。中国传统社会不平等的人与自然的关系，仍然是为不平等的人与人的关系奠基的，为封建传统社会的专制统治提供了道德合法性根据。中国传统社会中的最高统治者是皇帝，所有皇帝都自称为"天子"，即"天"的儿子。在整个世界上"天"为老大，包括人在内的所有万物都受"天"的统治和支配，那么作为"天子"的皇帝做百姓的老大、统治百姓也就具有了天然的合法性。因为"天子"是至高无上的"天"派到人间管理百姓的，即使一个乳臭未干的皇帝坐在龙椅上，哪怕是威武的大将军、才华横溢的宰相，都要向其俯首称臣，百姓更要向其顶礼膜拜、三呼万岁。

前资本主义社会几乎普遍具有一个共同的特征，即，以各种"自然主义的"范畴作为社会组织，等级差别，工作分配，维护统治等等的基础。换言之，为角色和权力分配提供辩护的原则是根据这样一个断定，即它们符合"自然秩序"。自然的统治被认为是永恒的和不可改变的，因此反对变革是社会权威的首要目标，而且，自然的与善的是等同的，因此任何对既定条件的背离只能给整个社会带来灾难。等级、官职和财富的传承，按照家族的或王权的联系（为社会组织提供基础的那些"自然的"或生物的关系）通过世袭来进行。这是一种通常的方式，在这种方式中所遵循的假设的自然秩序被永久化了。当然这一基本框架有许多不同的变种，它们与不同类型的文化结构以及社会关系的复杂性的不同层次有关，但是它们的共同之处是这样一个事实，即自然概念对人的道德和政治意识有一种法规力量。自然秩序为社会秩序提供一定的准则这种观念，

❖ 第三章 自然的显现 ❖

是功能意识形态的一种最早的表现形式。①

近现代人使"自然"从圣坛上跌落下来而沦落为死一般的物，物质性的自然概念同样具有意识形态功能，服务于资产阶级统治的需要。就像生态学马克思主义者莱斯所说的那样，控制自然是当代十分有影响的意识形态之一，控制自然根本不是人类的伟大事业，而是维护统治集团利益的手段，控制自然完全是为了控制人。"如果控制自然的观念有任何意义的话，那就是通过这些手段，即通过具有优越的技术能力——一些人企图统治和控制他人。"② 莱斯认为，有一个最好的事实能够充分说明人的生存斗争和控制自然之间的联系，这个事实便是，对工人劳动的剥削强度直接依赖于社会控制外部自然所达到的程度。也就是说，最决定性的一步是工业社会的到来：机器和工厂系统极大地提升了劳动生产力，即扩大了对劳动剥削的可能限度。凭借科学知识和技术的应用，机器和工厂系统出现了，既表现为对外部自然控制力和掠夺力的加强，同时也显示出它在提高劳动生产力方面的社会效用。另外，资本主义社会的根本特征在于不断地使"资本"升值，而"资本"要完成这一历史使命，其前提是"自然"必须成为被开发的资源，必须成为被开发的自然物。如果自然界高高在上，像古人所认为的那样成为人类必须俯首称臣的神，大规模地开发自然界几乎是不可能的，没有人敢向所敬畏的自然之神伸出开发之手。资本主义的成功统治是建立在对物质性自然大规模的开发基础上的，唯有大规模且不断深度开发物质性自然资源，才有可能将工人置于出卖劳动力的地位，才有源源不断的利润流进资本家的腰包。

生态文明是工业文明之后的新文明，生态时代是工业时代之后的新时代，它必然需要自己的自然概念，因为古代人的自然概念和现代性

---

① [加]威廉·莱斯：《自然的控制》，岳长龄、李建华译，重庆出版社1993年版，第158页。

② [加]威廉·莱斯：《自然的控制》，岳长龄、李建华译，第109页。

的自然概念根本不适合新文明和新时代的要求。生态自然是对古代人自然概念和现代人自然概念的扬弃，又是对它们二者的统一。生态自然概念吸收了古代人自然概念和现代人自然概念的合理性内核，更加接近自然本身的真实性，或者更加符合自然世界本身的内在本质。因而，它应当是生态文明使用的自然概念。生态自然概念使我们能够领悟到，自然本身存在着不以人的意志为转移的生存法则和规律，自然本身有自己存在和发展的利益，不完全是根据人的好恶倾向而有价值。人根本不能脱离自然而存在，而自然却可以脱离人而存在；或者说，人根本不能离开自然，而自然却可以没有人。基于此，人应当尊重生态自然法则，遵守生态自然规律，不能对自然无法无天、胡作非为，以避免引起自然对人的报复。同时，生态自然概念也能够使我们看到，自然本身具有物质属性，是人类维持自己生存的物质来源。人的生命存在，赋予人类一种利用和开发自然的权利，自然具有服务于人类生存的工具价值，人类利用自然满足自己的生存需要是正当的、无可厚非的。总之，生态自然既保证了人类利用物性自然的合法性，又对人利用物性自然设置了生态法则的限度。生态自然要求我们在尊重自然生态法则和遵守自然生态规律的基础上利用自然物，把每一种自然物都置于生态总体中去审视其存在的地位和存在的价值。因为任何一种自然物如果脱离了与生态有机整体的内在联系，就不再是其本身，就丧失了其存在的真实性。那种孤立地审视自然物的认识方法，是完全不符合生态精神的。一只真正的手，是与身体这一整体有机结合的手，脱离了身体的手，就丧失了手的真实性，就只能是一只死手。生态自然概念为我们提供了一种看待世界的新型世界观和方法论，有利于我们维护自然生态系统的动态平衡，有利于我们实现人与自然的协同进化和人与自然的和谐共生。

  本书所使用的"自然"一词指称的是自然运行法则和自然本体，与古希腊人使用的自然含义相当。由于用词习惯，也将"自然"用于与人的关系之中，即人们已经习惯使用的人与自然的关系，以表达人对自然法则或对自然本体的关系，以及人与自然万物或自然界的关系。

当然，在行文过程中也会根据人们的用语习惯，有时将"自然"等同于自然界。笔者将用"自然界"一词指称自然万物所构成的自然生态系统以及生态系统中的自然万物。有时为了更好地、更清楚地表达笔者所指称的意义，也使用"自然世界"一词代表"自然界"。当然，"自然界"中的自然万物一词更多的是指那些生长在自然环境下、非人工培养、培育的自然存在物。随着现代科学技术的一轮又一轮的革命，尤其是遗传工程、克隆技术和杂交技术的发明发现，使人类能够借助高科技制造某些自然界未有的生命物种，创造人工花园、人工森林，极大地拓宽了人类利用生物来满足自身需要的能力。但是，人工所创造的某些自然景观属于人工自然，还不是纯粹的自然环境。尽管现在很难再说存在着没有被人类干预过的自然环境，但我们仍然把那些非人工所造的自然环境称为自然环境或自然生态系统。

当然我们需要承认，自然概念的含义还有多种，并不仅仅是这四种含义。如奥特弗利德·赫费在《作为现代化之代价的道德》一书中，刻画出了自然的七副面孔。笔者之所以讨论了自然概念的四种含义，主要是因为笔者认为这四种含义对当今的环境保护运动和生态文明建设来说更为主要和普遍。在本书中，自然概念的含义也基本上是在这四种意义上使用的。

第四章

身份走向自然

对身份的研究，长期以来人们主要集中在人的社会身份方面，从人与人的社会关系规定视域出发，分析个人在社会关系中所具有的各种身份或角色，以及在社会关系当中身份或角色所具有的功能和基本原则。令人感到遗憾的是，从人与自然关系方面研究人身份的成果少之又少。正是缺乏人对自然界之身份的广泛研究，至今还没有为人类找到在宇宙中的恰当位置，没有明确人类对自然界的恰当身份，致使人们茫然于自然世界之中，对自然世界做出种种不合理的行为。生态危机可以看作现代人迷失自我身份的一种必然后果。基于此，确认人在宇宙中的合理位置，探讨人对自然界的应有身份，就成为当今生态伦理学的一项迫切的任务。

一　人对自然界的身份何以可能

一谈到人的身份，社会学家和文化学家一定会提醒我们两个问题：一是身份总是个人性的，身份是某个人在社会中的位置；二是身份总是社会性的，身份是社会关系中的位置，属于社会身份。当我们提出人对自然界的身份时，就超出了社会学和文化学对人的身份界定的范围，一方面对自然界的身份不再是个人性的，而主要是人类的或人本身的，并以整个人类对自然界的自我意识为核心；另一方面对自然界的身份

第四章 身份走向自然

不再是社会性的,而变成生态性的,它超出人与人的关系范围而进入人与自然的关系领域。身份由社会性转向自然性或生态性,由个人对他人的身份转向人类对自然界的身份,由此就必然引出一个问题,人类对自然界能否有自己的身份,或者说,人类对自然界的身份何以可能,能否将一个社会性极强的概念引入人与自然的关系之中?在社会生活中的个人、个体是实实在在地存在着的,个人、个体构成了社会实在,能够被人们的感觉经验直接把握,因而使得身份通过依附具体个人而能够得以活生生地显现出来,被人们直接感受到。"人类"却是一个普遍性概念,属于对众多个人的抽象,缺乏具体实在性,这势必使得人类对自然界的身份也被抽象化。更为重要的是,人的身份之所以总是局限在社会关系的范围内,而不能越出这一界限,是因为身份内在地蕴含着权利与义务,身份与身份之间的互动一定是某一个行为主体对相应的另外一个行为主体发生的权利与义务的交换。如父亲的身份总是与儿子或女儿的身份相对应,并在他们之间发生权利与义务的交换。教师的身份总是与学生的身份相对应,并在他们之间发生权利与义务的互动。当在两个行为主体之间发生权利与义务的交换时,其基本前提是:主体双方都能够自觉地意识到自己应当享有的权利和自己应当尽的义务,并按照权利与义务的规定自觉展开身份行为,如此才能顺利地完成身份行为并产生互动。但是,在人与自然的关系当中,拥有意识和理性的仅仅是人类自己,自然界以及自然万物根本没有意识和理性,也完全意识不到其权利和义务,因而人与自然无法实现权利与义务的互动和交换。康德提出"人是目的",认为道德只能呈现在人与人的关系之中,人不可能对自然界有道德和义务,理由就在于此。因为自然存在物不可能意识到其应当享有的权利,也不可能意识到其应当尽的义务,因而道德行为不可能在人与自然之间发生。就此而言,人类不可能与自然存在物发生权利与义务的交换,由此也就否定了传统意义上人对自然界有身份的可能性。这大概也是人的社会身份研究成果众多,而对人的自然界身份的研究成果少之又少的原因吧!

康德为道德所划的界限,即道德只能局限于人与人的关系范围内,而不能存在于人与自然的关系之中,遭到当代非人类中心主义生态道德观的冲击。《敬畏生命》的作者史怀泽就指出,过去的伦理学是不完整的,因为它仅仅涉及人对人的行为,现在人们应当在伦理学中给予善待生命的要求以有关位置。"伦理与人对所有存在于他的范围之内的生命的行为有关。只有当人认为所有生命,包括人的生命和一切生物的生命都是神圣的时候,他才是伦理的。"①《沙乡年鉴》的作者利奥波德也认为,人类社会最初的伦理是用来处理人与人关系的,到后来,也仅仅是增添了处理个人与社会关系的内容。迄今为止,人类还没有一种伦理用来处理人与大地的关系,也没有一种伦理用来处理人与大地上所生长的动植物的关系,大地仍旧像奥德修斯家的婢女一样,是一种任人随意处置的财产。因此,"伦理规范在人类环境中第三要素上的延伸,便成为一种进化可能和生态必然"②。非人类中心主义提出的生态伦理思想,认为人类能够对非人类存在物有道德,人与人关系的人际伦理应当扩展到人与自然关系的种际伦理上,并强调人对自然存在物发生道德关系是伦理学上的一场革命。"人与大自然的关系应被视为一种由伦理原则调解或制约的关系,——这种观点的产生是当代思想史上最不寻常的发展。有些人相信,这一观念所包含着的从根本上彻底改变人们的思想和行为的潜力,可以与17、18世纪民主革命时代的人权和正义理想相媲美。"③动物解放论的提出者彼得·辛格指出,人拥有道德地位而成为道德关怀的对象,关键在于人拥有感受苦乐的能力,但是,动物同人一样拥有感受苦乐的能力,因而动物也应当与人一样拥有平等的道德地位并享受道德关怀。动物权利论、生命平等主义伦理观、自然内在价值论,以及生态中心主义伦理观,都从不同角度论证了自然存在物本身,或自然存在整体本身拥有道德地位,它们应当成为道德关怀的对象,人类应当为它们承担道德责任。生态伦理学家罗尔斯顿甚至提出"哲学走向荒野",并把对苏格拉底的批判作为己任。

---

① [法] 史怀泽:《敬畏生命》,陈泽环译,上海社会科学院出版社1992年版,第9页。
② [美] 利奥波德:《沙乡年鉴》,舒新译,北京理工大学出版社2015年版,第209页。
③ [美] 纳什:《大自然的权利》,杨通进译,青岛出版社1999年版,第3页。

第四章 身份走向自然

因为在罗尔斯顿看来，苏格拉底将自己的哲学知识与雅典城邦紧密结合在一起，并看作城邦的哲学，以至于他忽视了大多数生命形式，或者说忽略了生物学对哲学知识的影响。苏格拉底曾这样说道："你看，我爱好学习，可乡村和树木不能教我任何东西，而城市中的人则能教我很多。"由此罗尔斯顿强调，他要同苏格拉底进行辩争，要发生一个从文化向自然的根本转向，以证明森林、草原、荒野和自然景观能教给我们很多城市哲学家所不能教给的知识。罗尔斯顿大声呼吁，一定要引导当今文化正确评价人类仍然栖居于其中的自然荒野，这是哲学诞生的一种新职责和新任务，因为政治性动物最终还得受制于生态规律，地球的存在应当优先于经济活动和政治活动。罗尔斯顿继续写道：

> 逻辑学开宗明义讲的就是自然主义谬误。人们被告知：从对自然的描述性的前提推不出价值论的伦理学的结论。但是，当我在荒野听到鹟鸟为捍卫自己的疆域或仅仅为了高兴而歌唱，或是见到一头郊狼捕食松鼠的情形，或是把一头误以为我是一个猎人的鹿吓得急速跑开，或是在冬天过后去搜寻春天将至的迹象，甚至当我借助一架便携式显微镜仔细观察那些细小的苔藓时，我知道一定是他们错了。生命是永恒地在由生到死的过程中繁茂地生长着的。每一种生命体都以其独特的方式表示其对生命的珍惜，根本不管它们周围是否有人类存在。实际上，我们人类也是自然史的一部分。哲学家应该不仅仅考察城邦、考察文化，而必须把有活力的生命也纳入哲学思考的范围。是这种有活力的生命使他们得以成为一个哲学家的。生命的意义的确部分的是在于它的自然性，可我们却忘记了自然。在这一点上我们是需要做出自我批评的。①

非人类中心主义生态伦理思想为我们提供了一种伦理启示，康德对自然所划的禁止道德进入的界限并不是必然的，随着人类对道德问题

---

① [美] 罗尔斯顿：《哲学走向荒野》，刘耳、叶平译，吉林人民出版社2000年版，代序第9—11页。

认识的不断深入,以及人类自身道德水平的不断提升,尤其是努力应对自然环境的破坏问题,道德是能够越出人际伦理范围而走向自然和荒野的。就此而言,人们所具有的身份要限制在人与人关系范围内也不一定是必然的,当代人完全可以打破这种伦理限制,根据社会现实的需要,确证人类对自然有可能拥有某种身份。如果说哲学能够走向荒野,身份也必然能够走向自然界,人类能够对自然界拥有一定的身份。生态危机的发生和环境保护运动的兴起,促使当代人从各种视域探究人与自然的合理关系,以解决自然环境的残破问题。由此使得现代性的人类中心主义观念不断受到挑战,原来认为对自然世界不可能出现的关系、观念、思想、理论、价值和行为,现在纷纷变成现实并被人们普遍接受。"如果不彻底改变我们人类社会的根本方向,如果不能成功地找到另外一种生活方式和另外一种对待其他生物及自然的方法,这种危机将会以全面的大灾难而告终。"① 从这一意义上讲,探讨人对自然界的身份完全合乎生态文明时代发展的潮流,并能够为保护自然环境做出应有的贡献。

生态危机的发生还使得个人、个体这一观念受到限制,人类的这一观念开始走上舞台并成为主角。因为个人在自然界面前是极其渺小的,力量也是微不足道的,人们只有团结起来以人类共同体的形式应对自然界、应对生态危机,才有可能取得治理生态危机和保护环境的胜利。更为主要的是,在探讨保护自然环境之所以为善的本体论根据时,人类主体成为关键,人类作为主体开始替代个人主体而发挥作用。生态伦理所发出的保护自然环境的道德律令不是针对某个人,或针对某些人的,而是针对所有人发出的道德命令,是对作为"人"的这个"类"发出的道德要求。虽然破坏自然环境的主体并不见得是所有人,但保护自然环境的主体确实是所有的人,是人类。因为只有所有人都投入保护自然环境的运动当中,人人自觉地做到守护和保护自然环境,自然环境才能够真正欣欣向荣起来。只要有人破坏自然环境,自然环境

---

① [德]莫尔特曼:《创造中的上帝》,隗仁莲等译,生活·读书·新知三联书店2002年版,第31页。

就不可能是完善、完美的。罗尔斯顿提出：

> 提到生命，我们大多数人马上就会联想到现时的存在，想到包在皮膜中的生命个体，并且把伦理生活定位在主观的个人之间的关系上。我们常常发现"生命"自相矛盾地既属于生物学，又属于伦理学；既属于自然，又属于文化。在这里我们并不否定个体人类生命是主观的，是需要我们给予道德关怀的。但我们注意到生命也可以是具有一种集体的、更为实质性的"流"的性质。这种"流"也值得我们给予道德关怀。这个"流"的概念将个体视为浮在整体之中向前运动。这在生物学中是有道理的，又纳入了文化的考虑，且与我们许多深层的伦理直觉相吻合。诚然，这个概念是集合性的，所以可能不像更为原子论式的一些范式那样，能给个人的完整性以很高的位置，但我们在这里是要借此开拓更广阔的伦理学视野，寻求一个比任何个体的生命都要开阔的场景。这里的论点是：个人主义的伦理学目光短浅，需要用集体主义的观点来加以矫正。①

约纳斯在《责任原理》中也提出，前技术时代的责任主体往往是个人的，但在进入技术时代之后，责任的主体就是我们大家的，或者说是"人类整体"。"由于我们参与到这一系统的成果中，在塑造世界和未来的过程中，我们大家也都是因果性力量。而且，就今天技术已经扩大了的力量，我所说的，即人类本身——作为类存在的'人'——对世界产生着巨大影响，这意味着，我们大家都是这样的人，不需要以个人而存在。"② 约纳斯对此还提出了"集体性主体""政治—生活共同体""作为全体而活动的我们"等概念，亦表明在技术时代的责任主体

---

① [美] 罗尔斯顿：《哲学走向荒野》，刘耳、叶平译，吉林人民出版社2000年版，第96页。

② [德] 汉斯·约纳斯：《技术、医学与伦理学》，张荣译，上海译文出版社2008年版，第224—225页。

已然从个体走向了集体，走向了人类本身。

在"人与自然关系"这一命题中，"人"往往指称的是人类，而不是个人。就此而言，人作为类可以对自然界拥有自己的身份，人作为类可以成为对自然界的道德责任主体。在伦理学研究中常常提出企业责任、国家责任等概念，表示企业集体和国家集体作为道德责任的主体。由此表明，类的或集体性的主体是能够承担道德责任的，或者说，道德责任的主体可以是"类"的。虽然企业责任或国家责任最终落实到企业法人和国家领导人身上，但这并不否认企业或国家的主体性存在。在人对自然界的道德责任中，人类是道德责任主体，但这一人类是由所有人构成的，人类的法人是所有人。也就是说，人类对自然界的道德责任是所有人应当承担的道德责任，人类是对自然界道德责任的主体，也意味着所有人都是对自然界道德责任的主体，这是人对自然界道德责任与人对他人的道德责任的根本区别之一。

当然，我们也注意到，在中世纪基督教哲学中存在着唯名论与唯实论的争论，唯名论认为，真实存在的东西仅仅是个别的东西，一般或共相只不过是概念和语词而已，并没有实际存在的意义；唯实论则主张一般和共相才是真实性的存在，殊相和个别的东西只不过是现象而已。唯名论和唯实论的争论实际上割裂了一般与个别、普遍与特殊的关系，在后来的德国古典哲学那里遭到了辩证法大师黑格尔的强烈批判。黑格尔强调，一般与个别、普遍与特殊是不能绝对割裂开来的，一般、普遍蕴含在个别和特殊之中，个别和特殊则靠一般来显现自身。不存在没有个别、特殊的一般和普遍，也不存在脱离一般、普遍的个别和特殊。"普遍性乃是自身同一的东西，不过须明白了解为，在普遍性里同时复包含特殊的和个体的东西在内。再则，特殊的东西即是相异的东西或规定性，不过须了解为，它是自身普遍的并且是作为个体的东西。"① 脱离特殊的普遍，脱离一般的个别是抽象不真的，同样的道理，脱离普遍的特殊，脱离个别的一般也是抽象不真的。人们不能只要水

---

① ［德］黑格尔：《小逻辑》，贺麟译，商务印书馆1980年版，第334页。

果，而不要苹果、草莓和梨，也不能只要苹果、草莓和梨，而不懂得它们是水果。人与自然关系中的人，虽然是"人类"，但也不能脱离个别的人；个别的人只有归属于人这个"类"才能够成为个别的人。没有众多的个别的人，也就没有人类，没有人类的普遍性，也就不存在个别的人。不能将个别人与人类分裂开来。

人对自然界的身份意识，亦属于人类的一种自我意识，属于人在面对自然界反思自己是一个什么样的人而形成的自我意识。这种作为类的、面对自然界所形成的自我意识能否真正存在，是论证人对自然界身份的关键。尽管非人类中心主义生态伦理思想和环境保护运动为证明人对自然界拥有身份提供了可能性，但要把这种可能性变成现实性，还需要证成人对自然界能够拥有一种普遍性自我意识，即人能够意识到自己对自然界所拥有的身份。人唯有自我意识到了自己对自然界所拥有的身份，才能够自觉履行身份所规定的权利与义务、道德规范和行为模式。

从哲学来讲，近代笛卡尔哲学开启了人类的普遍性自我意识的方法论研究，以便把知识奠基于无可怀疑的本体基础上。他提出，我们可以对以往的一切认识和观念都怀疑一遍，但唯独不能对我正在怀疑的怀疑本身进行怀疑，因为我在怀疑是确凿无疑的。我在怀疑说明我在思维、我在思想，即思维、思想的主体是自我。由此笛卡尔得出"我思故我在"的结论，确定了自我、理性是认识的出发点，是知识得以形成的本体论基础。费希特在此基础上进一步将自我绝对化和主观化，提出"自我创造非我"的哲学理论。无论是笛卡尔的自我，还是费希特的自我，都是主观化的自我，其哲学亦属于主观唯心主义。虽然主观性或主体性哲学为人类摆脱外部世界的奴役、为完成对人的启蒙做出了积极贡献，但是，随着人的主观性、主体性地位的无限提升，自我与外部世界或"绝对者"发生了绝对分离，也导致了自我的虚无化，导致了自我成为一个没有显现物为支撑的幽灵。为了克服主观唯心主义哲学的这一缺陷，黑格尔将自然界、外部世界引入自我之中，开创了"绝对精神"的哲学。黑格尔哲学所确认的本体是"绝对精神"，绝对精神作为一个整体既是实体，又是主体；既是存在，又是思维，是实体与主体、存在与思维的统一体。"一切问题的关键在于：不仅把真实的东西或真理理解和表述为实体，而且同样理解和表述为主体。"① 绝对精神是对整个世界本质的表达，其作为实体是指它以自身为根据，以自身为理由而存在，凡是以自因而存在的东西就应当是实体。整个世界是一个实体，绝对精神作为整个世界的本质必定也是实体。在黑格尔的哲学视域中，整个世界的普遍本质是一种精神，这种精神由于是自因的、自我生成的，没有任何其他前提，因而是绝对的。绝对精神自我运动，自己中介自己，自己演绎自己，因而绝对精神又是主体。"而且活的实体，只当它是建立自身的运动时，或者说，只当它是自身转化与其自己之间的中介时，它才真正是个现实的存在，或换个说法也一样，它这个存在才真正是主体。"② 绝对精神作为主体是一种思维，该思维只能是对作为实体的自身进行认识，因此，主体的思维是绝对者的自我认识，是作为主体的绝对精神认识作为实体的绝对精神。"既然普遍精神就是实体，那么这个发展过程就不是别的，只是实体赋予自己以自我意识，实体使它自己发展并在自身中反映。"③ 黑格尔所谓的绝对精神，实际上就是人的理性，就是人的思维。当人的理性把握了整个世界的普遍本质，达成思维与存在的同一，理性或思维由此就上升为精神。"当理性之确信其自身即是一切实在这一确定性已上升为真理性，亦即理性已意识到它的自身即是它的世界，它的世界即是它的自身时，理性就成了精神。"④ 理性上升为精神就不再是张三、李四、王五的某个人的理性，而变成为客观理性、普遍理性、人类的理性。人类理性作为思维思的是整个世界的普遍本质，是对整个世界普遍本质的表达，因而认识整个世界的普遍本质等同于认识自己的思维，认识普

---

① [德] 黑格尔：《精神现象学》（上卷），贺麟、王玖兴译，商务印书馆1979年版，第10页。
② [德] 黑格尔：《精神现象学》（上卷），贺麟、王玖兴译，第11页。
③ [德] 黑格尔：《精神现象学》（上卷），贺麟、王玖兴译，第18页。
④ [德] 黑格尔：《精神现象学》（下卷），贺麟、王玖兴译，商务印书馆1979年版，第1页。

第四章 身份走向自然

遍理性本身。于是，在黑格尔哲学观念中，哲学本身亦是一种反思，思维反思自身亦是一种自我意识。也就是说，当人们意识到自己的理性或思维能够把握世界的本质，并意识到自己能够代表世界，自己的普遍理性就是世界精神时，此时的精神就必然升华成为自我意识。在黑格尔的哲学视域里，人与自然界是一个不可分割的整体，精神就是自然界，自然界就是精神，人在自然世界中的位置是与自然世界本身同一的。"自然的内在本质无非是普遍的东西，因此当我们具有思想时，我们就深入自然的这种内在本质里，同时也就是处在我们自身。"① 既然自然界就是自我异化的精神，那么人类认识自然界，就等于认识自己，人类对自然界的意识就是对自身的自我意识。黑格尔关于"绝对精神"的哲学思想，即实体与主体、存在与思维、自然界与精神的统一为自我意识，为我们研究人对自然身份的自我意识提供了开门的钥匙，即人对自然界能够形成普遍性的自我意识。

黑格尔所谓的自我意识虽然是本体论意义上的哲学反思，但也内在地蕴含着对人自身本质的自我意识和表征。黑格尔强调，哲学是对世界普遍本质的思维考察，而思维又是人之为人的特征，人之所以异于禽兽就是因为他能够思维世界的普遍本质，对世界能够有普遍性思想；更为重要的是，人还必须自我意识到自己思维的普遍性，即人是一个能够意识到普遍性的普遍者。"就人是有思想的来说，他是一个有普遍性者，但只有当他意识到他自身的普遍性时，他才是有思想的。"② 人能够思维，能够揭示出世界的普遍本质，因而理性是世界的灵魂，理性是世界的真理。由于人是能够意识到自身普遍性的自我，因而整个世界也是自我的产物。"反思既能揭示出事物的真实本性，而这种思维同样也是我的活动，如是则事物的真实性也同样是我的精神的产物，就我作为能思的主体，就我作为我的简单的普遍性而言的产物，也可以说是完全自己存在着的我或我的自由的产物。"③ 黑格尔关于人本质的

---

① [德] 黑格尔：《自然哲学》，梁志学等译，商务印书馆1980年版，第19页。
② [德] 黑格尔：《小逻辑》，贺麟译，商务印书馆1980年版，第81页。
③ [德] 黑格尔：《小逻辑》，贺麟译，第78页。

这一思想，虽然充满着精神创造世界的唯心主义色彩，并遭到费尔巴哈、马克思和恩格斯的批判，但黑格尔对人的自我意识的作用给予了高度评价，并赋予了至高的地位。尤其是人对自然世界能够形成普遍的自我意识，这对论证人对自然界的身份是关键所在。"人是什么"虽然很重要，但意识到自己是人，拥有人的自我意识对人的存在与行为来说更为重要。在黑格尔这一哲学思想的影响下，哲学又再次将认识人的自我规定为最高目标，并形成了当今的哲学人类学研究。《人论》的作者恩斯特·卡西尔说道："认识自我乃是哲学探究的最高目标——这看来是众所公认的。在各种不同的哲学流派之间的一切争论中，这个目标始终未被改变和动摇过：它已被证明是阿基米德点，是一切思潮的牢固而不可动摇的中心。"①

马丁·布伯在《我与你》中表明，人类的自我意识与外部世界图景相关联。根据哲学史的经验和研究，人们一般将外部世界图景二元化，分为物质与精神、现象与本质、流逝与永恒。由此马丁·布伯确认："人执持双重的态度，因之世界于他呈现为双重世界。"② 外部世界所呈现的双重性图景：其一是物质世界或经验世界的图景，马丁·布伯用"它"来表示；其二是永恒世界或超越世界的图景，马丁·布伯用"你"来表示。针对外部世界图景的二重性，所形成的人类自我意识也是二重性的，即"我—它"关系中的自我和"我—你"关系中的自我。马丁·布伯确证，当自我诵出原初词"你"或"它"时，就诵出了世界的存在图景，随着作为"你"或作为"它"之世界图景的出现，自我形象随之相应地形成和溢出。"一旦讲出了'你'，'我—你'中之'我'也就随之溢出。一旦讲出了'它'，'我—它'中之'我'也就随之溢出。"③ 没有独立自存的"自我"和自我意识，只有"我—你"关系中的自我和"我—它"关系中的自我即自我意识，说出"你"

---

① ［德］恩斯特·卡西尔：《人论》，甘阳译，上海译文出版社1985年版，第3页。
② ［德］马丁·布伯：《我与你》，陈维纲译，生活·读书·新知三联书店1986年版，第17页。
③ ［德］马丁·布伯：《我与你》，陈维纲译，第18页。

第四章 身份走向自然

或"它",也就确认了"我",确认了自己是一个什么样的人。

马丁·布伯表明,人为了自我的生存,必然把周围的他人和自然万物当作经验的对象,当作可利用的客体,即当作满足自我利益、需要、欲求的工具,由此,人不可避免地筑居于"它"之世界当中,把"它"作为时空网络和因果序列中的某"物"来加以对待。但是,当自我把世界中的一切都醉心地当作"它"而加以利用之时,自我也随即沦落为"物",异化为"它"。"人呵,伫立在真理之一切庄严中且聆听这样的昭示:人无'它'不可生存,但仅靠'它'则生存者不复为人。"①自我为了超越"我—它"世界而成为神圣性的存在,就必须进入"我—你"关系并栖居于"你"的永恒世界中。"我—你"关系中的"你",并不是有限存在之物,也无法用经验来把握,因为"你"是整个世界,是所有生命,是统摄一切的神明,即"你"是世界的本体、世界的创造者、绝对存在者,当然也可以理解为整个自然界。当"我"与"你"相遇时,"我"不再与世界、与所有生命、与神明相分离,"我"不再是利用所有"物"的主体,而成为神化、圣化、融化在神性之中的绝对存在和永恒存在。正是在"我—你"的这种神圣关系中呈现出自我的三种人生境界:一是与自然相关联的人生,二是与人相关联的人生,三是与精神实体相关联的人生。

通过马丁·布伯的双重世界和双重自我的思想我们可以清楚地看到,人类自我完全是在与外部世界的相互作用中生成的,没有孤立存在的自我。无论是世俗自我或异化自我,还是神圣自我,都与人类对理解、领悟外部世界相关。离开了外部世界的参照,人类自我就会消失为虚无。没有外部世界图景,就没有人类自我。马丁·布伯所说的外部世界图景包含了自然世界,即人类自我完全可以通过对自然世界的领悟而得以形成和揭示。如果将自然世界视为纯粹满足生存需要的工具,即自然世界是"它",那么人类自我也就被物化为它,成为满足自身肉体需要的手段;如果将自然世界理解为"你",即理解为与自我一体的

---

① [德]马丁·布伯:《我与你》,陈维纲译,生活·读书·新知三联书店1986年版,第51页。

存在，进入物我不分的境界，那么人类自我就升华为世界而成为伟岸的存在，"唯一性之伟力已整个地统摄了我"。马丁·布伯强调，"我—你"源于自然的融合，"我—它"源于自然的分离。

从哲学上讲，人是能够对自身形成普遍性自我意识的，因为人能够对自己的人性、对自身的本质进行反思，对自己在自然世界面前是一个什么样的人进行自我意识。人对自身本性的反思和自我意识，自人类诞生之时起就已经开始了。按照恩斯特·卡西尔的研究，在人类早期的神话学阶段，人们就已经开始认识自身了。"在对宇宙的最早的神话学解释中，我们总是可以发现一个原始的人类学与一个原始的宇宙学比肩而立：世界的起源问题与人的起源问题难分难解地交织在一起。"① 自觉地开启对人自身反思性认识的哲学家是苏格拉底，他提出哲学思考的根本目的就是"认识你自己"。

> 在苏格拉底那里，不再有一个独立的自然理论或一个独立的逻辑理论，甚至没有像后来的伦理学体系那样的前后一贯和系统的伦理学说。唯一的问题只是：人是什么？苏格拉底始终坚持并捍卫一个客观的、绝对的、普遍的真理的理想。但是，他所知道以及他的全部探究所指向的唯一世界，就是人的世界。②

自苏格拉底以后，人的问题逐渐在哲学研究中占据了一席之地。人是理性人，人是道德人，人是宗教人，人是自然人，人是社会人，人是符号人，人是文化人，人是趋向无限的 X，等等，成为把握人自身本质的代表性自我意识。人能够意识到自身的本质，对自身是什么样的人能够进行自我画像，拥有对自身形象的自我意识，也必然能够对自己在自然面前的身份形成自我意识，也必然能够对自我身份进行画像。虽然对人本质或人性的自我意识，不能等同于人对自然身份的意识，但二者都关涉到对人是什么样的人的关注和探究，因而对人在自然世

---

① ［德］恩斯特·卡西尔：《人论》，甘阳译，上海译文出版社1985年版，第5页。
② ［德］恩斯特·卡西尔：《人论》，甘阳译，第7页。

界面前的身份是能够进行哲学研究的。也就是说，身份能够进入自然世界，人们能够通过自然世界反观自身、反省自己，形成对自己是一个什么样的人的具体看法，人类能够面对自然界形成自我的身份意识。

人对自然界能够形成关于自己是一个什么样的人的自我意识，还不足以阐明人对自然界的身份，因为身份还包含着身份主体对身份本身内在地蕴含着的权利与义务的自觉意识，身份所规定的行为方式则是身份主体对另一个身份主体自觉地履行权利与义务。正是身份主体双方都意识到自己的权利与义务，才能够保证身份之间的交往得以正常进行与完成。然而，人对自然拥有了身份，能够意识到自己的权利与义务，可是大自然却不能够意识到自己的身份以及身份所赋予的权利与义务，因而人与自然之间不可能发生自觉意识到的权利与义务之间的交换。但是，我们注意到，而且哲学家目前也一致承认，人与自然之间是相互制约、相互作用和相互影响的。在这种相互作用和相互影响中，一个关键的要素是人对自然界做什么，大自然就对人做什么，人类善待自然界，自然界也会善待人类；人类恶待自然界，自然界也同样会恶待人类。就此而言，自然界是能够对人的所作所为做出直接反应的，尽管这种直接反应不是当下做出的，而是在持续一段时间之后发生的，但这也足以表明，人与自然之间是能够发生权利与义务的交换和互动的。人对自然界履行权利与义务，自然界也对人类履行权利与义务，自然界能够虚拟为与人互动的主体，虚拟为权利与义务承担的主体。只不过是自然界对人类履行的权利与义务不是自觉意识的结果，而是对人类所作所为反应的结果。我们承认人与自然之间存在着相互作用的辩证法，就等于承认了人与自然之间能够发生身份性或身份式的互动。正是自然界对人类所作所为能够做出直接反应，鼓励或纠正着人对自然界身份的承担与责任的履行。

二 人在世界中有自己的位置

人不仅在社会当中存在与生活，而且在自然界当中存在和生活。如果说个人在与他人的关系当中有自己的地位和身份，那么同样的道理，人类在与自然的关系当中也必然有自己的位置和身份。实际上，人与自然关系这一概念本身就表达着人对自然的位置和地位问题。无论是人与自然互相反对关系、支配与被支配关系，还是人与自然和谐共生关系，都彰显着人在自然世界当中处于某个位置。人在自然世界当中有自己的位置，而且对这一位置的确认对人的存在与生活来说至关重要，因而自人类呱呱坠地并形成自我意识之后，领悟人自身在自然世界中处于何种位置，就成为历代人孜孜不倦的价值追求。探寻人在宇宙中的位置，属于哲学问题，其本质是表达人对整个世界的根本看法，进入哲学世界观和哲学本体论研究范畴。在人类之初，关于人在宇宙中的位置问题就进入祖先的视野，无论是古希腊早期神话故事，还是中国人类早期神话故事，都或明或暗地表达了人对自己在宇宙中所在位置的关切。这也是为什么哲学先于其他学科而存在的原因。

历代人之所以把人在世界中的位置置于哲学观照的中心地位，是因为这一问题牵涉到人对整个世界的根本看法。人将自身摆置在自然世界中不同的位置上，会导致人们对自然世界形成不同的身份，产生不同的对待自然世界的态度、不同的道德责任，以及不同的改造自然界的方式。虽然对人在自然世界中位置的设置，在不同的时代、不同的国家、不同的民族存有较大的差别，但每个时代、每个国家、每个民族都必定有自己的对人在自然世界中位置的根本看法，有自己的普遍认可的人与自然关系设计，以及有自己的与此相应的身份。因此，摆置、设定人在自然世界中的位置，是人类确定如何与自然世界打交道的一个根本性问题，必定为历代人所重视。正是人在自然世界中有自己的位置，决定了人对自然界必定有自己的身份。

人类在这个世界上存在与生活，必然要进行加工改造自然界的实践活动，参与自然世界发展的进程。加工改造自然界是人类存在的天命。人类正是通过加工改造自然界的实践活动而与动物揖手相别，创造了自己的不同于动物的存在方式和生活方式。人类在加工改造自然界的实践活动中直接面对的是自然界，把自然界中那些根本不适合于人类生存的存在物改造为适用于人类生存的存在物,由此必然形成人对自然界的关系。又由于人类对自然界的加工改造活动不是单个人能够完成的,必须依靠结群的力量才能够战胜自然界,才能够有对自然界的生产活动。由此,人们又必然形成一定的人与人之间的关系。人与人之间关系的存在,产生了人类社会,随着人类加工改造自然界的深入和复杂程度的提高,人类社会也随之越来越广阔,结构也越来越增多和复杂化。人与人之间的关系决定了个人在社会中必然要占据一个或多个位置,个人占据一个或多个社会位置,就有了个人的一个身份或多个身份。人与自然关系的存在,本质上是对人在自然世界中位置的表达。人在自然世界中的位置不同,人与自然的关系也就有本质性的区别。没有一个一般的人与自然的关系,只有在自然世界中具体位置的人与自然的关系。人与自然之间必然存有关系,意味着人在自然世界中必然有自己的位置。如果说人的社会身份是人对自己在社会位置中的标识和自我意识,那么人对自然的身份就是人对自己在自然世界中位置的标识和自我意识。人类的历史是一部改造自然界的历史,同时也是一部探索人在自然世界中位置的历史。人类必然要加工改造自然界,必定要与自然界发生关系,因此,人在自然世界中就一定有摆脱不了的位置,对这种位置的意识和认同,就必然产生人对自然界的身份。人对自然的身份是人对自身在自然世界中所居位置的自我意识。人在自然世界中的位置不同,就会形成不同的身份。

人类在加工改造自然界之时,必然要认识自然界,同时也必然要领悟自然界。认识自然界,依据康德的哲学观点,就是把握自然界的现象,获得关于自然界之现象的知识。所谓领悟自然界,则是对自然界整体是什么进行体验和说明,是人对自然界之整体性的把握。认识不等于领悟,领悟不等于认识。认识自然界,由于需要借助时空范围内感官材料才能够得以完成,因而认识自然界仅仅是对自然界中某个存在物、自然界中某个方面、某个领域进行认识,获得的是有关自然界的分门别类的原子化、碎片化知识。自然界整体由于超出了时空范围,不能被感官经验所把握,只能依靠理性去领悟。为什么自然界的整体性不能被认识，而只能被领悟呢？因为自然界的整体性属于本体论范畴，超出了用逻辑语言进行言说的知识论范围，康德将其规定为不可知，维特根斯坦则将其规定为不可说。虽然自然界的整体性作为本体论不能用逻辑语言去言说，但我们却可以对其进行领悟，对其进行理解。古希腊人的哲学属于本体论，哲学家们所确认的水、气、火、原子、数、理念、实体、逻各斯等本体，就属于对世界本身的一种领悟或理解。康德就是依据认识自然界与领悟自然界的这种差异性，对知性和理性进行了批判性的划界，知性只能应用于现象界，而不能应用于本体界，对原子化现象的认识不能通达作为整体的本体；理性则只能应用于本体界，而不能应用于现象界，因为理性只是综合，只是为人自身立法，没有先天范畴可用于现象界。

对自然界的认识属于自然科学，对自然界的领悟则属于哲学。即使是近现代哲学作为认识论，仍然是将自然界领悟为认识对象和认识客体，而不是像自然科学那样具体认识自然界的某些规律和某些现象。哲学作为本体论和世界观，是对自然世界本身形成某种根本性看法，而这种根本性看法就是对自然世界本身是什么的领悟。人对自然界的领悟，一方面是确认自然界作为一个整体是什么，形成对自然世界的根本看法；另一方面是确认人在自然世界中的位置，即通过对自然界的领悟而反观自己，对自己是什么样的人进行理解和把握，从而形成对自己在自然世界中的位置的认同。也就是说，人在领悟自然世界的同时也在领悟自己的存在，领悟自己在自然世界中的位置，给自己是一个什么样的人进行自我画像。就此而言，哲学研究就是确认人在自然世界中的位置，并相信人在自然世界中有自己的位置。黑格尔在《小逻辑》中讲到"差别"范畴时认为，差别自在的就是根本性对立，而正是双方的这种根本性对立、互相反对的本质性差别，导致"每一方只有在它与另一方的联系中才能获得它自己的本质规定，此一方只有反映另一方，才能反映自己。另一方也是如此；所以，每一方都是它自己的对方的对方"①。"我"的存在是因为有"你"为对方、为对立面，没有"你"的存在，亦没有"我"的存在；"我"靠"你"才能够反映自身，"你"通过"我"才能反映自己。同样的道理，人与自然界也属于根本性对立，人不是自然界，自然界也不是人，但是，人不能离开自然界而存在，自然界也不能离开人而存在。离开了自然界，人就不能存活；离开了人，自然界就不知道存在还是不存在。"被抽象地理解的，自为的，被确定为与人分隔开来的自然界，对人来说也是无。"②正是人与自然界的这种本质性差别，决定了人必然要通过自然世界才能反映自身。人在自然世界中的位置，亦是人对自然的某种确定关系，对这种位置的自我反思，必然引出"我"是一个什么样的人的自画像。如古希腊人将自然世界领悟为本体，领悟为神圣的大宇宙，与之相应，人的自我画像则是被自然本体规定的现象和服从自然法则的小宇宙；经过启蒙的近现代人将自然界视为认识的对象和认识的客体，视为死一般的机器，人就自然而然地成为认识主体和操纵机器的主人，人本主义由此得以盛行。既然人在领悟自然世界的同时也在领悟自己在自然世界中的位置，那么对这种人在自然世界中位置的意识，亦即对自己在自然世界中是什么样的人的意识，就属于对人类身份的意识，是对人类身份的把握。人类在自然世界中生存，必然要领悟自然世界，必定要对自身在自然世界中的位置进行思考，以便协调人对自然界的态度与行为。个人的社会身份是对个人在社会中位置的确认，人类的身份则是人对自身在自然世界中位置的确认，对自身在自然世界中是什么样的人的理解与把握。不同的时代，人们对自己在自然世界中位置的认识和领悟是不同的，因而不同时代的人对自然世界所拥有的身份也是不尽相同的。

  人对自然界的身份是人对自身在自然世界中的位置认同的结果。人在自然世界中虽然有一定的位置，但这个位置并不像个人在社会中的位置那样被一套社会制度明显和明确地规定着。人在宇宙中的位置是

---

① ［德］黑格尔：《小逻辑》，贺麟译，商务印书馆1980年版，第254—255页。
② ［德］马克思：《1844年经济学哲学手稿》，人民出版社2000年版，第116页。

没有确切规定的,既没有自然界的规定,也没有社会的规定,完全凭借人的自我认知去领悟自己在自然世界中的位置,并把这一领悟视为是合理而正当的。当人们普遍认同这一领悟并普遍接受了所指认的自然世界中的位置,人对自然的身份才得以形成。人对自然的身份的确认,不是一种外在规定,而是出于人的自我意识的自我规定。

对人在自然世界中位置的把握和自我认同,不仅关系到人对自然界的身份问题,还关涉到人是什么的问题,关涉到人的本质或人的人性。例如德国当代哲学家舍勒就在"人在宇宙中的地位"的名义下研究了人的本质或人性问题,认为人在宇宙中的地位规定着人的本质或人性,"人就是那个其行为无限'面向世界'的未知者"[①]。笔者在《人性与自然》《人向自然生成》的拙作中,曾提出人本质或人性最终生成在与自然的某种关系中,即生成在人与自然界完成了的本质统一中。人与自然界本质上融合为一个整体,人就会生成一种不同于社会性的生态人性,或生态性的人类自我。人与自然融合为一体,实际上表达的也是人在自然世界中的某种位置。人与自然融合为一个整体而生成自身的人性,等于说人在自然世界中的位置影响着人之为人的生成。于是,在人对自然界的关系中,存在着两种自我意识:一是关于人是谁、人是什么的意识,另一是关于人拥有什么身份的意识,"人是什么样的人"的意识。从人与人之间关系的社会层面来说,这两种意识很容易区别,人本质或人性指的是人拥有的不同于动物的本性,诚如马克思所言:"人的本质不是单个人所固有的抽象物,在其现实性上,它是一切社会关系的总和。"[②] 身份则是对人在社会中地位的标识。其中,人本质指认的对象是人类,身份指认的对象则是个人,二者所指认的对象有着明确的差异。可是,从人与自然关系层面而言,这两种自我意识却是不好区分的,因为二者都是以人类为指称对象,没有人类与个人的差别。虽然"人对自然的人性"同"人对自然的身份"不好区别,但笔者仍然

---

① [德] 马克斯·舍勒:《人在宇宙中的地位》,李伯杰译,贵州人民出版社1989年版,第28页。

② 《马克思恩格斯选集》(第1卷),人民出版社1995年版,第56页。

第四章 身份走向自然

试图对二者做一区分。

人本质或人性是指人类这个物种不同于动物的本性。长期以来，人们更多的是从社会性特征出发确认人的本质，如人是社会人，人是宗教人，人是道德人，人是符号人，人是理性人，等等。没有从人与自然的关系出发，或者从人在自然世界中的位置出发，探究人性的问题，认为从人与自然关系出发探究人的本质，无非表明人的自然本性，即与动物相同的生物本性。自生态危机发生之后，生态哲学和生态伦理学应保护自然环境的需要而产生。笔者通过对生态哲学和生态伦理学的学习、研究，不满意其中的人类中心主义和非人类中心主义的观点，认为人对自然承担道德责任的根据不是人的利益，亦不是自然存在物本身所具有的权利或内在价值，而是人与自然生态性统一的人性。在此基础上，笔者论证了人向自然生成为人。就像当代存在主义哲学大师海德格尔所精心指证的那样，人的本质是"此在"向"存在"绽出之生存，并与存在共在的结果。海德格尔所谓的"此在"指称的是人，所谓"存在"指称的古希腊人的原初自然，使万物涌现、绽出的自然。由此可以明确海德格尔的意思是，此在与存在共在，才有此在的本真存在，即人与自然共在，才有人之为人的存在。人向自然生成为人，或者此在与存在共在，表达的是人从与自然的统一中赢得自身的人性或本质，具有哲学本体论的意义。也就是说，关于人本质或人性问题，无论是从本质论出发探究人是什么，还是从存在论出发回答人是谁，均属于哲学本体论问题。按照卡西尔所言，人本质的问题是哲学的最高问题，是哲学的"阿基米德之点"。因此，从人在自然世界中的位置首先引出一个本体论问题，回答人在自然世界面前是什么？应当如何存在？虽然面对人在自然世界中的位置，反观人自身的存在仍然属于自我意识，但这一自我意识是关乎人本质的自我意识，关乎人在自然世界中与动物相区别的自我形象。

关于人在自然面前的身份问题，回答的是人在自然世界面前具体是一个什么样的人。他是在确认了人在自然世界中的本质或人性之后，进一步追问向自然而生成的人具有何种面貌和形象。面对自然世界，关于人本质或人性问题思考的是：人是什么？人是谁？答案则是：人是在与自然的统一中生成为人，抑或是人在与自然分裂中生成为人。其中的关键是：我是人，是与动物不同的人，目的是揭示人本身存在的一种普遍本质。人的身份问题思考的则是：人是什么样的人？人是自然的顺从者、自然的征服者，抑或是自然的看护者、自然的守护者，目的是确认人的具体的自我形象。只有回答了人是什么？才能从中合逻辑地确认人是一个什么样的具体存在者，人拥有什么样的具体形象。如果说人本质或人性问题属于本体论，那么人的身份问题则属于行动论，它是在人性本体论的观照下人对自然采取何种行动，人怎样具体对待自然界。身份是由行动构成的，身份也是由行动区分的，身份本身就是一套具体的行动模式。人在自然世界中的位置而生成的人性，相对来说比较抽象一些，他作为本体为整个世界奠基，即人对本体性自我的解释引领着他对外部世界的创造。向自然生成的人性虽然对自然世界具有奠基作用，但是要转化为人对自然的直接责任，转化为对自然世界的具体行动，还需要一个具有动力性的中间环节，因为奠基者并不是直接的行动者，也不能够成为直接的行动者。行动者关涉到人的身份，其可以是从人性到具体行动的中介，身份本身表征着行动，身份直接生发着行动。就此而言，人对自然的身份是人对自然人性的具体化，或者说是对人性的具体呈现。

　　人在自然世界中生存与生活，无论如何都摆脱不了与自然世界打交道，参与自然世界秩序的运行。然而，人与自然界打交道的方式不同于其他自然存在物的地方是：人总是以反思自身的方式展开改造自然界的实践活动。人在改造自然界的实践活动中不仅向外看自然世界，而且必定不断地向内反观自身。人在自然世界面前反思自身，无疑是确认自己在自然世界中的位置，领悟自我是一个什么样的人，以便能够以更加合理的方式同自然界打交道。可以肯定地说，没有人对自身的领悟，人类难以持续不断地改进自己，难以持续地改造自然界，更难以在自然界中发展和成长起来。在人对自身在自然世界中位置的把握中，在人对自己在自然面前是一个什么样的人的追问与理解中，人对自然世界的某种身份自然而然得以形成和出现。人总是以一定的身份出现在自然世界面前的，以一定的身份同自然界打交道。就像人在社会中生活那样，也总是以某种身份形式同其他人进行交往和互动，个人丧失了自己的身份就会对自我一无所知，对社会无所适从。人类在面对自然世界时也一样，如果没有身份也一定不知道自己是谁，不知道对自然界该做什么和不该做什么。如果说社会是一个大舞台，每个社会成员借助于自己的身份在这个大舞台上扮演一个或多个社会角色，并演出各式各样的人生戏剧，那么自然世界同样也是一个大舞台，在这个大舞台上人类同样获得一定的身份，并扮演一定的角色，演出一场改造自然界实践活动的壮观戏剧。对改造自然界实践活动的这幕戏剧，人类演出的是成功还是失败，同人类确认自己对自然界拥有什么样的身份，扮演什么样的角色密切相关。人类对自然界之身份或角色领悟与确认得合理，改造自然界实践活动的这幕戏剧也必定演出得成功。

三 历史上人对自然界的身份

到目前为止，虽然人们并没有自觉形成对自然身份的明确意识，有关身份的研究也一直局限在人与人的社会关系之中，但从人类历史来看，一种无意识的或尚未明确的对自然世界的身份观念还是普遍存在的，并且寓于关于人是什么样的人的理论观念中，以及对自然世界的哲学的根本看法中。在某些历史时期，人对自然界的人性同人对自然界的身份甚至难分难解地交织在一起。通过对历史上人对自然界身份思想的梳理，我们可以进一步理解人对自然界身份的存在。

在人类早期的社会生活中，人类祖先由于认识自然界的能力和改造自然界的能力异常低下，获取自然物品较为艰难和艰辛，对险恶自然环境的各种侵袭几乎无能为力，因而感到大自然神秘莫测且高高在上，对人自身拥有不可制服的无限威严和威力。基于此，人类祖先必然形成一种普遍的心理与观念：恐惧自然和崇拜自然。当这种对自然顶礼膜拜的内在意识观念外化为文化形态时，人们就编织出了各式各样的神话故事，塑造出各式各样加以崇拜的神灵。在古希腊人的神话故事中，各式各样的神与人同形同性且形成谱系，他们以宙斯为主神，其他每一位神则专司某种自然现象。虽然古希腊人所塑造的诸神具有鲜明的个性，如宙斯之神的风流，赫拉之神的嫉妒，赫尔墨斯之神的虚荣，雅典娜之神的智慧，且与人一样也有喜怒哀乐，也会怨天尤人，但他们仍然具有人类所不能及的能力和力量，并主宰着自然界的运行和人类自身的命运。人类祖先对诸神只能仰慕和敬畏，根本不可能设想与众神平起平坐。在中国神话故事中，所刻画的诸神更具有神秘色彩和超人的威力，中国先民心目中的神不仅能够补天，还能够射日，甚至能够开天辟地、移山填海、呼风唤雨。中国先民不仅设计出形形色色的神的形象和故事，还刻画了各种鬼怪精灵，强调山有山神、石有石神、树有树神、花有花神、海有海神、土地有土地神，各种自然物几乎都能够化身为神灵。中国先民对众神同样是充满恐惧与敬畏的，做任何事情都要先烧香磕头、诚心敬拜各路神灵，或乞求它们宽恕，或乞求它们赠予和补偿。山民在上山打猎之前总是先要祭拜山神，渔民在出海打鱼之前一定要先祭拜海神，农民在耕种土地之前必定要先祭拜土地神。无论是古希腊人还是中国先民，通过神话故事的形式表达了他们对大自然的屈从之心和敬畏之意。诚如马克思所言："自然界起初是作为一种完全异己的、有无限威力的和不可制服的力量与人们对立的，人们同自然界的关系完全像动物同自然界的关系一样，人们就像牲畜一样慑服于自然界，因而，这是对自然界的一种纯粹动物式的意识（自然宗教）。"[①] 正是先人对自然威力的恐惧和崇拜心理，并以对神灵敬畏的形态指认了人屈从于自然世界的位置，由此形成了对大自然俯首称臣的身份，屈从于自然界的身份。

随着人类加工改造自然界生产活动的发展，以及人们对自然界认识的逐渐深化，古代人逐渐摆脱神话故事和自然宗教的文化形态，进入

---

① 《马克思恩格斯选集》（第1卷），人民出版社1995年版，第81—82页。

❖ 第四章 身份走向自然 ❖

以思辨的形式、用朴素的哲学观念阐述自然现象和宇宙秩序。古希腊是以自然哲学的出现为标志，古代中国则是以老子和孔子的学说出现为界限。古希腊哲学家不满足于神话世界观对自然现象的解释，开始以宇宙为背景，用宏大宇宙视野追问整个世界存在的本质，努力揭示整个自然世界的存在本性和内在统一性。故而古希腊哲学亦被称为宇宙本体论或宇宙论世界观。古希腊哲人普遍相信，在自然现象背后存在着一个最高的、唯一的、永恒不变的本原或始基，它统摄万事万物的存在和各种现象的变化，甚至掌管人类的命运和社会秩序。如米利都学派的阿那克西曼德最早提出了"本原"这个概念，并认定"无定"才是整个世界的本原和始基。"从这里生成了全部的事物及其中包含的各个世界。一切存在着的东西都由此生成，也是它们灭亡的归宿，这是命运注定的。根据时间的安排，它们要为各自对他物的损害而互相补偿，得到报应。"[①] 赫拉克利特提出了"逻各斯"概念，并用它指称自然法则和宇宙秩序，并要求人们一定听从"逻各斯"的话。"如果不听从我而听从这个逻各斯，就会一致说万物是一、就是智慧。"[②] 赫拉克利特的"逻各斯"与"自然"概念是等同的，听从"逻各斯"亦是听"自然"的话。"思想是最大的优点，智慧就在于说出真理，并且按自然行事，听自然的话。"[③] 罗国杰和宋希仁两位前辈对此解释道：

> 在赫拉克利特看来，宇宙是由统一的普遍规律即"逻各斯"主宰着的，它既统治着自然界，又统治着人类社会生活，既作为必然性驾驭着自然秩序，同时又作为"命运"支配着人的灵魂、行为以及人与人的关系。一切都根据这个"逻各斯"而产生，又必须遵从这个"逻各斯"；人们只有遵从这个"逻各斯"，才能是智

[①] 苗力田主编：《古希腊哲学》，中国人民大学出版社 1989 年版，第 25 页。
[②] 苗力田主编：《古希腊哲学》，第 39 页。
[③] 北京大学哲学系外国哲学史教研室编译：《西方哲学原著选读》（上册），商务印书馆 1981 年版，第 25 页。

慧的，才能避恶趋善。①

在柏拉图设计的宇宙生成图景中，"理念"属于世界原型，代表真实性的存在，而现实世界则只不过是对"理念"的模仿，形形色色的自然事物只有分有了"理念"，才能获得自身的存在。"理念"是众多的，每一类事物都拥有一个"理念"，众多"理念"共同趋向于一个最高目的，那便是代表宇宙自身秩序的"善理念"。造物主以"善理念"为根本目的，借助众多"理念"打造出了一个有序的世界。整个自然世界因为有了"善理念"而显现出万物和谐有序；个人因为在灵魂中拥有了"善理念"，就能够致使理性、意志和情欲有序存在并呈现出正义状态，甚至在国家治理中，如果哲学王、武士和工匠以"善理念"为指导，各安其位、各司其职、和谐有序，国家就会成为正义的"理想国"。柏拉图的"善理念"实质是指神或神性，"对于希腊人来说，神性并不特指某一位神，而是指各个人在其中各安其位的、正义而美好的世界秩序"②。因此柏拉图强调说："我们应当试图尽快从尘世逃离到诸神的居所；逃离就是尽可能变得接近神；接近神就是变得正直神圣和明智。"③

在古希腊后期斯多葛学派的哲学理念中，整个世界是一个活生生的存在，自然宇宙本身是一团神圣的火，其有理性、有生命、有理智、有灵魂，人只不过是这团神圣之火飞溅出来的一朵火花，是宇宙灵魂的一块碎片。"世界是一个活生生的存在，是有理性的、有生命的、有理智的。……它拥有灵魂，我们各自的灵魂是它的一块碎片。"④ 人的本性既然来源于自然宇宙，是对自然宇宙之火的分有，是对自然宇宙之灵魂的分有，那么人就应该"合乎自然而生活"，千万不要僭越自然宇宙中最伟大的神为人类安排的地位和秩序。克里西普在《论目的》第

---

① 罗国杰、宋希仁：《西方伦理学思想史》（上卷），中国人民大学出版社1985年版，第72页。
② [法] 吕克·费希：《什么是好生活》，黄迪娜等译，吉林出版集团2010年版，第20页。
③ [法] 吕克·费希：《什么是好生活》，黄迪娜等译，第19页。
④ 苗力田主编：《古希腊哲学》，中国人民大学出版社1989年版，第617页。

第四章 身份走向自然

一卷中说道：

> 我们每个人的本性都是整个宇宙的本性的一部分。因而目的就可以定义为顺从自然而生活。换句话说，顺从我们每个人自己的本性以及宇宙的本性而生活。在这种生活中，我们禁绝一切为万物的共同法律所不允许的行为。共同法律即是贯穿万物的正确理性，与宇宙即一切存在物的主宰和统治者相等同。①

通过分析古希腊哲人的思想我们可以看出，尽管古希腊哲人以自然观念解释自然宇宙的存在和秩序，但他们对人在自然世界中位置的安排仍然是将自然世界凌驾于人之上。人类仍然没有逃脱被外在神圣力量所主宰、所支配的命运和身份，只不过是由原来的众神换成所谓的自然宇宙罢了。当今法国哲学家吕克·费希在研究古希腊人关于"好生活"的观念时，也指证了这一点：

> 大部分古希腊思想家都将关于"好生活"的问题与世界的总体秩序、宇宙整体相提并论，而不像我们今天这样往往只把该问题与主观性、个人满足感或者个体的自由意志相联系。柏拉图、亚里士多德乃至斯多葛哲学家都理所当然地认为美满生活以意识到自己从属于一个"外在于"并"高于"我们每个人的现实秩序为必需条件。在他们看来，人类非但不是这个宇宙的创造者和建立者，反倒是大家不约而同地感觉到自己不过是宇宙的极其渺小的组成部分；大家都从属于某一个整体，人类决非其"主人和占有者"，反而是这个整体包围着我们，完全凌驾于我们之上。②

古希腊哲人将自然宇宙描绘得如此神圣和伟岸，把"自然"视为宇宙运行的法则，因而自然世界高高地矗立于人之上就成为必然。自

---

① 苗力田主编：《古希腊哲学》，中国人民大学出版社1989年版，第602页。
② [法]吕克·费希：《什么是好生活》，黄迪娜等译，吉林出版集团2010年版，第164页。

然世界被仰视为"大宇宙",人就必定屈居于"小宇宙"的位置,小宇宙服从大宇宙就必然成为古希腊人普遍遵守的规则。从这一意义上讲,古希腊人所获得的对自然世界的身份只能是且必然是自然世界的臣民。也就是说,古希腊人将自然世界看作至高无上的存在,形成自然世界凌驾于人之上的宇宙本体论和宇宙论世界观,必然导致人向自然世界俯首称臣。宇宙本体论和宇宙论世界观的必然后果是人的渺小和自我的萎缩。

无独有偶,中国古代哲人在自己的语境下同样表达了敬畏自然的思想观念。只不过是自然的概念在传统中国更多的是以"天"的形态出现的。泱泱大国几千年,中国人始终萦绕在"天"之下的位置而生活。从周公、孔孟、老庄、董仲舒、王充、朱熹、程颢和程颐到近代的康有为,都在论述和解答"天人关系"的意义和内涵,儒、道、墨、佛都把"天人关系"作为处理人之行为的最高境界和指导思想。"天"神圣而令人仰慕,作为百神之大君的"天"虽不言语,但却神秘地主宰着自然世界的秩序和人类的命运。所以圣人孔子不得不说:"唯天为大,为尧则之"(《论语·泰伯》)。又曰:"君子有三畏,畏天命、畏大人、畏圣人言"(《论语·季氏》)。孟子继承和发扬了孔子的思想,提出"诚者,天之道也;思诚者,人之道也"(《孟子·离娄上》)。道家代表老子则强调"人法地、地法天、天法道、道法自然"。所谓人法自然,即是人按照自然法则所作所为,像自然那样"无为而无不为"。天道神圣是中国古代人的基本信念,当中国古代人将"天"奉为至高至圣的存在时,必然会贬低主体自我的价值和地位,当人完全匍匐于自然世界的脚下而丧失了自我的主体意识时,人必然沦为自然之臣民的身份。虽然当今中国传统文化研究和中国哲学研究更多地强调"天人合一",并论证"天人合一"思想所蕴含的生态意蕴,这无疑是对"天人合一"思想理解的新贡献。但是,我们也必须保持清醒的头脑,一定要意识到古人倡导"天人合一"的本质和本意。"天人合一"无论如何还内含着人要以德配天,人要合乎天德、天命,避免遭到天的谴责和天的惩罚的意思。

❖ 第四章 身份走向自然 ❖

在中国传统社会里，作为最高统治者的皇帝都自称是"天子"，也就是"天"的儿子。皇帝自称为"天子"，其目的是为其统治的合法性进行道义上的辩护：一方面彰显其血缘的正统，当皇帝的正当性和命定性；另一方面表明皇帝代表至高神圣的"天"来管理人间事务一定是合法、合道德的。在"天子"的管理视域和管理法则中，遵循"普天之下莫非王土，率土之滨莫非王臣"的道理和原则。于是，一个合乎逻辑的结论由此而必然地昭示出来，既然皇帝是"天"派遣到人间的儿子，社会上所有的人都是"天子"的臣民，那么所有人也必定是"天"的臣民。在中国古代人那里，不可能拥有经过现代启蒙的平等意识，谋划与"天"平起平坐，一定会被视为大逆不道，做"天"的臣民才是中国传统文化的正统。

古希腊哲学发展到中世纪，演化成为基督教神学，古希腊哲人关于自然的神圣性和自然本体论思想发展到了中世纪，逐渐演化成为基督教神学中具有人格化形象、无所不能、无所不知且无限威严的上帝。基督教神学认为，上帝是整个世界的创造者，他用了六天的时间，创造了天、地、昼夜、星辰、四季和各种生物，并按照自己的形象最后创造了人。上帝在创造了亚当和夏娃之后，对亚当说，我要你管理空中的鸟，水中的鱼和地上的爬行物。根据基督教神学所描述的上帝创世纪的这一过程，基本上可以确认的是，中世纪基督教神学赋予人一种双重身份：一方面是上帝的仆人身份，另一方面是神恩下的自然界之主人的身份。整个自然世界包括人在内都是由上帝亲手创造的，上帝作为万有的创造者当之无愧地成为整个世界的主宰、人的主宰，万物化生的终极实在和本体。上帝对一切受造物以及受造的世界拥有绝对的主权，他为受造物的生命和生命秩序提供所需和法则，为受造物的变化和发展创造各种条件。基督教神学确认，上帝先天地而生，先天地而在，它以自身的原因为其存在的根据，并且是一切事物存在和发生的原因，是一切受造物赖以存在的内在决定力量，人的本性和世界的本性皆由上帝所赋予，上帝才是整个宇宙秩序的掌控者。教父哲学的集大成者奥古斯丁在《忏悔录》中说：上帝是"至高、至美、至能、无所不能，至仁、至义、至隐、无往而不在，至坚、至定但又无从执持，不变而变化一切，无新无故而更新一切；'使骄傲者不自知地走向衰亡'；行而不息，晏然常寂，总持万机，而一无所需；负荷一切，充裕一切，维护一切，创造一切，养育一切，改造一切；虽万物皆备，而仍不弃置。"①既然上帝是至高无上和极其伟大的，人完全是由上帝创造出来的，那么上帝就是人的主人，而人只能是上帝的追随者，是上帝的仆人。上帝是人类命运的主宰者，并安排好了人类的一切，基于此，人类必须听从上帝的召唤，服从上帝的指派，这是人类在世生存和获得幸福的唯一出路。然而，又由于上帝令人管理自然万物，并让自然万物对人类表示臣服，就像经院哲学的集大成者托马斯·阿奎那所说的那样，人是最完美的，上帝创造自然万物完全是为了人，是为了给人提供神恩。"有着一种从最不重要之物一直到上帝的存在层级，然而这样一个整体计划唯有上帝才知道。人类占据了一种在各种动物之上的独特位置，他们对自然界的支配就是这种逻辑性的神的计划中的一部分——理性的创造物理应统治非理性的创造物。"② 上帝令人支配自然万物，意味着人必然超出自然万物，是自然万物的主宰者。这样，中世纪基督教神学给基督徒们在世界中安排的位置便是：在上帝之下，而又在自然界之上。由此形成的自我意识便是自卑与自傲的统一，"他的生活环境和他的'自我'都充满内在冲突：人向往高处，但又不可想入非非，他从痛苦中获得欢乐，他从屈辱中获得伟大。"③

在中世纪封建社会之后，欧洲发生了一场具有历史意义的启蒙运动。这场自我解放的启蒙运动反对神学、神权、神性，宣扬人学、人权、人性；反对蒙昧主义和神秘主义，提倡理性和科学；反对禁欲主义和来世主义，重视现实的世俗生活；反对封建专制和等级制度，颂扬自由和平等。经过启蒙的近现代人，不再匍匐在上帝的脚下，而是成为

---

① ［古罗马］奥古斯丁：《忏悔录》，周士良译，商务印书馆1996年版，第5页。
② ［英］克莱夫·庞廷：《环境与伟大文明的衰落》，王毅、张学广译，上海人民出版社2002年版，第162页。
③ 转引自［苏］伊·谢·科恩《自我论》，佟景韩等译，生活·读书·新知三联书店1986年版，第126页。

"大写的人";不再服从上帝的意志,而是能够运用自己的意志为自身立法和为自然立法;不再依靠神的启示,而是敢于运用自己的理性。人是目的,人是至高无上的统治者,成为启蒙运动以来近现代人的自我意识。在中世纪基督教神学所规定的宇宙秩序中,全知全能的上帝处于整个宇宙的最高位置并统领一切;由于人是按照上帝的形象创造出来的,因而人在宇宙中的地位仅次于上帝的位置;又由于上帝令亚当管理自然万物,人的地位又高于自然万物。启蒙运动杀死了上帝,人由此僭越了上帝的位置,自然而然地自立为王。人确认自己为自然世界的主人,这便是启蒙运动自身所蕴含的内在价值和逻辑结果。弗朗西斯·培根提出著名的启蒙口号"知识就是力量",认为人类只要拥有了关于自然界的知识和改造自然界的技术,就能够掌握征服统治自然界的权力。笛卡尔通过普遍怀疑而确立的"我思故我在",旨在表明人是认识的主体,自然界是被认识的对象,自然界是什么,完全归结于人对它的认识和画像,我思的结果是确证人成为"自然的最高统治者与占有者"。康德一语道出了近现代哲学认识论的本质,认识自然就是"人为自然立法",一切知识不是围绕客体旋转,而是围绕人这个主体旋转。达尔文虽然主张人类是从类人猿进化而来的,但他仍然论证了人类在自然世界中的优越位置。"在他现在所生存的最粗犷的环境中,人是地球上所出现过的最具优势的动物。他的分布范围比任何一种高度组织起来的生命形式都要宽广得多,而其他生命形式在他面前都俯首称臣。……人由于已经进化到了有机生命的最高点就感到有些骄傲,对此我们应予谅解。"[①] 在启蒙精神的引领下,迫使高山低头,喝令河水让路,斗地战天,便成为近现代人的精神气质和行为准则。近现代人将理性摆置于优先位置,让一切都接受理性的审判,由此产生了对理性的宗教式崇拜。他们坚信在理性的指挥下,人类便会无所不能——化解一切难题,消除一切障碍,完成一切探索,揭示一切奥秘。人类的理性之光,一定能够照亮自然界的黑暗;人类的理性能力,一定能够强迫

---

① 转引自〔美〕罗尔斯顿《环境伦理学》,杨通进译,中国社会科学出版社 2000 年版,第 86 页。

自然界交出它所精心守护的秘密。当人类凭借理性完全认识了自然界，掌握了自然界的规律之后，便能够真正控制自然界，使自然世界向人类缴械投降。由此可见，近现代人把自己凌驾于自然世界之上所形成的自我身份意识便是：人是自然界的征服者，人是自然界的主宰者，人是自然界的主人。海德格尔已经指认："由于人本质上已经成了一般主体，而存在状态就等于被表象状态，真理已经成了确信，所以，人现在就从根本上支配着存在者之为存在者整体，因为他为每一个存在者的存在状态赋予尺度。"①

当然，现代人把自我规定为自然界的征服者和主人，与自然界的物性化和机械化是紧密结合在一起的。既然自然界是一架无生命的机器，死一般的物，人凭借自身的理性必然成为操纵这架机器，表征自然何为自然的主人。自然界的机械化是由笛卡尔和牛顿完成的，笛卡尔宣布自然界是物质实体，牛顿则表明自然界完全遵循力学规律而存在，机械论自然观的出现，使鲜活的生机勃勃的自然凝固成为冰冷的器物，虽然自然界作为一架机器也运行和运转着，但它却是僵死的和无所作为的，机械力和机械规律成为控制它运转的灵魂。自然界是一部凝固的机器，人就可以对它大有作为，可以发现它的规律，并按照它存在的规律和运行的规律任意地改造它和支配它。人认识和掌握了自然界的运行规律，就可以征服这无言的机器，让它为人类服务。"自然之死"的作者麦茜特由此提出：

> 机械主义作为一种世界观，其最光辉的成就是，它围绕着人类经验中两个最基本的成分——秩序和力量——重新安排了实在。秩序可以通过对服从数学定律的不可再分部分的运动之强调，通过否弃变化的不可预测的非物质原因来达到。力量则通过现实世界中直接起作用的干预达到。培根的方法支持通过手工操作、技术和实验实施对自然的威权。但机械主义作为世界观也是一种概念化的权力

---

① [德] 海德格尔：《尼采》（下卷），孙周兴译，商务印书馆 2002 年版，第 803 页。

结构。①

麦茜特由此认定，古希腊的有机论自然观发展到近现代的机械论自然观，导致了自然之死，即由生机勃勃的自然、充满朝气的自然，沦为没有生命的机器自然。自然本身是一架机器，这一价值判断本身就蕴含着人获得了操纵这架自然机器之主人身份的意蕴，或者说为人成为操纵自然这架机器的主人奠定了哲学基础。

四 近现代人的身份危机

霍克海默和阿多诺在《启蒙辩证法》中指证了一个基本现象，那就是启蒙精神由于自身的逻辑而不可避免地走向自己的反面，就像黑格尔辩证法所论证的肯定必然走向否定一样。虽然霍克海默和阿多诺所指认的启蒙精神不完全是近现代的启蒙精神，但无疑是以近现代启蒙精神为核心，为批判对象的。《启蒙辩证法》表达的根本思想是：启蒙本来是借助理性祛除神话的，使人们摆脱对神的恐惧，从迷信中将自己解放出来，但启蒙的结果却使启蒙本身成为一个新的神话，成为奴役人的一种新的迷信。也就是说，启蒙是借助理性来祛除迷信的，但启蒙精神却把理性本身锻造成为新的神，强调一切都要押到理性的审判台上进行理性的审判，理性由此成为至高至伟的东西。"启蒙精神摧毁了旧的不平等的、不正确的东西，直接的统治权，但同时又在普遍的联系中，在一些存在的东西与另外一些存在的东西的关系中，使这种统治权永恒化。"② 霍克海默和阿多诺由此得出的结论是：启蒙蕴含着自我摧毁的机制，启蒙最终自己摧毁了自己。"人类不是进入真正合乎

---

① ［美］卡洛琳·麦茜特：《自然之死》，吴国盛等译，吉林人民出版社1999年版，第237页。
② ［德］霍克海默、阿多诺：《启蒙辩证法》，洪佩郁、蔺月峰译，重庆出版社1990年版，第10页。

人性的状况，而是堕落到一种新的野蛮状态。"[①] 借助霍克海默和阿多诺的"启蒙辩证法"所研究的思路和结论，笔者也可以说，近现代启蒙精神所确立的人是自然界之主人的身份，也必然走向自己的反面，发生身份的危机。所谓近现代人的身份危机是指，近现代人僭越上帝的位置而成为自然界的主人，这本身就是人的自我迷失。人不是自然界的主人，也不可能成为自然界的主人，可是，近现代人却幻想自己是自然界的主人，身份危机由此必然产生。人对自然界身份的辩证法是：支配自然界必被自然界所支配，做自然界之主人必沦落为自然界之奴隶。当今生态危机的发生，其实就是近现代人征服自然身份危机的表现形式，宣告了做自然界主人之梦想的彻底破灭。

　　从辩证法原理来说，做自然界主人的身份是根本不成立的，人不可能成为自然界的主人，人是自然界的主人只不过是近现代人杜撰出来的一种迷惑人的理论幻想和身份幻觉。黑格尔在《精神现象学》"自我意识"篇章中探讨了主人和奴隶关系的辩证法，从哲学高度为我们证明了做自然界主人的不可能性。他指出，每个人都拥有自我意识，但是每个人的自我意识唯有在另一个人的自我意识那里才能获得满足，人的自我意识是一种被承认的意识，需要得到另一个人的自我意识的认可。按照马克思的说法，每个人的自我意识都必须通过另一个人的自我意识得到反映，一个名叫张三的人把自己当作人，只是由于他把名叫李四的人看作和自己相同的。虽然每个人的自我意识都依赖于另一个自我意识而存在，但是，当两个自我意识相遇时，在黑格尔看来，并不是发生相互拥抱，感谢对方为自己的自我意识存在提供了条件，而是不可避免地要发生一场为承认的争斗。每个人都要把自己的自我意识、自我意志强加给对方，迫使对方承认自己的自我意识，自己却不想承认对方的自我意识。"自我意识是自在自为的，这由于、并且就因为它是为另一个自在自为的自我意识而存在的；这就是说，它所以存在

[①] ［德］霍克海默、阿多诺：《启蒙辩证法》，洪佩郁、蔺月峰译，重庆出版社1990年版，第1页。

第四章 身份走向自然

只是由于被对方承认。"① 双方都想让对方承认自己的自我意识，而扬弃对方的自我意识，于是两个自我意识就必然要发生一场冒生命之危险的争斗，即为承认而进行生死斗争，直至对方承认自己的自我意识为止。两个自我意识为承认而展开斗争的结果是：一方取得了胜利，因而被承认为主人，另一方失败了，因而被承认为奴隶。主人因支配奴隶而存在，奴隶因依赖于主人而存在。"其一是独立的意识。它的本质是自为存在，另一为依赖的意识，它的本质是为对方而生活或为对方而存在。前者是主人，后者是奴隶。"② 然而，黑格尔的高明之处在于，他揭示出当主人成为主人那一刻起，就开始走向他的反面而成为奴隶，奴隶从成为奴隶那一刻起，也开始发生反转而成为主人，每一方都不能成为自己命运的主人，达到绝对的否定性。因为主人成为主人之后，就开始丧失独立性，而成为依赖于奴隶的存在；奴隶则开始丧失依赖性，而成为具有独立性的存在。也就是说，主人所完成的不完全是独立的自我意识，奴隶在陶冶事物的过程中则完成了自己的独立性，面对自然界意识到了自身的独立存在。

> 照这样看来，独立的意识的真理乃是奴隶的意识。奴隶意识诚然最初似乎是在那独立的意识自身之外，并不是自我意识的真理。但是正如主人表明他的本质正是他自己所愿意做的反面，所以，同样，奴隶在他自身完成的过程中也过渡到他直接的地位的反面。他成为迫使自己返回到自己的意识，并且转化自身到真实的独立性。③

黑格尔的这一思想告诉我们，主人和奴隶是辩证存在的，成为主人的同时也必然沦落为奴隶，被支配的奴隶同时也必然是支配者。因为

---

① ［德］黑格尔：《精神现象学》（上卷），贺麟、王玖兴译，商务印书馆1979年版，第122页。
② ［德］黑格尔：《精神现象学》（上卷），贺麟、王玖兴译，第127页。
③ ［德］黑格尔：《精神现象学》（上卷），贺麟、王玖兴译，第129页。

主人和奴隶的根本性对立，必然会使双方都受到对方的限制，每一方都要从对方那里反映自身，因而必然导致主人的绝对独立性丧失。主人看似主人，其实同奴隶一样，本质上都属于依赖对方的存在。

黑格尔关于主人和奴隶的辩证关系分析，同样也适合于批判人是自然界主人的现代性自我意识。近现代以来，征服自然、做自然界的主人，成为现代性的基本话语。机械论自然观、哲学认识论和人本主义世界观为此冲锋陷阵，对人是自然的主人进行了广泛而深入的论证。然而，正像黑格尔所分析的那样，人把自然界视为奴隶时，人自身也必然沦落为自然界的奴隶。其中的道理很明显，人与自然是相互作用、相互制约而存在的，人不可能揪住自己的头发逃离地球，以图摆脱自然界的影响和制约。人类改造自然界的实践活动应当遵循自然界的规律与法则，因为自然界本身存在的规律与法则并不以人的主观意志为转移，违背了它必然遭到它的惩罚与报复。"我们不要过分陶醉于我们人类对自然界的胜利。对于每一次这样的胜利，自然界都对我们进行报复。"[①] 既然人类依赖于自然界而存在，不可能完全摆脱自然界的影响和制约，那么，人类怎样对待自然界，自然界就会怎样对待人，人类破坏了自然界，自然界就会以生态危机的形式报复人类。由此得出的结论必然是：人类做自然的主人是根本不可能的，人类并不拥有对自然界的绝对权力，人不得不看自然界的脸色行事。因为人与自然对立统一的存在，决定了人必然被作为对立方的自然界所限制而成为一种有限的存在。人既被自然界所限制而成为有限的存在，又怎么能够成为自然界的主人和绝对权利的拥有者呢？更为重要的是，人与自然是对立统一的存在，意味着人必须通过自然界才能映现自己，即自然界是现实的人的自我形象，人需要借助现实自然界这一中介反映自身，反观自身，确证自身。黑格尔说过："自然界是自我异化的精神。"[②] 马克思也说过：自然界乃是人的本质力量的对象化，是人的对象性存在，是一本打开人本质力量的书。"在人类历史中即在人类社会的形成过程中生成的自然

[①] 《马克思恩格斯选集》（第4卷），人民出版社1995年版，第383页。
[②] ［德］黑格尔：《自然哲学》，梁志学等译，商务印书馆1980年版，第21页。

界，是人的现实的自然界；因此，通过工业——尽管以异化的形式——形成的自然界，是真正的、人本学的自然界。"① 人与自然界本质性对立，自然界必然成为对立的人自身，自然界必然是对象性的人。于是，一个合乎逻辑的推理就摆在我们面前，人把自然界视为征服的对象，就等于把自身视为征服的对象；人把自然界视为奴隶，就等同于把自身视为奴隶。马克思在《1844年经济学哲学手稿》中曾表明，工人越是通过自己的劳动占有感性自然界，就越是在两个方面失去自然界：第一，自然界越来越不成为属于他的劳动对象，第二，自然界越来越不为其提供具有直接意义的生活资料。工人们失去自然界的结果便是，他们越来越成为自然界的奴隶。

> 工人在这两方面成为自己的对象的奴隶：首先，他得到劳动的对象，也就是得到工作；其次，他得到生存资料。因此，他首先是作为工人，其次是作为肉体的主体，才能够生存。这种奴隶状态的顶点就是：他只有作为工人才能维持自己作为肉体的主体，并且只有作为肉体的主体才［能］是工人。②

霍克海默和阿多诺在《启蒙辩证法》中也指出，近现代启蒙精神把"自然界变成了单纯的客观实在"，管理万物的精神与创造万物的神相似而成为自然界的主宰，结果受到启蒙的世界却充满着巨大的不幸。"自然界的衰退就在于自然界的受支配，没有自然界的受支配，精神就不能存在。通过这种精神承认自己的统治权，并归复到自然界的划分，精神就提出了统治的要求，而正是这种统治的要求使它成了自然界的奴隶。"③ 因为人越是开发自然界，使自然资源变成源源不断的商品，人就越是被商品所支配，越是被商品化和物化。

---

① ［德］马克思：《1844年经济学哲学手稿》，人民出版社2000年版，第89页。
② ［德］马克思：《1844年经济学哲学手稿》，第53页。
③ ［德］霍克海默、阿多诺：《启蒙辩证法》，洪佩郁、蔺月峰译，重庆出版社1990年版，第35页。

把自然界视为人的支配对象和奴隶，与康德提出的"人是目的、自然界永远是服务于人之目的的工具"这一启蒙理念本质上是同一的，由此，在完成对人是自然界之主人的批判后，必须继续对自然界是人的工具的主张进行批判。同样的道理，如果人把自然界当作工具，人自身亦成为自然界的工具。因为自然界成为纯粹的工具，人把自己的全部智慧和本质力量用于开发自然界的这一工具价值，那么人就必然堕落为自然界之工具的工具。人把自然界当作纯粹的工具，意味着人类加工改造自然界仅仅是为了满足人的物欲，由此内含着人与动物无异的价值意蕴。人把自然界当作纯粹的物，自身也必然沦落为纯粹的物。因为现实自然界是人存在的对象物，人需要以自然界反观自身并确认自己的存在，自然界是纯粹的物、纯粹的工具，由此可以反观得出人自身必然就是物和工具。我们在前面已经叙述过马丁·布伯关于"我与你"的思想，当人把自然世界当作纯然的"它"而加以利用时，人类自我立即沦落为"它"。尽管人为了生存而不得不存留于"它"的世界中，但如果人完全沉溺于"它"的世界，则人也必然与"它"无异。在马丁·布伯的哲学视域里，人与绝对、神圣为伍，人必然成为绝对和神圣的存在；人完全与物为伍，人必然沦落为物。因此，把自然界当作纯粹的工具，无论如何避免不了人异化为工具的悲剧。

近现代启蒙精神倡导征服自然界、做自然界主人的理念，其所依据的是现代科学技术，即通过发展现代科学技术，人类就能够真正实现征服自然的伟大梦想。现代性科学技术理念是，科学使人无所不知，技术使人无所不能，现代人拥有了科学技术这一利器，掌握了自然界的知识和规律，就可以将自然世界彻底踩在脚下而无敌于天下。"当自然不合人的想法时，人就整理自然。当人缺乏事物时，人就生产出新事物。当事物干扰人时，人就改造事物。当事物把人从他的意图那里引开时，人就调节事物。当人为了出售和获利而吹嘘事物时，人就展示事物。"[①] 然而，近现代启蒙精神的这一理念完全是错误的，根本不可能

---

① 宋祖良：《拯救地球和人类未来——海德格尔的后期思想》，中国社会科学出版社1993年版，第67页。

第四章 身份走向自然

达成这一目的。

首先,现代科学技术错误地判断了自然界的有限性,即认为自然界的奥秘是有限的,只要科学技术破解和掌握了全部这些有限的自然奥秘,到达了阿基米德之点,人类就可以完成对自然界的彻底控制,可以任意地拆卸和组合自然界这架机器,可以随心所欲地安排、整理自然界。然而自然世界的事实是,自然界的奥秘不是有限的,而是无限的,尤其是随着人类对自然界认识的深入,自然界的奥秘会越来越多。解决了自然界的一个奥秘,随之会产生两个、三个,甚至更多的奥秘。因此,美国拉特格斯大学生物学教授戴维·埃伦费尔德把现代性的这种通过科学技术而最终能够控制自然界的想法称为"人道主义僭妄",并表明做自然的主人"乃是一种危险的谬误"。他表明:"我们从技术上解决某类问题的能力是与我们扩大和增加这类问题的能力一起发展的,即我们获得的新技术并没有解决问题,因为新技术同时会造成更麻烦的问题。"[①] 也就是说,关于自然界的奥秘与知识是无限的,人类不可能获得真理的大全,因而人类不可能真正实现对自然的征服。

其次,现代科学技术的认识方式是原子式的,其所掌握的关于自然界的知识仅仅是个别自然物的知识,个别自然领域的知识,对整个自然界即自然界的整体性却表现为知识上的盲目。现代科学技术的基本信念是:自然界仅仅是由事物集合而构成的,整体等于部分之和,现代科学分门别类地对各种自然事物加以研究,也就必然在逻辑上等同于对整个自然界的研究。于是,现代科学研究将整个自然界还原为最小的基本构成单位,如物理学将自然事物还原为分子、原子、电子等,生物学将生命还原为细胞等,认为认识了构成事物的最基本单位,就等于掌握了该事物。用哲学认识论的术语表示就是,自然界是一个认识的对象,这个对象可以还原为各个组成部分,认识和把握了各个组成部分,就等于认识和掌握了整个自然界。其实,现代科学研究所持有的这种信念基本上是错误的,自然世界的整体性并不等于部

[①] [美]戴维·埃伦费尔德:《人道主义的僭妄》,李云龙译,国际文化出版公司1988年版,第106页。

分之和，自然世界是一个有机存在，各个自然物只有有机结合才是一个完整的自然世界。这个完整的自然界或者大于部分之和，或者小于部分之和。认为整体等于部分之和，实际上是机械论自然观。生态学已经向我们证明，自然世界是一个不可分割的整体和有机系统，那种分离、分割的破碎性机械论自然观只是一种幻觉。就像一只手那样，它存在的真实性是与身体不可分割地结合在一起的，一旦脱离了身体，它就不再是一只真实的手，只能是一只死手。自然界的整体性根本不等于部分之和，对自然界的碎片化知识并不能通达自然界整体，这意味着认识了一个个自然物，认识了一个个自然领域，并不等于认识了整个自然界。只见树木不见森林，一叶障目不见泰山，是现代科学认识的巨大弊端。正是这一弊端的存在，即现代人仅仅握有自然界的碎片化知识和真理，而根本未掌握自然界的整体知识和真理，导致现代人不可能征服自然。对自然界整体性真理盲目本身，就宣告了现代人征服自然的梦想只能是且必然是一种个人想象，不具有任何普遍意义和价值。黑格尔早就指认：

> 不管自然展示和发出什么力量——严寒、猛兽、洪水、大火——来反对人，人也精通对付它们的手段，而且人是从自然界取得这些手段，运用这些手段对付自然本身的；人的理性的狡计使他能用其他自然事物抵御自然力量，让这些事物来承受那些力量的磋磨，在这些事物背后维护和保存自己。但人用这种方式并不能征服自然本身，征服自然中的普遍东西，也不能使这种东西服从自己的目的。①

当代现象学大师胡塞尔则提出，现代科学尽管在欧洲兴旺发达，但其自身已经发生了深刻危机。"科学危机所指的无非是，科学的真正科学性，即它为自己提出任务以及为实现这些任务而制定方法论的整个

---

① ［德］黑格尔：《自然哲学》，梁志学等译，商务印书馆1980年版，第7页。

◆第四章　身份走向自然◆

方式，成为不可能的了。"① 在胡塞尔看来，科学应当是从人与自然统一的生活世界出发来把握人、把握自然世界，而发展起来的现代自然科学则在重视客观事实的思想引导下，将整个自然世界彻底数学化和物理学化了，使自然世界中的每一件事情都必须服从于现代科学精密计算的法则，人与自然世界由此分裂成为二元对立的存在，即我们的生活世界正在被数量化的实证世界所替代，多样而又整体的自然正在变得单一和片面。

> 在几何学和自然科学的数学化当中，我们测量这个处于可能经验之开放的无限性中的生活世界，以便为它制作一件非常合适的理念外衣，即所谓客观科学真理的外衣。……"数学和数学的自然科学"这种理念的外衣，或不这样说，而说成符号的外衣，符号—数学理论的外衣，包括所有那些在科学家和受过教育的人看来是作为"客观的现实的和真正的"自然而代表生活世界，装饰生活世界的东西。理念的外衣使我们将只不过是方法的东西认作真正的存在。②

胡塞尔由此得出结论说："现代人的整个世界观唯一受实证科学的支配，并且唯一被科学所造成的'繁荣'所迷惑，这种唯一性意味着人们以冷漠的态度避开了对真正的人性具有决定意义的问题。单纯注重事实的科学，造就单纯注重事实的人。"③ 现代科学本身发生了严重危机，科学的科学性得不到显现，其把握自然界真理的方式就意味着成为不可能，由此何以能够再言对自然界的征服呢？尽管自然科学对自然物规律的研究取得了辉煌的重大成就，但忽略了每个自然物与其他自然物相互联系的生态规律，对整个自然界的真理表现为无知，结

---

① ［德］胡塞尔：《欧洲科学的危机与超越论的现象学》，王炳文译，商务印书馆2001年版，第13页。
② ［德］胡塞尔：《欧洲科学的危机与超越论的现象学》，王炳文译，第67页。
③ ［德］胡塞尔：《欧洲科学的危机与超越论的现象学》，王炳文译，商务印书馆2001年版，第16页。

果造成现代科学对自然之认识的重大失误，致使征服自然成为现代科学的一个笑柄，成为现代人或者启蒙精神的一个笑柄。

人类在利用自然万物时也随之参与自然界整体秩序的生存活动，自然界是一个按一定秩序运行的存在，万事万物有机结合在一起构成了整个自然界的存在秩序。每个生命在自然界中生存与活动都不可避免地会参与并影响自然世界秩序。各种自然存在物由于存在的有限性，它们对自然界的影响都是比较小的。人类最初改造自然界的能力低下，对自然界存在秩序的影响也是比较小的。但是，当人类拥有了技术，尤其是现代技术之后，对自然界产生的影响可谓十分巨大，几乎超过了人们的想象。由此就提出一个问题：人类依靠现代科学技术能否完全掌控自然界？如果人类能够完全按照自己的自由意志彻底掌控自然界，穷尽自然界的一切奥秘，那么，整个自然界就彻底成为属人的，人类想让自然界怎么样就怎么样，如此人才能够说自己是自然界的主人。然而，自然界是无限的存在，人类理性却是有限的存在，人类理性对自然界有其应用的限度，不可能穷尽自然界的一切奥秘。如此一来，现代人的悲剧就发生了：现代人梦想掌控自然界，让自然界屈服于自己，但又不能完全认识自然界，以有限理性应对无限自然界，其后果必然是对自然界的盲目与破坏。庄子早就告诫过人们，吾生有涯而知无涯，以有涯随无涯，殆已。就像美国前副总统阿尔·戈尔所言，现代人僭越了上帝的位置，却不曾拥有上帝的全能、全智、全善的智慧，现代人的愚蠢和自然界的悲惨结局可想而知。既然人不是上帝，也不可能成为上帝，人的理性根本不能认识和掌握整个自然宇宙的有机和谐存在的规律或奥秘，那就需要低下人类高贵的头颅，不要对自然界表现出傲慢，放弃征服自然界的野心。人不可能掌握无限的自然世界知识，却以为自己无所不知和无所不能，不是上帝却以为是上帝，这才是现代人身份的真正危险。

第五章

人对自然界的当代身份

现代人对自然界的身份产生了危机，意味着工业文明征服自然界的身份已经不再适合生态文明建设，人们必须抛弃人是自然界之主人的妄想，为自己重新确认一种合理而正当的身份，真正做到在自然界面前正名、正身、正行。人在自然界面前拥有何种身份，从本体论上说，与人把自己摆置在自然世界之中何种位置相关。人在自然世界中的位置不同，人对自然界所形成的身份也就不同。就此而言，正确认识人在自然世界中的位置，是正确把握人在自然界面前身份的前提，也是化解生态危机的必由之路。人既不在自然世界之外，又不在自然世界之下，不在自然世界之上，而是在自然世界之中。由此所决定的人对自然界的当代身份必然是：人是自然界的看护者。为了从本体论上证明人是自然界的看护者，我们不得不先行阐述人与自然的本体论关系，并在这一本体论关系中合乎逻辑地引出"人是自然界看护者"的结论。也就是说，人是自然界看护者的身份，是以人与自然关系的本体论为依据的，是对人与自然关系的一种合理的本体论判断结果。

一 人在自然世界之中

前一章内容表明，人在宇宙中必定有自己的位置，而这一位置规定着人对自然界的身份、态度和行为。由于人在宇宙中的位置是人的本体存在，对人在宇宙中位置的讨论属于本体论范畴，因而人在宇宙中的位置是确认人之身份的本体论依据。在哲学视域中，本体是万事万物生成的根源，是一切存在者之为存在者的根据，它规定着人的存在和怎样存在，因此，对人的当代身份的确认也需要置于本体论层面进行讨论，它能够为人的身份存在提供终极性的理由。前文已经说过，人在宇宙中有自己的位置，即有自己存在的本体论依据。渔猎文明、农业文明将人定位于自然世界之下，工业文明将人定位于自然世界之上，那么生态文明则将人定位于自然世界之中。所谓人在自然世界之中，并不是说人在自然世界的空间之中，就像桌子、椅子等物件在房子的空间中那样，而是说人融合于自然世界之中，人与自然世界在本质上共为一体，达成"自然即人、人即自然"的存在状态。人在自然世界之中，也意味着自然世界在人之中，自然世界融入人的本质和自我意识之中，人与自然世界成为你中有我，我中有你的共属存在。人在自然世界之中，自然世界在人之中，人与自然世界共为一体，就彻底消解了所谓的"中心主义"或"中心论"观念，表明人是中心即自然界是中心，自然界是中心亦即人是中心，人与自然界根本不存在孰先孰后、谁高谁低、谁优谁劣，以及谁从属于谁，谁支配谁的问题，也不存在谁为中心、谁为边缘的问题。人与自然就像一枚硬币的两个方面，他们共同构成这个世界的本质性存在。关于人在自然世界之中，自然世界在人之中的有机统一性，黑格尔、马克思和海德格尔能够为我们提供哲学理论上的证明。

我们知道，近现代机械论自然观和认识论主客二分，导致了人与自然界的二元分裂和对立，笛卡尔提出的两个实体说，即物质实体与思维实体平行存在，开创了人与自然二元对立的理论先河。尽管斯宾诺莎反对世界存在两个实体，强调整个世界只有一个实体，这个实体既是上帝，又是自然，但其又认为存在着属性二元论，即物质与思维作为实体的两个属性是对立和平行的。德国古典哲学反对机械论自然观和主客对立二元论，开启了有机论哲学思考的路线。康德提出的自然界"无目的的目的论"，以及"自然向人的生成"，强调了自然界本身的有

第五章 人对自然界的当代身份

机性，以及合目的性，并试图在人与自然之间架起一道结合的桥梁。费希特主张自我创造非我，而非我又制约自我，非我与自我是统一的。费希特的自我是对人作为绝对主体的表达，"非我"则是人的创造物，包括人所创造的自然界。因此，费希特的知识学包括对人与自然辩证关系的某种猜测。谢林同样十分关注自然与精神的问题，在谢林看来，"自然（物质）无非是处于平衡状态中的精神，即自然（物质）是湮没了的精神，或者反过来说，精神只是在生成过程中的自然（物质）。简言之，自然是不可见的精神，精神是可见的自然"①。

康德、费希特和谢林的自然哲学思想，为古典哲学集大成者黑格尔自然哲学思想的形成和产生奠定了一定的基础。黑格尔全部哲学思想的出发点是"绝对精神"，而绝对精神的本质性内涵是自然界与精神、存在与思维、实体与主体的统一和同一。"当理性之确信其自身即是一切实在这一确定性已上升为真理性，亦即理性已意识到它的自身即是它的世界、它的世界即是它的自身时，理性就成了精神。"② 精神由于是存在与思维的统一，是整个世界的开端和万事万物存在的本体，故此精神便是无条件的存在。无条件存在的精神就等于绝对精神。在黑格尔的《哲学全书》中，绝对精神首先表现在思维中，它以无预设的纯存在或纯思维为开端，自己运用概念、范畴演化自身。这就是黑格尔的逻辑学。绝对精神在思维中经历了存在论、本质论、概念论三个阶段之后，必定要外化自身，将自身对象化到自然界中，由此开启了自然哲学的历程。为什么绝对精神一定要将自己从思维当中对象化到自然界呢？因为绝对精神在逻辑学中并不能完全证明自己是思维与存在、精神与自然界、主体与实体的统一体。所以，它必须外化自身到自然界，并由此表明自然界本身就是精神，精神本身就是自然界，这样才能完成对绝对精神本身是思维与存在、主体与实体、精神与自然界同一与统一的证明。正如我国学者杨祖陶先生所表明的那样："自然哲学是黑

---

① 俞吾金等：《德国古典哲学》，人民出版社2009年版，第403页。
② ［德］黑格尔：《精神现象学》（下卷），贺麟、王玖兴译，商务印书馆1979年版，第1页。

格尔整个哲学体系不可分割的一部分，因为在他那里，要想具体地论证思维和存在、主体和客体的同一性，撇开自然界和自然科学不谈是绝对不可想象的，可以说，自然哲学是黑格尔在现实生活中论证思维和存在、主体和客体同一的最基本的一环。"① 根据这一哲学要求，黑格尔在逻辑学的结尾说道，绝对理念"自己决定让它的特殊性环节，或它最初的规定和它的异在的环节，直接性的理念，作为它的反映，自由地外化为自然"②。绝对理念是绝对精神在逻辑学发展的最高阶段，它外化自身的目的是要克服逻辑学阶段的纯粹思维的抽象性，走向自己的对立面——现实自然界，以便用现实充实自己和丰盈自己，使自己在思维与存在的同一中拥有具体而现实的内容。马克思对黑格尔的这一做法有过绝妙的评价：黑格尔的绝对精神和逻辑理念，无非人的思维的必然结果，但在黑格尔那里却被解释为始终是抽象的、无人身的思维、抽象的思维者。绝对精神在逻辑学里经历了从存在到本质、从本质到概念的抽象发展过程，不想再从头经历全部抽象活动，下决心放弃自身，用自己的异在、特定的存在来代替自己的在自身的存在，代替自己的普遍性和不确定性，决心把那些仅仅作为抽象、作为思想物而隐藏在其中的自然界从自身开释出去，进而抛弃抽象的方法去观察一番摆脱了它的自然界。

全部逻辑学都证明，抽象思维本身是无，绝对观念本身是无，只有自然界才是某物。……从逻辑学到自然哲学的这整个过渡，无非是对抽象思维者来说如此难以实现、因而由他作了如此离奇的描述的从抽象到直观的过渡。有一种神秘的感觉驱使哲学家从抽象思维转向直观，那就是厌烦，就是对内容的渴望。③

绝对精神对抽象思维的厌烦和对具体内容的渴望，使得自然界本身

---

① 杨祖陶：《德国古典哲学逻辑进程》，武汉大学出版社2003年版，第269页。
② [德] 黑格尔：《小逻辑》，贺麟译，商务印书馆1980年版，第428页。
③ [德] 马克思：《1844年经济学哲学手稿》，人民出版社2000年版，第115—116页。

❖第五章　人对自然界的当代身份❖

必然成为表现绝对精神的场所，成为绝对精神获得其现实内容的必要环节。由此黑格尔确认，自然哲学研究的对象虽然是自然界，追问自然界本身到底是什么，但由于自然界不是纯粹的物象，不是偶然性的堆积，而是绝对精神的表现形态，绝对精神构成了自然界的实质，所以，自然哲学要研究的是"精神在自然内发现它自己的本质，即自然中的概念，发现它在自然中的副本，这是自然哲学的任务和目的"①。黑格尔在表明自然界是绝对精神的副本的过程中，给我们呈现出了绝对精神与自然界的同一，绝对精神与自然界是一个不可分割的统一整体。

黑格尔认为，绝对精神与自然界的关系并不是与自然界外在性相关，而是与自然界内在性相关，绝对精神乃是自然界的内在本质。"理性是在世界中，我们所了解的意思是说，理性是世界的灵魂，理性居住在世界中，理性构成世界的内在的、固有的、深邃的本性，或者说，理性是世界的共性。"②黑格尔所谓的理性不仅构成了外界事物的实体，也构成精神性东西的普遍实体，亦即理性与精神在一定程度上是同一个意思的表达。既然绝对精神是自然界的深邃本性，而自然界本身是什么，又完全是由自然界的本性所规定，因此在这一意义上就可以将自然界理解为精神，将精神理解为自然界。简单地说，精神就是自然界，自然界亦为精神，二者在本质上是同一的。"就精神不是与他物相关，而是与它自身相关来说，它是在自然内生成的。这也同样是自然的解放。自然自在地就是理性，但是只有通过精神，理性才会作为理性，经过自然而达到实存。"③黑格尔确认，自然界的内在本质无非是普遍的本性，因此当人们对自然界运用思想时，就深入了自然界的内在本质里。而深入了自然界的内在本质，也就同时回归了思想和精神自身。因此黑格尔强调："自然界是自我异化的精神。"④黑格尔还借用《圣经》中亚当见到夏娃时说过的话——"这是我肉中的肉，这是我骨中

---

① ［德］黑格尔：《自然哲学》，梁志学译，商务印书馆1980年版，第18页。
② ［德］黑格尔：《小逻辑》，贺麟译，商务印书馆1980年版，第80页。
③ ［德］黑格尔：《自然哲学》，梁志学译，第19页。
④ ［德］黑格尔：《自然哲学》，梁志学译，第21页。

的骨"——表明精神与自然界的不可分割性和一体性。黑格尔表明精神与自然界的同一性,是一种本质主义的论证,即从自然界的本质是思维,思维所思的内容是世界的本质或自然界的本质,因而说明绝对精神与自然界在本质上是同一个东西。黑格尔并不否认自然界的物质性,但他认为精神构成了自然界的实质,物质性仅仅是自然界的外在性规定,自然界的精神内容决定着它的感性的物质外壳。

黑格尔强调,对自然界的思维考察,必须确认自然界本身是何以变成精神的,确认自然界本身在每一个阶段为何都存在着理念。自然界从理念外化出来,被知性当作任意处置的尸体,然而自然界本身并不是僵死的,即使是僵硬冰冷的石头也会呼喊起来,使自己跃升为精神。黑格尔在此将批判的矛头直接指向机械论自然观,要求彻底扬弃精神与自然界的分裂,视自然界本身为活生生的精神或理念。

> 神圣的理念恰恰在于自己决然将这种他物从自身置于自身之外,又使之回到自身之内,以便自己作为主观性和精神而存在。自然哲学本身属于这条回归的道路,因为正是自然哲学扬弃了自然和精神的分离,使精神能认识自己在自然内的本质。这就是自然界在整体中所占的地位;自然界的规定性是这样的:理念自己规定自己,即设定自身内的区别,设定一个他物,不过设定的方法却是将它的整个丰富内容分给他在,而它在其不可分割性中则是无限的善。①

黑格尔明确地告诉人们,绝对理念外化为自然界,就把自身的丰富性分给了自然界,把自己的善分给了自然界,把自己的精神分给了自然界。自然界由此化身为精神,精神由此有了自己的物质形态。自然界的本质是绝对精神,于是绝对精神必然在自然界中并通过自然界而显现出来。反之,绝对精神是自然界,表明自然界在绝对精神之中并通过

---

① [德] 黑格尔:《自然哲学》,梁志学译,商务印书馆1980年版,第20页。

第五章 人对自然界的当代身份

绝对精神将自己的本质呈现出来。绝对精神与自然界只有完成这种本质统一，世界才能够走向无限的善。如果将自然界视为纯粹的机器，视为死一般的物，即视为没有生命的僵尸，从而制造精神与自然界的分裂，那无疑是一种大恶。

马克思继承了黑格尔的辩证法思想，把黑格尔绝对精神对自然界的本质关系，转换为人与自然界的本质关系，因为在黑格尔那里，精神本身指认的就是人的理性，指认的就是人本身。马克思首先确认，人是一个对象性存在物，必然把现实自然界作为表现他自身本质的对象。"说人是肉体的、有自然力的、有生命的、现实的、感性的、对象性的存在物，这就等于说，人有现实的、感性的对象作为自己本质的即自己生命表现的对象；或者说，人只有凭借现实的、感性的对象才能表现自己的生命。"① 马克思非常重视人的这一对象性本性，认为这是讨论人与自然界本质关系的基础，没有这一基础，即人失去了对象性的本性，人就会沦落为非存在物，亦无法澄明人与自然界的本质关系。"一个存在物如果在自身之外没有自己的自然界，就不是自然存在物，就不参加自然界的生活。一个存在物如果在自身之外没有对象，就不是对象性的存在物。……非对象性的存在物是非存在物。"② 在马克思的视域里，任何一个对象性存在物的对象性都是双重的，即某对象物在把其他存在物当作自己的对象物而表现自己时，同时自己亦是对方的对象物，成为表现对方本质的存在物。马克思说："太阳是植物的对象，是植物所不可缺少的、确证它的生命的对象，正像植物是太阳的对象，是太阳的唤醒生命的力量的表现，是太阳的对象性的本质力量的表现一样。"③ 由此我们知道，人作为对象性存在物不仅是要把自己的本质对象化到对象物中，同时还必然把对象物的本质力量内化到自身当中，即人把自然界当作对象物并进行对象化的同时，自然界亦把人当作它的对象性存在，并对人进行对象化。如果说人的对象化是人的主动方面，那

---

① ［德］马克思：《1844 年经济学哲学手稿》，人民出版社 2000 年版，第 105—106 页。
② ［德］马克思：《1844 年经济学哲学手稿》，第 106 页。
③ ［德］马克思：《1844 年经济学哲学手稿》，第 106 页。

么，人被自然界对象化则是人的被动方面。"说一个东西是感性的，是说它是受动的。"① 人是主动性与受动性的统一，只要人有一个可对象化的对象物，这个对象物就会把人作为它的对象。

人作为对象性的存在物首先有能力将自身的本质力量对象化到自然界之中，使自然界成为人的自然界，成为人的作品和人的现实。"这种生产是人的能动的类生活。通过这种生产，自然界才表现为他的作品和他的现实。因此，劳动的对象是人的类生活的对象化：人不仅像在意识中那样在精神上使自己二重化，而且能动地、现实地使自己二重化，从而在他所创造的世界中直观自身。"② 正是人通过劳动将自己的本质力量对象化给自然界，必然使自然界成为人自身，即化身为人的对象性存在物。"随着对象性的现实在社会中对人来说到处成为人的本质力量的现实，成为人的现实，因而成为人自己的本质力量的现实，一切对象对他来说也就成为他自身的对象化，成为确证和实现他的个性的对象，成为他的对象，这就是说，对象成为他自身。"③ 当自然界成为对象性的人、成为人本身，即自然成为人的一面镜子的时候，人才能够通过自然界这面镜子反观自照自己，从自然界本身当中直观自我形象。在马克思那里，人作为对象性存在物，不仅能够把自己的本质对象化给自然界，还能够把自然界的本质内化为自我意识，使自己成为表现自然界本质的对象。"对象性的存在物进行对象性活动，如果它的本质规定中不包含对象性的东西，它就不进行对象性活动。它所以只创造或设定对象，因为它是被对象设定的，因为它本来就是自然界。"④ 人在创造自然界的时候，如果不把自然界的内在本性或内在规律内化为自我意识，成为人本质力量的一部分，那么人对自然界的创造就是盲目的，就是权力意志的任意性和胡作非为性。当今世界生态危机的出现，就是现代人过分注重人本质力量的对象化，完全忽视了自然界本

---

① ［德］马克思：《1844年经济学哲学手稿》，人民出版社2000年版，第107页。
② ［德］马克思：《1844年经济学哲学手稿》，第58页。
③ ［德］马克思：《1844年经济学哲学手稿》，第86页。
④ ［德］马克思：《1844年经济学哲学手稿》，第105页。

第五章 人对自然界的当代身份

质力量对人的对象化。所谓人本来是自然界,指认的是人把自然界的本质力量对象化给自身,人成为自然界本质力量和自然界存在的代表和象征。人只有成为自然界的代表并代表自然界存在,人对自然界的对象性活动才是合理的,才是有着自然界本身内在规律根据的。

马克思关于人的对象化思想并不是一种纯粹的主观想象,而是建立在改造自然界的实践活动基础上的,自然界的人化过程和人的自然化过程是在人的劳动过程中发生和完成的,在劳动过程中实现了自然界的人化和人的自然化的统一。自然界的人化,即人的本质进入自然界,这说明人内在于自然世界之中,自然世界就是人本质的呈现,现实自然界是人的形象的表征。自然界的美丽说明人性善,自然界的丑陋表明人性恶。人的自然化,即人把自然界的本质力量内化为自我意识,说明自然世界内在于人之中,人成为自然界本质力量的象征,人应当代表自然界并表征自然界。由此可见,人与自然界是相互渗透、相互融合、共为一体的。人与自然界共为一体的存在,人在自然界之中存在和自然界在人之中存在,才是人在宇宙中的合理位置。

当代存在主义哲学大师海德格尔在批判西方哲学二元对立的形而上学基础上,提出了一个重要思想,即人的本质是在世界之中存在,人与存在共属一体。"此在本质上就包括:存在在世界之中。"[1] 海德格尔所谓的"此在"指认的是人,人作为"此在"是"去存在",即绽出自身到"世界之中存在"。所谓人到"世界之中存在",并不是将人置于另一个更为广阔的实体空间中,并被这个广阔的实体所规定,就像水置于杯子中,衣服置于柜子中那样,而是融入这个广阔的世界之中,与整个世界浑然一体的存在。"某个'在世界之内的'存在者在世界之中,或说这个存在者在世,就是说,它能够领会到自己在它的'天命'中已经同那些在它自己的世界之内向它照面的存在者的存在缚在一起

---

[1] [德]海德格尔:《存在与时间》,陈嘉映、王庆节译,生活·读书·新知三联书店2006年版,第16页。

了。"① 在海德格尔看来，并不存在一个脱离世界的人的存在，也不存在一个与人绝缘的所谓世界，人与世界总是共在的。如果把"世界"理解为人存在的周围环境，人生存并活动在这个环境之中，就像所有动物活动在这个环境之中一样，那么"世界"就消失不在了。在《人道主义书信》中，海德格尔进一步强调，"在世界之中"就是在"存在"之中，并提出人是"绽出之生存"，即绽出到"存在"之中生存，人在其最为本己的本质之中向着存在而在场的方式，就是绽出地把自身内置于"存在"的真理之中，用"存在"之光照亮自己的存在并在"存在"之光中发现自己的真实存在。"存在"是人的居所，是人找到、确认自己本真性之家，人只有居住在"存在"之家中，才能够发现自己的真实面目。海德格尔后期强调这一思想：存在是天、地、神、人共舞，即天、地、神、人共属一体，从而进一步表明人与整个世界的不可分割性。"大地和天空、诸神和终有一死者，这四方从自身而来统一起来，出于统一的四重奏的纯一性而共属一体。四方中的每一方都以它自己的方式映射着其余三方的现身本质。同时，每一方又都以它自己的方式映射着自身，进入它在四方的纯一性之内的本己之中。"② 海德格尔批评近代形而上学思想，从"我思"出发确认人的本质，确认整个世界为"我思"的对象和客体，从而割裂了人与世界的统一性，使人与世界成为二元对立的存在，结果产生了现代人对"存在"的遮蔽和遗忘，不懂得人之为人的存在根本矗立在哪里，导致现代人处于无家可归的状态。

黑格尔、马克思和海德格尔都反对人与自然的分裂与对立，强调人与自然的统一性和同一性，从本体论上表明，人与自然界是不可分割的整体。所谓人与自然是不可分割的整体，或者说思维即是存在，存在即是思维，以及此在与存在共在，无非表明人在自然世界之中，自然世界在人之中。也就是说，人在自然世界之中的这一位置定位是有着理

---

① ［德］海德格尔：《存在与时间》，陈嘉映、王庆节译，生活·读书·新知三联书店2006年版，第65—66页。

② 孙周兴编：《海德格尔选集》（下），上海三联书店1996年版，第1179—1180页。

论根源和理论依据的，它比人在自然世界之下，或人在自然世界之上的位置定位显得更加合理。更为重要的是，人在自然世界之中的位置定位，也是人类历史发展的必然选择和必然趋势。古代人臣服于自然界和现代人征服自然界的现实告诫我们，人不可能是自然界的臣民，人也不可能成为自然界的主人，人与自然的分裂不该是人类对待自然界的应有态度，也不该是人类持有的世界观。人类只有老老实实地承认，人在自然世界之中，才是人在宇宙中的合理位置和应当位置。人类只有选择了在宇宙中的合理而正当的位置，才能够合理而正当地确认自己的身份，合理而正当地对待自然界和改造自然界。

二 人与自然的对立统一

人在自然世界中的合理位置是人内在于自然世界之中，自然世界也内在于人之中，人与自然世界共在。但是，人与自然世界的这种本质融合统一，不能理解为将人还原为自然物的存在，也不能理解为人与自然的绝对同一，人与自然存在没有任何本质区别。进而言之，人与自然界的本质统一与同一，不能理解为对人与自然对立关系的否认和取消。黑格尔就曾批评过谢林的人与自然、主体与客体毫无差别的绝对同一观点，认为谢林把人与自然无差别关系、主体与客体无差别关系投入空虚的无底深渊，"就像人们通常所说的一切牛在黑夜里都是黑的那样的黑夜一样"①。在黑格尔看来，在纯粹的黑夜之中就像在纯粹的光明之中一样，什么也看不见，不是黑夜与光明是一个东西，而是黑夜中包含着光明，光明中包含着黑夜，二者是对立统一的。也就是说，一切统一与同一都是对立中的统一与同一，都是包含着对立与其自身之内的统一与同一；统一与同一是由对立发展而来，有对立才有统一与同一。"精神生活之所以异于自然生活，特别是异于禽兽的生活，即在其不停

---

① ［德］黑格尔：《精神现象学》（上卷），贺麟、王玖兴译，商务印书馆1979年版，第10页。

留在它的自在存在的阶段，而力求达到自为存在。但这种分裂境地，同样也须加以扬弃，而精神总是要通过自力返回到它原来的统一。"① 根据黑格尔的这一思想我们可以说，人与自然在本质上融合为一个整体，是包含着人与自然的对立于其中的，是从人与自然对立中发展而来的人与自然的统一和同一。

近现代哲学所强调的人与自然对立、所强调的人本主义价值观，虽然割裂了人与自然的统一关系并导致不可估量的消极后果，但从某种意义上说，它也具有一定的积极价值。这种积极价值就在于，人与自然对立性，表达着从自然界中超拔出来而成为与自然万物不同的存在，即人从自在存在走向自为存在，超越自身的纯粹自然性存在而与动物揖手相别，脱离野蛮而走向文明。就像康德所认为的那样，人通过为自身立法而成为道德存在物，就使人从动物世界的"自然王国"走向人之为人存在的"自由王国"。人类锲而不舍地追求的终极目标之一是自身对自然的解放和自由，但这种解放和自由的前提是：人首先要从与自然混沌不分的存在中将自己与自然万物区分开来，获得自身的独立性和主体的觉悟性，意识到自己是人而不是动物，不能像动物那样恃强凌弱。在人性与兽性对立的基础上，人再次走向与自然的统一和同一，即人超越动物性的弱肉强食的生存竞争法则，而将自己视为与自然界本质统一的存在。如此，人才能够最终完成自身在自然面前的自由和解放。也就是说，人与自然原初的混沌不分的存在，代表自我意识尚未觉醒的原始存在和自在存在，而人将自身与自然万物区别开来，就意味着对原始混沌不分的否定，走向人与自然界的对立。由此表明人不是动物，人要追求人之为人的存在。虽然人与自然界走向对立，标志着人的某种进步和文明，标志着人类自我意识的生成和觉醒。但近现代启蒙哲学却把这一进步和文明误认为是终极目标的实现，结果导致现代人对自然的狂妄和征服。从这一意义上讲，人类还必须克服与自然的对立而走向与自然的统一和同一，人与自然达成这种新的、至

---

① [德]黑格尔：《小逻辑》，贺麟译，商务印书馆1980年版，第89页。

高、至圣的同一境界，才是人的最终解放和自由。黑格尔说："自由的真义在于没有绝对的外物与我对立。"① 人的解放和自由既不是对自然的屈从和敬畏，也不是对自然的征服和统治，而是人与自然的对立统一。因此，人与自然的本质融合统一，并不否认人与自然的区别性和对立性，而是更加强调人与自然的本质融合统一是在人与自然对立基础上的融合统一。人只有与自然对立，才能达成与自然的统一。人与自然既对立又统一，在对立的基础上形成本质一体，才是人的真正存在形态，才是人对自身在自然世界中位置的恰当定位。

在这里我们必须澄清两个问题：一是人与自然的整体关系，即人与自然有着一种什么样的整体关系才是合理的；二是人与自然关系的含义，由于自然概念的含义是多义的，因此，必须阐明人与自然怎样对立，又怎样统一。

从哲学形而上学这一向度上看，人与自然的整体关系有两种基本形态：一是"一与多"的整体关系，另一是对立统一的整体关系。一与多的整体关系是说，"一"作为整体是由"多"构成的；对立统一的整体关系是说，"一"作为整体是由完全对立的双方构成的。从哲学史发展过程来看，人与自然关系的对立统一关系模式逐渐取代了一与多的关系模式而成为主导。关于一与多的整体关系，在古希腊人那里就进入了哲学关切的视野，并成为古希腊哲学的本质所在。古希腊哲学是宇宙本体论，在这种哲学看来，万事万物作为"多"并不是真实的存在，而是作为宇宙本体所产生的现象存在。宇宙本体才是真实存在，是万事万物产生的原因，又是万事万物存在的终极目的。万事万物从本体中产生出来，而最终又复归于本体。万事万物的本体是万事万物的统一体，其只能为"一"，而不能为"多"。泰勒斯的水，阿那克西曼德的无定，阿那克西美尼的气，赫拉克利特的火，毕达哥拉斯的数，巴门尼德的存在，柏拉图的理念，亚里士多德的实体，斯多葛学派的自然，它们作为本体都是"一"。古希腊哲人的宇宙本体作为众多事物的

---

① [德]黑格尔：《小逻辑》，贺麟译，商务印书馆1980年版，第115页。

统一体只能为"一","一"统帅众多,并且"一"是真实的,而作为由本体产生出来的众多事物则仅仅是对"一"的显现,并且最终复归为一。古希腊哲学本体论确认本体为一,现象为多,一与多由此构成了整个宇宙的存在。在古希腊人的视域里,人与众多事物根本没有什么两样,都是有死者,都必然被本体所支配、被本体所主宰。人是自然的一部分,人归属于自然,人要顺应自然而生活,成为古希腊人的基本观念。

人类历史的脚步在迈入近现代门槛之后,关于人与自然整体关系的哲学观念发生了一个根本转向,一与多的整体关系模式让位于对立统一的整体关系模式。近代哲学创始人笛卡尔首先开创了二元论哲学,认为这个世界上仅仅存在着两个实体,一是物质实体,另一是精神实体,物质实体与精神实体是各自独立、相互平行的。斯宾诺莎反对笛卡尔的两个实体说,认为整个世界只是一个实体,物质和精神仅仅是这个实体的两个属性。笛卡尔将这个世界分为两个方面,即精神与物质的对立,斯宾诺莎则完成了精神与物质的对立统一,即作为"一"的这个宇宙实体便不再由"多"所构成,而转化为由物质和精神这两个对立的属性所构成,尽管这两个属性在斯宾诺莎这里仍然是互不影响而平行的存在。德国古典哲学大师黑格尔进一步深化和完善了这种对立统一的思想,他认为整个世界作为一个整体就是绝对精神,而这一绝对精神则是由思维和存在、精神与自然界、主体与实体的对立所构成。思维不同于存在,存在也不同于思维;精神不是自然界,自然界亦不是精神,主体不同于实体,实体亦不同于主体。但是,思维又是存在,存在又是思维;精神是自然界,自然界也是精神,主体是实体,实体亦是主体。因为思维离不开存在,存在也离不开思维,思维靠存在映现自己,存在靠思维反映自身。因此思维是对象性的存在,存在是对象性的思维。精神与自然界,主体与实体也都是如此的逻辑关系。当然,在黑格尔这里,思维和存在、精神与自然界、主体与实体并不是相互平行、互不干涉的二元存在,而是相互影响、相互作用和相互制约的一元存在。正是思维与存在、精神与自然界、主体与实体的相互影响、相互作用和相互制约才构成了它们的统一和完成了它们的统一。在黑格尔看来，统一的"一"是由完全对立的双方所构成，统一中包含着对立，对立中包含着统一，由此就彻底消解了笛卡尔的本体二元论和斯宾诺莎的属性二元论。黑格尔在其构建的整个哲学体系中就是遵循这种对立统一原则，由一个对立统一整体进入另一个对立统一整体，最终走向"绝对精神"这一代表整个世界之真理的绝对整体。黑格尔确信，只有从整体出发，即从对立统一出发，才能获得有关这个世界的真理。

古希腊哲人所构建的一与多的整体关系模式，在当代环境伦理学中的表现形态为生态整体主义。生态整体主义学派创始人利奥波德将整个地球视为一个统一的整体，并称其为"大地共同体"，认为人和其他存在物，如高山、土壤、水、植物、动物同属于大地共同体的成员。由此可以清晰地看到，大地共同体属于"一"，而包括人在内的其他成员则属于"多"，大地共同体与其成员属于一与多的关系。利奥波德表明，人类最初的伦理观念是仅仅处理人与人之间的关系，迄今为止依然没有一种处理人与大地共同体、人与在大地之上生长的动植物之间的伦理。由此利奥波德主张，人类应该把伦理共同体的范围扩大到大地共同体，使伦理共同体与大地共同体一致起来，使人类由大地的统治者变为大地共同体的一个普通公民。正是人化为大地共同体的一个普通公民，决定了人必须尊重大地共同体以及大地共同体中的其他成员。"土地伦理是要把人类在共同体中以征服者的面目出现的角色，变成这一共同体中平等的一员和公民，它暗含着对每个成员的尊重，也包括对这个共同体本身的尊重。"[①] 人类之所以需要尊重大地共同体，是因为大地共同体本身拥有最高的价值，即大地共同体的存在价值高于个体的价值，伦理上的善恶只能以个体对共同体的贡献为准则，个体的价值要在与整体的关系中得到评价。"当一个事物有助于保护生物共同体的和谐、稳定和美丽的时候，它就是正确的，当它走向反面时，就是错误的。"[②] 生态整体主义伦理观通过确认人是自然世界的一部分

[①] ［美］利奥波德：《沙乡年鉴》，侯文惠译，吉林人民出版社1997年版，第194页。
[②] ［美］利奥波德：《沙乡年鉴》，侯文惠译，第213页。

而强调人对自然界的依存性，从没有自然界的存在就没有人的存在的逻辑出发引申出人作为个体对大地共同体的道德义务。可是，当生态整体主义伦理观运用生态学自然科学知识阐释人与自然整体关系的问题时，就导致了其思想体系的内在紧张和矛盾。在利奥波德所构建的人与自然的整体关系模式中，人仅仅是众多存在物中的一个一般存在物，与其他自然存在物相比并不拥有特别重要的地位和价值。从自然生态整体这一向度看，人甚至是一个可有可无的存在物，人的存在的缺失并不影响生态整体的存在，就像现实自然生态系统在人存在之前便已经存在了，在人消亡之后其照样会存在下去一样。从这一意义上讲，在"一与多"的整体模式中人并不是绝对的存在，人对自然的关系不具有任何绝对的意义和价值。如果人与自然的关系是可有可无的，人对自然的关系处于飘忽不定的状态，就无法言及人与自然关系的真实性。在人与自然一与多的整体关系模式中，生态整体始终优先于自然个体而存在，生态整体始终规定着自然个体的存在。在这种逻辑关系中，生态整体对自然个体拥有霸权并宰制着个体的存在，其结果必然形成一对多、整体对个体的殖民化。难怪个体主义生态伦理观指责生态整体主义自然观为环境法西斯主义。也就是说，只要在一与多整体模式中建构人与自然的关系，就摆脱不了这一梦魇：人的价值的自我贬值和生态整体对人的吞没和奴役。

正是生态整体主义所构建的人与自然的一与多伦理关系所面临的困境，致使人与自然对立统一关系模式的价值得以凸显。在人与自然对立统一关系模式中，人与自然首先是对立的，即人本身不是自然，自然本身不是人，人与自然是有着本质区别的存在。人与自然的这种对立并不完全是消极的，这种对立表达着人从生物学存在超拔出来而成为人之为人的存在，或者说人以人的名誉宣告，人的存在与自然物的存在根本不同，人在自然世界中有着了不起的地位和价值。人之为人的存在，首先意味着人的自我意识的觉醒和独立，人在自然面前的解放和自由。如果人将自己等同于自然存在物，这反而表明人尚未形成独立的自我意识，尚未将自己当作人来看待，尚未脱离野蛮而走向文明。

❖ 第五章 人对自然界的当代身份 ❖

我们经常把那些残酷虐待自己同胞的人、对自己同胞野蛮的人称为畜生，就表明人不同于动物，人是文明和道德的存在。当然，人在自然世界中有其独特的地位与价值，并不是说人就可以由此对自然万物称王称霸，人对自然拥有绝对的支配权力，因为人与自然对立还内在地蕴含着人与自然的平等性。人与自然的对立属于根本性的对立，由此决定了人与自然的关系必然是平等的关系。人与自然是平等的存在，也就决定了人必须尊重自然，关爱自然万物。人的解放和自由不是在征服自然当中实现的，而是在与自然和谐共生中实现的。

人与自然不仅现实地对立着，还通过相互作用和相互制约维系着统一。所谓人与自然的统一是说人与自然在本质上融合为一个整体，自然世界在人之中，人在自然世界之中，他们就像一枚硬币的两面不可分离，共同构成了这个世界的本质性存在。人与自然的统一性，首先表现为人与自然相互依存，没有自然界的存在就没人的存在，没有人的存在同样也没有自然界的存在。没有自然界的存在就没人的存在，这属于经验性常识，人人几乎都能理解和明白。但是没有人的存在就没有自然界的存在，却是哲学形而上学命题，并不见得人人都能理解和明白。所谓没有人的存在就没有自然界的存在，是说离开了人，自然界的存在就没有任何意义和价值，甚至根本无从知晓是否有自然界的存在。虽然自然科学常识告诉我们，在人产生之前自然界就已经存在了，但哲学知识也使我们懂得，没有人的存在，没有人的思维，就根本无从知晓在人之前是否有自然界的存在。自然界的一切存在都依赖于人而得到解释和澄明。其次，人与自然的统一性还表现为对立双方各自蕴含着对方的本质，潜在的就是对方。用黑格尔的话说，自然界是自我异化的精神，精神则是自我异化的自然界。在马克思那里便是，"如果自然是一个社会的范畴，那么社会同时是一个社会的范畴，这个逆命题也是正确的"①。就像有与无的对立统一那样，有本身不是无，无本身不是有；但有离不开无，没有无就没有有，同样无也离不开有，没

---

① [德] A.施密特：《马克思的自然概念》，欧力同等译，商务印书馆1988年版，第67页。

有有也就没有无；因而有本身潜在的就是无，无本身潜在的就是有。最后，人与自然的统一性还意味着人与自然是相互影响和相互制约的。马克思说：

> 人对自然以及个人之间历史地形成的关系，都遇到前一代传给后一代的大量生产力、资金和环境，尽管一方面这些生产力、资金和环境为新的一代所改变，但另一方面，它们也预先规定新的一代本身的生活条件，使它得到一定的发展和具有特殊的性质。由此可见，这种观点表明：人创造环境，同样，环境也创造人。①

虽然马克思的"环境"概念不见得完全指认的是自然环境，但包含着自然环境却是确定无疑的。

人与自然的对立统一是人在自然世界中的一种合理存在关系，它既保持了人对自然万物的根本区别和独特价值，又维护了人对自然的统一性，人与自然的内在一致性。由于自然概念的多义性，需要在此阐述清楚的是，人与自然对立统一中自然的含义是什么？即人与什么样的自然对立，人与什么样的自然统一。人与自然对立中的"自然"，其含义是指自然万物的自然（自然界）和自然万物生存本性的自然。人与这样的自然对立，表明人的存在法则更多的是受人性所支配，而不是受物性所支配。人与自然统一中的自然，其含义包括两个方面：一是指自然本身运行的生态法则和生态规律，相当于古希腊人的让万物涌现的自然；另一是指自然界。人与自然统一性的合理表述应当是：人把自然本身运行的生态法则内化为自我意识，成为自然化的人，然后按照自身的这一本质加工改造自然界，把自身的这一本质对象化给自然界，使自然界成为真正的人的自然界。我曾经多次表明，要把自然概念与自然界概念区别开来，自然不等于是自然界，自然界也不等于自然。

---

① 《马克思恩格斯选集》（第1卷），人民出版社1995年版，第92页。

❖ 第五章 人对自然界的当代身份 ❖

　　自然是指古希腊的涌现或本性，自然界则是自然概念的现代性含义，表示人生活于其中的物质世界、自然物的总和。自然和自然界二者的关系是：自然是使自然界和自然物应该如此显现自身的根源，是使事物成为该事物的内在依据。自然蕴含在自然界之中并通过自然界表现出来，自然界则被自然所规定，并依据自然而生成和变化；自然是自然界和自然物的内在本性，自然界和自然物则是自然的外部显现；自然离开自然界和自然物无所栖身，自然界和自然物缺乏自然也就丧失了自身的规定性。[①]

　　将自然和自然界区分开来，人对自然世界便产生两种基本关系：一是人与自然的关系，另一是人与自然界的关系。人与自然的关系是人与自然的本性、本质的关系，是自然的是其所是和人的是其所是的关系。人和自然相遇，人被自然化而成为尊重自然的人，人便涌现出获得自己在自然界面前的本真存在。人与自然界的关系是一种直接的物质关系，是人利用和使用自然物的关系。人与自然界的关系实际上表明人与自然万物的根本不同，即人从自然界中超越出来而成为人之为人的存在。自然万物仅仅是遵循"生物法则"参与自然界中的弱肉强食、适者生存的斗争，而人则遵循"生态法则"参与自然界让万物涌现的活动，人不仅让自己存在，亦让自然万物和谐存在。人在让自然万物生存和涌现中获得自己的美德和人性，而在毁灭自然万物生存中曝光自己的丑恶和非人性。人与自然的关系是人与自然世界的内在关系，它要确定的是人在自然世界中的真实位置，规定人类的本真自我。人与自然界的关系是人与自然世界的外在关系，它属于物质属性的关系，这种关系主要满足人的物质需要和解决人类的生存问题。人类生活在自然世界之中，不得不进行改造自然界的实践活动。人类加工改造自然界的实践活动，一方面是变自然之物为为我之物，以满足自己不断增长的物质需要；另一方面是面对自然世界对自己"是什么人"做出

[①] 曹孟勤：《自然与自然界》，《自然辩证法研究》2005 年第 4 期。

回答。这就是马克思所说的"通过实践创造对象世界,改造无机界,人证明自己是有意识的类存在物"的真实含义。人在改造自然界的实践活动中追求的目的不同,自然世界对人的意义和与人的关系也就不同。为了维护人类的生存,实现人之肉体存在目的,由此便产生了人与自然界的关系,人利用自然物的关系。为了达成人之为人的存在目的,由此产生了人与自然的关系,产生了怎样利用自然界才具有道德合理性的问题。有了自然与自然界的区分,有了人与自然关系和人与自然界关系的建构,人在何种意义上归属于自然的问题便得到了合理解决。人作为人只能归属于自然(非自然而然),作为物种却可以归属于自然界。但是,人之为人的存在却是人在怎样对待自然界的过程中实现的,如果以自然万物涌现出的自然法则对待自然界和改造自然界,人之为人就得以存在。如果利用生物法则即弱肉强食法则对待自然万物,那么人只能沉沦于自然界。

三 人是自然界的看护者

人在宇宙中的位置决定着人对自然界的身份,古代人将自然世界凌驾于人之上,形成了对自然世界的臣民身份;现代人则将自身凌驾于自然世界之上,产生了对自然界征服者的身份,人是自然界之主人的身份。生态文明世界观则把人置于自然世界之中,人既不在自然世界之下,也不在自然世界之上,而是与自然世界彼此不可分割的共在。由此所形成的当代身份必然是:人是自然界的看护者。人在自然世界之中的存在是人的一种本体论存在,是人确认自己在自然世界面前合理身份的最根本的根据。人在宇宙中有自己的位置,自人类诞生以来,各时代的人们都试图理解和把握自己在宇宙中的位置,以求给予人类对自然界的行为一个准确的定位。只不过是前人的这种理解和把握对所在时代来说具有一定的合理性,但从根本上说将人摆置在自然世界之下或之上,都是不尽合理的,因为其都是"主奴关系"的体现。唯有

第五章 人对自然界的当代身份

人在自然世界之中，人与自然和谐、平等、共生，才能够保证人与自然各得其所，达到双赢的结果。

人在自然世界之中，自然世界也必然在人之中，人与自然界共属一体，由此形成了自然界就是人本身，人本身就是自然界中的人与自然同一存在态势。既然自然界就是人本身，人本身就是自然界；人依靠自然界映现自己，自然界依靠人映现自身，那么，人必然就应像爱惜自己的眼睛那样爱惜自然界，像珍惜自己的生命那样珍惜自然界，像守护自己的存在那样守护自然界。人与自然成为一个不可分割的整体，守护自然界的存在，就成为当代人的必然选择，成为当代人存在的内在必然性，即成为当代人不可或缺的身份和不可替代的自我形象。"在文明发展的早期，对环境的征服、对资源的开发利用以及较高的生育率是人类生存下去所必需的。不过，随着人类社会越来越拥挤、资源需求越来越大、技术越来越复杂，各种各样限制的产生促使人们转变为看守的角色，以不至于破坏我们的生命支持场所。"[①] 人被抛到这个世界上生活与存在，他只要将自己摆置于自然世界之中，承认自己与自然界本质上共属一体，看护自然界就是人不可逃避的命运，是人必须拥有的自我意识。进而言之，人经历了与自然界对立的漫长痛苦历程并最终认识到，人的真正存在和人的真实身份是看护自然界，而不是臣服于自然界，或者征服自然界。由于人与自然界共属一体，人即自然、自然即人，看护自然界亦是看护人本身，看护人本身亦需要看护自然界，看护自然界与看护人自身是统一的。

海德格尔在《人道主义书信》中批判了人道主义以割裂人与存在关系的方式寻求人本质的做法，并通过论证人与存在共在，提出了"人是存在看护者"的命题。海德格尔从存在出发研究人本质的这一理路，为确认人是自然界的看护者提供了理论资源。海德格尔首先确认，近现代所形成的以人为本的人道主义实际上是一种形而上学，这种形而上学的人道主义在寻求人的本质或人之人性时，总是从人自身出发，

---

① [美]奥德姆、巴雷特：《生态学基础》，陆健健等译，高等教育出版社2009年版，第415页。

将人自身的某种不同于自然存在物的特征规定为人的本质，如人是理性存在物，人是社会存在物等。海德格尔对此提出批评道：

> 当我们把人而且只要我们把人当作在其他生物中间的一员而与植物、动物和上帝划清界限时，究竟我们是不是走在通向人之本质的正确道路上呢？我们可以这样做，我们可以用这种方式把存在者范围内的人设定为其他存在者中间的一员。这样做时，我们总是能够关于人说出某种正确的东西。但是，我们也必须清楚，当我们这样做时，人终究还是落入了动物性之本质领域，即使我们没有把人与动物等同起来，而是判定人有某种特殊的差异，也依然如此。①

这就是说，人道主义从人本身寻求人性的这种方式割裂了人与外部世界的存在关系，对人在世界中存在本身产生了遗忘，根本没有走在通达人之本质的正确道路上，并没有向真正人性的方面去思，也没有真正寻求到或思到人之人性。人道主义对人本身的规定虽然努力试图将人与动物区别开来，但是这种规定却导致人在世界之中迷失了存在的方向，没有将人在世界中存在作为人之本质生成的根据，结果使人处于无家可归的状态。由此海德格尔强调，要想克服人道主义迷雾，真正寻求到人之本质或人之人性，人就必须绽出自身向着"存在"而生存，并用在世界之中存在澄明自己的本质。"人唯在其本质中才成其本质，人在其本质中为存在所要求。唯从这种要求中，人才'已经'发现了他的本质居于何处。……这种在存在之澄明中的站立，我称之为人的绽出之生存。"② 人的本质或人之人性就内在地居住于存在之中，存在才是人性的最终来源和最终根据，存在才是人之人性的根本居所和家，唯有"从存在本身来规定的人之本质才有在家之感"③。当人内在于"存在"之中，与"存在"融为一个整体并用"存在"照亮自身

---

① ［德］海德格尔：《路标》，孙周兴译，商务印书馆2000年版，第379页。
② ［德］海德格尔：《路标》，孙周兴译，第379—380页。
③ ［德］海德格尔：《路标》，孙周兴译，第408页。

而澄明自己的本质时，人就必然成为存在的守护者，并守护存在之真理。也就是说，人根本不是存在者的主人，人只是存在的看护者，因为"存在居有着作为绽出地生存者的人，使得人进入存在之真理而看护存在之真理"①。由此可以看出海德格尔的运思逻辑，人绽出自身而到存在之中生存，决定了人的存在命运，那就是人对存在之真理看护的必然性，人是存在看护者的必然性。人正是在守护存在之真理中完成人的本真性存在的。

海德格尔所谓的"存在"，在海德格尔的后期思想中，实际上就是天、地、神、人共舞，共属一体的"世界"。人绽出之生存到存在中，才形成了天、地、神、人四方共属一体的世界。"天、地、神、人之纯一性的居有着的映射游戏，我们称之为世界。"② 其中，"大地承受筑造，滋养果实，蕴藏着水流和岩石，庇护着植物和动物。""天空是日月运行，群星闪烁，是周而复始的季节，是昼之光明和隐晦，夜之暗沉和启明，是节日的温寒，是白云的飘忽和天穹的湛蓝深远。""诸神是神性之暗示着的使者。从对神性的隐而不显的运作中，神显现而成其本质。神由此与在场者同伍。"③ 在海德格尔这里，天和地代表着自然世界，神则是自然世界运行的法则。人与天、地、神共舞而共属一体，意味着人与自然世界融合为一体，没有脱离人的自然世界，也没有脱离自然世界的人的存在。由此合乎逻辑的结论必然是：人是存在的看护者。人是存在的看护者，隐喻着人是自然世界守护者的意蕴。人在对自然世界的守护中，自然物不再是资源，物成其为物自身；自然世界也不再是认识和把捉的对象，自然世界成其为自身；在物成其为物自身、自然世界成其为自身之中，人才成其为人，获得了自身存在的真正本质。

人在自然世界之中的本体性存在，决定了人是自然界的看护者，人必须看护自然界的存在，让自然界和谐美丽。人对自然界具有什么样

---

① ［德］海德格尔：《路标》，孙周兴译，商务印书馆2000年版，第407页。
② 孙周兴编：《海德格尔选集》（下），上海三联书店1996年版，第1180页。
③ 孙周兴编：《海德格尔选集》（下），第1178—1179页。

的身份，就会对自然界形成什么样的道德态度和道德行为。如果说自然中心论所确立的是敬畏自然的道德态度和不敢有所作为的行为方式，人类中心论确立的是征服自然的道德态度和胡作非为的行为方式，那么，看护自然界的身份必然会使人产生尊重自然的道德态度和保护自然的道德行为，对自然界既要有所作为，又要避免胡作非为。关于尊重自然的道德态度，美国学者保罗·沃伦·泰勒对此做过深入研究，他提出了尊重自然的环境伦理学，并认为对自然的尊重是环境伦理的基本精神所在。泰勒所谓尊重自然的态度，就是尊重自然生命本身所具有的善和固定价值，尊重自然生命按照自己存在目的确定的存在方式和生活方式，任其自然而不去干涉干扰它们。

> 只有当人们出于对野生动物的善的考虑和关怀行动或不关怀行动时，他们才真正表现出了对自然的尊重。不是出于这种动机但对野生动物有同样效果的行动或不行动则没有体现出这种尊重。要在实际生活中表达自己对自然的尊重，人们的意图和目标必须是本着不妨碍和伤害自然生态系统中的动植物，并为了它们本身而保护它们的野生地位。①

泰勒所提出的尊重自然的态度，是从人与人之间伦理的基本精神，即人对他人的尊重而来；对自然尊重的态度与对人尊重的态度具有对称性。泰勒认为，对人尊重的基本精神就是尊重人本身所固有的人格，尊重人自我选择、自我决定自己生活方式的自主性和主体性，允许人们追求自己所理解的善，不干涉他人追求自己的价值，除非他人侵犯了别人的自主权。与此相应，尊重自然的态度，也就是尊重自然生命的自主性，允许自然生命按照自己的存在方式去存在和生活。在尊重自然态度的基础上，泰勒确证了环境伦理的行为准则："当行为和品质特点表达或体现了某种我称之为尊重自然的终极态度时，这种行为就是

---

① ［美］保罗·沃伦·泰勒：《尊重自然：一种环境伦理学理论》，雷毅等译，首都师范大学出版社2010年版，第52页。

正确的，这种品质特点在道德上就是好的。"①

泰勒的尊重自然的态度是从自然生命本身是一种善，自然生命本身具有固有价值引出人对自然生命的尊重，这是一种典型的非人类中心主义观念。虽然笔者并不赞成非人类中心主义的基本立场，但是也认为，尊重自然的道德态度的基本内涵应当是承认自然生命有其存在目的，让自然生命按照其目的去存在，没有任何特别重要的理由，人类不要干涉其存在和改变其存在。不过，笔者所言尊重自然的道德态度，不是根源于自然生命本身的固有价值，而是根源于人是自然界看护者这一身份。看护自然界的身份内在地蕴含着人对自然界的尊重态度，也就是说，看护自然界的前提是尊重自然界，没有先行对自然界的尊重，就谈不上对自然界的看护。如果人发自内心地厌恶自然界，他就不可能在行动上做到关心、爱护自然界。当然，尊重自然的道德态度更为深刻的根源还在于人在自然世界之中，人与自然是生命共同体。因为人与自然是生命共同体，人的生命就在自然万物的生命之中，自然万物的生命就在人之生命中，所以人要尊重自己的生命，就必须尊重自然万物的生命，而且像尊重自己的生命那样尊重自然万物的生命。人的生命在自然万物的生命之中，意味着自然万物之生命象征着人的生命，人们通过自然万物的生命的奔腾不息而反观到自己生命的奔腾不息，因而人也需要尊重自然万物的生命。尊重自然万物的生命就是尊重自己的生命。尊重自然万物的生命，就是要让自然万物按照其生命意志或生命目的实现它们的存在。如果说让自然万物的生命按照其目的去存在属于自然万物生命的自由，那么就像在后文中所论证的那样，人要想在自然界逍遥自在，实现在自然面前的自由和解放，就必须让自然万物竞自由，让自然生命按照其意志去生活、去生存。让自然万物竞自由，人才能实现自己在自然界面前的自由。

树立尊重自然的道德态度，意味着不能完全将自然存在物工具化，必须反对功利主义地对待自然界的道德态度。近现代所形成的以人为

---

① ［美］保罗·沃伦·泰勒：《尊重自然：一种环境伦理学理论》，雷毅等译，首都师范大学出版社 2010 年版，第 50 页。

本位的人类中心主义价值观的最大失误,就是将自然存在物彻底工具化,认为自然万物的存在完全是服务于人类目的和人的存在的,因而对自然万物的存在采取了一种不负责任的态度。近现代人只顾自己开发、利用自然万物的价值,而根本不顾及自然万物的死活。殊不知,自然万物并不是完全为人类而存在的,它们还服务于整个生态系统,是为整个自然界而存在的。更为可悲的是,人将自然界纯粹工具化,也意味着将自己工具化而沦落为异化的存在。海德格尔在《技术的追问》中表明,现代技术以促逼自然的方式解蔽自然,即把自然万物完全当作一种工具化的存在而加以开发和利用。"在现代技术中起支配作用的解蔽乃是一种促逼,此种促逼向自然提出蛮横无理的要求,要求自然提供本身能够被开采和贮藏的能量。"① 然而,现代技术在追求对自然的开发、利用过程中,本身形成了一个"座架",从而将人置于"座架"之中并受到"座架"的支配和宰制。"座架意味着对那种摆置的聚集,这种摆置摆置着人,也即促逼着人,使人以订造方式把现实当作持存物来解蔽。"② 由此,海德格尔主张,人要想从现代技术的"座架"中解放出来,就必须摆脱对自然物的工具性态度,诗意地栖居在大地上,让自然物回归自然物本身,使物处于自然而然的无蔽状态。物回归于物本身,人则回归于人本身。进而言之,海德格尔所谓的技术态度,从根本上说是人对于自然界的工具性要求,对自然物的有用性要求。在自然物有用性的技术视野中,自然物自身的存在本质已经完全被遮蔽了,其完全成为技术视域中的有用性本质。诗意栖居的态度正好是对自然物有用性的否定,其看到了自然物的自然存在价值,由此将自然物从人的技术奴役下解放出来。人把自然物从技术的效用性中解放出来,同时也就是将人自身解放出来,不为物所累,从而获得了自身的自由。自然物回到物自身,按照自己的存在目的去存在,属于自然物本身的自由。人让万物竞自由,人才能够回归或赢得自己的真正自由。人在自然面前的真正自由蕴含在万物竞自由之中。

---

① 孙周兴编:《海德格尔选集》(下),上海三联书店1996年版,第932—933页。
② 孙周兴编:《海德格尔选集》(下),第938页。

第五章 人对自然界的当代身份

早在两千多年前，中国道家代表人物庄子就曾提出，人要想逍遥于自然世界，就必须破除对待自然物的功利主义态度，让自然万物按照其自然本性存在。在《逍遥游》中庄子告诉人们，惠子有一棵大树，由于其弯曲臃肿而不能为木匠所用，因此被惠子认为是无价值和无用的。庄子则反对这种观点，认为惠子所持有的对待大树的态度是技艺性的，即从人的目的出发考察自然物的价值。合乎人的目的、能够被人所利用的自然物就是有价值之物。庄子则从"道"的态度出发审视自然存在物的价值，认为该大树的无用性恰恰是它的有用性，即大树回归了其自然而然的存在。大树按照自己的自然本性存在于原野之上，只有逍遥者才能够逍遥于大树之下。

> 与惠子根本不同，庄子对于物的道的态度是通过逍遥者与大树的关系给予标明的。大树立于无何有之乡、广寞之野，人则彷徨乎无为其侧，逍遥乎寝卧其下。在此大树和人的关系完全脱离了手段和目的的关系，它不仅远离了匠人的尺度，而免受利斧之害，而且远离了人的世界，中断了任何一种对它的有用性或者无用性的判断。大树只是生长在自然之野上，而自然才是大树所归属的世界。在这样的自然的世界里，大树就是大树，它作为其自身是其自身。因此它是真正的物自身。它不来源于什么，也不为了什么。它自身就是自身的缘由和目的。如果说在自然中的大树回到了物自身的话，那么在大树边的逍遥者则回到了人自身。人都是生活在人的世界里，但人的世界正好是人欲和物欲的集合，因此也是技（术）的集合，因为技是实现欲而获得物的手段。在这样的世界里，一方面人支配了物，另一方面物也支配了人。于是物失去了物自身，而人也失去了人自身。人回到自身与物回到自身是同一过程。[①]

从这一意义上讲，尊重自然界的道德态度就是让自然物回归到物自

[①] 彭富春：《什么是物的意义？——庄子、海德格尔与我们的对话》，《哲学研究》2002年第3期。

身，不要轻易为了人类的利用而用现代技术强迫自然物改变自身的存在本质。因为改变自然物自然而然的存在，有可能给人类带来的不是福音，而是意想不到的灾难。用海德格尔的话说，用现代技术促逼自然生命，迫使其改变自身自然而然的存在性质，是一种巨大的风险。

　　人是自然界的看护者，不仅内在地要求人尊重自然万物，还内在地要求人在行动上做到爱护自然界，既避免无所作为，又避免胡作非为。人作为生命在自然界中生存，必然要对自然界有所作为，变自然之物为"为我之物"，以维护自己生命的存在。人类中心主义在这一立场上是有道理的，即任何生命在生物法则的驱使下都必然要以自己为中心，参与自然界物竞天择、适者生存的生命活动。人类追求自身的幸福是人自身的权利，只有穿好、吃喝才能保证人类生活的质量，美好生活始终是人类向往的终极目标。然而，人类毕竟不是动物，不能完全被生物法则所制约，人类在开发、利用自然界时，必须避免像现代人那样对自然界胡作非为，做到以看护自然界的方式使用自然资源。人对自然界有所作为，还包括道德上合理而正当地对自然界有所作为，道德上有所担当地对自然界有所作为，而不是盲目地对自然界有所作为。人类既要开发、利用自然界，又要遵循自然生态法则而维护自然界的美丽，在向自然界提取资源的过程中又要养育自然界，补偿自然界，这就是有所作为而避免胡作非为地对待自然界的合理方式。至于人的存在与自然万物的存在发生利益冲突时怎么办？泰勒在尊重自然的伦理中给出了明确的环境伦理规范，值得人们思考和遵循，笔者在此不再赘述。

　　人是自然界的看护者，人要维护自然界的美丽和谐，这一道德要求从表面上看，人类纯粹是为了自然界而做出自我牺牲，甚至有根本不顾及人类自身利益的嫌疑。但是，从现实情况来看则不然，看护自然界与看护自己是统一的，看护自然界即是看护自己。只不过，看护自然界与看护自己的逻辑排序是，看护自然界具有先在性，人必须先行看护自然界，才能够真正实现对自己的看护。看护自然界既是人的身份，同时也是人对自然界的道德责任，看护自然界的身份使人成为伦理的存在，成为善的存在，成为人之为人的存在。人只有先行对自然界善起来，呵护自然界的存在，成为道德上的利他主义者，才能够使人对自然界"所得"成为道德上的"应得"，并且使自己能够在自然界的欣欣向荣和美丽之中长期存在和幸福存在。如果将看护自己置于优先地位，人就会坠入现代性人本主义泥潭之中，对自然界成为一个自私自利的存在，甚至成为一种动物性存在。于是，为了满足自己的生存需要，就有可能像动物那样，不顾自然界的死活和存在而拼命掠夺自然界。康德之所以将实践理性置于理论理性之优先地位，就在于强调要以德配享幸福才是合理与正当的。我们知道，康德将理性分为理论理性和实践理性两个部分，并认为实践理性优先于理论理性。"在纯粹思辨理性与纯粹实践理性联结成一个认识时，假定这种联结不是偶然的和任意的，而是先天地以理性自身为基础的，从而是必然的，实践理性就占据了优先地位。"① 对于实践理性的运用，康德强调的是人为自身立法而成为一个道德存在物，并成为自由王国的成员。对于理论理性的运用，康德重视的是人为自然立法而保证人能够享有自然之物，其束缚于自然王国。当实践理性优先于理论理性时，意味着人的道德存在优先于人的动物性存在，人必须先行成为有道德的人，才能够更好地、更合理地享有自然之物，即所谓以德配享幸福。康德之所以批判18世纪法国幸福主义伦理学，就在于幸福主义伦理学将追求幸福当作人生的根本目的，把对个人利益的满足置于优先地位，结果使人沦为动物性存在。"使一个人成为幸福的人，和使一个人成为善良的人决非一回事，一种为自己占便宜的机智和一种使自己有德行的机智，全不相干；而是因为，这个原则（幸福主义优先原则。——作者注）正败坏了道德，完全摧毁了它的崇高。"② 虽然康德是人类中心主义者，主张人为自然立法，并且在理论理性与实践理性之间画了一条鸿沟，但他主张实践理性优先于理论理性，对道德的追求优先于对幸福的追求，对我们来说还是富有启示意义的。现代工业文明之所以是破坏自然界的罪魁祸首，就在于其将人的幸福追求置于最优先的位置。超越工业文明而进入生

---

① [德] 康德：《实践理性批判》，韩水法译，商务印书馆1999年版，第133页。
② [德] 康德：《道德形而上学原理》，苗力田译，上海人民出版社2012年版，第96页。

态文明，则需要将看护自然界置于优先位置，即看护自然界优先于看护自己。看护自然界具有先在性，在于当代人要先行对自然界承担起道德责任，维护自然界的美丽存在，然后再考虑如何从中满足自己的物质需求。看护自然界具有先在性，不是不让人看护自己，而是在维护自然界的美丽中维护自己，在"应得"中实现自己的"所得"，达到人与自然界存在的双赢。人只有先让自然界存在，才能够实现自己的存在，因为人在自然界之中存在；如果人只让自己存在，不让自然界存在，人自己也不能够存在。人对自己的不存在说不，必须先行对自然界的不存在说不。

看护自然界是人的身份，而身份总是蕴含着行为，并靠一整套行为模式将身份呈现和实现出来。人一旦承担了某种身份，就必须按照身份的要求表现某种行为。人能够履行身份所蕴含的行为，意味着人拥有履行身份行为的能力，身份本身已经先行包含了表现身份行为能力的要求，承担身份的人不能对履行身份行为无能。例如，大学教师必须先行接受大学教育和研究生教育，就在于保证他能够拥有完成大学教师这一身份行为的能力。将看护自然界作为人的身份，同样保证着人有实现看护自然界的能力，即人有能力看护自然界，有能力完成看护自然界的重任。人的看护自然界的能力主要表现为人是理性存在物，能够智慧地对待自然界，对所作所为做出明智的选择。即使做出了错误的行为，也能够理智地进行反思，做到纠正自己的错误行为。古希腊人非常重视人的理性，苏格拉底甚至提出未经理性审视的生活是不值得过的理念。亚里士多德将人的明智选择视为人的理智美德，要求人们在恰当的时间、恰当的地点，以恰当的方式表现恰当的行为。所谓恰当的行为，在亚里士多德看来是正中靶心的行为，是成功地达成目的的行为。古希腊人的理性也属于宇宙理性，即"爱智慧"，用理性洞见整个宇宙的普遍本质和运行法则，并按照宇宙普遍本质和运行法则而生活。斯多葛学派提出的"合乎自然而生活"，也就是合乎宇宙本性而生活。虽然近代以来的启蒙精神也大力倡导人的理性，笛卡尔甚至提出"我思故我在"，但是西方近代启蒙精神所倡导的理性属于"工具理性""理性成了用来制造一切其他工具的一般的工具"①,服务于人的生存需要和对自然界的征服。由此,后现代主义对人类理性表示出极大的不信任,要求砸碎心灵之镜。但是我们必须看到,尽管理性在近现代启蒙精神中走入歧途,可是理性仍然是人的一种能力,对自然界要进行认识与看护,还需借助理性才能得以完成。近现代的启蒙理性之所以沦为征服自然界的工具,原因在于其服务于人是自然界征服者的这一身份。当我们抛弃了人是自然界征服者的身份,而确认人是自然界的看护者,那么理性所做出的明智选择必然是发挥看护者身份的功能,维护自然界的美丽和谐与稳定。古希腊人已经为我们做出了示范,他们强调理性是一种美德,理性是对人的行为正中靶心的担保,目的是追求行为的卓越与优秀。唯有理性发挥道德把关人的作用,理性本身方能成为目的性的善。古希腊人所谓的目的善指向"小宇宙"与"大宇宙"和谐一致的幸福生活,人与自然分裂将注定人的不幸。斯多葛学派的塞涅卡曾表示:"我跟随自然的指导——所有的斯多葛学派都一致同意这个原则。不要远离自然,根据她的法则和模式塑造我们自己——这才是真正的智慧。"② 人们应当听从自然的指导,追求自然而不要远离自然;人们根据自然的法则和模式塑造自己,这才是人的真正聪明才智。由此可以看出,人类的真正智慧不是控制自然,不是对自然界的任性和妄为,而是掌握大自然的生态智慧,并依循大自然的生态智慧让自然万物自由自在地存在与发展,让自然界生机勃勃和欣欣向荣。人拥有理性和智慧,人有能力看护自然界,也有能力看护好自然界。人应当自信自己能够看护好自然界,其中的关键因素在于人有能力将征服自然界的理性转变为看护自然界的理性,由现代科学技术转变为生态科学技术。当人成为自然界的看护者时,人的理性也必然成为看护自然界的理性,并为看护自然界发挥积极的作用。当人的理性

---

① [德]霍克海默、阿多诺:《启蒙辩证法》,洪佩郁、蔺月峰译,重庆出版社1990年版,第26页。
② 转引自[法]吕克·费希《什么是好生活》,黄迪娜等译,吉林出版集团2010年版,第173页。

指导人们生态地对待自然界并剑指看护好自然界这一目的靶心时，理性作为一种能力就能够担保人看护自然界身份的践行和圆满完成。当然，在这里不是将人的理性看作看护自然界的目的，而是将理性视为达成看护自然界之目的的手段。理性本身是无辜的，而且理性本身对人类的存在也是必要的，关键在于理性为什么目的服务。就像亚里士多德所认为的那样，目的善决定手段善，目的正当决定手段正当。

四 人与自然和谐共生

人是自然界的看护者，人看护自然界的终极目的指向人与自然和谐共生，创造一个人与自然万物其乐融融生活与存在的世界。进而言之，人是自然界看护者的这一身份，决定了人必须借助于生态学知识操控自然界的生态存在，将人的社会活动和经济活动纳入生态系统当中并受到生态系统的规定，保证人与自然界协同进化，人与自然万物互利共荣。当代人凭借发达的科学技术，已经拥有了彻底改变自然界存在的能力，为了避免高科技所带来的毁灭自然环境的巨大风险，人类必须转变价值观念，承认自己是自然界的看护者并确实履行看护者的身份责任，实现人与自然和谐共生。

前文已经说过，人的本真存在是在世界之中，与自然世界共属一体。人与自然世界共属一体并不排斥人与自然界的对立，即人与自然是对立统一的存在。人在自然世界之中存在的属性，以及人与自然对立统一性存在，不仅揭示了人在自然世界中存在的真实性，还深刻地表达了一种价值意蕴，那就是人与自然之间存在的平等性。人与自然之间的对立是一种正相反对的对立，是一种绝对的差别，就像有与无、善与恶对立一样。正相反对的对立，或绝对差别的根本特征是：没有对方存在就没有己方存在，没有己方存在也就没有对方存在；己方潜在的是对方，对方潜在的是己方；每一方都通过对方来反映自身的本质。黑格尔的辩证法表明：

第五章 人对自然界的当代身份

每一方面之所以各有其自为的存在，只是由于它不是它的对方，同时每一方都映现在它的对方内，只由于对方存在，它自己才存在。因此本质的差别即是"对立"。在对立中，有差别之物并不是一般的他物，而是与它正相反对的他物；这就是说，每一方只有在它与另一方的联系中才能获得它自己的［本质］规定，此一方只有反映另一方，才能反映自己。另一方也是如此；每一方都是它自己的对方的对方。①

人与自然本质性对立，即人不是自然界，自然界不是人，或者说人毕竟不是动物，意味着人与自然互为条件，没有自然界的存在就没有人的存在，没有人的存在同样也没有自然界的存在。就像黑格尔所言："自然不能离开精神而存在，精神不能离开自然而存在。"② 既然对立的双方都不能离开对方而存在，并且都必须依赖对方才能反映自己，人必须通过自然界才能反观自我形象，自然界必须通过人才能显现其存在和其本质，那么，人与自然在价值、地位和权利方面就应该是平等的，人在价值上并不能比自然界多一些，也不能比自然界少一些。就像有与无对立一样，我们既不能说有高于无，亦不能说无高于有，而只能说有与无在价值和作用上是相同和相等的。人与自然的绝对对立和绝对差别，必然导致人与自然的统一，或者说人与自然的绝对对立和绝对差别本身，就内在地蕴含着他们的统一性。人与自然的统一性表明人与自然融合为一个整体。人与自然融合为一体，就意味着人与自然不分彼此，是相等、相同的。也就是说，人与自然对立统一性本身映现着人与自然的平等性。

正是人与自然之间的平等性，造就了人与自然之间的真正和谐，即人与自然和谐共生中的和谐是平等性的和谐，唯有平等，才能生成和谐，平等性和谐才是真义性和谐。人与自然之间对立统一本身就内在地蕴含着对立双方之间的平等性和谐，正如赫拉克利特所言："相反的

---

① ［德］黑格尔：《小逻辑》，贺麟译，商务印书馆1980年版，第254—255页。
② ［德］黑格尔：《小逻辑》，贺麟译，第257页。

力量造成和谐，就像弓与琴一样。"① 正因为相反，才能相成；正因为对立，才能有统一，在圆周上起点和终点是同一个点。对立统一本身意味着对立双方的平等，而这种平等则生成着和谐。没有你就没有我，没有我同样也没有你，我与你既是平等的，又处于和谐之中。如果对立双方丧失了这一关键性的平等要素，处于不平等当中，就会破坏和谐。在支配与被支配、奴役与被奴役的关系当中不可能有什么和谐，如果一定要把不平等的、支配与被支配的等级秩序说成是和谐，那也是非正义性和谐、非道德正当性和谐，根本不符合对立统一的辩证法法则。尽管柏拉图在《理想国》中把城邦的管理者、保卫者和生产者的不平等的和谐视为正义，但经过启蒙的近现代人，都不会认同柏拉图的这一正义理论，也不会认为支配与被支配、统治与被统治关系能够生成和谐性的正义。

人存在于自然世界之中，人与自然是对立统一性存在，表明人与自然构成了一种生态学所言的生态关系，而生态学所认定的生态关系则是万物之间的平等和谐。生态学研究揭示了自然界当中存在的一个普遍现象或生态事实，即生命和生命之间、生命与周围环境之间存在着相互影响、相互制约关系，它们通过物质、信息、能量的交换构成一个和谐的生态存在状态。在所有生命之间并不存在什么等级秩序，生态概念本身在一定意义上就表达着自然万物之间的平等和谐。无论是微生物、植物，还是食草动物、食肉动物，都是生态系统中一个不可或缺的基本环节，它们要么是作为"生产者"而存在，要么是作为"消费者"而存在，要么是作为"还原者"而存在。对整个生态系统来说，无论是"生产者""消费者"，还是"还原者"，它们都具有同等的生态位价值，缺少哪一部分都有可能造成生态系统的崩溃和自然世界大厦的坍塌。那种将自然万物划分为"高级的"存在，"低级的"存在，有价值的存在，无价值的存在，在自然界中建构起生物存在的等级秩序，纯粹是将人类不平等的等级主义观念运用于自然万

---

① 苗力田主编：《古希腊哲学》，中国人民大学出版社1989年版，第41页。

物。人与自然之间的关系是一种生态关系，人与自然之间构成一个对立统一的生态系统，人作为生态系统中的一个成员，同样与自然万物、与周围自然环境构成相互制约的平等性关系。生态科学充分描绘出了自然世界的生态景观，给出了自然万物之间的相互关联而构成平等和谐存在的基本事实，人与自然和谐共生的理念则是对这一生态事实的哲学概括，它表明了人与自然之间因平等而和谐的基本关系。

人与自然平等的和谐关系，还与伦理学所追求的最新价值愿景相一致。随着全球性环境保护运动的高涨，伦理学本身也发生了一场深刻的革命，由原来的仅仅局限于人与人关系范围内的道德关怀扩展到人与自然关系方面，形成了环境伦理学或生态伦理学，自然万物和自然环境本身亦成为道德关怀的对象。环境伦理学中的非人类中心主义几乎都从平等正义立场出发，论证了自然万物应当与人一样拥有平等的道德地位，应当与人一样平等地享受道德关怀。如彼得·辛格强调人与动物拥有同样的感受苦乐的能力，雷根主张人与动物拥有相同的权利，施韦泽表明人与所有生命的平等，利奥波德指证人是大地共同体的普通公民，罗尔斯顿论证人与自然万物在内在价值上的一致性，奈斯则指认生态圈内的每一种生命形态都拥有相同的生存法则的权利。如果不对与人平等存在的自然万物给予相同的道德关怀，就会犯"物种歧视主义"的错误。那种主张人是自然界主人的现代性价值观念，已经被当今的环境伦理学所抛弃。人与自然平等和谐已经成为深入人心的伦理学基本理念和最新道德愿景。

人与自然的平等和谐关系，将人摆置在与自然界生命一体、与自然万物平等存在的位置上，如中国古人庄子所言，"天地与我并生，万物与我齐一"，其结果必然是人与自然的互利：人有益于自然界的存在，自然界有益于人的存在。人与自然平等不仅是在价值地位上的平等，而且是在利益上的平等，在利益上的互助。人与自然拥有相同的价值地位，必然使人与自然在利益上也是平等的、互利的。人不是自然界的奴隶，自然界也不是人的奴隶，人没有任何理由向自然界索取较多的资源，而不对自然界进行补偿与回报；也没有任何理由抑制自己的正常需求，而向自然界索取较少的自然资源。人与自然和谐平等，意味着人有权利向自然界取得资源以养育自己，但同时也必须承担相应的义务，运用自己的智慧和能力看护自然界、养育自然界。人对自然界的权利与义务的平等交换就是对人与自然界互利的表达和实现。康德在《法的形而上学原理：权利的科学》中强调，人对自然既无权利也无义务，实际上这是对人与自然关系的错误解答。因为康德将"自然王国"和"自由王国"绝对对立起来，认为二者之间存在着不可逾越的鸿沟。当我们抹平了"自然王国"和"自由王国"之间的鸿沟时，实现了人与自然的本质一体化，那么，"人是目的"，自然万物只能是工具的观念，也必然随之湮灭。人与自然在本体上共属一体，人与自然本体性的权利和义务关系也必然是平等的交换关系。生态学事实表明，自然界中的所有生命都与周围环境形成新陈代谢关系，一方面向周围环境汲取养分以维护生命的存在，另一方面排泄自身的物质以供养周围环境。康芒纳所提出的生态学第三法则——"一切事物都必然要有其去向"，就表明了生物界存在的互利现象。"这个法则所强调的则是，在自然界中是无所谓'废物'这种东西的。在每个自然系统中，由一种有机物所排泄出来的被当作废物的那种东西都会被另一种有机物当作食物而吸收。动物所排出的二氧化碳是一种呼吸的废物，这正是绿色植物所需要的一种基本养分。植物排出氧，氧则被动物所利用。"[①] 人在地球生态系统中存在，人与自然界本身也构成了一个生态体系，因此，人要想在自然界中长久存在，维持人类这一物种久久延续，就不得不遵循自然界的生态法则，承认与自然界的平等存在，并与自然界建构起平等互利关系。

当人与自然的关系在世界观高度不再分彼此和你我，关心自己必然会关心自然，关心自然也必然会关心自己，达成一种互利状态，其实践结果就会合乎逻辑地带来人与自然的共生共荣。所谓人与自然共生共荣，指的就是人与自然共同生存、共同繁荣、协同进化。人与自

[①] [美] 巴里·康芒纳：《封闭的循环》，侯文蕙译，吉林人民出版社1997年版，第30—31页。

第五章 人对自然界的当代身份

然共生共荣是对人与自然和谐共生理念中的"共生"的解读,唯有人与自然的平等和谐与互利,才有人与自然的共生共荣。人与自然平等和谐关系必然使人公正地、互利式地对待自然界,既要向自然界索取人自身所需的物质资料以养育自身,又要还自然界美丽、和谐与宁静,用人的生态智慧养育自然环境。人与自然相互依存的一体性关系决定了人要"像保护自己的眼睛一样保护生态环境,像对待自己的生命一样对待生态环境"[①]。当人珍爱自然环境之后,对自然资源取之有度,用之有节,行有所止,不竭泽而渔,不焚薮而田,不焚林而猎,并积极地看护自然界的存在,自然界也必然会以美丽的方式让人存在,让人的生活更加美好和更加有质量。人与自然平等和谐内在地蕴含的辩证法是:人对自然界善,自然界亦对人善;人对自然界恶,自然界亦对人恶;人看护自然界、养育自然界,自然界也必定看护人,养育人。当然,人将自然界置于死地,自然界也必将人送上不归之路。

关于人与自然平等和谐必然导致人与自然共生共荣的内在逻辑效果问题,我们可以通过比较历史上人与自然不平等和谐的实践结果来加以说明。我们知道,人在自然世界中的位置不同,会形成不同的对待自然万物的基本态度,不同的道德责任,以及不同的改造自然界的方式,其结果必然会造成不同的生活方式和不同的生活状态。在古希腊和中国传统社会里,古人将自己摆置在自然世界之下,让自然宰制自己,从而形成了一种臣服于自然的身份和恐惧自然的道德态度,产生了只对自然界负责的道德态度和对自然世界不敢有所作为的行为方式。山人在上山打猎之前,先要祭拜山神;渔民在出海打鱼之前,先要祭拜海神;农民在播种和丰收时,先要祭拜土地神、谷神等。古代人在改造自然世界的过程中,之所以没有发展出现代性的改造自然界的工具和能力,除了认识能力和生产能力低下之外,主要是因为他们畏惧自然和对自然不敢有所作为的消极心态,生怕引起大自然的愤怒而遭到"天"

[①] 中共中央文献研究室编:《习近平关于社会主义生态文明建设论述摘编》,中央文献出版社2017年版,第8页。

谴，结果失去了发展自己认识能力和生产能力的动机和兴趣。古人要求与"天"保持一致，与自然保持一致，努力做到听"逻各斯"的话，向往近神而居，其最后的逻辑结果只能是抑制自己的生活需求，形成相对意义上的物质贫乏和生活贫困的局面。在古代社会，自然世界虽然保持了较强的自为性状态，显得郁郁葱葱，但古人却付出了压抑物质欲求的代价，背负起沉重劳动的负担，经不起任何自然灾害的打击。当然，有人会说，古代人有古代人的幸福观，古代人的生活在古代人看来就是好生活，就是幸福生活。不可否认，古代人可能会感到他们的生活很幸福，但从历史发展的向度来看，古代人相对于现代人来说，他们的生活仍然是贫乏的，并没有做到与自然界共生共荣。近代发生在西方的启蒙运动，彻底颠覆了古代人在自然世界中的位置，把人摆置在自然世界之上，近现代人由此成为自然界的主人。在这种人本主义身份的支配下，近现代人形成了征服自然的道德态度，生成了只按照自己主观偏好而对自然界胡作非为的行动方式。在现代社会中，现代人只追求自己物质丰饶、纵欲无度，根本不顾及自然界的死活，现代人的物质生活虽然得到了极大的提高，但自然界却遭到了严重的破坏，人与自然仍然没有实现共生共荣。历史事实表明，人与自然关系的不平等、不和谐，都不可能达成共生共荣的结果。这也就从反面向世人证明，唯有人与自然平等和谐才有人与自然互利共生。

当达尔文提出"物竞天择，适者生存"的自然界法则后，遭到了一些生物学家的批评，认为自然界不仅存在着生存竞争，同样也存在着生存合作。为此，俄国学者克鲁泡特金还专门著述《互助论》，提出不论是在自然界，还是在人类社会，竞争都不是生命所遵循的法则，在自然界的生物进化中互助和互援起着巨大的作用，互助和互援才是自然界生命所遵循的法则。"团结起来——实行互助吧！这是给个体和全体以最大的安全，给他们以生存、体力、智力、道德和进步的最有保证的最可靠办法。这就是自然对我们的教导。"[①] 虽然克鲁泡特金所言的

---

① [俄] 克鲁泡特金：《互助论：进化的一个要素》，李平沤译，商务印书馆1984年版，第77页。

❖ 第五章　人对自然界的当代身份 ❖

互助互援更多的是物种之间所发生的现象，但随后的生态学研究则证明，自然界物种之间也存在着协同进化、共同进化、原始合作、偏利共生、互利共生。即使是物种之间的生存竞争，也内在地包含着物种之间的共存。"竞争激发了许多选择性的适应，这种适应增强了给定区域或群落内生物多样性的共存。"① 比如加拿大兔子和山猫的关系，山猫吃兔子，山猫与兔子形成生存竞争关系。当兔子多时，山猫繁殖也多，但是当山猫达到较多的数量时，兔子的数量迅速减少。当兔子的数量减少时，没有足够的食物维持山猫的存在，于是许多山猫饿死了。当山猫的数量减少之后，兔子的生存威胁减缓，于是数量又开始增加。兔子和山猫生存竞争关系如此往复，维持了双方的共存。如果山猫吃掉了所有的兔子，山猫也会因无兔子可吃，而使种群本身毁灭。② 由此可见，自然界物种之间合作共生、互利共生是一个普遍存在的生态学事实。人生存于自然界生态系统当中，人对自然界的关系不能违背这一生态学事实，必须坚守人与自然和谐共生。我们听听生态学家的劝告吧："人类必须进化到与自然的互利共生阶段。如果人类不能获得与自然的互利共生，那么就像愚蠢的或不适应的寄生者一样，人类对其宿主的利用可能会达到毁灭自身的程度。"③ 人类不可能愚蠢到毁灭自己的地步，即不可能愚蠢到毁灭自然界的地步，虽然现代人对自然界做出过破坏的愚蠢行为，但人类也有能力反思自己，反省自己的愚蠢，并能够纠正自己的愚蠢。因此，人们应当坚信，人能够与自然和谐共生，能够做到人与自然和谐共生。当今人们提出可持续绿色发展理念和可持续绿色发展道路，进行生态文明建设，无疑是对自己过去愚蠢行为的纠正，无疑是对人与自然和谐共生的积极谋划与实施。

---

① [美]奥德姆、巴雷特：《生态学基础》，陆健健等译，高等教育出版社2009年版，第260页。

② [美]巴里·康芒纳：《封闭的循环》，侯文蕙译，吉林人民出版社1997年版，第27页。

③ [美]奥德姆、巴雷特：《生态学基础》，陆健健等译，第280页。

第六章

看护自然界的现实根据

从人在宇宙中的位置确认人的身份，属于本体论论证。本体论论证为人的某种身份存在提供终极性依据。但是，本体论论证仅仅是一种逻辑必然性，要证明人是自然界的看护者，还需要现实根据和现实理由。按道理来说，自然界本身具有不以人的意志为转移的运行法则，自然界本身具有生态修复能力，不需要人的看护和守护。然而，随着现代社会科学技术的不断进步与快速发展，几乎无限地提升了人类改造自然界的实践能力，当代人已经达到了改天换地、喝令三山五岳让路、改变生命存在形式，甚至摧毁整个自然界的地步。正是人类高科技的发展带来了巨大的自然风险和社会风险，才使看护自然界的问题凸显出来。如果当代人不去认真地看护自然界，仍然在自然界面前胡作非为，有一天自然界真的可能被人类所摧毁。这并不是耸人听闻，而是当代人面临的现实境遇。人要看护、守护自然界，这并不是环境保护运动的心血来潮和任意想象，而是人类发展到风险社会的必然结果，是当代人反思人与自然关系、确认人的存在价值和真实使命的结果。

一 自然界是人生存的家园

当代法国哲学家米歇尔·塞尔在他所著的《生地法则》一书中表明，近现代以来在二元论哲学世界观的影响下，人们总是从人与人对立、群体与群体对立、民族与民族对立、国家与国家对立、政党与政党对立、人与自然对立出发思考一切社会问题。整个社会成为一种两人争斗的游戏。让人感到奇怪的是，人类生活在自然世界当中，两人游戏却从来不把自然世界包括在内而成为游戏的第三方。

比如说，我们的国际性组织都有着很好听的名字，因为这些名字指出了人类社会不同国家之间经常处于争端的关系。这永远是二人游戏：一边是人，另一边作为反对派的还是人。我举过钓鱼的例子：每个人都希望收获的数量不断增加，可是没有人会替不说话的鱼类着想；它们的种群在被人类捞空的海洋里濒临灭绝，而且大多数可怜的海洋动物还要靠鱼类为食。在这些国际组织里，官员们捍卫各自国家的利益，却从不维护世界。任何二人游戏都容不下这个第三方。没错，世界依然是被我们陈旧政策排除出局的第三者。世界上的国家派一些政治家作为代表来处理气候、南北极或是海洋问题，认为这正是威胁人类生存的因素，而这些人却只字不提大自然法则，冰川学家、地球物理学家和海洋学家则一片缄默……每当看到这样的画面，你不会笑出眼泪吗？①

米歇尔·塞尔通过对一幅戈雅的画作的分析，即两个拳击手在流沙中决斗，随着对方的挥拳打击，两个人都陷入沙漠之中，流沙吞没了他们的膝盖、大腿、胯部、腹部、胸部、肩膀，最后是嘴巴，他们的脸上充满着痛苦，奋力呼救。米歇尔·塞尔由此得出结论说："双人游戏到了最后，便是三人游戏的开始。这便是当今世界的总体形态。"②

所谓三人游戏的开始，即是自然世界作为第三方必须参与到人类社会的游戏当中，这将是今后整个世界绿色发展的必由之路。"认识到了第三方的存在，我们便不得不选择一条陌生的道路，走出严格的政治

---

① ［法］米歇尔·塞尔：《生地法则》，邢杰、谭奕珺译，中央编译出版社2016年版，第42页。
② ［法］米歇尔·塞尔：《生地法则》，邢杰、谭奕珺译，第31页。

领域。我的意思是,走出仅仅关注人与人之间关系并将公民身份推广为城市中一切关系的思维定式。"① 针对自然环境问题,米歇尔·塞尔把这第三方世界具体规定为"生地",即生命与土地的统一结合体。米歇尔·塞尔将"生地"称为 WAFEL,这是水(water)、空气(ajr)、火(fire)、土壤(earth)、生物(life)五大元素的英文首个字母的组合。"生地"作为人与人之间的第三方世界的代表,召集的将不再是各个国家的议员和政客,而是水、空气、火、土地和生物的直接代表,以表达自然环境的诉求。米歇尔·塞尔指认,"生地"并不是作为与人对立的客体而存在,而是作为与人平等的主体而存在。当"生地"加入人类生活世界之后,就彻底改变了人类的两人游戏世界和游戏规则,创造出一个全新的世界和一种全新的生活。

  一场革命发生了——生地成为游戏的主体。因为新的三人游戏需要的是完全非政治化的布局。过去,当世界作为全球性的客体时,它为自己创造了一个新的全球性的主体,一个新的社会——人类。而今天在我看来,全球化进程中所体现的至少一半是世界活动的结果,另一半是人类活动的结果。对于我们西方社会的意外是:新的全球客体表现成为主体。昔日处于被动的客体,今日却成为主导因素。我们离开人类科学和社会以自我为中心形成的二人游戏,进入了一场由世界领衔的全新三人游戏中。地球是其中不折不扣的主体。在几十年的时间里,过去处于被动位置的客体成为主动方。而我们看到,过去游戏的主体——人类,如今开始依赖在过去还需依靠他的事物。这对于潜心研究知识和行为的哲学家们来说,是多么重大的创新呀!②

  "生地"参与人类社会生活,由此构成了一个三人游戏世界,即

---

① [法] 米歇尔·塞尔:《生地法则》,邢杰、谭奕珺译,中央编译出版社 2016 年版,第 31—32 页。
② [法] 米歇尔·塞尔:《生地法则》,邢杰、谭奕珺译,第 42—43 页。

◆第六章 看护自然界的现实根据◆

"科学—社会—生地"。在这个三人游戏的世界中,不是人类对"生地"拥有绝对支配的主权,而是"生地"对人类活动拥有最终的裁判权,即"自然世界"本身成为执掌人类命运的主体。"生地"向三人游戏世界所颁布的法律是:"树立人类共同福祉、共同行善的观念,反对每个国家仅负责各自财产而不顾大自然遭受污染的做法。"① 在这个三人游戏世界中,所有存在物既是规则的制定者,同时又是规则的执行者,并受到法由己出之规则的约束,他们自己就会组成一个遵从生态学的合作性王国。如果说人与自然的二元对立导致了人与人之间的隔阂和冲突,那么在"生地"加入人类生活世界之后,人作为"生地"的居民与"生地"共生,与"生地"共在。"生地"王国的存在使得这个世界再没有强力的统治者,其所颁布的法律必然像空气一样冲破人与人之间阻隔的高墙,导致人与人之间的和平与平等。由此,米歇尔·塞尔认定,"生地"是人类存在的家园,我们本来就生活在这个家园之中,只不过是由于战争和仇恨、文化和语言,才将人与"生地"分离,将人与人分离。在我们经历了一段遗忘"生地"的时光之后,将要重返昔日的"生地"家园,这些浪子终于有家可归了。

米歇尔·塞尔以浪漫主义情怀表明一个重要思想,即作为生命和土地相结合的"生地"是人类生存的家园,人们再不可以忽视这个家园,遗忘这个家园。人们只有认同这个家园,并遵循这个家园向其居民所颁布的法则,才能够真正地在家园中生活,在家园中存在,有在家之感。首先,自然界是人类生存的家园,自然界生育了人,养育了人,人类完全依赖于自然界而存活。从生物进化的角度来看,越是晚出的生物,越是处于顶端的掠食者,对自然界的依赖性就越强。人是生物进化中最晚出的动物,处于生物进化金字塔的顶端,因而人对自然界的依赖性最强。自然界可以没有人类,但人类不能没有自然界。因为自然界是人类生存的根基,没有自然界这一根基,人类就无法存在和生活。其次,大自然也是人性、人本质生成的家园。长期以来,我们把自己孤立

---

① [法]米歇尔·塞尔:《生地法则》,邢杰、谭奕珺译,中央编译出版社2016年版,第33页。

于城市孤岛之中，误认为与自然隔绝的城市才是自己存在的家园，误认为只有人类结成的社会本身才是自己的安身立命之所。殊不知，人之为人存在的家园是大自然，而不是纯粹人类社会。城市和人类社会都是建立在自然界存在的基础上的，自然界是永恒的存在，变化的则是城市和社会。既然自然界是人类生存的家园，是人性生成的家园，那么看护自然界，就是看护自己的家园，看护自己的存在，守护自己的人性。否则，人类将无家可归，死无葬身之地。就像著名生态学家奥德姆所言："当前的城市—工业社会不仅影响了自然的生命支持生态系统，而且它已经创造了一种全新的配置，我们称之为人类技术生态系统，与自然生态系统相互竞争并寄生于自然生态系统。这些新生系统涉及先进的技术和强大的能源。城市—工业社会若想在一个有限的世界生存，人类技术生态系统就必须以一种更积极和互惠的方式与自然生命支持生态系统相联系，而不能像现在的情形一样。"①

但令人感到奇怪的是，大自然生育了人类，养育了人类，虽然大自然这个母亲不太关心人类这个儿子，但当人类从大自然中诞生并走出襁褓之后，却一直试图背叛自己的母亲，谋划控制自然界、统治自然界，弑杀自然界，并异想天开地要逃离自己的家园。威廉·莱斯在《自然的控制》一书中就指认说，在古代神话故事中已经埋下了征服自然和逃离自然的基因，如在古希腊神话故事中，代达罗斯用蜡和羽毛制作成翅膀，带着他的儿子飞向天空，逃离克里特岛。甚至巫术、占卜也在某种意义上表达着人对自然的控制。在自然哲学阶段，古希腊人的世界观虽然将自然宇宙视为凌驾于人之上的存在，人类作为"小宇宙"要服从自然界这个"大宇宙"，形成自然神圣的价值理念，但在对待具体自然物时，仍然持有人类中心主义倾向，不顾及自然界之家园。如亚里士多德就曾认为：

> 自然就为动物生长着丰美的植物，为众人繁育许多动物，以分

---

① [美]奥德姆、巴雷特：《生态学基础》，陆健健等译，高等教育出版社2009年版，第63页。

❖ 第六章　看护自然界的现实根据 ❖

别供应他们的生计。经过驯养的动物,不仅供人口腹,还可供人使用;野生动物虽非全部,也多数可餐,而且它们的皮毛可以制作人们的衣履,骨角可以制作人们的工具,它们有助于人类的生活和安适实在不少。如果说"自然所作所为既不残缺,亦无虚废",那么天生一切动物应该都可以供给人类的服用。①

在中世纪,尽管上帝出于最高存在目的而统治着一切,但基督教神学将人与自然界隔离开来,上帝在创造出亚当和夏娃之后,专门把他们安置在伊甸园。神父们普遍认为,伊甸园是上帝为人准备的乐园。在伊甸园中上帝赋予亚当支配自然万物的权利。上帝对亚当说:"要生养众多,遍满地面,治理这地;也要管理海里的鱼、空中的鸟,和地上各种行动的活物。神说:看那!我将遍地上一切结种子的菜蔬和一切树上所结有核的果子,全赐给你们作食物。至于地上的走兽和空中的飞鸟,并各样趴在地上有生命的物,我将青草赐给它们作食物。"② 即使是人类祖先由于反叛了上帝而被剥夺了对自然物的优越性,人必须在充满荆棘、沙石累累的土地上辛勤劳作,但在大洪水之后,上帝还是原谅了人类,恢复了人类高于动物的优越性。"凡地上的走兽和空中的飞鸟都必惊恐,惧怕你们;连地上一切的昆虫并海里的鱼,都交付你们的手。凡活着的动物,都可以作你们的食物。"③ 到了近现代,机械论自然观兴起,自然界由此彻底沦落为一架没有任何生气的机器,根本不可能成为人类的家园。各种"乌托邦"幻想,都是把人类的美好生活和美好社会想象在一个远离当下自然界的"乌有之乡",或者"太阳城"以及"新大西岛"。这些"乌有之乡"与"伊甸园",与奥古斯丁所谓的"上帝之城",在远离自然界之家园的意义上,几乎大同小异。

生态危机的发生和生态哲学的兴起,将我们从"伊甸园"、从"上帝之城"拉回到现实的自然界,现代人无论如何都不可能逃避和回避

---

① [古希腊]亚里士多德:《政治学》,吴寿彭译,商务印书馆1965年版,第23页。
② 《圣经·创世纪》。
③ 《圣经·创世纪》。

所直面的大自然，现实的自然界才是人的生存之家，才是人的现实家园。那种希望凭借现代科学技术，人类在将来飞出太阳系而重新寻找栖居地的想法，是一种新的乌托邦。因此，生态哲学研究者着力批判了传统人类中心主义的自然工具价值论，并在此基础上从各种角度论证大自然除了工具价值之外，还持有不以人的评价和偏好为转移的其他多种价值，以表明人对自然界的依赖性和自然界对人的家园性。自然界的价值具有积极意义，认识到自然界的价值不仅意味着我们要分享自然界的价值，还意味着我们要投入这些值得我们投入的自然界事物之中，去守护这些价值。

当今的环境伦理学家罗尔斯顿提出大自然承载着如下几个方面的价值：第一，生命支撑的价值。罗尔斯顿认为，人类文化受制于大自然的生态系统，无论人们怎样构建自己的生存环境，也不管其范围有多大，始终跳不出自然环境的"如来佛手掌"。人类生存依赖于自然环境所提供的空气、水流、阳光、光合作用、固氮、腐败菌、真菌、臭氧层、食物链、传粉昆虫、土壤、气候、海洋等物质。"生态系统是文化的'底基'，自然的给予物支撑着其他的一切。即使是那些最先进的文化，也需要某些最适于它生长的环境。不管他们的选择是什么，也不管他们如何重建了其生存环境，人仍然是生态系统中的栖息者。"① 自然界支撑着所有的生命，不仅是人的生命，也包括自然万物的生命。由此可以确认，自然的价值不可能完全是对人类的工具价值，也有对其他生命的价值。人作为生命不得不栖居于大自然支撑生命的价值之中。因此，"地球能够产生价值"，并不是在合乎人的需要之后，地球才有价值。罗尔斯顿对大自然价值的客观性做了进一步强调：

> 生态价值对人的价值体验施加着积极的影响。但它们似乎仍是独立于此时此地的人而存在在那里的。大自然是一个进化的生态系统，人类只是一个后来的加入者；地球生态系统的主要价值在人类

---

① ［美］罗尔斯顿：《环境伦理学》，杨通进译，中国社会科学出版社2000年版，第4页。

出现以前早已各就其位。大自然是一个客观的价值承载者。人只不过是利用和花费了自然所给予的价值而已。①

第二，经济价值。关于自然界的经济价值，罗尔斯顿首先承认，自然界的经济价值是一种文化形态，需要在市场上进行交换。

> 尽管人们需要自然所给予的一切，但他们对环境的利用并非易如反掌。他们常常不是使自己去适应荒野自然；相反，他们要在大自然之上劳作，并根据其文化需要来重建自然，这要归功于他们那非常灵巧的手和脑。所有的生物都把环境改造成一种资源。……一般来说，获取经济价值的行为涉及有意识地改造自然事物，使它们脱离其自然状态，并用这些再造过的事物来进行交换。②

然而，罗尔斯顿视域里自然的经济价值，并不完全是经过人类劳作之后将没有价值的事物赋予价值，而是自然界本身具有一定的经济价值，因为人类劳作和技术并不能无中生有，大自然本身只有拥有了经济价值，人类才能够在此基础上创造出经济价值。人们对自然界所能做的开发事情只不过是转化自然事物的价值，把自然物本身具有的价值性能当作一个既定的前提接受下来而已。就像声音柔和的美洲燕或野蝴蝶一样，它们完全是由那些遵循自然律的自然物组合而成的。这种说法虽然忽略了人工的和自然的本质区别，但却可以使人们认识到，大自然本身是拥有经济价值的，它拥有一种能够被使用的工具性能。由于自然事物种类繁多，且拥有多种多样的巨大能量，因而自然界本身具有丰富多样的实用潜能。这就是自然界所拥有的基本的、词源学意义上的经济价值，人们完全可以利用自然界的这种经济价值来把生活安排得顺心和美好。

罗尔斯顿还指认了大自然所承载的消遣价值、科学价值、审美价

---

① [美]罗尔斯顿：《环境伦理学》，杨通进译，中国社会科学出版社2000年版，第4—5页。
② [美]罗尔斯顿：《环境伦理学》，杨通进译，第6页。

值、使基因多样化的价值、历史价值、文化的象征价值、塑造性格的价值、多样性与统一性的价值、稳定性和自发性的价值、辩证的价值、生命价值、宗教价值，认为大自然能够给人们带来休闲、愉悦、心旷神怡的好处，能够成为科学研究的对象，能够给人们带来美的享受，生物进化导致基因多样化，能够记录人类历史的遗迹，自然物还能够成为某种文化的象征，与大自然接触能够塑造健康的心理和人格，大自然本身丰富多彩但又彼此相关，大自然有着稳定的秩序但又充满着变易，大自然是生死交替、善恶相继的，大自然本身维护着生命密码和遗传基因，大自然保有神奇性并能够熏陶人的灵魂。面对自然界众多的价值，罗尔斯顿表明了一个观点，即这些价值的所有权并不完全属于人类，还部分地属于自然界本身。"价值体现在真实的事物并且常常是自然事物之中"，即自然事物本身拥有价值，才能够评价其价值，价值并不完全是人类自我的一种体验。"在评价大自然时，确实需要加入个人经验的内容，但是，如果认为自然事物所承载的价值完全是我们的主观投射，那就陷入了一种价值上的为我论。"①

既然大自然本身拥有价值的所有权，那么人们就必须尊重自然界本身的这些价值，担当起守护大自然价值的道德义务，用罗尔斯顿的话说便是遵循自然。"人们在评价大自然时应遵循大自然。遵循大自然常被认为是出于审慎的考虑，但是，大自然的价值或许也决定了人对大自然的义务。"② 对于如何遵循大自然，罗尔斯顿强调了几个方面：第一是"绝对意义上遵循大自然"，即遵循大自然的规律。因为人具有自然存在性，所有行为几乎都是自然的，自然规律能够从内部或外部对人产生直接影响，人不可能逃脱在自然规律之外。因此，人必须遵循大自然，除此之外别无选择。然而，人具有自由意志，能够对行为做出有意识的自由选择。人的这种自主选择摆脱了自发性的自然控制，能够按照自己的意志干预大自然，改造大自然，从而产生了非自然的行为。由此罗尔斯顿提出了第二种意义上的遵循自然，即"相对意义上的遵

---

① ［美］罗尔斯顿：《环境伦理学》，杨通进译，中国社会科学出版社2000年版，第36页。
② ［美］罗尔斯顿：《环境伦理学》，杨通进译，第43页。

循大自然"。所谓相对意义上遵循大自然,是指人们在干预自然时遵循自然。例如,所有美化自然界的行为都是人为的,但是,与自然界交融一体的美化行为是遵循自然的,而与自然格格不入的美化方式则是不自然的。对自然界的非自然的人为行为,并不总是意味着进步。第三是"自组织意义上的遵循自然"。这一意义上对自然的遵循是"你不应该破坏生态系统的稳定"。自然生态系统具有恢复功能,但它也能够被推向退化和崩溃的边缘,人对自然环境无所顾忌的污染极有可能导致自然循环的中断和消化不良。由此,人的自主选择行为就具有了决定性意义,它应当避免对自然的破坏,而尽可能维护大自然,进而维护人类自身。"遵循自然意味着,我们应选择这样一种服从自然的方式,这种方式使得我们能够利用自然规律来为人类造福。"① 第四是"拟伦理意义上的遵循自然"。人们一般认为,大自然本身不存在任何道德,大自然是非道德的,但这并没有穷尽这一问题的所有方面,在自然界中完全有可能存在着一些我们应当与其保持一致的善,虽然这些善不是有意识的道德行为的产物。也就是说,自然界本身并不完全是残酷的,其自身还有某种善的存在。因此,我们还可以在仿效自然善、维护自然善的意义上遵循自然。第五是"价值论意义上的遵循自然"。大自然本身拥有多姿多彩的丰富价值,我们不应当把这些价值纳入我们的存在秩序中,而是应当把我们自己纳入它的存在秩序中。因为当我们从大自然本身之"是"走向大自然本身之善时,我们与自然界的关系就具有了道德色彩。我们关怀我们所爱的人和物,即对某个内在善的爱一定包含着某种道德关系。内在善、内在价值本身会产生义务要求。在这种内在价值论的意义上,人们应遵循大自然,并把它本身的价值列为人们所追求的目标之一。第六是"指导教师意义上的遵循自然"。大自然尽管不是一个道德代理者,但大自然却有某种"引导功能",它能够教导我们,使我们知道自己是谁,置身于何处,我们的天职是什么。与自然相处可以避免我们的傲慢,知道应该期待什么,应以什么为满足,良

---

① [美] 罗尔斯顿:《环境伦理学》,杨通进译,中国社会科学出版社 2000 年版,第 49 页。

好的生活应当是与自然节律保持一致的生活。

罗尔斯顿关于自然价值的思想对我们是富有启示意义的：大自然本身拥有丰富多彩的价值，从而支撑了人的存在和精神的愉悦。人完全依赖于自然界的这些价值、消费自然界的这些价值，才得以生存和发展。罗尔斯顿从自然价值论方面告诉我们，自然界是人类生存的家园，并且人归属于这个家园。既然自然界是人类生存的物质家园和精神家园，没有这个"家"，人类就无法存活、无法存在，那么人就必须看护自然界，守护自然界。自然界是人类的生存家园，决定了人是自然界的看护者，人对自然拥有的是看护者的身份。因为看护自然界就是守护自己的家园，守护自己的存在。罗尔斯顿所谓的遵循大自然，实际上就是从必然性和相对性等方面要求我们守护自然界之真理，看护好自然界这个人类的家园。"家"和"家园"本身就内在地蕴含着看护的道德要求，"回家"或"在家"，则表达着对道德责任的承担，对"家"履行看护的道德义务。因此，承认自然界是人的生存家园，意味着担负起看护自然界之家园的道德责任，而且人正是通过履行看护自然界的道德责任，才能够从家园中升华和超拔出来。海德格尔对"伦理"概念做了语义学考证，认为伦理在古希腊的原初含义是"居所""居留"，它指示着人居于其中，并通过居于其中而获得自己的存在本质。因此，伦理代表着"家"，代表着对"家"的守护和在"家"的居留。就此而言，将自然界视为人类生存的家园，就自然而然地搭建起人与自然之间的伦理关系，使人的生存活动从根本上获得了伦理价值。由"家"或"家园"而建构起来的人与自然的伦理关系，指示着人对"家"的守护，确认着人对自然界的身份。万俊人教授曾就伦理概念的原初含义进行了分析：

> 当亚里士多德从"ethos"这个词的语义中演绎出"伦理"的概念时，他并不仅仅是想用"ethos"来准确地刻画人与大地的"伦理"联体关系，而且还想暗示人们："ethos"（原义指野兽经常出没的地方，后引申为人的"住所"、"居留"，进而转化为"风

俗"、"习俗"和"伦理")赋予了人一种特殊的责任：人是大地和所有存在物的"看护者"，而"ethos"则是人之为人的守护神。"ethos"作为人的一个住所或者居留所在，曾经也是野兽经常出没的地方。人与野兽（现代人较为文明的说法是"动物"）的共存、进而人类世界与自然世界的共存，乃是人类存在的真实维度之一，甚至是人不可遗忘的意义维度之一。①

然而，现代人遗忘了与自然世界共存的这一真实维度和意义维度，成为无家可归的孤魂野鬼，找不到自己存在的家园，才发生了对自己存在家园杀戮的不可理喻的行为。现代人急需觉醒，恢复伦理的原初含义，守护自己的存在家园。

二 科技时代的自然风险

自然界是人类生存的家园，不仅对当代人来说是如此，对古代人来说也必然如此。由此带来的一个问题是，为什么古代人不需要守护自然界之家园，而当代人却需要守护自然界之家园呢？抑或古代人为什么不需要树立守护家园之意识，当代人却需要树立守护家园之意识呢？这是因为现代科学技术的发展，使我们人类社会进入一个由科学技术操控一切的时代，即进入所谓的"科技时代"。现代科学技术改变了世界，改变了人，改变了人类社会，于是，现代人普遍相信，科学使人无所不知，技术使人无所不能，人们凭借现代科学技术，可以克服一切艰难险阻，在这个世界上称王称霸，在前进的道路上无往而不胜。

我们成为某种技术自大狂的牺牲品，这种心态诱使我们相信自己的新力量是无限的。我们大胆设想，所有技术引起的问题均可以

---

① 万俊人：《生态伦理学三题》，《求索》2003年第4期。

通过技术来解决。文明似乎对自己的技术伟力敬若神明,为这种做梦也想不到的神奇而陌生的力量所折服。在希腊神话的现代版本中,我们的自大狂诱使我们自私地盗用了可怕的力量,不是从诸神那里,而是从科学技术那里盗用了这种力量,诱使我们向自然要求神一样的特权以满足自身无度的奢欲。技术自大狂诱使我们看不见自己在自然秩序中的位置,自以为什么都能心想事成。①

然而,就在现代人为现代科学技术给人带来叹为观止的巨大成就和极大的便利好处而欢呼雀跃时,蓦然回首却发现,现代科学技术在给人们带来福音的同时,也打开了潘多拉盒子,给人类带来了无穷无尽的灾难。农药的发明虽然提高了对病虫害的杀死率,但同时也将碧草鲜花和各类鸟儿一同埋葬,致使春天没有浓郁的花香和鸟儿的歌唱,出现了"寂静的春天";人类发明了蒸汽机、汽车和飞机,虽然解放了人力,缩短了地球的空间距离,但大量使用煤炭和石油,导致成千上万吨的二氧化碳在天空中聚集并形成温室效应;人类发明了核武器,但是有核国家一旦发生核战争,相互甩出几十颗原子弹,地球不可避免地会出现"核冬天";气候变暖引起许多动物身上的病毒发生变异并开始向人类传播,提起埃博拉病毒、SARS、禽流感以及当今流行于全世界的新型冠状病毒,无不让人感到恐惧;臭氧层耗损,物种灭绝速度加快,灾害性天气频发,土地沙漠化和毒性化,乃至全球性生态危机,无不是现代科学技术带来的恶果。现代科学技术已经聚集起足以毁灭整个自然世界的巨大威能,它在逼迫自然万物的同时,也将人类置于巨大的社会风险之中。转基因技术虽然带来了自然果实的丰硕,但人类长期食用转基因食品,有可能导致人自身的基因也被转化,因而发生变异。基因编辑技术虽然可以在婴儿出生之前将某种疾病加以控制,但保不准被编辑基因的婴儿在长大之后会出现人格怪异。当前最时髦的前沿研究是将机器高智能化,但是人们想过没想过,一旦机器的智

---

① [美]阿尔·戈尔:《濒临失衡的地球——生态与人类精神》,陈嘉映等译,中央编译出版社1997年版,第177页。

❖第六章　看护自然界的现实根据❖

能超过了人的智能并能够自我复制自身时,人极有可能被智能机器人所管控。延长人的寿命,使长生不老变为现实,但它不可避免地会造成生育的终止,因为地球上不可能容纳无限增长的人口数量。

现代科学技术已经发展到开始"制造自然"的地步,即制造出自然界本身并不存在的东西,如上文所说的核武器、转基因产品、克隆动物,DNA重组,智能机器人,等等。现代科学技术制造自然,虽然能够带来自然界中所没有的东西,但是,人类所制造出来的种种自然物,其本身所蕴含的确切潜能和确切后果、效果则需要十几代人,甚至几十代人才能够得到检验和被知晓。于是,现代科技制造自然对当代人来说,其后果是未知的、不可确定的和不可控制的,既有可能带来福音,也有可能出现灾祸。正是制造自然之未来结果的不确定性、不可知性和不可控制性,势必给自然界的存在、给人类的存在带来巨大的风险和威胁。如果说现代科学技术在发展之初还完全是人类福音的话,那么高科技的形成和发展则开始伴随着种种恶果的出现,它对自然界存在的巨大威胁潜能,有可能将人类社会引向痛苦的深渊。"由于技术使其作用力强大到了这种程度:对于事物的整个照料而言,它明显危险起来……地球生命无任何抵抗地遭受着滥用技术作用力的痛苦。"[①]贝克在《风险社会》中则提出:"在现代化进程中,生产力的指数增长,使危险和潜在威胁的释放达到了一个我们前所未知的程度。"[②] 正是现代科学技术的这种恐怖能力,危及自然世界所有生命生存,有可能置自然世界于崩溃的境地,才不得不向当代人提出看护自然界的问题,进而确认人是自然界看护者的身份。现代科学技术之所以成为威胁自然界万有存在的凶器,是受现代人征服自然理念和身份指引的结果。因此,遏制现代科学技术对自然界的杀戮作用,必须改变人对自然界的身份,由对自然界的征服者转变为自然界的看护者。通过人是自然界看护者的身份,去限制现代科学技术对自然界的不良侵袭以及破

[①] [德]汉斯·约纳斯:《技术、医学与伦理学——责任原理的实践》,张荣译,上海译文出版社2008年版,第47—48页。

[②] [德]乌尔里希·贝克:《风险社会》,何博闻译,译林出版社2004年版,第15页。

坏性性能；通过看护自然界身份内在蕴含着的道德责任，解除现代科学技术对自然世界存在的威胁，并使其成为看护自然界的法器。

在古代社会，自然世界对人来说具有巨大的威力，春去秋来、风雨雷电、生老病死、变化无常的奥秘，是古代人所无法觊觎和掌握的，于是，人们不可避免地向自然世界俯首称臣，形成了一种宇宙本体论和世界观，像崇拜神灵一样敬畏自然世界的存在。"自然界起初是作为一种完全异己的、有无限威力的和不可制服的力量与人们对立的，人们同自然界的关系完全像动物同自然界的关系一样，人们就像牲畜一样慑服于自然界，因而，这是对自然界的一种纯粹动物式的意识（自然宗教）"。① 即使是古代人努力改变周围的自然环境，向自然界要粮、要物，在某个小小的局部领域还可能出现自然环境的退化和某些意想不到的后果，但由于科学技术不发达，古代人改造自然世界的能力有限，对自然界造成的伤害有限，不可能导致对自然界的大规模破坏，也根本不会危及生物圈的长远未来，包括人在内的所有生物的生存。

人纵然足智多谋，在自然力面前他还是渺小的——恰恰是这一点使他对自然的进攻如此胆大妄为，也使得自然能够包容他的鲁莽。尽管人对大地、海洋和天空的生物肆意妄为，那广袤的自然仍无动于衷，它的再生能力也丝毫不减。当人在它那巨大的世界中建造小小的王国时，并没有真正触到它的痛处。江山依旧在，而人的伟业总是昙花一现。尽管人年复一年地用犁铧洗劫地母这位最伟大的神，她还是长生不死，精力旺盛。人必须而且能够相信她的忍耐力，并不得不加以适应她那周而复始的循环。大海也同样是永生的。任由人下网捕捞，她还是照样丰盛；任由船舶急驶穿梭，她不留下一丝伤痕；任由巨量的东西向她深处抛投，她依然清澈干净。然而人无论千方百计治愈多少疾病，死亡也从不向他的聪明才智低头。这一切之所以这样，乃是因为在我们的时代之前，人对自然的

---

① 《马克思恩格斯选集》（第1卷），人民出版社1995年版，第81—82页。

◆ 第六章　看护自然界的现实根据 ◆

入侵，正如他自己所看到的，在本质上是肤浅无力的，还不能摧毁大自然固有的平衡。①

约纳斯还表明，对于人来说，宇宙秩序的根本不变性能力，不可能被现代人胡搅蛮缠所烦扰，永恒的自然世界，变化的则是人自己的劳作。

> 正是人类命运的反复无常确保人类境况的经久不变。机会、运气和愚行，这些人类事务中伟大的均衡器，像各种熵那样起着作用，使所有明确的设计方案最终通往永恒准则。城市繁荣又衰落，统治者变来又变去，家庭兴盛又败落，没有什么变化可以永驻长留，到最后，所有暂时的偏差都彼此抵消，人的状况还是跟以前一样。所以在这里，就在人自己创造的社会世界里，他的控制力也是渺小的，那永恒的自然还是处于优胜地位。②

然而，大自然对古代人的这种优胜地位，到了现代之后被彻底颠倒过来，随着现代化进程和科学技术的发展，大自然逐渐被现代人一步一步地踩在脚下。近现代经过启蒙所形成的自然观完全与古希腊人的自然观相反，大自然不再是有机的、有灵魂的存在，而变成死一般的机械性存在。就像前文已经论述过的，柯林伍德把近现代形成的这种自然观的中心观点概括为：自然界不再是一个纯粹的有机体，而是一架纯粹的机器，一架按其本来字面意义上的机器。近现代思想家虽然也像古希腊哲人那样，把自然界的有序运行视为是一个理智的表现，但在古希腊哲人看来，这个理智是大自然本身具有的理智，而人的理智只不过是分有大自然这一理智的结果。近现代思想家则认为，自然界本身根本没有任何理智，表现为自然秩

---

① ［德］汉斯·约纳斯：《责任原理：现代技术文明伦理学的尝试》，方秋明译，香港：世纪出版有限公司2013年版，第8页。
② ［德］汉斯·约纳斯：《责任原理：现代技术文明伦理学的尝试》，方秋明译，第9页。

序的理智乃是在自然界之外的一个非凡创造者加之于自然界的,这个非凡创造者就是人,是人把他自己的理智运用于自然界而成为自然秩序。

理智的最高力量,它的最深刻的真理性不在于超出自身而进入无限,而在于它能独立于无限,在于证明尽管存在是无限的,但理智自有其纯正的统一性。乔尔丹诺·布鲁诺率先提出了这种新见解,在上述意义上确定了自我与世界、主体与客体的关系。在他看来,永无止境地展现在我们眼前的无限的变化过程,世界的这一派雄伟壮观的景象,便是唯有自我才具有的最深刻意义的明证。只有凭借理性的力量,我们才能认识无限。理性使我们确信无限的存在,并教导我们把无限纳入一定量度和范围,这样做不是为了限制无限的领地,而是为着认识它的无所不包、无孔不入的规律。人们在直观中所经验到的宇宙的无限性,使得人们在思维时必然会发现并提炼出普遍规律。①

培根率先提出"知识就是力量",这一著名的启蒙口号的意义是:认识了自然界的普遍规律,掌握了自然界的规律性知识,人对自然界就拥有了支配权力。培根相信:科学一旦应用了他所提供的"新工具",就能够"钻入自然的内部和深处",从而发现自然界本身的真理。"人类知识和人类权力归于一;因为凡不知原因即不能产生结果,要支配自然就须服从自然;而凡在思辨中为原因者,在动作中则为法则。"②当人们以"服从自然"的方式,即利用自然界的规律改造自然界时,就能够重新恢复人类祖先在伊甸园中对自然界所曾拥有的权力。笛卡尔通过普遍怀疑的方式,确证了无可怀疑的怀疑(思维)本身的确定存在,并由此确立"我思故我在"的哲学命题,开辟了主客二分的道路,由此奠定了近现代哲学认识论的基础。要进行认识必须有认识主

---

① [德]卡西勒:《启蒙哲学》,顾伟铭等译,山东人民出版社1988年版,第36页。
② [英]培根:《新工具》,许宝骙译,商务印书馆1986年版,第9页。

体，这个主体只能是且唯一是能思维的人；要进行认识，还必须有认识的对象，自然界仅仅是作为认识的对象即认识客体而存在。笛卡尔确立人是能思维的主体，在于"生成真正自然知识的体系"，让人成为"自然的最高统治者与占有者"。笛卡尔"造就了人与自然界万物之间的彻底分裂，圆满地为人类无所顾忌的统治行为清除了道路"①。近现代哲学世界观彻底转变了古代人的自然宇宙至上、至圣的看法，形成了人类至上、至强的观念。

正是在现代哲学世界观的影响和启蒙精神的鼓舞下，近现代自然科学得到无限、迅猛的发展，掀起了一轮又一轮的科学技术革命。因为人类要想征服自然而成为自然的主人，就必须认识自然、发现自然的规律，利用技术强迫自然交出它所精心守护的秘密。一句话，科学技术成为近现代人征服自然不可或缺的武器。第一次科学技术革命发生在18世纪中叶，以蒸汽机的发明和应用为标志。蒸汽机的出现，是社会经济发展史上的一个里程碑，现代大工业由此很快发展起来。第二次科学技术革命发生在19世纪最后几十年，以电力的发明和使用为标志。第三次科学技术革命出现在第二次世界大战之后，以电子计算机和自动化技术为标志。现在人们又提出第四次科学技术革命，以系统科学和系统生物学为标志，或者说以生物技术为标志。第五次科学技术革命以互联网技术为标志，移动宽带覆盖所有人群。第六次科学技术革命被称为"新生物学革命"，也是"创生和再生革命"，器官移植、克隆技术、转基因技术、基因编辑、智能机器人则是其代表。总之，现代科学技术的快速发展，彻底颠覆了古代社会中人与自然的关系，使现代人一跃而成为自然世界的主人。尤其是随着高科技的发展，人类改造自然界的能力变得越来越强大，大有喝令三山五岳让路的气魄，大有摧毁自然世界之能事，人定胜天成为现代人为之自豪的普遍心态和自我认同的身份。

现代科学技术虽然揭示出了自然界的许多奥秘，让自然界交出了其

---

① ［英］基思·托马斯：《人类与自然世界》，宋丽丽译，凤凰出版传媒集团2008年版，第25页。

精心守护的不少资源，但是，现代科学技术能否像人们所相信的那样，描绘出自然界的真实图景，保证人们对自然界无往而不胜呢？海德格尔研究表明，现代自然科学并不是一种精确的科学，而仅仅是一种研究，将自然界中自然事件的某种基本轮廓筹划出来，以便将该自然事件看得清楚明了。从这一意义上讲，现代自然科学研究的深刻本质是完成对自然界的支配和摆置。"作为研究，认识对存在者作出说明，说明存在者如何和在何种程度上能够为表象所支配。当研究者能预先计算存在者的未来过程，或者能事后计算过去的存在者时，研究就支配着存在者。可以说，在预先计算中，自然受到了摆置，在历史学的事后计算中，历史受到了摆置。"① 所以，现代自然科学研究所描绘的自然世界图景，只不过是给人们画出了一幅图像，科学技术时代也是自然世界被把握成为图像的时代，现代自然科学是把自然世界当作一幅图像摆置到人类面前并被人类所摆置。"现代的基本进程乃是对作为图像的世界的征服过程。'图像'一词意味着：表象着的制造之构图。在这种制造中，人为一种地位而斗争，力求他能在其中成为那种给予一切存在者以尺度和准绳的存在者。"② 由此可见，现代自然科学只不过是现代哲学理念的实现工具罢了。

对于现代技术的本质，海德格尔仍然有着深刻的理解。海德格尔首先对技术的本质进行了分析，认为技术乃是对自然界的一种解蔽方式。但是，现代技术则是以一种促逼自然的方式解蔽自然的，"此种促逼向自然提出蛮横要求"，迫使自然提供所储藏的能量和资源。

> 贯通并统治着现代技术的解蔽具有促逼意义上的摆置之特征。这种促逼之发生，乃由于自然中遮蔽着的能力被开发出来，被开发的东西被改变，被改变的东西被贮藏，被贮藏的东西又被分配，被分配的东西又重新被转换。开发、改变、贮藏、分配、转换乃是解

---

① 孙周兴编：《海德格尔选集》（下卷），上海三联书店1996年版，第896页。
② 孙周兴编：《海德格尔选集》（下卷），第904页。

蔽之方式。①

海德格尔把现代技术的这种促逼自然的本质要求称为"座架",并指认"座架"作为一种命运挟持着人以促逼的方式去订造自然物,在"座架"居于统治地位之处,"便有最高意义上的危险"。这种危险一方面是人被座架化,再也找不到自己的自由本质;另一方面面临着"将地球连根拔起"的厄运。

《责任原理的作者》汉斯·约纳斯也认为,现代科学技术的发展将人类的生产和生活带入一个崭新的领域,现代技术的传播和应用范围已经被全球化,人类社会由此进入一个由现代技术决定一切的"技术时代"。"技术时代"的技术对象不再只是自然世界,而且人类自身也被无可奈何地添加到技术控制的对象当中。在这个"技术时代"科学与技术联姻,相互纠缠萦绕在一起,科学进步带来技术的兴盛,技术的发展又促进科学繁荣,以至于理论与实践的古老区分对双方来说都不再有效。

> 知识进程本身就发生在和技术进程的相互作用中,而在内心最活跃的意义上这就意味着:科学为了其自己的理论目的,需要一个日益精巧的、有强大物质力量的现代技术作为它的工具,这种工具是科学自己给自己生产的,就是说,科学向技术订购了这种工具。科学凭借这种帮助发现的东西,成了实践领域新开端的起点。而且,这个起点,大体上说,就是在世界上正在发挥作用的技术,反过来以其经验为科学提供了一个实验室,总之,给科学提供了新问题的一个温床,如此无限循环。于是,科学研究参考资料就是为理论和实践领域共同拥有的。或者,与科学中有技术一样,同样,技术中有科学。简言之,一种相互反馈关系充斥在两者之间并使两者保持在运动中。一方需要另一方并推动着另一方。正如今天的情况

---

① 孙周兴编:《海德格尔选集》(下卷),上海三联书店1996年版,第934页。

一样，它们只能共生或者不得不共死。①

约纳斯指出，"技术时代"的现代技术所蕴含的能威巨大，不仅能够探索和改变自然界，还能够伤害和毁灭自然界，现代技术已经能够决定自然界存在的命运；运用"毕其功于一役"的方式和不给自我留下改正错误的时间的发展速度，改变着自然界自身的"自然而然的渐进性进化过程"，结果使得现代科学技术成为拿人类生存做赌注的一场风险巨大的"豪赌"。现代技术以对自然界日益深入的侵犯和殖民为特征，在市场经济需求与政治压迫力量的相互作用和推动下，已经把人的盲目支配力量完全凌驾于一切已知或可想象的未知的东西之上。这种巨大汹涌的不可控制的技术力量被施加在地球上的所有事物、各种生命，甚至人本身之上，并且以加速度的方式不断增强和累积着。在近两个世纪以来，现代技术无孔不入、无所限制地被广泛应用，几乎不曾受到任何道德束缚和正义力量的阻拦，渗透到社会生活的方方面面。现代技术无以复加地被广泛应用的结果，给现代技术的支配者和受益人带来丰厚的物质财富，其积累的程度前人几乎无法想象。即使由于过度使用现代技术力量，造成了两次世界大战的灾难，使无数生命丧生，也仍然无法制止现代技术滥用的汹涌潮流。

直到最近，这场胜利大突进才开始露出了它的另一副面孔。它所带来的一如广受欢迎的成果同样新奇的不祥之兆，将我们从胜利的兴奋中惊醒。如果不考虑突如其来的自杀式核屠杀——抱着神志正常的忧患还较有可能避免这些的发生——那么我们更应该注意的是一种慢性的、长期的、日积月累的问题，它表面上体现为一种和平的、建设性的全球技术力量的应用，这种应用使我们通过不断增加的产品、消费品、人口的绝对增长等作为不可避免的受益者被拴在一起，这种威胁才是真正难以抵抗的。这些威胁的总体在于自然

---

① ［德］汉斯·约纳斯：《技术、医学与伦理学——责任原理的实践》，张荣译，上海译文出版社2008年版，第12页。

第六章 看护自然界的现实根据

的负担过重。技术可能朝着某个方向达到了极限,再也没有回头路,由我们自己发起的这场运动最终将由于其自身的驱动力而背离我们,奔向灾难。①

正是现代技术的威能足以毁灭自然界,使得自然界不仅变得脆弱,而且面对现代技术的入侵自然界还很无助。于是,约纳斯认为,在现代技术决定着自然界是生存还是毁灭的关键当头,人们应该勇敢地站出来,呼吁不要伤害自然界的完整性,人要对自然界承担起保护的道德责任。

> 技术文明如果不是在建设性的则至少在破坏性的潜能方面已经变得"万能",在这样的时代,对人类未来的关护是人类的集体行为压倒一切的职责。这种关护显然必须包括对这个星球上整个大自然的未来的关护,这星球是人类自己的未来得以存在的必要条件。……既然人已经变得不仅对自身而且对整个生物圈具有危险,一种超越自我利益的形而上学的责任就降临到我们头上了。②

于是约纳斯提出,"人类则在任何场合下都绝对无权毁灭自己""人在世界中的存在是一项律令",同为自然之子,人类理应向自然界以及她的子女尽一分责任。人在自然世界中存在,没有自然世界的存在亦没有人类的存在,因此,人类无权毁灭自己,也意味着人类无权毁灭自然界,人类必须看护自然界。

海德格尔面对现代技术所带来的危险,提出哪里有危险,哪里就有救渡。他要求人们放弃现代性的"逻各斯"思维,诗意地栖居在大地上,以求完成对人自身的救渡。约纳斯则要求将道德责任前置,对自然界负责,对后代人负责,"向不存在说不"。海德格尔和约纳斯的研究

---

① [德]汉斯·约纳斯:《责任原理:现代技术文明伦理学的尝试》,方秋明译,香港:世纪出版有限公司2013年版,第1页。

② [德]汉斯·约纳斯:《责任原理:现代技术文明伦理学的尝试》,方秋明译,第175页。

向我们表明，现代科学技术本身蕴含着巨大的破坏性，对自然界的存在带来了死亡威胁。正是自然界在强大的现代科学技术面前显得那么无助和脆弱，而且自然界的毁灭意味着人的毁灭，于是，一种看护自然界的道德责任与自我意识就自然而然明确、明朗起来。人不是自然界的主人，而是自然界的看护者，成为落在当代人身上的不二选择，除非人类愿意随着自然界的死亡而死亡。在自然界还强盛时，谈论对自然界的看护身份以及看护责任是没有任何意义的。现在处于危险中的自然界已经向人类发出求救的呼声，人们必须对此有一种伦理回应，用一种新的自我意识、新的身份重构与自然界的关系。这种新的自我意识应当是看护自然的伦理意识，这种新的身份理所应当是看护自然的身份。通过看护自然的身份，转变现代科学技术对自然界的不良侵入，凡是明显造成，或潜在造成危害自然界的科学技术，都必须加以限制。科学技术不是没有禁区，而是有禁区，而且必须对高科技设置道德禁区。当人人都自觉地意识到自己是自然界的看护者，自觉地担当起看护自然界的道德责任时，这种对科学技术的禁区就会在无形中得以建立。

三　自然是人性的来源

海德格尔在《关于人道主义的书信》中表明，近现代以来所形成的以人为本体、本位的哲学是一种人道主义哲学。这种哲学特别关注人本身的存在，将人置于宇宙中心的位置，从人本身出发展开对社会的研究和对自然世界的解释，主张人是一切存在者，甚至是存在者整体的存在根据。海德格尔指认，不管人道主义所持有的观点多么不同，类型也五花八门，但根据其目标和学说的形式，它们存有一种一致性的共同特点：对自然、历史、世界、世界根据的解释都是从固定好的对存在者整体解释加以规定，即总是从人出发，以人为原点解释世界。近现代哲学之所以以人为本体、本位，确定人是解释世界的最终根据，是

第六章 看护自然界的现实根据

因为人本身拥有理性，能够进行思维。既然人凭借思维获得了解释世界的权利，由此近现代哲学就确认，人性、人的本质就是人本身所具有的理性，人是拥有理性或者能思维的动物。海德格尔把这种以人和人的理性为出发点，人作为主体、作为本体的人道主义哲学统统称为形而上学。"每一种人道主义或者建基于一种形而上学，或者它本身就成了这样一种形而上学的根据。对人之本质的任何一种规定都已经以那种对存在真理不加追问的存在者解释为前提；任何这种规定无论对此情形有知还是无知，都是形而上学的。"① 然而，海德格尔却深刻地指出，近现代的人道主义哲学尽管热衷于人的本体、本位，以人为出发点和为根据审视世界，把人置于至高无上的地位，但其并没有真正地把握住人的本质，并没有真正揭开人本身的面纱，人的本质仍然处于晦暗不明的深渊。

> 虽然形而上学把在其存在中的存在者表象出来并且如此来思考存在者之存在，但形而上学并不思考存在者与存在之区别。形而上学并不追问存在之真理本身。因而，形而上学也决不追问：人的本质以何种方式归属于存在之真理。迄今为止，形而上学不仅没有提出过这个问题，而且这个问题对形而上学之为形而上学来说是不可通达的。②

之所以如此，是因为从人本身出发来认识人，即从人本身先天具有的，或者自然而然具有的特征来规定人，哪怕这种特征是其他动物所没有的，人仍然没有逃出被自然本性所决定的这一窠臼，仍然束缚于动物性当中。如人是理性的动物，人是社会动物的说法，尽管动物不具有理性，动物不具有社会关系，但这是用人的一种先天特殊功能来理解人的本质，仍然没有逃离动物性。"形而上学从动物性出发来思人，

---

① [德] 海德格尔：《路标》，孙周兴译，商务印书馆2000年版，第376—377页。
② [德] 海德格尔：《路标》，孙周兴译，第378页。

而且并没有往人的人性、人道方面去思。"① 不管近现代人道主义哲学怎样把灵魂增加到人的肉体上，把生存增加到精神上，甚至比以往更加响亮地鼓吹精神在人本质中的作用，都尚未克服生物主义迷乱。

海德格尔强调，要想真正探究人之为人的本质，人就必须"绽出之生存"，走出从人本身规定人本质的现代性方式，而到存在中找寻自己的人性，用存在之真理照亮自己的本质，即绽出之生存意味着人从自身中站出来进入存在之真理中。"这种在存在之澄明中的站立，我称之为人的绽出之生存。唯有人才居有这种存在方式。如此这般被理解的绽出之生存不仅是理性之可能的根据，而且就是人之本质于其中得以保持其规定之来源的那个东西。"② 在海德格尔看来，人在其存在历史性的本质中是这样一个存在者，它居住在存在之切近之处，人是存在之邻居。只要人绽出到存在中在世生存，人就肯定是人，人就肯定会发现自己存在的本真性。"存在"概念是海德格尔存在主义哲学的核心范畴，其本身是不可定义的。按照海德格尔的说法，存在是使存在者成为存在者、显现为存在者的根据或先决条件，其地位与一切存在者相比较而言具有优先性。所有的存在者只有先行存在起来才有自身的存在，才能够成为现实的、确定的存在者。没有存在本身就没有存在者，但存在本身不能等同于存在者，存在本身不是存在者。"在这个有待回答的问题中，问之所问是存在——使存在者之被规定为存在者的就是这个存在；无论我们怎样讨论存在者，存在者总已经是在存在已先被领会的基础上才得到领会的。存在者的存在本身不'是'一种存在者。"③ 在海德格尔视域里，人是一种能够领会存在的存在者，是一种能够领会"在此存在"的存在者，因而人是一种"此在"，即人总是生活在某个历史阶段和某种社会关系之中，是在此生活而不是非在此生活。"对存在的领会就是此在的存在的规定。"④ 海德格尔指认说，此在的本质

---

① ［德］海德格尔：《路标》，孙周兴译，商务印书馆 2000 年版，第 378—379 页。
② ［德］海德格尔：《路标》，孙周兴译，第 379—380 页。
③ ［德］海德格尔：《存在与时间》，陈嘉映、王庆节译，生活·读书·新知三联书店 2006 年版，第 8 页。
④ ［德］海德格尔：《存在与时间》，陈嘉映、王庆节译，第 14 页。

是"去存在",即在世界之中存在。所谓"在世界之中存在",不是指人在世界这个空间中存在,不是一个存在者到另一个存在者之中现成地存在,例如像水在杯子之中存在,衣服在衣柜中存在那样,而是指此在与存在共在,人与世界交融在一起。此在正是与存在共属一体,才能够用存在照亮自己,看清自己所应该具有的本质,因为存在就是澄明本身。

> 在"在世界之中存在"这个规定中,"世界"根本就不意味着一个存在者,并不意味着任何一个存在者领域,而是意味着存在之敞开状态。只要人是绽出的生存者,人就存在并且就是人。人绽出到存在之敞开状态之中,而存在本身就作为这种敞开状态而存在,存在作为抛投已经为自己把人之本质抛入"烦"中了。如此这般被抛入,人就置身"在"存在之敞开状态中。"世界"乃是存在之澄明,人从其被抛的本质而来置身于这种澄明中。①

也就是说,规定人本质的东西并不是人本身,而是存在,存在比人本身更为重要。人必须先行存在,然后才能成为存在者,才有此在,并进而才能操心、操劳这个世界。当然,这个规定人存在的存在并不是在人之外,像上帝那样凌驾于人之上,而是在人之中,即人与存在共在。没有存在就没有人这个存在者,但没有人这个存在者也就没有存在本身。

然而,在海德格尔看来,近现代人道主义哲学完全遗忘了存在,遮蔽了存在,根本不从存在之中寻找人之为人存在的本质,结果导致现代人处于无家可归的状态。既然人与存在共在,才澄明了人之本质,由此可以毫无疑问地确认,存在是人的家,是人的居所。遗忘了存在,就是遗忘了家,而人没有了家,人就必然沦落为无家可归状态而成为一个流浪者,人在本质上也必将陷于惘然若失之中。"必须如此这般来思

---

① [德]海德格尔:《路标》,孙周兴译,商务印书馆2000年版,第412页。

的无家可归状态，乃基于存在者的存在之被离弃状态。这种无家可归状态是存在之被遗忘状态的标志。由于存在之被遗忘状态，存在之真理始终未被思及。存在之被遗忘状态间接地表现在：人始终只是观察和处理存在者。"① 海德格尔还进一步确认，"无家可归状态变成了一种世界命运"，成为整个欧洲历史的必然性。即无家可归状态由形而上学所引起，并通过形而上学得以加强和巩固，同时又被形而上学所掩盖、遮蔽起来。无论是唯物主义、唯心主义，还是基督教哲学，都没有找到通往存在、通往家的道路。"作为发送存在真理的天命，存在始终被遮蔽着。"

"有鉴于人的根本性的无家可归状态，对存在历史性的思想来说，人的未来天命就显现在：人要找到他进入存在之真理的道路，并且要动身去进行这种寻找。"② 海德格尔寻找的结果便是人从自身站出来，走向存在，达成绽出之生存。通过绽出之生存便可以合乎逻辑地确认：作为绽出地生存者的人必须守护存在之真理，即守护自己的人性。海德格尔认为，人正是作为存在的看护者，才获得自身的伦理尊严。因为人被存在本身召唤到对存在之真理的保藏中了，进入存在之真理而看护着存在之真理，人只有在守护真理的行动中才能够赢得自身的伦理尊严。守护存在之真理，由此确认了人与存在的关系是一种基本的伦理关系。如果说现代人遗忘了存在而无家可归，那么人进入存在并看护存在，才能真正找到家并真正回到家。"从存在本身来规定的人之本质才有在家之感。"③ 人是存在的看护者，既是人的本质，又是人的身份，人只有完全履行这一身份，看护存在之真理，让万物都存在起来，才能成就自身的本质和高尚的美德。

海德格尔所表达的思想是：人与存在共在，命运般地决定着人是存在的看护者，人通过看护存在之真理的身份而赢得自身的存在本质，给我们澄明人对自然的身份有很重要的启示。在前面一章里我们已经

---

① ［德］海德格尔：《路标》，孙周兴译，商务印书馆2000年版，第399—400页。
② ［德］海德格尔：《路标》，孙周兴译，第402页。
③ ［德］海德格尔：《路标》，孙周兴译，第408页。

证明，人与自然本质上是融为一体的存在，人内在于自然世界之中，自然世界内在于人之中，人与自然共在。既然人是通过与自然共在的方式照亮自己存在的，澄明自己的本质，而追求人之为人的存在又是人的终极目的，由此就决定了人必然是自然界的看护者，拥有一种看护自然界的身份。也就是说，大自然是人性的来源，人要成为人，就必须看护自然界，像守护自己的人性那样守护自然界。海德格尔的存在论是一种哲学本体论，或基础本体论，因此，通过人的绽出之生存、通过此在与存在共在而论证人是存在的看护者，属于本体论的论证。由此可以合乎逻辑地说，人是自然界的看护者也是本体论的结论。本体论的论证意味着，看护自然的身份是人的天命。如果我们承认人与自然一体和共在是人的本然存在状态，而这种本然状态是人类加工改造自然界实践活动的出发点和必然归宿，那么，人是自然界的看护者就是人不可逃脱的命运，就是人必须承受的天命。动物被自然必然性所束缚，遵循弱肉强食的生物法则，冷酷无情地参与你死我活的生存竞争，根本不懂得看护自然界，也根本不领受任何身份。人毕竟不是动物，而人对自然必然性的超越就在于能够背叛弱肉强食法则，与自然共在，即能够关爱整个自然界，能够看护整个自然界。人只有很好地履行看护自然界的身份责任，守护自然界的稳定、美丽、和谐之真理，才能真正地生成为人，并走向崇高。人是自然界的看护者，那么人怎样看护自然界呢？当然是依据自然界的生态法则和生态规律去看护自然界。自然界的生态法则和运行规律是让自然万物涌现出来，让自然万物和谐存在。就像中国传统文化所强调的那样："天之大德曰生。"尽管自然界中也充满着生存斗争和死亡，但是，大自然恰恰是通过让自然万物的死亡而维持生命的不断新生和大自然本身的欣欣向荣。因此，人对自然界的看护，让自然万物涌现，就是守护自然界之真理，展现自然界之大德的本性。然而，自人类参与自然界进化过程以来，就彻底遗忘了人的这一使命，总想征服自然、战胜自然和操控自然，结果导致自然界对现代人的报复。生态危机教训了我们，人们应当从睡梦中觉醒，领受看护自然之身份的天命，认真守护自然之真理。

在此我们需要注意的是，人与自然一体和共在并不是一种现成的存在，或已有的存在，而是人守护自然界实践活动的建构结果。也就是说，人与自然本质一体和共在本身包含着对自然的看护，这种看护自然的道德责任要求人们必须行动起来，通过以看护自然的方式对待自然，从而将人与自然本质一体和共在性生动地呈现出来。人与自然本质一体和共在是一种看护自然的实践活动。因为人怎样对待自然，人自身就怎样存在，人是通过对待自然的方式而获得自身本质的。用马克思的话说，人怎样生产，人就怎样存在。"他们是什么样的，这同他们的生产是一致的——既和他们生产什么一致，又和他们怎样生产一致。"① 马克思所谓的生产活动，就是人对待自然的实践方式。因此，人对待自然的实践方式不同，人自身的本质也就随之不同。现代人以征服自然和掠夺自然的方式对待自然，结果导致自然界的残破和生态危机的发生。自然界的残破本身则表征着人性的残破，生态危机实质上是人性的危机。看护自然的身份是对现代性征服自然身份的超越，看护自然的身份，实质上要求在实践活动中实现人与自然的和谐共生，人存在亦让自然万物也存在。人正是通过看护自然的实践活动而实现自己终极追求的，完成自己的人之为人的存在。因此，看护自然才是人的正当身份，才是人的应然存在状态。

看护自然的身份与古代人敬畏自然的身份是不同的，它并没有让人丧失伦理尊严，不仅如此，人正是在看护自然中成就自身的美德和伦理尊严的。古代人敬畏自然，是将自然世界凌驾于人之上，用马克思的话说，人像牲畜一样匍匐在自然脚下而任其宰割。看护自然则是在人与自然一体和共在基础上生成的，而人与自然本质一体和共在表达的是人与自然的平等性，人既不在自然世界之上，亦不在自然世界之下，而是在自然世界之中，与自然世界共属一体。在本体论层面，人与自然是平等的存在。正是人与自然的平等性，才能够产生人对自然的尊重。人尊重自然，实际上就是尊重自己。人对待自然的任何方式最终都会

---

① 《马克思恩格斯选集》（第 1 卷），人民出版社 1995 年版，第 67—68 页。

返回到自身，正如恩格斯所说，自然本身存在着对人的报复能力。人伤害自然，必然被自然所伤害；人尊重自然，必然被自然所尊重。人对生物本性的完全超越，利他主义的彻底完成，人之为人之尊严的最终实现，恰恰在看护自然的身份之中。海德格尔称"神圣者就是自然之本质"①，并认为神圣者之所以为神圣者，不是因为它是神性的，而是因为它让自然万物现身当前，让自然万物得以澄明。"自然比'季节'更早，因为作为令人惊叹的无所不在者，自然先就赋予一切现实事物以澄明，而只有进入澄明之敞开域中，万物才能显现，才能显现为现实事物之所是。自然先行于一切现实事物，先行于一切作用，也先行于诸神。"② 自然先行于诸神，自然无疑是神圣者。人看护自然界，就是以遵循自然的方式对待自然，以让万物涌现的方式改善自然，因而人也必然随着对自然的看护而成为神圣者，获得自身的伦理尊严。

四 自然界是审美的对象

审美是人类生活的有机组成部分，真正的人是不能没有审美的，真正的生活也不能离开美。美学家高尔泰有一段美轮美奂的文字，揭示了审美处处发生在我们身旁，生活之中无处没有美，以及美在人类生活中的价值。

> 无论春华、秋实，夏日的云影还是冬天的树木，无论晨曦、暮霭，正午灿烂的阳光还是潇潇不绝的夜雨，都可以是美的。大至星汉日月，惊雷狂飙，小至花蕊蜂须，冰雪的结晶，古老如绝塞长城，石鼓篆鼎，短暂如晓月秋露，飘风流莺，都可以是美的。无论大街、小巷、荒村、野店，无论森林、草原、沙漠极洲，无论大海深处还是宇宙太空，都有美的踪迹。总之凡有人类的地方就有美，

---

① ［德］海德格尔：《荷尔德林诗的阐释》，孙周兴译，商务印书馆2000年版，第69页。
② ［德］海德格尔：《荷尔德林诗的阐释》，孙周兴译，第68页。

凡有生活的地方就有美。"浮云游子意，落日故人情"；"感时花溅泪，恨别鸟惊心"，这些无情的物质事实，都由于美而有了人性。都由于美而于我们显得非常亲近。孤寂中它陪伴你，困苦中它安抚你，喜庆时它表示热烈祝贺，悲哀时它给予无言的慰藉。①

虽然说，大千世界到处都存在着美，但是美却又是那么渺茫而抽象，近在咫尺而又不可捉摸，有些人能够欣赏到美，有些人则根本看不到美。人与人之间之所以有如此巨大的差异，这与人对现实的"审美"有着密切的关系。《美学大辞典》给"审美"下的定义是：

> 审美，亦称审美活动。人发现、感受、体验、评价美和创造美的实践活动、精神活动。……审美活动是人所特有的基本的实践活动和人的本质性的存在方式，是以心灵感知、情感体验、能动创造为特征的自由的生命活动，是主体在与客体的精神交流中能动地确证自己本质力量的特殊方式，具有鲜明的主体性和个体化特征。审美是实现人的精神需求的价值活动，它没有个人的直接实用功利性，但有完善人性、促进人与世界和谐的功利性。②

人在审美活动中必然要与现实对象发生一定的相互作用关系，这种相互作用关系亦被称为审美关系。"所谓审美的关系，就是作为主体的人，通过欣赏或创作的活动，在客体的对象中，去发现、感知和鉴赏它的美以及它的其他的美学特性。"③ 由此可见，审美是人们理解对象世界的一种特殊方式，是人与对象世界形成的一种无功利的、感性的和情感的关系状态。审美是主体与现实对象，理性与情感上感知、理解、评价对象世界。在"审美"这个概念中，"审"是动词，它表示人作为主体对"审"的介入，"美"则是对现实对象产生的心理愉悦的感受，

---

① 高尔泰：《美是自由的象征》，人民文学出版社1986年版，第38页。
② 朱立元主编：《美学大辞典》，上海辞书出版社2014年版，第60页。
③ 蒋孔阳：《美学新论》，安徽教育出版社2007年版，第6页。

即一定要有现实对象可供人进行审美。也就是说,认为美是纯粹客观的,或者认为美是纯粹主观的,都有可能是偏颇的。审美要以人与现实对象世界的关系为基础,有主体对客体的审视才有美的产生和存在,因此,审美应当是主观与客观的统一。由于人们对现实对象的主观体验、情感感受不同,必然导致人们在审美方面出现差异。

既然审美必须要有审美的对象,审美不能脱离审美对象而审美,审美是认为审美对象美不美,于是美的本质就具有了一定的客观属性,或者说美不能脱离客观而存在。美的这种客观属性包括审美对象的自然属性和社会属性两个方面。美是自然物的自然属性,得到许多人的认可,蔚蓝的天空、悠悠的白云、大海的波涛、山峰的巍峨、青青碧草、花开芬芳、色彩绚丽、线条柔和、鸟鸣委婉、虎啸龙吟等,许多自然物的自然属性都给人带来美的享受。就此而言,自然界具有审美价值,或者说自然界要能够给人们带来审美愉悦,本身一定是美丽的,是没有遭受破坏和污染的。蔚蓝的天空、悠悠的白云之所以美,是因为没有雾霾的污染;青青碧草、花开芬芳之所以美,是因为没有除草剂的危害;绿水青山、辽阔草原之所以美,是因为没有垃圾满地、死尸遍野、污水横流。自然美是自然物的自然属性得到了充分的展示,即使是人工花园也充分遵循了自然物的自然属性。如果自然物的自然属性遭到破坏和污染,人们就难以从中欣赏到美。垃圾遍地、污水四溢、臭气熏天、雾霾遮日、断枝残花、死尸遍野,无论如何也生成不了美并产生美感。

人不能没有美,不能没有审美,因为美象征着人的本质,代表着人的自由和解放,美是人之为人的标志。

> 正因为审美的需要是一种人的需要,所以一种犯罪的心理是同美不相容的,所以粗野庸俗、动物性的人,例如市侩、恶棍之类是没有美感的,他可能只看到珠宝的价值而看不到它的光泽的美,他可能认为一个立柜或一对沙发比一幅名画更有价值。美是人的人化

程度的标志,美的哲学是人的哲学的最高境界。①

马克思也论述过这一问题:"五官感觉的形成是迄今为止全部世界历史的产物。囿于粗陋的实际需要的感觉,也只具有有限的意义。……忧心忡忡的、贫穷的人对最美丽的景色都没有什么感觉;经营矿物的商人只看到矿物的商业价值,而看不到矿物的美和独特性"②。这就是说,在审美过程中人的超越性呈现、人在审美中感受到自由和解放,就在于他超越了庸俗和市侩,超越了狭隘的功利主义目光,真正做到无功利性地审视审美对象。只有无功利、无利害地看待审美对象,才有可能产生美。康德就坚守这一立场,认为审美必须是无功利的。"每个人都必须承认,关于美的判断只要混杂有丝毫的利害在内,就会是很有偏心的,而不是纯粹的鉴赏判断了。"③ 康德的鉴赏判断就是审美判断,鉴赏判断只有无功利才能够欣赏到美。"鉴赏是通过不带任何利害的愉悦或不悦而对一个对象或一个表象方式作评判的能力。一个这样的愉悦的对象就叫作美。"④ 因此,对自然界的审美与科学家对自然界的认识完全不同,科学家认识自然界就是要认识自然界的工具价值,强调自然物对人类有没有用,能不能成为资源;而对自然界审美则必须抛弃这些功利性,如此才能欣赏到自然界的美。要呈现哲学的审美价值,就需要把审美价值与功利应用价值区别开来,只有那些认识到了这种区别的人并无功利性地审视自然界,才会赞赏荒凉的沙漠,深山中飘浮的薄雾,漫天遍野飞舞的雪花,细小而别致的水晶,甚至是暴雨倾盆。既然只有人才能够审美,审美是人之为人存在的象征,而作为审美对象的自然界以及自然物本身又承载着美的价值,不容人们去破坏它和污染它,于是,守护自然界,不仅是守护自然界的存在,而且守护自然界的美丽,就成为当代人必然担当的责任。守护自然界的美丽,就是

---

① 高尔泰:《美是自由的象征》,人民文学出版社1986年版,第28页。
② [德]马克思:《1844年经济学哲学手稿》,人民出版社2000年版,第87页。
③ [德]康德:《判断力批判》,邓晓芒译,人民出版社2002年版,第39页。
④ [德]康德:《判断力批判》,邓晓芒译,第45页。

努力让自然物按照自己的生存目的自然而然地存在，尽力少干扰它们自身的自然特性，不要把人类的不可还原的污染物强加给它们。也就是说，大自然为人类追求美和享有美提供了服务，愉悦了人的精神，使人摆脱了市侩和粗俗，从中得到美的体验和审美情趣，因此，人们为了让自己尽情地欣赏大自然，赏心悦目地生活在大自然之中，感受美的空气、美的水源、美的风景，保护大自然所提供的美的服务，就应当减少人为对自然的侵袭，承担起看护自然的这一重任，担当起自然看护者的身份。

当然，有人会说，自然界当中并不是所有自然物都是美的，并不是所有自然物都能够承载美的价值。但是，如果我们有了生态意识，认识到自然界当中所存在的每一种自然物都是生态系统中不可或缺的一个环节，它们对生态系统的稳定和健康都具有价值，那么我们就会对任何自然物都有可能产生美的感受。当今的生态美学研究，正是从生态系统的"生生特性"出发探讨审美、美感和生态价值的辩证关系的，认为生态和谐与健康，生态系统平衡与稳定，是审美的前提和对象。自然界只有作为一个万物有机结合的整体，每种自然存在物都各有其去处，都按照自己的生存目的生存并对生态系统的稳定性和平衡性做出自己的贡献，自然万物和谐统一就能够生成美。生态美学的出现，为人类审美提供了新的理论视域。

生态美学看到，人们通常只根据自己的主观偏好来判断一个事物的美丑，通常将审美愉悦放在很重要的位置上，很少考虑审美偏好的生态后果，因而造成了对于环境的极大破坏。这方面的例子不胜枚举。比如，人们通常喜欢整整齐齐的草坪，通常用"杂草丛生"来贬低一个地方的审美价值；然而，草坪的维护需要消耗大量的水和化肥，对于淡水资源奇缺的地区来说，草坪审美偏好却成了生态破坏的重要诱因。又如，人们在长期的审美活动中，逐渐形成了对于特定植物的习惯性审美偏好，通常只运用特定的植物来创造景观；这样的植物审美偏好，既造成了植物景观同质化单一化，又对于植物多样性产生了不良影响。简言之，生态美学在认真反思形成人类审美偏好的社会、历史、文化根源的基础上，以生态健康为价值标准，将事物的生态价值放在审美价值之前，通过探讨审美偏好与生态灾难之间的关系，反思和批判人类审美偏好的生态后果，努力倡导一种有利于生态健康的生态审美观。[①]

人对自然界的审美，不仅是自然界本身蕴含着美的属性，而且人自身也必须具有审美能力和审美境界。因为审美必须有主体的介入，自然美不美不是完全由自然本身说了算的，还需要人的主观感受到美，即人自身要有美感。人的美感并不是天赋的，而是在人的社会历史实践活动中逐渐养成的。由于每个人的社会历史实践活动并不完全相同，因而造成了人们在审美时的个体差异，不同的人对同一个审美对象会有不同的审美感受，甚至可能出现完全相反的审美评价。尽管人们之间的美感、美的意识会有差异，但人能够审美，能够对事物做出美的判断，说明美本身是人的一种内在价值的体验，是人之为人本性的价值投射，用康德的话来说，"美是德性—善的象征"[②]。在康德那里，道德和美德是人之为人的本质，正是人拥有了为自身立法的道德，人才从"自然王国"中超拔出来而生成为人的存在。就此而言，美离不开人，美的本质离不开人的本质，美是人本质的象征，亦是人本质的对象化。黑格尔说：

> 人有一种冲动，要在直接呈现于他面前的外在事物之中实现他自己。人通过改变外在事物来达到目的，在这些外在事物上面刻下他自己内心生活的烙印，而且发现他自己的性格在这些外在事物中复现了。人这样做，目的在于要以自由人的身份，去消除外在世界的那种顽强的疏远性，在事物的形状中他欣赏的只是他自己的外在现实……人要把内在世界和外在世界作为对象，提升到心灵的意识

[①] 程相占：《生态美学：迈向生态文明的美学转型》，《光明日报》2019年7月15日。
[②] [德]康德：《判断力批判》，邓晓芒译，人民出版社2002年版，第201页。

面前，以便从这些对象中认识他自己。①

黑格尔举例说，当一个小男孩把石头用力抛在河水里时，对其接连溅起的一个又一个的圆圈，之所以会露出惊奇的神色，是因为他觉得这是他完成的一个作品，在他完成的这个作品中他看出那一圈圈涟漪是他自己活动的结果，于是他才对它进行欣赏和发出赞叹。

马克思不仅承认美是人本质的对象化，还将美同人的解放和自由联系起来。马克思首先指认私有制不可能产生美，因为私有制只是用一种目光看待一切，即把自然物仅仅当作有用或没用的工具价值来审视。"私有制使我们变得如此愚蠢而片面，以致一个对象，只有当它为我们所拥有的时候，就是说，当它对我们来说作为资本而存在，或者它被我们直接占有，被我们吃、喝、穿、住等等的时候，简言之，在它被我们使用的时候，才是我们的。"② 也就是说，在马克思视域里，私有制社会中人与自然的关系仅仅是一种异化的物质关系，根本不存在无功利的审美关系，因为一切肉体感觉和精神感觉都被拥有的感觉即感觉的异化所代替。贫穷的人由于贫困的压迫而看不到美景，经营矿物的商人因其唯利是图的本质而只能看到矿物的商业价值。因此，人要做到能够欣赏自然界的美，合乎逻辑的结论便是自然而然地扬弃私有制，使人的感觉和精神都获得自由和解放，并以全部感觉在对象世界中肯定自己。

> 对私有财产的扬弃，是人的一切感觉和特性的彻底解放；但这种扬弃之所以是这种解放，正是因为这些感觉和特性无论在主体上还是在客体上都成为人的。眼睛成为人的眼睛，正像眼睛的对象成为社会的、人的、由人并为了人创造出来的对象一样。因此，感觉在自己的实践中直接成为理论家。③

---

① ［德］黑格尔：《美学》（第1卷），朱光潜译，商务印书馆1979年版，第38—40页。
② ［德］马克思：《1844年经济学哲学手稿》，人民出版社2000年版，第85页。
③ ［德］马克思：《1844年经济学哲学手稿》，第85—86页。

马克思认为,当人按照人的方式同自然界发生关系并打交道时,自然界也就按照人的方式同人发生关系,于是人的需要和享受就失去了利己主义性质,自然界也就失去了自己的纯粹有用性的工具价值,成为真正地表现人本质的对象。"只有音乐才激起人的音乐感,对于没有音乐感的耳朵来说,最美的音乐毫无意义,不是对象,因为我的对象只能是我的一种本质力量的确证,就是说,它只能像我的本质力量作为一种主体能力自为地存在着那样才对我而存在。"①

既然美是人本质力量的对象化,那么通过对自然界审美的这面现实棱镜,人就能够直观自身的自我形象。这就是说,自然界的美象征着人性的美,自然界的丑同样也象征着人性的丑,人通过对自然界的审美,折射出人自身的本质。人本质的对象化是人的实践活动,人只能通过加工改造自然界的实践活动,才能将自己的本质力量置于自然界之中。于是,我们就理解了马克思为什么说,真正的人、合乎人性的人是"按照美的规律来构造"自然界的。也就是说,人们觉得自然界是美的,那是人按照自己的本质,即按照美的规律加工改造自然界的,人的尺度和美的尺度是统一的。

  人都有本质力量。每一个具有自我意识的人,都力图把自己的本质力量,通过实践的活动,最充分最彻底地表现出来。当一个人的本质力量,得到了完美的表现,实现了自己的目的和愿望,达到了自己的要求,于是,就感到满足、幸福、愉快,感到自己与现实的关系,是和谐而自由的,这时,就产生了美。人有深浅高低、雅俗美丑,因此,人的本质力量是各不相同的。不是陶渊明,写不出"采菊东篱下,悠然见南山。"不是文天祥,也写不出"人生自古谁无死,留取丹心照汗青。"每个人都按照自己的本质力量,表现自己,塑造自己的形象。你有什么样的思想感情,什么样的聪明才智,什么样的颖悟和创造力,什么样的品德和价值,一句话,你有

---

① [德]马克思:《1844年经济学哲学手稿》,人民出版社2000年版,第87页。

什么样的本质力量，你必然会欣赏和创造什么样的美，从而把你自己塑造为什么样的形象。①

审美是人本质的显现，自然美是人之为人本质对象化的结果，那么，这就要求人们在加工改造自然界时必须摆脱纯粹的动物性，即摆脱以自然界的纯粹有用性对待自然界的方式，而以一种无功利性的审美方式对待自然界，按照美的规律改造自然界。人按照美的规律加工改造自然界，亦即将人之为人的本质对象化给自然界，意味着人对自然界的看护，人对自然界美丽的守护。当人承担起看护自然界存在、守护自然界美丽的道德责任时，人就拥有了自然界看护者的身份，扮演起自然界看护者的角色。看护自然界存在，守护自然界美丽，亦是守护自己的人性，让自己从动物界中、从市侩之徒当中彻底超拔出来。所以，从审美的角度来说，人需要看护自然界，即守护自然界的美丽。人是自然界的看护者，意味着人也是自己人性的守护者。

当然，我们必须承认，人类加工改造自然界蕴含着维持自己生存的功利主义目的，历代人都是通过加工自然界来维持自己生存的。但是，我们也必须看到，如果把维持肉体生存这一目的本体论化，认为它是改造自然界的唯一目的和根本目的，就必然导致改造自然界实践活动的异化，"异化劳动把自主活动、自由活动贬低为手段，也就把人的类生活变成维持人的肉体生存的手段"②。因此，扬弃异化劳动，必然要将人之为人的存在，即审美的存在置于改造自然界的目的之中，保证人之为人的存在从维护自然界的美丽活动中生成出来。也就是说，人存在不完全是为了生存，否则人与动物就无异了。人有人的更高追求，成为人是人的最高价值。就此而言，对自然界审美，维护自然界的美丽也应当是且必然是人的存在目的。

---

① 蒋孔阳：《美学新论》，安徽教育出版社2007年版，第169页。
② ［德］马克思：《1844年经济学哲学手稿》，人民出版社2000年版，第58页。

第七章

自然界看护者的道德责任

在康德的伦理学当中，道德责任是由于尊重规律而产生的行为必要性，即使该行为必要性和个人爱好所希望的后果背道而驰，也必须执行。由此可以看出，道德责任实际上是一种道德命令，是强制性的道德要求，其表达形式是"你应当如此"。当我们说要承担道德责任时，意味着我们接受某种道德命令和强制性道德要求，并按照这种道德命令和强制性道德要求去行动，去做某件事情。依据道德命令圆满地做了某件事情，该行为就是善的、道德的；没有依据道德命令做事情，行为违背了道德命令，该行为则是恶的、不道德的。看护自然界的道德责任同样也是对人发出的道德命令，要求所有人都必须无条件地遵守和执行。康德所谓的道德责任仅仅是针对他人的，看护自然界的道德责任则是针对整个地球的所有存在物的。尤其是自然界在强大的现代科学技术面前变得越来越脆弱的情况下，看护自然界的道德责任愈发显得重要和迫切。人不是自然界的主人，人是自然界的看护者，这应当是生态文明建设的宣言，是生态文明时代人人应当坚守的基本信念。

一 看护者身份与道德责任

人是自然界的看护者，这是生态文明时代赋予人的一种身份。人一旦拥有了这种身份，就必定要承担起看护自然界的道德责任，履行看

❖ 第七章 自然界看护者的道德责任 ❖

护自然界的义务。如前所述,人的任何身份都内在地蕴含着道德责任,从人所拥有的身份中能够引出该人所必定担负的道德责任。自然界看护者的身份同样也内在地蕴含着看护自然界的道德责任,人成为自然界的看护者,在逻辑上能够推定出人必定要承担起看护自然界的道德责任。人唯有做到看护自然界并看护好自然界,才符合看护者的身份,才将自然界看护者的身份现实地、生动地呈现出来。在人的生命和生活秩序中,如何建构自己与自然世界的关系,是维护自然世界的存在,还是破坏自然世界的存在,是人的伦理信念、道德行为和责任担当的关键。人一旦承认或认同自己是自然界看护者这一身份,就必然产生一种道德必要性,召唤人去看护自然界,命令人主动地将看护自然界的道德责任承担在身,并在实践活动中确实履行看护自然界的道德义务。人对自然界的看护者身份逻辑性地规定了人必须承担看护自然界的道德责任,人拥有了自然界看护者的身份,维护自然界合理秩序、促进自然界繁荣昌盛就成为人不得不履行的道德义务。就像人们一旦拥有和认同了教师的身份一样,教好书、育好人就成为不可推卸的责任。看护自然界的道德责任是看护者身份的显现,没有这一道德责任的承担和践行,自然界看护者的身份就会成为一句空话。实际上,身份本身就意味着道德责任,担当某种身份就是担当某种道德责任,因此,确认人是自然界的看护者这一身份,就等于宣告了看护自然界是人的不可推卸的道德责任,看护自然界是对人的道德律令。

人是自然界看护者的身份,是从人在宇宙中的合理位置上确认的,这属于对人在宇宙中地位的本体论论证。在这一本体论论证中,所谓的"人"并不是指张三、李四等具体的个人,而指认的是整个人类,代表的是人本身。从这一意义上讲,人是自然界看护者的身份指认的是整个人类的身份,其代表的是人类的一种普遍性自我意识。但是,我们千万不要将"人类"理解成为一个抽象的概念,人类代表的是所有人,每一个个人都是人类的法人。因此,人是自然界的看护者,是指所有人对自然世界应当具有的身份。自然界看护者的身份是人类的普遍性身份,由此引出的看护自然界的道德责任亦是人类的普遍道德责任,所有能够履行责任的个人都应该担负起这一道德责任。看护自然界的身份表征着人类的普遍本质，表征着人性，表征着人类的普遍自我意识和自我形象，每个个人都应当义不容辞地认同并接受这一身份，自觉履行看护自然界的道德义务。现代科学技术的发展，使得地球的空间距离被日益缩小，庞大的地球正在缩小为一个地球村，随着经济的全球化，尤其是随着自然环境危机的出现，人类正在形成一个命运共同体，道德责任主体正在以个人为主导转变为以人类为主导。进而言之，整个地球自然环境存在得好与坏，不是哪一个人、哪一个群体、哪一个民族、哪一个国家的问题，而是整个人类的问题，牵涉到整个人类存在的命运。就像2020年流行于全世界的新冠病毒一样，不是哪一个个人能够应对的，只有全世界的人共同行动才有可能最终化解这一传染病危机。如果我们不对地球的存在说不，不对人类的存在说不，那么，全世界的人就必须联合起来，共同作为道德责任主体，共同承担起看护自然界的道德责任。人是自然界的看护者，不是针对哪一个人、哪一个国家，而是针对所有的人，针对整个人类，人类是看护自然界这一道德责任的主体。所有属于人的个人都应该分有这一身份，都应该分有这一道德责任。

约纳斯在《技术、医学与伦理学——责任伦理学的实践》这部著作中强调，随着技术时代的来临，道德责任的主体正由个体逐步让渡于公共主体和人类整体。"公共进步伴随着其功能的实现，在一定程度上超过了个体伦理学的作用。"[①] 在约纳斯看来，现当今人类面临的生存状况和存在危机不再仅仅是个人的，而是整个人类的"总体状况"，面对人类这种"总体状况"，任何个人的德行都是无能为力的，任何个人的英雄主义美德都不能拯救与应对整个人类的厄运。正是应对的问题越来越超出个人领域，道德责任主体势必也转向公共主体，转向"集体性主体"，道德责任愈发成为一种公共行为。"建立一个以任何方式统一起来的人类——人类最终肯定只是合适的行动主体，对于它总体

---

① ［德］汉斯·约纳斯：《技术、医学与伦理学——责任伦理学的实践》，张荣译，上海译文出版社2008年版，第41页。

❖ 第七章　自然界看护者的道德责任 ❖

上涉及的事情来说——是未来世界一个最紧迫的目标。"① 人类的概念原来是抽象的，在当今巨大的技术风险和环境风险的背景下变得越来越清晰具体，人类的存在越来越成为一种普遍性共识，成为一种最新、最高的价值理念。"如果对全体的责任就是明天世界的最高价值，那么，这种补充价值对明天世界的对象，正好对'全体'（人类本身）来说就是一种鲜活的思想。于是，唤醒、呵护，甚至建立一种对'人类'的感觉就是一项对明天世界极端重要的、具有教育意义和理智的任务。"② 人类概念是超民族、超地区、超国家的总体，拒绝超民族、超地区、超国家之间的紧密团结将会招致灾难，因为当今超民族、超地区、超国家的事业正在成为一项伟大的事业。人们必须在尊重民族性和地区性的基础上倾听人类超出民族、超出地区事业的呼唤，不仅需要赢得民族性、地区性、国家性对它的承认，还要承认超民族、超地区、超国家的事业是最高的事业。为此，约纳斯还通过《圣经》所说的"人是按照上帝的形象创造的"思想，论证了超民族性、超地区性、超国家性为什么是最高的、合理的要求，即上帝创造的人不是这个人或那个人，而是人本身，人类本身就是具有超民族、超地区、超国家差别的一个整体。约纳斯提出的"集体性主体""超民族性"的人类是道德责任主体的思想，为我们证明了"人类""人本身"，即"所有人"都能够成为履行看护自然界道德责任的主体，而且随着自然环境问题越来越严重，像2019年下半年到2020年上半年那样，新型冠状病毒在全世界流行，蝗虫灾害横扫非洲及亚洲几十个国家，南极出现极热天气，燃烧了几个月的澳洲大火，都预示着人类本身越来越成为不可推卸的道德责任主体。人类只有承认这一主体，相信人类已经结成生态命运共同体，才能够有效地应对世界性环境危机。

人是自然界看护者身份和道德责任不是由某个社会、某个群体规定的，而是作为普遍者的人对自己普遍本质认知的结果，是通过对人在

---

① ［德］汉斯·约纳斯：《技术、医学与伦理学——责任伦理学的实践》，张荣译，上海译文出版社2008年版，第49页。
② ［德］汉斯·约纳斯：《技术、医学与伦理学——责任伦理学的实践》，张荣译，第49页。

宇宙中位置的合理确认的结果。平常我们所说的人的身份和角色，往往是指个人的身份和角色，其参照的是个人在社会中的位置。人是自然界的看护者，人与自然世界共在，其参照的是人在自然世界中的位置。人在自然世界中的位置亦是人对自己在宇宙中是一个"什么样的人"的自我画像，是人对自己真正普遍本质的体悟。只有达到了面对整个自然世界、整个宇宙而生成的人性，才是真正达到了人本质的普遍性。人通过与自然世界的关系而认知自己的普遍本质，就超出个人的社会范围，成为一个普遍性的自我意识。在此需要注意的是，人与自然世界共在的这种普遍性自我意识不是对人性、对人类自我的一种普遍性抽象，而是包含着丰富的生态内容、包含着万物存在于自身之内并照看万有的道德要求。按照黑格尔的理解，人"是一个能意识到普遍性的普遍者"①，而人的这个普遍者之所以是普遍性的，在于他能够说出普遍性的"我"字。然而"我"并不仅仅是纯粹的"我"，还包含着"他"和"你"在"我"之中，没有"他"和"你"的存在，就没有"我"的存在。因此，当人对自然世界形成普遍自我意识时，就意味着人类自我有着丰富的内涵，将宇宙中的一切存在者都蕴含在自我之中。人将整个世界和自然万物全都内化在自我之中，成为自我意识的一部分，于是人的普遍性自我是整个世界的自我，是胸怀整个宇宙的"大我"。

当人的普遍性自我升华为宇宙自我意识时，就必然对整个世界和自然万物的存在负责任，"人类的责任因此首次成了整个宇宙的责任"②。也就是说，自然界看护者的道德责任是对整个自然世界的道德责任，既包括对动植物生命个体的道德责任，也包括对维持生命个体存在的土地、河流、高山和空气的道德责任，还包括整个自然生态环境整体的道德责任。环境哲学中深层生态学学派的奈斯提出了"生态自我"概念，其意思是指个人自我意识认同所有自然存在物，个人自我与自然

---

① ［德］黑格尔：《小逻辑》，贺麟译，商务印书馆1980年版，第81页。
② ［德］汉斯·约纳斯：《技术、医学与伦理学——责任伦理学的实践》，张荣译，上海译文出版社2008年版，第29页。

融为一体而成为一种大我，做到"在所有存在物中看到自我，并在自我中看到所有存在物"。奈斯提出生态自我概念的意义在于，每个人都追求自我实现，当个人拥有了一种生态自我意识时，就必然将所有其他存在物的利益也加以实现。由此可见，人的自我意识一旦拥有了生态内涵，就必定对包括自己在内的整个生态世界的存在负有道德责任。只不过，奈斯的生态自我指认的是个体，人是自然界看护者的自我意识，则指认的是整个人类自我。人的本质是与自然世界共在，人的自我意识是世界性的普遍自我意识，必然包含对万有负责的丰富内容，并最终引领人走向人与自然和谐的共生，走向人与自然和谐的共在。

人生活在社会中，人是社会性存在物，因而人必须对社会负责任。依据这一逻辑，我们同样也可以说，人不仅生活在社会中，而且生活在自然世界之中，并与自然世界共在。人与自然世界共在决定了人的普遍本质具有世界性，人类的自我意识应当是世界性自我意识，宇宙性自我意识，因而人必须对自然世界的存在负有道德责任。长期以来，人们总是从社会性或人与人关系出发论证人的普遍本质，实际上这是对人的普遍本质把握的一个误区。人的社会性强调的是人类利益共同体，而不是生命共同体，道德责任作为一种福祉仍然仅仅局限于同类而不能向异类开放。然而，当人仅仅对自己的同类负有道德责任时，他仍然是狭隘的物种利己主义，与道德的利他主义精神背道而驰。虽然道德必然关心人自身的利益，但道德的本质无论如何也不能没有利他主义精神，甚至可以说，道德之为道德，就在于它蕴含着利他主义精神。尽管马克思也强调："人的本质不是单个人所固有的抽象物，在其现实性上，它是一切社会关系的总和。"① 但是我们应当看到，马克思所谓的"一切社会关系"是包含人与自然关系在内的。在马克思那里，人与自然的关系同人与人的关系始终是相互制约地统一在一起的。因此，走出狭隘的社会性，承认人与自然是生命共同体，人与自然共在，即以人在自然世界中的位置为参照系而确认人的普遍本质，必然使人的普遍

---

① 《马克思恩格斯选集》（第1卷），人民出版社1995年版，第60页。

本质具有世界性。既然人是世界性存在，没有自然世界就没有人的存在，没有自然世界就没有人的普遍本质，那么对自然世界的存在负道德责任，即看护自然界的存在，就成为人不得不承担的道义。"人对人类的顾念和伦理敬重的特有权利，伴随着人对其他所有别的生命的一种几乎垄断式的权力的获得，完全被击得粉碎。地球的权利是头等的，人再也不能只想着他自己。"①人只有通过自觉履行看护自然界的道德责任，即人的道德责任向整个自然世界开放、向自然世界中的万有开放，人才彻底超越了狭隘自私的物种利益，人的普遍本质和利他主义精神才算最终得以完成，并从而成为完美的存在，真正地生成为人。"人类有其完美性，而他们展现这种完美的一个途径就是看护地球。"②人的普遍本质是在自然世界之中存在，由此产生的看护自然界的道德责任也是一种普遍性的道德责任，看护自然界的道德合理性就在于它对人普遍本质的表达和显现。个人存在的合理性同样在于其与人的普遍本质相结合，脱离了人的普遍本质的个人是非人，或者说是根本不存在的。基于此，当下个人存在的合理性也必然是在自然世界之中存在，是承担看护自然界道德责任的存在。个人存在的合理性正是通过人本身存在的合理性得以确认的。

既然人的本质和普遍自我意识是向自然生成的，没有对自然世界的自我认同就没有人的本质，由此决定了人看护自然界的道德责任具有先在性，即人对自然界负有的道德责任优先于人对社会负有的道德责任，以及优先于对自然界开发与利用的责任。因为没有自然界的存在就不可能有人类的存在，就不可能有人类社会的存在；自然界不存在，就谈不上任何对自然界的开发与利用，更谈不上想对自然界进行开发与利用的人类。人在宇宙中的位置是人的本体论存在，哲学上的本体是优先于任何存在的存在，是一切存在的根据和出发点。就此而言，人对自然界的看护责任作为本体性责任，或者说是从本体中引出的责任，

---

① ［德］汉斯·约纳斯：《技术、医学与伦理学——责任伦理学的实践》，张荣译，上海译文出版社2008年版，第28页。
② ［美］罗尔斯顿：《环境伦理学》，杨通进译，中国社会科学出版社2000年版，第461页。

第七章 自然界看护者的道德责任

必然优先于一切责任。康德的实践理性作为对本体界的应用虽然具有先在性，但康德的实践理性的本体界指认的是人的"自由王国"，由此决定了康德实践理性的一个重要缺陷，其只能应用于人与人关系范围内，而不能应用于人与自然关系范围内。如果我们摒弃康德实践理性的这一局限性，承认并接受本体高于现象之理念的合理性，那么，人看护自然界这一道德责任的优先性也就具有了本体论的合理性与正当性。看护自然界的道德责任具有优先性，在于表明当代人必须先行担负起对自然界的道德责任，向破坏自然界的行为说不，不对自然界的存在投反对票。先行看护自然界，首先是先行阻止对自然界的恶，不让自然界再受到伤害，不让自然界再继续破败下去。凡是那些不利于当前自然界存在，以及以后不利于自然界存在的政治、经济、文化、科技行为，都必须加以限制，使其不能盲目地施加于自然界。人类只有一个地球家园，它不仅为人类的存在提供了栖息地，而且为人的普遍本质的生成提供了参照价值。人与自然世界共在，说明人与自然万物共享这个地球，对自然有利的东西也必然对人的存在有利。植物、动物和人都需要新鲜的空气，干净的水和肥沃的土地，在脆弱的自然环境之上很难建立起健康的社会文化和伦理精神。人与自然界所有生命是相互交织在一起且同属一个共同体，人类的科学技术发明，以及人类对待自然界的各式各样的实践行为，在进入自然界之前，都必须经受看护自然界之道德检察官的检视。对自然界有利的、善的，可以应用于自然界；对自然界有害的、恶的，对自然界的存在造成威胁的，决不能应用于自然界。笔者非常赞成约纳斯的观点，道德责任不仅在于追求善和实现幸福，在面临巨大自然风险和巨大社会风险的今天，更在于阻止有可能造成伤害自然界、进而伤害人类自身的恶。当然，有些人可能会说，关于哪些科学技术对自然界是善的、哪些科学技术对自然界是恶的，当下是不能确定的，即科学技术的后果在人类知识和能力有限的当下是未知的。不可否认，当代新兴科学技术的后果确实具有不确定性，但这并不是其必然应用于自然界的理由，反而是阻止其进入自然界的盾牌。看护自然界的道德责任应先行阻止对自然界的恶，其意义就在于，凡是那些后果不确定的科学技术，都应该被狙击于自然界大门之外。用中国古老的成语来说，"不怕一万，就怕万一""小心驶得万年船"。因为现代科学技术都是高科学技术，对自然界的威能是不可估量的，其一旦对自然界造成伤害往往是巨大的，甚至是不可逆的。等到发现某种科学技术对自然界具有危害时，就往往已经来不及阻止了。因此，约纳斯一再强调："小心谨慎成了高一级的德行"①"道德哲学应该先于我们的希望考虑我们的恐惧"②。对未来自然界不存在恐惧，对未来后代人不存在恐惧，是我们勇于承担先行看护自然界道德责任的心理动机。

当然，看护自然界的道德责任具有优先性，并不意味着不让人看护自己，放弃人对自身看护的责任，也并不是说对人自身的看护不重要。在看护自然与看护自己的关系当中，人只有先行看护自然界，才能够真正做到看护自己；人只有先行对自然善，才能真正实现对自己善，先行对自然善就是对己善。同样的道理，看护自然界的道德责任具有优先性，并不是不让人们开发、利用自然界，更不意味着阻止人们开发与利用自然界，而是指在开发、利用自然界之前，对如何开发与利用自然界必须经得起看护自然界之道德责任的检验。如果是破坏性地开发、利用自然界，就必须加以坚决制止；如果是在保护的前提下开发、利用自然界，则是容许的，在道德上是受鼓励的。人类在这个地球上生活，就不得不开发、利用自然界，谋求人的幸福也是人的基本权利。"人作为自然生物依赖于自然，不利用自然的建设性功能，他根本就活不下去。从合法理论来看，存在一种务实的命令：人干预自然，总的来说是一种聪明的要求。"③ 但是，干预自然界不是人的任意妄为，而应当是在合乎看护自然界之道德责任的要求下的干预，在先行看护自然界原

---

① [德]汉斯·约纳斯：《技术、医学与伦理学》，张荣译，上海译文出版社2008年版，第45页。
② [德]汉斯·约纳斯：《责任原理：现代技术文明伦理学的尝试》，方秋明译，香港：世纪出版有限公司2013年版，第37页。
③ [德]奥特弗利德·赫费：《作为现代化之代价的道德——应用伦理学前沿问题研究》，邓安庆、朱更生译，上海世纪出版集团2005年版，第102页。

则下利用自然界。看护自然界具有先在性，正在成为生态文明建设和环境保护运动的应当。

看护自然界的道德责任除了阻止对自然界的恶之外，还要加强对自然界的善，积极进行环境治理，恢复自然界本身的生态功能和生态多样性，还自然界稳定、和谐与美丽。人类总是要改变自然界的，进行加工改造自然界的实践活动是人的天命。因此，怎样改变自然界，怎样对待自然界是善的，就成为我们必须思考的问题。因为人类认为对自然界是善的东西，对自然界本身来说并不见得就一定是善的，只有自然界最懂得自己。因此，善待自然界首先是尊重自然界的生态法则，按照自然界本身的存在去守护自然界；其次是尽量少地人为干预自然界，凡对自然界的人为干预，都有可能造成对自然界的某种程度的伤害。让自然界按照自己的存在方式和进化方式存在并演替，有可能是最善的。

在当今的生态伦理学研究中有一个流派，强调人是世界公民、地球公民、生态公民、环境公民，试图从公民身份的角度，确认人对世界、对地球、对生态、对环境的道德责任。这一研究取得了不少成果，值得我们重视。但是，世界公民、地球公民、生态公民、环境公民概念，总是将人作为世界的一个普通公民、生物链条上的一个普通环节、生态系统中的一个普通成员来看待，就像利奥波德提出人是大地共同体中的普通公民一样，具有贬低人的存在价值的倾向。因为这种生态整体主义总有一种不可避免的局限性，就是整体的价值大于个体的价值，整体的存在优先于个体的存在，个体的价值只有通过对整体的贡献方可得到确认。人在生态整体中，如同动物、植物、高山、流水、土地一样，没有任何可以称颂的、高出其他成员或其他公民的价值。但问题是，既然人的价值与生态整体中的其他成员或公民完全相同，只不过是一个普普通通的公民，那为什么非要强求人来承担公民的道德责任，而却不让动物、植物等"公民"来承担道德责任呢？如果认为人是理性存在者，人拥有道德责任意识，而动物则没有这种理性和责任意识，所以人应该承担道德责任，那么这种理由显然就不再将人置于普通公民的地位上了，而是表明人具有某种特殊性。如此一来，与其说通过大地公民身份来强化人对自然界的道德责任，还不如说通过大地公民身份的"普通性"反而有可能弱化人的道德责任，将人混同于动物中的一员。笔者虽然也主张人与自然是一个共同体，人与自然是一个整体，但笔者所强调的整体是人与自然从对立走向统一，而不是从众多走向一。生态整体主义的本质是一与多，其揭示的是自然界的生态事实和生态法则。人与自然之间对立统一的整体性则揭示的是一个基本的哲学事实。人与自然之间对立统一关系，意味着人绝不是自然世界中的普通成员或普通公民，而是一个能够承担起道德责任并拥有人之为人存在的特殊存在，是一个能够与自然界平起平坐的存在。人的这种特殊性存在是人的一种绝不混同于动物的优越性和优秀性。正是拥有这种优越性和优秀性，人才有可能完成与自然世界的本质统一，才有可能承担起看护自然界的道德责任。当然，人对自然世界中其他成员所具有的优越性和崇高性不是人征服自然的理由，而恰恰是人能够看护自然界的根据。所有的动物都遵循着生物法则而弱肉强食，唯有人才能够超越这一自然法则，承担起看护自然万物之责，这样人才能够显现出这种优越性和优秀性。

二 看护自然界的存在

人是自然界的看护者，因而人必然承担着看护好自然界的道德责任。这种看护好自然界的道德责任具体来说，首先表现为看护好自然界的存在，即让自然界存在起来，而不是让自然界遭受破坏或毁灭。自然界是一种存在，这种存在代表着自然界本身旺盛的生命力，生机勃勃、郁郁葱葱是其本然。在自然界中莺歌燕舞、柳绿花红、雄山巍峨、小河潺潺，万物竞自由；虽然其中也充满着血腥和死亡，但正是死亡的存在才能迎接新生命的诞生，才导致了万物的进化和生命的强大。

第七章　自然界看护者的道德责任

大自然是诞生与死亡、耕耘与收获、恒常与流变的一个大舞台；是发育、开花、结果和枯败的舞台，是自然过程自我展开的舞台；是痛苦与欢乐、成功与失败的舞台，是丑让位给美、美又复归于丑的舞台。通过凝思大自然，我们便会感受到生命在持续的混乱中所拥有的那份短暂的美。这是一幅生命的乐章，尽管其中也有低潮。①

当然，我们也必须清醒地看到，自然界的存在也是指在人类关照下的一种存在。人类自诞生以来，就开始不断地加工改造自然界，并且这种加工改造活动已经遍及地球的各个角落，使得整个自然界打上了人的烙印。即使受到人类保护的原始森林和荒野，也由于保护的作用而彰显着社会价值。既然自然界是指在人类加工改造之下的自然界，那么，在人类改造之下自然界怎样存在就具有了十分明显的意义，其构成了对人类生存智慧和存在价值的巨大挑战。看护自然界的存在作为对人的道德律令，指示着人类加工改造自然界活动的方向，道德规范着人类加工改造自然界的行为，充分彰显着人类的生存智慧和价值追求。也就是说，看护自然界的存在作为道德律令总是命令人在加工改造自然界的实践活动中一定要维护自然界的持久存在，一定要维护自然界的美丽、和谐、稳定，令自然界欣欣向荣、郁郁葱葱。按照康德的道德律令形式可以将看护自然界存在的律令表达为：你要如此行动，使看护自然界的行为成为一条普遍的道德法则；或者说，你要如此行动，除非有充分的理由，否则不要伤害自然存在物；你要如此行动，不要轻易干涉自然存在物的存在，让其按照其自身的存在目的去存在。自然界存在本身就是一个完美的共同体，"在大自然中，生态系统有规则地自发地产生着秩序；在丰富、美丽、完整和动态平衡方面，这种秩序要比该系统任一组成部分的秩序高出一等；它维持着（也得益于）这些组成部分的丰富、美丽和完整"②。因此，看护自然界的存在，就

---

① ［美］罗尔斯顿：《环境伦理学》，杨通进译，中国社会科学出版社2000年版，第57页。
② ［美］罗尔斯顿：《环境伦理学》，杨通进译，第235页。

是看护自然界的完整性和美丽性,让自然界持久地完整、美丽地存在。人是自然界的看护者,这一身份决定了人必须看护自然界的存在,让自然界美丽、和谐地存在成为人存在的内在性道德要求。

生物进化论的思想告诉我们,人是这个地球上最晚出的一个物种;人的出现,是生物进化最为辉煌的事情,人成为生物进化顶端最为璀璨的一颗明珠。然而,在生物进化的阶梯上越是晚出的存在物,越是处于生物进化顶端的存在物,对先出现的存在物、对基础存在物的依赖性就越大。从生命存在来说,地球上其他自然存在物可以没有人类,而人类却不能没有它们。也就是说,人在自然界中存在与生活,决定了人不能脱离自然界而存在、而生活,人越是能够超越动物界,就表明人在生命与生活方面越是依赖其他自然万物而存在。从古至今,人所使用的一切——吃、穿、住、用等都来源于自然界。没有自然界为人类提供丰富的物资资源,就没有人类的今天。当然,不可否认的是,所有自然存在物都依赖于自然界而存在,依赖于其他自然存在物而生存,但是,由于人是自然界中唯一能够承担道德责任的存在物,唯一能够拥有破坏和毁灭自然界威能的存在物,因而唯有人才能够担当起看护自然界存在的道德责任。

人类在自然界中生活,自然环境不可避免地会影响人类生活,影响人类文化和文明。考察人类四大文明古国不难发现,古印度、古埃及、古巴比伦、古中华的出现,都与它们得天独厚的自然条件有关。"在古老的年代,当生产力水平还很低下的时候,人类的生活和人口的分布受自然环境的极大影响,凡是气候适宜、土地宽阔平坦而肥沃的地方,人口就易于繁殖起来。人类历史上的四大文明古国的形成,是与当时当地的自然环境密不可分的。"[①] 古印度境内江河纵横,印度河和恒河流域有着物质丰饶的平原,造成了古印度农业的发达和文化的繁荣。古埃及居住在尼罗河岸边,尼罗河给古埃及带来了丰沛的水资源和肥沃的土地,也造成了古埃及文明的兴盛繁荣和遍地林立的金字塔。历

[①] 周鸿编著:《人类生态学》,高等教育出版社2001年版,第49页。

❖ 第七章　自然界看护者的道德责任 ❖

史上曾经灿烂一时的古巴比伦，受惠于幼发拉底河和底格里斯河冲积而成的千里沃野，受惠于茂密森林和丰饶草原，在约公元前 1900 年成为强盛帝国。黄河流域则成为中华民族的摇篮，大约在旧石器时代，华夏儿女就已经活动在黄河流域了。春秋战国时期的《山海经》记载表明，在当时的黄河流域大概有 48 条支流和 78 座大山，在这广袤的山河之间孕育形成了千里沃野。"敕勒川，阴山下，天似穹庐，笼盖四野。天苍苍，野茫茫，风吹草低见牛羊。"这就是我国古乐府诗对当时黄河流域自然景色的真实写照。华夏儿女的祖先及其后的中华民族，世世代代就在这优美的自然环境里定居、劳动，并创造了光辉灿烂的古代文明。

自然环境的优越孕育了人类四大文明，但是当人类不重视呵护自然环境并滥用自然环境时，也会带来文明的自毁。

　　古巴比伦，人类文明的摇篮。幼发拉底河和底格里斯河养育了两河流域的土地。居住在这里的苏美尔人兴修水利，使谷类作物和亚热带水果获得极好的收成，并与周围各国有着繁荣的贸易，用出产于北方和西方的原木和金属向下游地区交换农产品和制造品，有着较完善的商业管理体系。他们创造的楔形文字和制定的法律，使其文明达到一个很高的阶段。作为艺术家的苏美尔人，他们制作的金屑工艺立体赡像和宝石雕刻，技艺精湛，又富有想象力，堪称艺术品中的瑰宝。然而，雄伟壮丽的古代巴比伦城像个泥足巨人一样，经过 1500 年的繁华后，到公元前 4 世纪坍塌了下来。而今，伊拉克境内的古城旧地，除了荒漠和盐碱地，再也找不到当年古文明的辉煌。本来由泥土建筑的神庙，最后还原为泥土。什么是巴比伦文明消失的生态学原因呢？古代巴比伦文明从人类利用水——灌溉开始，最终却以不合理的灌溉造成的后果——土地的盐渍化和灌溉渠道里没完没了的淤泥而告终。巴比伦对森林的破坏，加上地中海气候那冬季倾盆大雨的冲刷，使河道和灌溉渠里的淤泥不断增加，人们不得不反复清除淤泥，甚至挖掘新的灌渠，尔后又无可奈何地将它们放弃,这样的不良循环,使人们越来越难于把水引到田里。与此同时,由于巴比伦人只知道灌溉,不懂得排水洗田,其结果使美索不达米亚的地下水位不断上升,给这片沃土罩上了一层又厚又白的盐外壳,有的地方竟像镜子一样闪闪发光。淤泥和土地的盐渍化,使古巴比伦葱绿的原野渐渐枯黄了,高大的神庙和美丽的空中花园也随着马其顿征服者的重新建都、人们被迫离开家园而坍塌了。如今的伊拉克境内的古巴比伦遗址,已是满目荒凉,除了沙丘、荒沙和盐渍化的土地,昔日的繁华已是明日黄花。①

地中海文明之没落,绿色帝国迦太基之消失,玛雅文明和撒哈拉文明之消亡,黄河流域楼兰古国之不见,都与自然环境的破坏有着密切关联。我们有理由认为,人类祖先所创造的灿烂文明,因为滥用自然环境,破坏自然环境,即生产方式不当而严重超出了自然环境承受能力和再生能力的限度,就不可避免地使美好生活的文明大厦轰然倒塌。古代人自毁环境进而自毁文明的教训告诉我们,我们必须谨慎地利用自然界。所谓谨慎利用自然界是指在利用自然界时必须守护自然界的存在,避免使自然环境遭到毁灭,唯有如此,才能够避免重蹈古人的覆辙。

古代人依赖于优越的自然环境而兴盛起来,古代人破坏了自然环境就不可避免地自毁文明。但是我们也必须清醒地看到,古代人对自然环境的破坏仅仅是局部性的,其所导致的后果仅仅是某一国、某一地区文明的衰落。相对于整个地球环境来说,这种自然环境的破坏是微不足道的,某一帝国衰败了,又有其他帝国重新兴起。然而,现代社会对自然环境的破坏则远远超出了古代人的能力,成为全球性的自然环境危机。人类帝国随着地球的毁灭而一旦消亡,就再没有任何帝国可以复兴。也就是说,人类在对自然资源的开发、利用的历史过程中发生了一个根本性的变化。在前工业社会里,由于人的世界观和认识能力

---

① 周鸿编著:《人类生态学》,高等教育出版社2001年版,第54页。

的限制，人对自然界资源的开发与攫取总是有限的，这种开发攫取对整个地球自然系统的健康成长来说都是微不足道的，自然界完全能够容忍前工业社会的人类对它的肆意妄为。只要留得青山在，万物仍然有机会欣欣向荣，而人类所成就的伟业与大自然之伟业相比却总是昙花一现，付之东流。就像约纳斯所说：

> 对终有一死的人所有事业来说，大自然在整体上和深层次上完全不被人的胡搅蛮缠所烦扰的能力，也即作为宇宙秩序的根本不变性，其实是他的背景。人的生命在永恒与变化中耗尽：永恒的是大自然，变化的是他自己的劳作。在这些劳作中最伟大的就是城市……城市繁荣又衰落，统治者变来又变去，家庭兴盛又败落，没有什么变化可以永驻长留，到最后，所有暂时的偏差都彼此抵消，人的状况还是跟以前一样。所以在这里，就在人自己创造的社会世界里，他的控制力也是渺小的，他永恒的自然还是处于优胜地位。①

可是，当人类历史的脚步迈进现代社会门槛之后，尤其是进入当代高科技社会之后，人类对自然界的改造能力就得到了空前的提高，使高山让路，令河流改道，使自然界改变模样，已经不在话下。尤其是核大国所存放的那些原子弹，足可以摧毁整个自然界。

大自然面对现代人的科技入侵再也不能无动于衷了，其严重的无助只能以自身危机的形式向人类哭诉和求助，其自身所蕴含的报复能力也以危机的形式向人类发出警告。面对科学技术对自然界以及对人类自身所带来的巨大毁灭性风险，一种新的超越自我利益的道德责任就降临到人类头上，那就是守护自然界的存在。自然界在前工业社会是不需要人的守护的，但是到了当代社会，人类凭借科学技术彻底改变了与自然界的关系格局，自然界在强大的人类面前显得格外弱小和脆弱，如果不加以守护，就有可能在人的肆意妄为下毁灭。因而，当代世

---

① ［德］汉斯·约纳斯：《责任原理：现代技术文明伦理学的尝试》，方秋明译，香港：世纪出版有限公司2013年版，第9页。

界之迫切的一项道德责任便是：人类必须守护自然界的存在，人要为他赖以生存的自然界承担道德责任。守护自然界的存在作为道德律令是指其要守护自然界的生物多样性，守护自然界的完整性，让自然界和自然万物按照其自身的目的去存在，让自然界美丽、宁静与和谐。进而言之，守护自然界就是在人与自然界的相互作用下，或者说在人参与自然界发展的情况下，努力创造条件使自然万物受益，让自然万物按照其自身的生存目的去生存，减少自然万物存在的不利条件，避免自然万物的存在受到伤害，尽量不做或少做那些有害于自然万物存在的事情。当然，人类改造自然界不可避免地会伤害自然万物，但是看护自然界的道德律令，则要求将这种伤害降低到最低的程度。如果说看护自然界就是要实现自然万物本身的善，那么泰勒尊重自然的伦理则表明："促进一个存在物的善就是，要么创造一种其存在期间尚未实现的且有益于它的善的事态，要么去除在其存在中对它的善有害的条件。"[①] 一句话，自然界必须存在，而且不能不存在，看护自然界则是使人类的活动有利于自然界的这种存在，避免人类的活动有害于自然界的存在。蓝蓝的天，清澈的水，新鲜的空气，绿绿的原野，茂密的森林，莺歌燕舞，鸟语花香，房前柳、屋后树，就是人们需要看护的自然界，就是需要存在的自然界。

讨论守护自然界的道德责任，必须回答一个最为根本的问题，那就是人类到底有没有权利毁灭自然界。如果认为人类有权利且可以任意毁灭自然界，那么讨论守护自然界的道德责任就没有任何意义。当我们主张必须让自然界存在，或者说自然界不能不存在时，就表明我们的这一观点：人类没有任何权利毁灭自然界。权利总含有支配他者、毁灭他者的意蕴，确立看护自然界存在的道德律令，就为现代人无限膨胀的权利划定了限度，支配自然界的权利到此为止了，决不能置自然界于死地而不顾。之所以说人类没有权利毁灭自然界，是因为自然界根本不是人类的私有财产。众所周知，只有当某件物品属于某个人的

---

① ［美］保罗·沃伦·泰勒：《尊重自然：一种环境伦理学理论》，雷毅等译，首都师范大学出版社2010年版，第38页。

第七章 自然界看护者的道德责任

私有财产时,这个人才有任意处置这一财产的权利,他可以使用它,也可以出售它,甚至可以损毁它。其他人无权干涉他对该私有物品的处置,也不能评价其使用或损毁该物品的行为道德与否。就像《荷马史诗·奥德修记》中的英雄奥德修在回到家乡后处死12个女奴那样,并不能评价其不道德,而只能说在经济上合算不合算。因为女奴是奥德修家的私有财产,在当时的社会条件下,奥德修有权任意处置她们。但是,自然界和自然万物并不是人类的私有财产,虽然自然界对人类的存在具有用处,甚至人类比任何自然万物都能够更加广泛地利用自然界,但这并不构成自然界被人类私有化为工具的理由。自然界不仅对人类有用,而且对所有万物都有用,自然界是属于所有万物的,而绝不仅仅是属于人的。正是自然界对所有万物的存在都有用且属于万物的存在,决定了自然界永远不可能是现代人任意处置的对象,人类没有任何权利毁灭自然界。恩格斯在《自然辩证法》中所说的自然界存在着报复人类的能力,就表明自然界对现代人将其私有化并任意处置的反对与反抗。那种将自然万物视为人类的私有财产而任意支配的观念,纯粹是一种狂妄的自我中心主义心态,而且是极其危险的。自然界不是人类的私有财产,也不可能是人类的私有财产,人类没有任何权利将它置于死地。

基督教神学认为,上帝创造自然界纯粹是为了人类,是对人类的恩典。就像《圣经·创世纪》中上帝所言:"我们要照着我们的形象,按照我们的样式造人,使他们管理海里的鱼,空中的鸟,地上的牲畜,地上所爬的一切昆虫。"[①] 宗教改革领袖加尔文也强调:"上帝创造的秩序是为人之利益,上帝自己通过创造的秩序,表明他为了人类的利益创造了一切。"[②] 基督教的这一观念似乎为自然界属于人的私有财产提供了神学辩护理由,但这一观念在当代遭到了学者的强烈批判。《哲学人类学》的作者兰德曼指出:"正像宗教世界观使上帝成为世界的主宰一

---

① 《圣经·创世纪》1:26,第28—30页。
② 转引自江庆心《人在世界中位置及其责任——古斯塔夫森的伦理思想研究》,中央编译出版社2011年版,第23页

样,它也使人类在上帝的特别关照下成为地球的主人。宗教世界观并非只是神学中心论,它也是人类中心论。"[1] 当代基督教伦理学家古斯塔夫森认为,把上帝创造自然界视为对人的恩典,或者说上帝创造自然界完全是为了人类的观点,实际上是将上帝当作服务于人类的手段,否认了上帝之为上帝,将人代替上帝而成为价值善的根据和归宿。"当代神学宗教伦理采取了人类自我满足的导向的功利性、工具性立场,即人为了自我快乐、生活舒裕来操纵上帝,以至于使上帝服务于人。"[2]

当代的绿色神学强调,上帝创造了世界,表明上帝是这个世界的主人,世界是属于上帝的,而不是属于人类的。唯有上帝才真正对世界拥有主权,拥有财产所有权。上帝让人类管理空中的鸟、水中的鱼和地上的爬行物,只不过是上帝的一种托管行为,即将自然界托管给人类,让人类照看自然界。然而,上帝将自然界托管给人类,并不等于自然界就属于人类,那种认为上帝创造自然界完全是为了人类的观念根本不符合神本位的基督教立场。

> 在犹太—基督教传统中,圣经中的"主管"这一概念与一般的"主宰"概念有很大区别,而且这一区别至关重要。具体说来,宗教信徒负有管理人的责任,因为在赋予他们主权的圣经篇章中还要求他们即使在"工作"时也要"照看"好土地。对管理人提出要求和给予他们主权并不矛盾。信徒们确信上帝创造的世界是神圣的,他们受命要记住即使他们在"耕作"土地时也必须"保管好"它。[3]

由此可见,在当代基督教神学内部对自然界到底属于不属于人类的私有财产,也进行了澄清,从绿色基督教神学立场表明,自然界不属于

---

[1] [德] 兰德曼:《哲学人类学》,彭富春译,工人出版社1988年版,第101页。
[2] 江庆心:《人在世界中位置及其责任——古斯塔夫森的伦理思想研究》,中央编译出版社2011年版,第24页。
[3] [美] 阿尔·戈尔:《濒临失衡的地球——生态与人类精神》,陈嘉映译,中央编译出版社1997年版,第210—211页。

第七章 自然界看护者的道德责任

人类，而属于创造者的上帝，因而人类无权毁灭上帝的创造物，无权毁灭自然界。

人类没有权利毁灭自然界的道德律令，同时也意味着人类没有任何权利毁灭自己，因为人类是自然界中最美丽的一朵花，人的出现是自然界进化过程中最为辉煌的一幕，人就在自然界中生存、发展和创造，从而使世界发生了天翻地覆的变化。自然界的运行及其所隐藏的秘密，甚至人自身的诞生和发展都要靠拥有理性的人加以揭示和呈现。如果人类毁灭了自己，自然世界所隐藏的一切秘密就彻底消失在茫茫的黑暗之中。在地球上所有的自然存在物当中，有生命的物种都努力维持自己的存在，尽管个体可以生生死死，但类的生命却像不息的河流一样延续着。类的存在成为每一个个体生命无意识的神圣责任，甚至在某种情境下会以牺牲个体的方式来维持类的生命存在。人作为生命也不例外，维持人类这一物种在地球上的延续，也是每一个人不可推卸的责任。当康德提出道德的绝对命令——不许自杀时，并不是说个人在生不如死时不许了结自己的生命，而是表达任何人都没有权利毁灭人类自身，即任何有损于人类生命存在的事情在道德上都是不义的。责任原理的作者约纳斯提出，人类在世界中的存在本身就应当成为一项道德律令，让一代又一代未来人拥有这样一个自然世界，并有一个无愧于人之为人称呼的美好地可以长久居住，应当确定为人类的一个普遍公理，成为一个令世人普遍信服的愿望。有一个自然世界比没有这个世界更好。在此基础上约纳斯强调："我们对人类存在负有绝对责任，并且这一责任不可与每一个个人的生存的有限责任相混淆。个人自杀的权利在道德上是可以讨论的，至少在特定情境中是允许的，而人类则在任何场合下都绝对无权毁灭自己。永远不可把'人类'的生存置于危险之中。"[①] 对人的存在负责任，在约纳斯这里是第一道德律

[①] ［德］汉斯·约纳斯：《责任原理——现代技术文明伦理学的尝试》，方秋明译，香港：世纪出版有限公司2013年版，第50页。

令。"'向不存在说不'成为我们的首要责任。"①

人类没有任何权利毁灭自然界,人类也无任何权利毁灭自己,这二者是紧密联系在一起的。毁灭了自然界就等于毁灭了人类自己,人类毁灭了自己,在某种意义上说也就毁灭了自然界,没有了人类,即使自然界存在也等于不存在。人从来就不是、也不可能是孤立存在的,从人的利益角度将自然世界分隔成纯粹属人的世界或与人对立的世界是一种现代性错误,自然界中的一切存在都是相互联系的存在,一切存在都被置于相互影响的关系之中。人之外的任何自然存在都不是人之利益的附属物,自然万物虽然有被人利用的价值,但它们最终归属于自然界,也服务于自然界。现代性社会将人凌驾于自然万物之上,既是对世界本质的歪曲,亦是对人本质的扭曲。过度高扬人在自然世界中的支配权利,是对人在宇宙中地位的误置,是人迷失自我的异化表现。人类没有权利毁灭自然界,也没有权利毁灭自己,这一道德律令意味着,人类无论如何都要维护自然界的存在,无论如何都要维护人类自身的存在,守护自然界的存在和守护自己的存在,成为当代人不得不承担的道德责任,这是一项不许附加任何条件的道德律令。无论是自然界的存在,还是人的存在,对于整个世界及其人来说都是有价值的存在,对整个世界及其人来说都是一种"好"和"善"。只有守护这种价值,守护这种好与善,人才能够真正地走向"好",实现自身的善。

人是一种向善的存在,是一种道德性的存在,这是中国传统文化所坚守的信念。孟子曰:"无恻隐之心,非人也;无羞恶之心,非人也;无辞让之心,非人也;无是非之心,非人也。恻隐之心,仁之端也;羞恶之心,义之端也;辞让之心,礼之端也;是非之心,智之端也。"(《孟子·公孙丑上》)虽然孟子所表达的人性善是先天而善,具有广泛讨论和质疑的空间,但人的本性追求善、向善,希望成为善的存在,是人们普遍认同的观点。在康德的伦理视域里,人与动物的根本性区别,就在于人能够为自身立法,能够通过压抑自己贪欲的方式而从自然王

---

① [德] 汉斯·约纳斯:《责任原理——现代技术文明伦理学的尝试》,方秋明译,香港:世纪出版有限公司2013年版,第178页。

国进入自由王国，并由此成为崇高的存在。动物只追求自身欲望的满足，在生物法则的支配下参与弱肉强食的生存竞争，倚强凌弱、以大欺小是自然生命的普遍法则，具有天经地义性。自然界中的这一切之所以是天经地义的，达尔文的生物进化论早已经说清楚了。对动物的生命个体来说，满足自己的生存需要是至上性责任，哪怕世界毁灭也在所不惜。人从动物界超拔出来，就在于他能够背叛弱肉强食的生物法则，将道德凌驾于生物法则之上，同时将生物法则对人自身的影响降到最低最小，支配人行为的律令是道德法则而不是生物法则。人不仅是向善的存在，而且人的这种向善性是不断进化的，即道德关怀的对象就像一枚石子投入湖水中掀起涟漪那样，随着历史的进步不断地一圈又一圈地向外扩大。就像《大自然的权利》一书所描述的那样：在前伦理观念时期，道德关怀的对象仅仅是自我；进入伦理观念时期，道德关怀的对象扩展为家庭、部落、地区、国家；在进入现代伦理观念时期，道德关怀的对象又包含了种族、人类和动物；在未来的伦理观念中，道德关怀的对象，则会将植物、生命、岩石、生态系统、星球以及宇宙容纳其中。人的向善性和道德关怀对象的开放性，从人的本质上表明，看护自然界的存在与人的道德本性具有内在一致性，人的向善本质决定了人能够自觉地遵循看护自然界的道德律令，有能力真正守护好自然界的存在。就像康德的伦理学所认为的那样，你"应当"如此行动，蕴含着你"能够"如此行动。人应当看护自然界的存在，是因为人能够做到看护自然界的存在。

三 守护自然界生态平衡

看护自然界的存在，是让自然万物按照自己的存在目的去存在，最终赢得整个自然界的美丽和谐。由此引出一个基本问题，对于那些对人类无价值甚至是负价值的自然存在物还需要守护、看护吗？也就是说，在履行看护自然界存在的道德律令时，对于那些对我们人类具有积极价值的自然存在物，我们很容易做到看护。如对于狗、猫、马，对于各种吸引人的花卉和绿草，即使是没有看护自然界的道德律令，仁慈主义心理也会促使我们关爱这些动植物的福利和存在。但是，对于那些令人反感的甚至起副作用的动植物，人们就可能很难做到自觉看护了。然而，看护自然界存在的道德律令则要求人们，必须对所有自然存在物都一视同仁，避免带有个人情感偏好地看护某些自然存在物，起码在物种不要灭绝的意义上看护那些令人不快的自然存在物。自然界中的存在物都有它的用处，对人类没有用，并不意味着对其他生命没有用；对当代人类没有用，不意味着对后代人没有用。康芒纳提出的生态学第二法则——"一切事物都必然要有其去向"①，就表明自然界中没有废物这种东西，在自然生态系统中，一种有机物排泄出来的被当作废物的那种东西，都会被另一种有机物当作食物和养料来吸收。自然界中的存在物都是相互作用、相互利用而紧密地结合在一起的，形成了一个完整的食物链。每一个自然存在物都是这个食物链上不可或缺的环节，如果毁灭了食物链上的某一个环节，就有可能导致食物链的连锁反应，甚至发生整个食物链的崩溃。正是从这一意义上讲，自然物不论是对人有用处，还是对人没有用处，都应该加以看护。那种只守护对人有用的自然物，不守护对人无用的自然物，是一种纯粹利己主义的观点，本质上对人类是有害的。当然，对于那些对人类生命产生直接威胁的病毒，人类出于维护生命存在的理由和正当防卫的理由，可以将其杀死。看护自然的存在，作为道德律令也包含着对自己的看护，人也是地球生态系统中一位不可或缺的成员。

自然界是一个由万有构成的有机整体，由此引出守护自然界的第二个道德律令：我们不仅要守护自然万物的存在，还要守护自然界的整体性和生态平衡。生态学研究发现，地球上的自然界是一个有机生态系统，自然界中的自然万物相互影响、相互制约而构成一个动态平衡的整体。就像美国生态学家奥德姆所认为的那样："生态学系统或生态系统就是在

---

① [美]康芒纳：《封闭的循环——自然、人和技术》，侯文蕙译，吉林人民出版社1997年版，第30页。

一定区域中共同栖居着的所有生物（即生物群落）与其环境之间由于不断进行物质循环和能量流动过程而形成的统一整体。"① 也就是说，生态系统是生物群落与生存环境之间，生物群落内部的生物之间通过物质交换、能量转化和信息传递的相互作用，占据一定的空间、具有一定的结构、执行一定的功能的动态平衡体。除了地球本身是最大的生态系统之外，一个池塘、一块草地、一片森林都可以是一个生态系统，属于小生境。生态系统具有以下特点：

（1）生态系统中必须有生命存在。生态系统的组成不仅包括无生命的环境成分，还包括有生命的生物组分。只有在有生命的情况下，才有生态系统的存在。（2）生态系统是具有一定地区特点的空间结构。生态系统通常与特定的空间相联系，不同空间有不同的环境因子，从而形成了不同的生物群落，因而具有一定的地域性。（3）生态系统具有一定的时间变化特征。由于生物具有生长、发育、繁殖和衰亡的特性，生态系统也表现出从简单到复杂、从低级到高级的更替变化规律。（4）生态系统的代谢活动是通过生产者、消费者和分解者这三大功能类群参与的物质循环和能量转化过程而完成的。（5）生态系统处于一种复杂的动态平衡之中。生态系统中的生物种内、种间以及生物与环境之间的相互关系，这些关系不断发展变化，使生态系统处于一种动态平衡之中。任何自然力和人类活动对生态系统的某一环节或环境因子的影响，都会导致生态系统的剧烈变化，从而影响内系统的生态平衡。如砍伐森林、围湖造田。（6）各种生态系统都是程度不同的开放系统。生态系统不断从外界输入物质和能量，经过转化变为输出，从而维持着生态系统的有序状态。②

---

① ［美］奥德姆、巴雷特：《生态学基础》，陆健健等译，高等教育出版社2009年版，第15页。

② 邹冬生、高志强主编：《生态学概念》，湖南科学技术出版社2007年版，第20—21页。

只有所有的生态系统都处于有机平衡当中，各种生物才会协同生存，生物群落才会欣欣向荣。破坏了生态系统的这种有机平衡，就会引起生态系统的剧烈变化，甚至导致生态系统的崩溃。例如狼—羊—草原构成一个生态系统，狼吃羊，羊吃草，狼和羊的尸体、粪便被分解后成为肥料而供给草的生长。如果认为狼吃羊而损害人类的利益，就人为地猎杀狼。随着对狼的猎杀必然造成狼的数量减少，狼的数量减少虽然有利于维护羊的生存，但是随着羊的数量增加，超过一定的限度就会破坏草原的承载力，导致草原的破坏和草的生长困难。草原遭受破坏后，没有更多的草供给数量众多的羊食用，就会导致羊的大量死亡。由此可见，维持狼—羊—草原生态系统的平衡，对于狼、羊和草原的生存都是有利的，而一旦打破这种平衡，就会对三者都造成伤害。因此，维护生态系统的完整性和生态平衡就显得尤为重要。

恩格斯在《自然辩证法》中曾经指证了人类对自然生态系统破坏的后果，并教导我们一定要按照生态自然规律对待自然界，以维护生态系统的稳定和平衡：

我们不要过分陶醉于我们人类对自然界的胜利。对于每一次这样的胜利，自然界都对我们进行报复。每一次胜利，起初确实取得了我们预期的结果，但是往后和再往后却发生完全不同的、出乎预料的影响，常常把最初的结果又消除了。美索不达米亚、希腊、小亚细亚以及其他各地的居民，为了得到耕地，毁灭了森林，但是他们做梦也想不到，这些地方今天竟因此而成为不毛之地，因为他们使这些地方失去了森林，也就失去了水分的积聚中心和贮藏库。阿尔卑斯山的意大利人，当他们在山南坡把在山北坡得到精心保护的那同一种枞树林砍光用尽时，没有预料到，这样一来，他们就把本地区的高山畜牧业的根基毁掉了；他们更没有预料到，他们这样做，竟使山泉在一年中的大部分时间内枯竭了，同时在雨季又使更加凶猛的洪水倾泻到平原上。在欧洲传播栽种马铃薯的人，并不知道他们随同这种含粉的块茎一起把瘰疬症也传播进来了。因此我们

第七章　自然界看护者的道德责任

> 每走一步都要记住：我们统治自然界，决不像征服者统治异族人那样，决不是像站在自然界之外的人似的，——相反地，我们连同我们的肉、血和头脑都是属于自然界和存在于自然之中的；我们对自然界的全部统治力量，就在于我们比其他一切生物强，能够认识和正确运用自然规律。①

恩格斯的自然辩证法思想向我们表明，人类要想维护自然界的完整性和生态系统平衡，就不能不认识自然界的生态规律，并以遵循生态规律的方式维护自然界的完整性和平衡性。自然界具有高度的独立性和自我性，其存在着自身运行的规律和法则。这种规律和法则不以人的意志为转移，不以人的好恶而改变。"天行有常，不为尧存，不为桀亡""天不为人之恶寒而辍冬，地不为人之恶辽而辍广"（《荀子·天论》）。因此，人们只有认识这种生态规律和法则，并遵循这种生态规律和法则，才能够真正做到对自然界总体性和平衡性的维护。那种认为人定胜天，人为自然立法，人可以按照自己的权利意志重新安排自然界的观念，是注定要碰壁的。破坏自然环境而导致生态危机的教训是千万不能忘记的。

生态学作为一门自然科学，其所研究的生态系统是将人等同于生态系统中一个普通要素而参与自然界的活动，与植物、动物、高山、流水参与自然界的活动无异。正是在这一意义上，利奥波德的"大地伦理学"就具有了重要的价值。利奥波德的"大地共同体"相当于地球生态系统。在大地伦理学看来，大地作为一个共同体，其整体性价值要高于和大于生存于其中的个体价值，虽然大地共同体是由个体组成的，没有人、植物、动物、微生物、高山、土地和河流等就没有生态系统，但是大地共同体一旦建构起来而成为一个整体，就会产生 1+1>2 的效应和功能。生态整体不能还原为个体的集合，正是整体的价值大于个体的价值，整体对个体具有优先性，因而作为生物一个种类的人就必

---

① 《马克思恩格斯选集》（第4卷），人民出版社1995年版，第383—384页。

须对大地共同体承担道德责任，维护大地共同体的和谐、美丽和稳定。当代基督教伦理学家古斯塔夫森批判了神学中的人类中心主义倾向，认为宇宙中万物和谐共生，平衡协调的发展秩序是一切存在的本质和目的。人仅仅是万物相互联系中的一个普通分子，因而人应该为维护宇宙整体和谐秩序做出道德贡献。

> 人之存在表现为相互依赖的动态的多重关系，这些既相互依赖又普遍联系的多重关系，形成普遍联系、相互依赖的纵横关系网，共同构成世界关系秩序。与其他一切存在一样，人仅仅是多重关系即普遍联系中不同整体之部分的存在，是纵横交织关系网中的联结点，与自然万物共同处于连续的宇宙整体系统之中。人之存在向每一个关系维度上的延伸，都关联着人在其他方面的生存和整体性生存，进而又关联着宇宙整体和谐、合理与统一的秩序进程。人之存在与其他存在物之间相互依赖和相互制约的关系，在为人的生存活动和参与宇宙秩序进程提供了条件和可能性的同时，逻辑上也向人类提出了道德责任与义务的要求，人应当回归仅作为各关系整体之部分的本位，以世界整体和谐合理的秩序为根本要求和最终目的，通过维护合理的关系、维护相互依赖的各部分与整体间的合理关系，达到维护宇宙整体秩序和谐统一发展的目的。①

也就是说，古斯塔夫森同样是依据生态学的研究成果，将自然世界视为一个有着秩序的有机整体，而人作为其中并依赖其生存的一员要为这个整体承担道德责任。

维护自然界的生态平衡，原本是自然界本身的事情，现在却成为一种文化现象，成为人的一种美德和道德律令。为什么维护自然界的整体性和生态平衡由自然本身的事情而演化为一种文化现象和伦理现象呢？这是因为人类参与了自然界的生态过程和自然界的运行秩序，并

---

① 江庆心：《人在世界中的位置及其责任——古斯塔夫森的伦理思想研究》，中央编译出版社 2011 年版，第 77—78 页。

且打破了自然界这种自身的动态平衡性,因而需要人类从道德上限制自己过分干涉自然界整体运行秩序的行为。但问题是,当人类能够打破自然界生态和谐秩序而制造生态危机时,就意味着现代人决不仅仅是自然界中的一个普通分子或一个普通成员了,现代人在科学技术的支撑下已经大大超越了所有其他自然存在物的生存能力,成为一个可以毁灭自然界的危险分子和特殊成员。由此可以确认,仅仅从人是大地共同体的一个普通公民,生态系统中的一个普通成员,生物链上的一个普通环节,论证人对自然界的道德责任,就具有了很大的局限性。这种局限性表现为对人在自然世界中的地位强调得过弱,具有生物还原主义倾向,因而对人之道德责任的主张也同样过弱,或者根基不实。不可否认,从生态学出发,人确实是自然界中的一部分,人确实是自然界中的一个普通存在物,与其他自然存在物无异,都被自然必然性所决定着,这是自然事实或生态事实。但是,人毕竟具有超越性,能够超越生物本性存在而成为一种所有其他自然存在物所不具有的自由存在和道德存在。人毕竟是人,人毕竟不是动物。正是人超越了动物界,因而人对自然界的关系就不能仅仅是生物学关系,还具有哲学或人类学意义上的人对自然界的关系,即人作为人而对自然界的关系。

　　人对自然必然性的背叛,使人走向了人之为人的存在,走向了自由之路。但人的这种自由不是在自然世界之下,人不是混同于自然万物的普通一员。当然,人对自然必然性的超越,也不是人凌驾于自然界之上,因为凌驾于自然界之上支配自然界的行为也是一种野蛮和弱肉强食的行为。人真正对自然必然性的背叛,表现为人与自然的对立统一,人与自然界的共在。人与自然的对立,意味着人根本不同于自然万物,人担负着特殊使命;人与自然的统一,意味着人对自然界的关爱,把自然界让自然万物生存的本质纳入自我意识之中并成为人立足于自然界的基本行为准则。就像黑格尔所极力倡导的辩证法那样,人从与自然混沌不分的状态中超拔出来,走向与自然的对立面,然后再否定与自然的对立,在更高层面走向与自然的统一。如此,人才能彻底超越狭隘的利己主义,真正担负起人对自然界的道德责任。也就是说,人要真正地成为人，就必须守护人与自然界的对立统一性。中国古语说得好："天之大德曰生。"人守护与自然界的统一，做到人与自然的和谐共生，让自然万物按照自己的存在目的生存，必然成为一种拥有大德的存在。所谓"大德"是指一种"强"道德责任，不承担这种道德责任，就不能成为人之为人的存在。进而言之，人与自然共在所引出的道德责任强于人是自然界普通成员而引出的道德责任。因为人作为自然界的普通成员的含义，表达着人的某种生物性存在。如果人是生物性存在，弱肉强食就可以成为人所遵守的法则，守护自然界就可能不是一种必然。唯有人与自然共在，守护自然界成为人之为人的存在的必要条件，道德责任才是一种有根基的和强势性的。

人与自然对立统一性，从生态学角度说，意味着人与自然界构成一个动态平衡的生态系统。人与自然界所构成的这一生态系统，不是人作为一个普通成员与自然万物共同构成地球生态系统，而是人作为一个特殊成员与整个自然界构成一个共在的地球生态系统。人只有与自然界共在，才有人与自然界的共生共荣。人与自然界共在，不是像海德格尔所谓的那样，人类自我单方面具有优先性，即通过"此在"才能够领悟存在，而是人与自然界都具有优先性。人能够领悟自然界，因而人才具有海德格尔所谓的优先性。但是，自然界并不能够完全被人类自我所掌握，完全被同一化到人类自我当中，它具有列维纳斯所言的他者性，具有马克思所言的先在性。正是自然界具有一定的他者性和先在性，才彰显了人类理性的限度，从而使人能够保持对自然界的敬畏和尊重。到此我们可以明白，在我们面前存在着两种生态系统或生态平衡：一是包括人在内的自然界本身的生态系统，二是人与自然界构成的生态系统。于是，人守护自然界生态平衡的道德责任，不仅包括守护自然界本身的生态平衡，还包括守护人与自然界之间的生态平衡，守护人与自然界的共在。

人与自然共在而构成的生态系统具有更重要的意义和价值，因为人怎样摆置自己与自然界的关系，即怎样摆置自己在宇宙中的位置，决定着人有怎样的世界观和有怎样的道德行为。人将自己摆置在自然世

第七章 自然界看护者的道德责任

界之下,必然要在自然面前唯唯诺诺,而不敢对自然界有所作为。人将自己摆置在自然世界之上,不可避免地就会在自然面前称王称霸,对自然界胡作非为。无论是人对自然界不敢有所作为,还是人对自然界胡作非为,都属于人缺乏道德责任的行为。只有人与自然共在,人在自然世界之中,才有人对自然界既要有所作为,又要避免胡作非为的道德责任行为。人作为世界秩序中的参与者,与其之外的自然界相互依赖而构成一个生命共同体,这决定了人必然服务于人与自然和谐共生,服务于人与自然平衡统一的世界秩序进程,这才是对人在自然世界中道德责任的普遍性理解与诠释。如果说人与自然界共在是整个宇宙的善,它代表着整个宇宙的和谐秩序,那么人守护自然界之身份的本质就是守护这种善,达到维护宇宙整体秩序和谐统一发展的目的。古斯塔夫森说:

> 任何对待人和自然关系的科学态度都不能将人抽离自然,也不能将自然独立于人之生存之外。人与此连续系统中其他一切生命以及非生命的存在相互依存,这是人类应当承担责任的事实根据。人若忽视这种相互依赖性,超出生态系统的链条,或者试图凌驾于整体生命系统之上,则不仅仅体现人类在宇宙中自我误置的无知与狂妄,是自我取消人之为人的条件以及破坏世界整体秩序进程的不道德行为,而且更是人类彻底抽离生存根基的自我毁灭之举。这是自启蒙运动以来基督教传统、科学主义至上及人类中心主义的狂热追随者必须自我反思得出的结论,是人类面临现实的生存处境而必须勇于自我担当的伦理前提,是自然和人类历史共同影响、共同发展的客观事实要求,是当今人类学和伦理学研究必须冷静面对的合理性要求。①

守护自然界的生态系统平衡,就要将人类生产活动纳入生态系统之

---

① 江庆心:《人在世界中的位置及其责任——古斯塔夫森的伦理思想研究》,中央编译出版社2011年版,第84—85页。

中，按照生态系统的运行规则进行生产和生活，并使生产活动成为生态系统的一部分。现代工业社会的生产活动完全置于生态系统之外，因而对自然生态系统构成威胁，它越是发达，能力和能量越大，对自然生态系统就越危险。因此，一种合理的生产活动和经济增长的理念应当是：其发展规模和增长程度决不能够超出自然生态系统永久支撑和容纳的范围，不能对自然生态系统的整体平衡构成威胁和破坏。

四　遵循自然界生态真理

　　无论是看护自然万物的存在，还是守护自然界的生态平衡，其前提都是必须对自然界拥有正确的认识，掌握自然万物和自然界本身存在的规律，尊重自然的生态真理，避免恩格斯所说的自然界对人类的报复。对自然界的正确行动来源于对自然界的正确认识和正确判断。尽管目前科学哲学对关于什么是真理进行了彻底解构，认为自然科学研究并不存在对客观规律或客观实在的正确把握，自然科学知识也不是什么真理，就像库恩在《科学革命的结构》中所论证的那样，它只不过是科学家研究自然界的某种范式。尽管如此，笔者在这里仍然使用"真理"的概念，表达人对自然界生态认识的合理性，即对自然界的一种什么样的知识才能更接近自然界本身的是其所是，才能更有利于人们保护自然环境。

　　自人类诞生之后，人们就开始了对自然界的认识历程，并拥有了某些关于自然界的知识，以指导人们展开对自然界的行动。然而，真正对自然界进行广泛而深入的认识活动，肇始于近现代的自然科学发展。在意大利文艺复兴运动和启蒙精神的影响下，自然科学逐渐摆脱了基督教神启真理的约束，得到了迅猛的发展。天文学、物理学、化学、生物学、植物学、医学等学科相继登上历史舞台，演出了一场持续时间之长，影响范围之广的科学发展舞剧。在进入20世纪之后，现代自然科学加速了自身的发展，电子学、激光学、新材料学、控制论、信息论、

❖第七章　自然界看护者的道德责任❖

计算机科学以及各种交叉学科广泛出现，一轮又一轮的科学技术革命，搞得人们头晕目眩。在近现代自然科学中，物理学的影响最大，它借助数学方法，精确地计算出事物之间的作用力关系，赢得了自然科学之皇冠的美誉。其他学科都努力效法物理学，尽可能通过观察与实验、测量和计算来研究它们的对象。近现代自然科学遵循实证的研究方法，揭开了各种自然物的神秘面纱，获得了自然界中所发生的各种现象的本质性或规律性知识，赢得了人们对自然科学的崇拜。"科学"一词由此与"真理"称兄道弟，甚至成为"真理"的代名词。目前，自然科学已经深入自然界的各个领域，逼迫自然界不得不交出她精心守卫的秘密，使其不再淹没于黑暗之中。自然科学家们普遍相信，通过他们各自的努力和精确研究，最终能够把握自然界本身的真实性，把握整个宇宙的真理大全。在自然科学的冲击下，整个自然界发生了天翻地覆的变化，人类由自然界的奴隶而一跃成为自然界的主人，当代人正充分享受着现代自然科学所带来的各种物质财富和舒适便捷的生活。

现代自然科学之所以能够兴盛发达，成为人们崇拜的对象和真理的象征，是因为现代自然科学把自然界分割成许多不同的领域，每门自然科学对应于一种自然现象，然后分门别类地对该对象加以研究。如物理学研究物质的运动和物质的结构问题，化学主要研究物质的化合与分解问题，生物学则是研究生物的结构、功能、遗传变异等问题。尽管现代自然科学出现了交叉学科，如生物化学、物理化学等，但仍然是以某个具体领域为研究对象的。每门自然科学在对其自身所认识的对象进行研究时，进一步将研究对象还原为最小的基本构成单位，如物理学将自然事物还原为分子、原子、电子等，生物学将生命还原为细胞等。科学家们认为，认识了构成事物的最基本单位，就等于掌握了该事物的本质，掌握了该事物本身，由此就可以按照人的意志而任意地用最基本的构成单位组合形成自然事物。用哲学认识论的术语表示就是，自然界作为认识的对象，可以还原为各个组成部分，认识和把握了自然界的各个组成部分，就等于认识和掌握了整个自然界。也就是说，自然科学研究是将整个自然界切割成为许多碎片，或者还原为许多原子，然后对这些自然碎片或原子展开探究，并形成对已给定的自然碎片内在本质和规律的精确性认识。自然科学研究的这一碎片化和原子化特征也是由自然科学的研究方法所决定的。自然科学研究方法主要是实证主义，即所研究的问题能够被生活经验或生活事实所证实，或者能够被实验室的实验所证实。自然科学研究的实证性特征决定了自然科学的研究对象只能是自然中的某个具体对象，而不能是自然界本身的整体性。因为只有具体的碎片化的自然对象才能够被经验事实和实验室的实验事实所把握，而自然界本身的整体性则是一种普遍抽象，不可能被生活经验或实验室的实验所实证。也正是现代自然科学将其所研究的自然对象碎片化、原子化，才能够形成对所研究对象的精确化知识，并精准地把握自然界某个领域或某个对象的存在特性和发展规则，将自然万物存在的"真实性"告白于天下。就像某些科学家所言："只要理智敢于踩在自然的地面上，敢于面对自然，自然之谜就会烟消云散。"①

然而，现代自然科学这一分门别类的、原子式的研究特征，把研究对象从整个自然界中割裂开来并孤立地看待这个对象，从不对自然界的整体性进行追问和探究，因而其所得到的自然真理只能是对自然的某个领域、某个对象的真理，是关于自然界的碎片化真理和原子式真理。虽然现代自然科学对自然存在物的研究形成了某种精确性的知识，但这种知识仍然是有限性的知识。也就是说，现代自然科学对自然界的认识存在着两个方面的局限性：一是对自然界的整体性存在表现为盲目，因为自然界本身的整体性质并不等于部分之和，自然界本身的整体性是有机性，各个自然物有机地结合在一起构成了一个完整的自然界。这个完整的自然界或者大于部分之和，或者小于部分之和，而不可能完全等同于部分之和。那种认为整体等于部分之和的观念，实际上是机械论自然观，是自然科学家们的研究信念。实际上，自然科学家们的这种信念是错误的，它存在着只见树木不见森林、一叶障目不见

---

① ［德］卡西勒：《启蒙哲学》，顾伟铭等译，山东人民出版社1988年版，第62页。

泰山的缺陷,对整个自然界的真理性表现为盲目。玻姆说:"宇宙是一个不可分割的整体,那种分离、分割的破碎观是一种幻觉。"① 二是对自然存在物的原子式真理并没有完全把握自然存在物本身存在的真理,仍然属于片面性的和个别化的知识。自然万物本身的存在真理除了孤立的原子事实外,还存在着一种与其他自然存在物相互联系、相互影响的生态事实,割裂了自然万物之间相互联系的生态事实,自然万物本身的真理性也必然会受到限制,或者成为一种假象。就像一只人手那样,当该手脱离了与身体的有机联系之后,就不再是真正的人手,而只能是一只死手。

现代自然科学从不关心自然界本身的整体性存在真理和个别事物有机联系而统一的真理,只是关心各个自然物的原子式物性规律,把自然界原本生机勃勃的有机图景变为僵死的碎片图像,无限多样的自然被变得贫乏无味。正是现代自然科学研究存在的这些缺陷,导致现代自然科学对自然界研究越是深入,越是肢解有机的自然界,造成对完整性自然界的伤害,将自然界呼呼作响的青春生命夭折。当今生态危机的发生,不能不说是现代自然科学对整个自然界的真理表现为盲目的结果。现代人对自然界越是运用自然科学真理,反而越是造成了对自然的破坏。于是,我们不得不追问,一种关于自然存在物的真理,如果脱离了自然界本身的整体性且与自然界其他存在物无涉,其到底还是不是自然存在物本身之真理?现代自然科学到底还是不是科学?

早在 19 世纪的德国古典哲学大师黑格尔那里,就对自然科学的迅猛发展保持着一定的警醒。他提出:"我们本来是要认识现实存在的自然,并不是要认识某种不存在的东西;现在我们却不是对自然听之任之,不是如实了解它,不是感知它,反而使它成为某种全然不同的东西。"② 他认为,现代自然科学对自然对象的研究,要么采取一种实践的态度,为了人类生存利益而研究自然和利用自然;要么采取一种理

---

① 金吾伦、蔡仑:《对整体论的新认识》,《中国人民大学学报》(社会科学版)2007 年第 3 期。

② [德]黑格尔:《自然哲学》,梁志学等译,商务印书馆 1980 年版,第 10 页。

论的态度，仅仅获得关于自然界的普遍性规定，而根本不考虑其具体性和根本性。黑格尔认定，自然科学把研究对象之自然当成某种现成的东西，从不追问自然界本身是什么，因而其所获得的关于自然的知识仅仅是"有限性知识"和"零碎知识的凑集"，是自然秩序的"外在集合、外在的次序"，完全缺乏哲学的"精神"气质。生命自然界中那些呼啸作响的对象，完全因为现代自然科学研究的侵入而变得缄默起来，丰满热烈的责任生命萎缩成为鼓噪无味的形式。于是一种奇怪的现象便产生了，尽管自然科学家们在研究自然，却完全不知道自然本身是什么。

> 我们觉得自然界在我们面前是一个谜和问题，一方面我们感到自己需要解决这个谜和问题，另一方面我们又为它所排斥。之所以说我们为自然界所吸引，是因为其中预示着精神；之所以说我们为这一异己的东西所排斥，是因为精神在其中不能找到自己。……我们从知觉开始，我们搜集有关自然界的各种各样的规律和形态的知识；这样的做法本身就可以向外、向上、向下和向内达到无穷的细节，正因为在这些方向上看不到终点，这种做法就不会使我们满意。在所有这些知识财富中都会在我们面前重新出现或正好产生这个问题：自然界是什么？自然界仍旧是一个问题。①

黑格尔一再强调，用原子和碎片方式研究事物，永远是没有精神的，永远不可能获得事物的真实性。"在考察伦理时永远只有两种观点可能：或者从实体出发，或者原子式地进行探讨，即以单个的人为基础而逐渐提高。后一种观点是没有精神的，因为它只能做到集合并列，但是精神不是单一的东西，而是单一物和普遍物的统一。"②

恩格斯在《反杜林论》中也指证说：

---

① ［德］黑格尔：《自然哲学》，梁志学等译，商务印书馆1980年版，第4—5页。
② ［德］黑格尔：《法哲学原理》，范扬、张企泰译，商务印书馆1982年版，第173页。

把自然界分解为各个部分,把各种自然过程和自然对象分成一定的门类,对有机体的内部按其多种多样的解剖形态进行研究,这是最近400年来在认识自然界方面获得巨大进展的基本条件。但是,这种做法也给我们留下了一种习惯,把自然界中的各种事物和各种过程孤立起来,撇开宏大的总的联系去进行考察,因此,就不是从运动的状态,而是从静止的状态去考察;不是把它们看作本质上变化的东西。而是看作永恒不变的东西;不是从活的状态,而是从死的状态去考察。这种考察方法被培根和洛克从自然科学中移植到哲学中以后,就造成了最近几个世纪所特有的局限性,即形而上学的思维方式。①

恩格斯确信,自然本身并不是一种机械性的存在,而是一种有机的辩证的存在。"辩证法在考察事物及其在观念上的反映时,本质上是从它们的联系、它们的联结、它们的运动、它们的产生和消逝方面去考察的。……自然界的一切归根到底是辩证地而不是形而上学地运行的。"②现代自然科学以形而上学的思维方式去孤立地考察某物的存在,忽视了该物与整个自然界的辩证关系,忽视了辩证存在的自然界,无论如何也不可能真正揭示自然界的真实面貌,无论如何也做不到以辩证之道对待辩证的自然之身。

当代现象学哲学大师胡塞尔则提出,现代自然科学尽管在欧洲兴旺发达、风光无限,但其自身已经发生了深刻危机,科学的真正科学性已经成为不可能的了。在胡塞尔看来,科学应当是从原初性的人与自然统一的"生活世界"出发,把握自然存在物和现实自然界,而发展起来的自然科学则在重视事实的思想引导下,将整个自然界彻底数学化和物理学化了,使自然界中的任何一件事情都必须服从于精密计算的法则,人与自然界由此分裂成为二元对立的存在,结果导致我们的"生活世界"被数量化的实证世界所替代,多样而整体的自然界正在变

---

① 《马克思恩格斯选集》(第3卷),人民出版社1995年版,第359—360页。
② 《马克思恩格斯选集》(第3卷),第361页。

得单一和片面。

在几何学和自然科学的数学化当中，我们测量这个处于可能经验之开放的无限性中的生活世界，以便为它制作一件非常合适的理念外衣，即所谓客观科学真理的外衣。……"数学和数学的自然科学"这种理念的外衣，或不这样说，而说成符号的外衣，符号—数学理论的外衣，包括所有那些在科学家和受过教育的人看来是作为"客观的现实的和真正的"自然而代表生活世界，装饰生活世界的东西。理念的外衣使我们将只不过是方法的东西认作真正的存在。①

胡塞尔得出结论说："现代人的整个世界观唯一受实证科学的支配，并且唯一被科学所造成的'繁荣'所迷惑，这种唯一性意味着人们以冷漠的态度避开了对真正的人性具有决定意义的问题。单纯注重事实的科学，造就单纯注重事实的人。"② 作为胡塞尔弟子的海德格尔接续了其老师的思想，进一步批判现代自然科学的缺陷。海德格尔首先指认，现代科学是在对特定对象的筹划中和表象中建立自身的，现代科学研究只不过是一种企业活动，现代科学所发现的自然真理根本不是什么真理，只不过是对自然的算计，对自然的摆置，为自然世界画的图像。海德格尔认定，把存在者本身摆置在人自身面前，并持久地在人自身面前摆置的存在者，就是现代科学研究的本质。

作为研究，认识对存在者作出说明，说明存在者如何和在何种程度上能够作为表象所支配。当研究或者能预先计算存在者的未来过程，或者能事后计算过去的存在者时，研究就支配着存在者。可以说，在预先计算中，自然受到了摆置，在历史学的事后计算中，

---

① ［德］胡塞尔：《欧洲科学的危机与超越论的现象学》，王炳文译，商务印书馆2001年版，第67页。

② ［德］胡塞尔：《欧洲科学的危机与超越论的现象学》，王炳文译，第16页。

❖ 第七章　自然界看护者的道德责任 ❖

历史受到了摆置。自然和历史便成了说明性表象的对象。这种说明性表象计算着自然，估算着历史。只有如此这般地成为对象，如此这般的是对象的东西，才被视为存在着的。唯当存在者之存在在这种对象性中被寻求之际，才出现了作为研究的科学。①

海德格尔认为"自然"的原初意义是一种"涌现"和无蔽状态，是一种本真性的绽出，即自然不是自然物，更不是自然物的集合，而是事物自身自然而然地涌现。但是近代以来，在自然科学的作用下，"自然"却被自然物规律所替代，自然变成了自然物，变成了自然物的集合。自然被演变成自然物，被演变成为一种对物性规律的认知，意味着自然失去了自己的本真状态，成为一种被科学表象和摆置的存在物。由此可见，现代自然科学研究并不是完美无缺的，它在解蔽自然界原子真理的同时也遮蔽了自然界的有机真理性，表现为对自然界的整体性存在的盲目，使丰富多彩的自然界变得异常贫乏。

当我们说近现代自然科学对自然界的碎片化认识，是对自然界本身的一种阉割时，一个问题便随之而提出来了，什么是自然界的真实性？只有彻底说明了自然界本身的真实性问题，我们才有充分的理由认定近现代自然科学确实对自然界产生了认识论的失误。从感性直观来说，能够看得到、摸得着、被人的感官直接感觉到的自然物是真实的存在物，它作为具有广延性的物质实体，真切地摆在人们的面前，并使人们对该物质实体产生印象。虽然在微观领域，在宏观大宇宙领域，自然存在物不能被感官直接感觉到，但借助于一定的仪器设备仍然能够被感觉到，仍然能够直观地呈现于人们面前。于是，自然科学便理所当然地认为，对现成存在的物质性事物展开研究，把握了该现成事物的本质，就等于把握了该自然物的真实性，所获得的关于自然物本质性的知识便是真理性知识。例如对一棵树的认识，把握了该树本身的生长规律、存在本质、木质硬度、生长条件等，就等于把握了该树的真实性。不可

---

① ［德］海德格尔：《海德格尔选集》（下卷），孙周兴等译，上海三联书店1996年版，第896页。

否认，各种自然存在物都有其自身的独立存在，表现出对其他自然存在物的特殊性，这是整个自然界得以存在的基础和条件。然而，我们必然清醒地看到的是，各种自然存在物的独立性存在事实仅是其真实性的一个方面，而不是完全的真实性。因为任何自然存在物都不是孤立、孤独的存在，还有与其他自然存在物相互联系和相互制约的存在，所有自然存在物都处于相互影响的关系中。自然界是一个自然万物有机联系的整体，万物都在万物之中，没有与其他自然存在物的关联，任何自然存在物都不可能存在。一切自然存在物存在的真实性和价值性都是多重关系统一中的真实性和价值性，在自然物存在之间相互依赖、相互影响、相互制约是事物存在的不可否认的普遍性事实，任何自然事物都是生物链上的一个环节，与其他事物都存在着普遍性相关，自然界中的生产者、消费者和还原者构成了一个统一和谐的生态运行秩序，每个事物都有每个事物的用处和去向，大自然绝不会无视和浪费它的每个成员。当今的生态学从生物学的分支中脱颖而出，成为如日中天的一门学科，就在于它揭示了自然界的有机性和自然事物之间相互联系的生态性。所有自然存在物都在关系中存在这一事实，表明自然物存在的真实性不完全是孤独的原子存在，还是关系中的关系存在。就像一只手那样，它的存在的真实性是与身体不可分割地结合在一起的，一旦脱离身体，它就不再是一只真实的手，而只能是一只死手。也就是说，任何自然存在物都有一种关系存在的真实性，那就是在自然界有机关系中的生态位置与生态关系，即与其他自然物的相互制约、相互依存、相互影响的真实性。

当然，现代自然科学并不是完全否认关系，并不是不研究关系，但行动自然科学所研究的自然存在物的关系仅仅是一种因果关系，其聚焦的仍然是具体事物本身，不是该自然物与其他自然物的关系，该事物与其他事物的关系仅仅是作为条件或背景才被认识主体显现出来的。例如水、阳光、空气，作为种子的生存生长条件才与种子发生关系，现代自然科学研究的聚焦中心仍然是孤立的种子，把水、阳光、空气仅作为种子的生长手段。现代自然科学这种仅仅研究孤立现象的方式，导致了关系性真实的丧失。所谓关系中存在的事物的真实性，是指自然界是一个自然万物的关系网络，每个自然存在物都仅是这个关系网络中的一个网结，它不仅被一个关系所制约，而且是被多个关系所制约的。例如，从现代自然科学研究来看，狼的生命在于吃羊，羊的存在则对人类有好处，因而狼吃羊损害了人的利益，因而是一种恶。由此得出的结论便是：人类的道德行为应该是消灭狼而保护羊。但是从关系生态的视域来看，狼吃羊并不是一种恶，还是一种善，它不仅促进了羊本身的进化，还限制了羊种群的数量，维护了草原的存在。因为羊群数量过多，超过了草原的承载能力，就会导致草原的退化或崩溃，最终威胁羊群的存在。可见，狼的真实性不仅是吃羊，而且是使狼与羊、狼与草原处于动态平衡关系之中。

实际上，西方哲学在古希腊诞生之日起就奠定了一种基本的研究倾向，强调看得见、摸得着的，能够被感性直观的存在物都不是真实的存在物，而仅仅是对真实性的显现，是真实性表现出来的现象。真正的真实性是看不见、摸不着的，只存在于多样性现象背后且具有统一多样性的本质。例如，在柏拉图的视域中，具体事物自身的真实性只有模仿"理念"并被普遍性的"理念"照亮之后，才能真正地呈现出来，没有"理念"的普遍性之光，自然事物本身的真实性就永远处于黑暗之中。中世纪基督教哲学继承了柏拉图的这一思想，认为自然界的完美性和真实性不能在自然界本身中找到，只能到超自然的领域即在上帝身上找到，现实自然界永远需要超自然之光的照耀，才能走向真正的完美和真正的真实性。现代自然科学研究切断了自然存在物与本体的关系，认为凭借实证研究方法就能够发现自然之真理，结果使对自然界真实性认识从一个极端走向另一个极端，即走向碎片化、原子式研究。德国哲学家黑格尔及时修正了两者的错误并指证说：脱离了整体的部分，缺乏普遍性的特殊，没有本质的现象，都是一种非真实性，都是对事物的抽象。同理，脱离了部分的整体、不包含特殊性的普遍性，没有现象的纯粹本质，也是对真实性的幻觉。

当意识把客观事物理解为与它自己对立,并把自己理解为与客观事物对立的时候,意识所处的立足点是科学的对立,在这个科学的对立中意识只知道自己在其自身,这毋宁是完全丧失了精神,那么反过来说科学的因素乃是意识的一个辽远的彼岸,在这辽远的彼岸里意识不再占有它自己。这两方面的任何一方,在对方看起来都是真理的颠倒。①

黑格尔首先认定,真理是一个全体,真理是一个包括各个环节于自身内的完整体系,真理只有作为体系才是真实的、现实的。"哲学若没有体系,就不能成为哲学。没有体系的哲学理论,只能表示个人主观的特殊心情,它的内容必定是带偶然性的。哲学的内容,只有作为全体中的有机环节,才能得到正确的证明,否则便只能是无根据的假设或个人主观的确信而已。"② 在黑格尔的哲学视域中,哲学才是最高的科学,真理是其本质。这种真理从静态视域来说,是把各个环节结合在一起的大全。真理唯有在普遍联系中才能呈现出来,没有事物与事物之间的普遍联系,就没有所谓真理、所谓真实性,因为"精神只当它在绝对的支离破碎中能保全其自身时才赢得它的真实性"③。其次,真理是一个自我运动的发展过程,作为全体性的真理只有通过自我发展才能达成完满或大全,只有到达终点才真正地成其为所是。

花朵开放的时候花蕾消逝,人们会说花蕾是被花朵否定了;同样地,当结果的时候花朵又被解释为植物的一种虚假的存在形式,而果实是作为植物的真实形式而代替花朵的。这些形式不但彼此不同,而且互相排斥互不相容。但是,它们的流动性却使它们同时成为有机统一体的环节,它们在有机统一体中不但不互相抵触,而且

---

① [德]黑格尔:《精神现象学》(上册),贺麟、王玖兴译,商务印书馆1979年版,第16页。
② [德]黑格尔:《小逻辑》,贺麟译,商务印书馆1980年版,第56页。
③ [德]黑格尔:《精神现象学》(上册),贺麟、王玖兴译,第21页。

彼此都同样是必要的；而正是这种同样的必要性才构成整体的生命。①

　　黑格尔说真理是一个发展过程，是从时间和历史的角度论证真理作为科学世界的王冠，决不是一开始就实现出来、就完成了的，真理是经历各个环节而发展的完整过程，是走完各种错综复杂道路并做出各种艰苦努力而后所取得的结果。黑格尔从静态与动态两个方面向我们论证了自然界的真实性是事物之间普遍联系的现实结果，自然存在物决不是一个个孤立的原子和碎片，那种把自然存在物视为原子和碎片的机械论自然观和自然科学观，无疑是对自然存在物的一种抽象，而不是真正的事实性判断。黑格尔所谓的整体性和大全式真理，并不是脱离具体事物的纯粹空虚的整体和大全，而是囊括一切具体存在物于其中的整体和大全，整体性真理呈现于各个环节之中，并且是各个环节的统一。也就是说，黑格尔所谓的精神不是单一的东西，而是单一物的特殊性和普遍物的普遍性的统一。黑格尔一再强调，事物的真实性是整体与部分的统一，普遍性与特殊性的统一，一般与个别的统一，本质与现象的统一。脱离了整体的部分，脱离了普遍性的特殊性，脱离了一般的个别，脱离了本质的现象，都是一种非真实性，都是对事物的抽象。同样的道理，脱离了部分的整体、不包含特殊的普遍，缺乏个别的一般，没有现象的本质，也是对真实性的幻觉。

　　当今的生态学研究亦表明，任何自然存在物都处于与它自然存在物相互影响和相互制约的生态关系网络之中，自然存在物之间通过物质、信息和能量的交换而构成一个核心的生存状态，离开了与其他生物之间的关系，与周围环境之间的关系，一切自然存在物的真实性就不复存在。自然界本身是一个复杂的生态系统，生态学努力呈现出自然界有机和谐统一的图景，并以此为背景，理解和把握每个具体自然物的是其所是，做到将认识对象表象为关系网中的网结。生态学就是要打

---

①　[德]黑格尔：《精神现象学》（上册），贺麟、王玖兴译，商务印书馆1979年版，第2页。

破孤立地、碎片化地认识事物的枷锁，避免由于对某个自然物的认知误区而带来多米诺骨牌效应，预防引起生物链条的断裂和崩溃。因此，无论是从自然存在物本身来说，还是从自然界本身来说，生态关系是每个自然存在物实现自身真实性的不可或缺的关系，这是当今生态学的一项了不起的贡献。就像《生态哲学》的作者萨克塞所认定的那样："生态学的考察方式是一个很大的进步，它克服了从个体出发的、孤立的思考方法，认识到一切有生命的物体都是某个整体中的一部分。"①既然每个自然存在物都是自然界生态关系网络中的一个网结，它的真实性在于它与其他自然存在物的相互生态关系，那么认识自然存在物、揭示自然存在物的本质和存在规律，就须从自然界的生态关系结构出发，把握该自然物在生态关系结构中是其所是的存在。从自然界生态关系结构出发认识自然存在物，突破了从孤立的自然物本身出发认识事物的基本框架，不再属于现代自然科学的原子式真理，而成为一种新型的生态真理。

　　人作为自然界的看护者，无论是看护自然万物的存在，还是守护好自然界本身的生态平衡，都要遵守自然界的生态真理，按照自然界的生态真理对待自然万物，从多重普遍关系中把握自然事物的存在本质。如此，才能担保自然界存在的完整性和多样性。也就是说，人对自然界的看护，并不是盲目冲动的，而是理性自觉的。这种守护自然界的自觉性就来源于人对生态真理有意识地遵循，源于能够清晰地意识到自然存在物的真实性在于它的生态关系性。如果说近现代工业文明以遵循原子式真实性的方式对待自然界，那么生态文明则是以遵循生态真实性的方式守护自然界。当然，我们说以遵循生态真理的方式守护自然界，本身不是不要自然科学研究了，而是要实现自然科学研究的生态转向，将生态关系引进自然科学研究，揭示生态关系下自然事物的是其所是，以此指导人们改造自然界的实践活动。也就是说，自然存在物本身存在着两种真实性：一是原子式、碎片化的真实性，另一是生态关

---

① ［德］萨克塞：《生态哲学》，文韬等译，东方出版社1991年版，第1—2页。

系中的真实性。在这两种真实性中,自然存在物的生态真实性优先于其原子式真实性。根据整体大于部分之和的原理,自然界的整体性存在优先于个体性存在,自然界的整体价值对部分价值具有先在性。基于此,我们必须从自然界的整体性和生态关系性事实出发,遵循生态性真理,对待自然存在物,改造自然界,如此才能真正做到对自然界的看护。

第八章

看护自然界与人的美德

看护自然界不仅是人的一种身份和道德责任，也是人的一种美德，人的一种道德品质。当人按照自己的看护自然界的身份自觉地践行看护自然界的道德责任并看护好自然界之后，就成就了人自身的这种美德。美德是指人的一种卓越品质，就像亚里士多德所言："人的美德就是既使得一个人好又使他出色地完成他的活动的品质。"[①] 美德伦理学研究往往以个体为对象，强调个体在社群生活风俗习惯和道德文化影响下能够形成一种达成某种目的、采取正确行动的卓越的道德品质，就像伦理学中道德责任的主体往往是个体一样。看护自然界的美德则是人类的美德，是以人类为主体的美德，它超越了社群性的风俗习惯和社群性的道德文化，而成为一种人类的普遍性道德要求。因为在人与自然关系中的人是指所有的人，代表的是人类，面对自然环境所培养起来的美德也应当是人类的美德。因为看护自然界已经不是某个人的私事，早已成为人类的普遍性的公共生活。尽管不同国家的经济发展状况不同，不同社群的经济收入水平不同，所面对的自然环境也会有一定的差异，但看护好自然环境，守护好人类的家园，在自然环境的美丽中实现自己的美好生活，应当成为当代人普遍性共识和当代人应当具备的美德。

[①] ［古希腊］亚里士多德：《尼各马可伦理学》，廖申白译注，商务印书馆2003年版，第45页。

一 看护自然界是人的美德

在中国传统社会以及西方古希腊城邦的道德文化传统中，美德是伦理学研究的基本范畴和核心观念，因而古代伦理学亦被称为美德伦理学。

"美德伦理"这一古老的道德文明样式曾经作为人类生活最基本的价值目标和意义向度，伴随着人类走过了几千年的风雨历程，几乎可以称得上是中外传统道德文化和伦理学观念系统中最古老而经典的伦理观念图式和道德实践图式了，当然也是中外传统文化之生存和演进过程中最重要而深刻的道德文明之构成要素。①

美德伦理之所以能够成为古代伦理学的核心范式，是因为古代人的社会生活范围极其狭小，基本上人人都处于熟人社会之中，因此，人们都非常重视个人的道德形象，也就是这个人所说的"面子"。美德伦理学关注人的道德品质，在亚里士多德那里，良好的道德品质表现为行为的卓越和优秀，犹如射箭那样正中靶心，犹如医生医治好病人的病，长笛手能把笛子演奏的优美动听一样。也就是说，具有良好道德品质的人，一定行为优良，表现良好，并成功地达到所追求的目的。

美德伦理学的观念一般被认为包含两个独特的或本质的要素。一个完全意义上的美德伦理学必须将德性论概念（如"好"或"卓越"）而非道义性概念（如"道德上错误"，"应该"，"正当"与"义务"）作为首要的，而且它必须更多地强调对行动者与其内在动机和品格特质的伦理评价，相对于行动和选择评价来说。②

---

① 秦越存：《追寻美德之路》，中央编译出版社2008年版，序言第1页。
② ［美］迈克尔·斯洛特：《从道德到美德》，周亮译，译林出版社2007年版，第107页。

然而，随着人类社会的现代化进程，由古代身份社会向现代契约社会的转型，社会生活从个人的私人领域扩展到社会公共领域，公共社会生活占据了主导地位。公共社会生活建基于"陌生人"关系之上，因而人们不再像熟人社会那样关注人的道德品质，而开始重视人们之间的行为道德规范。随着美德伦理学的式微，规范伦理学逐渐占据主导地位，并一跃成为指导人们现代社会生活的基本道德原则。然而，规范伦理学注重对行为的道德规范设计，强调"人应当如何行动"，忽视道德品质在人的行为过程中所应有的作用，即忽视"人应当成为什么样的人"的问题，致使其面临一定的理论危机和行为伦理困境。

  当代规范伦理学是一种超出人格价值目的的普遍道义论，由于它把对人的关注基于人的行为和社会基本层面的伦理规范的制度化安排，而使人本身受到了忽视。它的理论前提是，做一个什么样的人完全是私人的事情，但他的外在行为必须符合社会普遍的道德原则和道德规范，只要如此，他的行为就是善的或正义的，至于他是什么样的人，他人则无权干涉。因此，现代规范伦理学的任务就是根据理性原则来制定行为的道德原则和道德规范，而不必去关注和研究人的内在道德品质。显而易见，这种伦理只能是他律型的伦理，诉求的是道德的理性要求和外在形式。这样一来，当代规范伦理学虽然一直注重理论与社会现实的联系，但由于它忽视了人之为人的根本的价值要求，忽视了人的内在品德修养问题而表现出对道德的过度理性化说明，忽视了现实生活中人的各种正当的情感和愿望，使得道德变成了冷漠的规则，伦理成了"规中无人"的伦理，不免导致伦理的形式主义或程序主义倾向。[①]

正是规范伦理学的缺陷，遭到了当代美德伦理学家的批判，从而掀起了美德伦理学当代复兴的潮流。

---

① 秦越存：《追寻美德之路》，中央编译出版社2008年版，第9页。

首先对现代规范伦理学进行清算的是牛津大学哲学家伊丽莎白·安斯库姆,她发表在英国皇家学会《哲学》杂志上的一篇名为"现代道德哲学"的文章,被国际学术界广泛认可,这篇文章标志着美德伦理学在当代的复兴。① 安斯库姆在这篇文章中批评了边沁、密尔、康德、摩尔、西季威克等伦理学家对作为一个整体的人的品格特征缺乏兴趣,他们一心只关注人的道德行为,并努力为一种合理的行为制定道德规范;在此基础上,安斯库姆历数了"道德责任""道德义务""道德应当""公平正义"等道德规范所面临的困境,由此强调人之为人的"繁荣发展"并不存在于他的道德行为规范中,而是存在于他的美德之中,一个人所根本需要的,或者说应该实践的,只是有德性的行动。她指认说,在规范伦理与人的繁荣发展之间存在着一个巨大的鸿沟,"这个鸿沟需要通过一种对人类本性、人类行为、一项美德的特征以及首当其冲的人类'繁荣发展'的解释来给予填补。"② 另一位伦理学者迈克尔·斯托克则将现代规范伦理理论比喻为精神分裂症,认为现代规范伦理在行动的道德理由和行动的道德动机之间制造了不和谐的状态。

> 我们发现现代伦理理论的一个远比这种过分集中更严重的缺陷:它们在极其重要和极其普遍的价值领域里把理由和动机之间的分裂必然化了,或者说它们给了我们一种道德上极其贫乏的生活的和谐,一种极为缺乏有价值之元素的生活的和谐。让合乎道德的人们,亦即想要获得有价值的东西的人们根据这些伦理理论行动,让这些理论构成他们的动机,这是不可能的。③

斯托克指出,按照功利主义伦理学谋求最大多数人最大幸福的观点,一种行动是正确的,当且仅当该行动与可供取舍的其他行动能够

---

① 转引自徐向东《美德伦理与道德要求》,江苏人民出版社 2008 年版,"编者的话"第 19 页。
② 转引自徐向东《美德伦理与道德要求》,第 76 页。
③ 转引自徐向东《美德伦理与道德要求》,第 81 页。

带来更大更好的效果,但是,如果我们依照功利主义这个伦理原则去实施行动时,就会发现我们不可能关爱、关心、爱护特定的个人,人与人之间不可能有爱和友谊。相反,如果我们按照爱和友谊的动机而行动,该行动就有可能得不到现代规范伦理所谓的道德辩护,即缺乏道德理由。由此,功利主义伦理学就存在着道德理由和道德动机之间的不和谐,而这种不和谐就使得个人幸福,或最大多数人的幸福变得不可能。在美德伦理学的当代复兴中影响较大的当属美国伦理学家麦金泰尔,他指控现代规范伦理学中的各种流派和各种观点没完没了的争论,不能形成统一的伦理共识,"当代道德言词最突出的特征是如此多地用来表达分歧,而表达分歧的争论的最显著特征是其无终止性。我在这里不仅是说这些争论没完没了——虽然它们确是如此,而且是说它们显然无法找到终点。"① 正是现代道德语言的无序性,表明现代规范伦理学只不过是对道德问题的一种情绪、情感的表达。"情感主义论断的核心部分是:宣称客观的和非个人的道德标准存在的任何主张,都没有也不能得到任何正当合理的论证,因此,也就没有这样一类标准。"② 正是现代规范伦理学无法就某些道德问题达成共识,当代道德话语最显著的特征乃是被用于表达分歧,用于没完没了的争论,各种道德观念根本不可公度,因而使得现代规范伦理学不仅处于危机之中,还表征着现代规范伦理学对道德谋划的失败。

假如那些宣称能够制定出理性的道德主体都应该认同之原理的人,都不能保证那些与他们共有着基本的哲学目标与方法的同仁们对这些原理的制定取得一致意见,那就再一次有力地证明了他们的筹划已经失败,甚至都不用等我们去考察其具体的争论与结论。他们之间的相互批评乃是其各自建构工作归于失败的明证。③

---

① [美]麦金泰尔:《德性之后》,龚群译,中国社会科学出版社1995年版,第9页。
② [美]麦金泰尔:《德性之后》,龚群译,第25页。
③ [美]麦金泰尔:《追寻美德》,宋继杰译,译林出版社2003年版,第26页。

第八章 看护自然界与人的美德

在伦理学家麦金泰尔大力批判的影响下,伦理学界掀起了美德伦理学的当代复兴。美德伦理再度引起人们的重视,并迅速成为当代道德哲学的一个重要选项。

在环境伦理学的兴起和发展过程中,最有影响的现代人类中心主义和非人类中心主义环境伦理理论要么是从功利主义道德原则出发,要么是从义务论道德原则出发来论证人对自然界的道德责任或道德义务,至于人的美德在对自然环境的道德责任中的作用一直被它们所忽视。然而,在20世纪80年代,随着伦理学家托马斯·希尔教授《人类卓越的理想和保护自然环境》一文的发表,环境美德伦理学开始越来越受到人们的重视。姚晓娜教授在其所著的《环境美德研究》一书中讲述了托马斯·希尔转向环境美德研究的故事,说明环境美德在环境伦理学研究中的异军突起。美国环境伦理学家托马斯·希尔先生讲到,在紧挨他家的隔壁搬来了一位新邻居,新邻居铲除了隔壁家小院覆盖地面的绿油油的青草,锯倒了枝繁叶茂并遮蔽着屋顶的数棵鳄梨树。对新邻居砍树铲草,大动干戈地整修院子的行为,托马斯感到莫名其妙和不可理喻,甚至是强烈的反感。该事情引发了托马斯深入的思考和反思:"为什么这位新邻居不喜欢绿草青青的地面和遮天蔽日的树木?""该邻居整修自家院子的行为为什么会招致自己内心的反感?"对此的思考使他意识到,早期环境伦理学属于规范伦理学,而环境规范伦理的理论论证,无法给自己提供充分解释此种行为的理由。于是,他在1983年给《环境伦理学》杂志撰文并提出,环境伦理学的研究需要转换路径,从只关注道德行为本身的研究路径转向对行为者本身的研究,以及对行为者道德品质的研究。由此,托马斯·希尔提出了环境美德伦理,之后又有一些美德伦理学家转向环境美德伦理研究,从而促进了环境美德伦理学的发展,并为人类如何从美德上对待自然界提供了一个新的伦理视域。

确确实实,在环境伦理学的早期研究中,无论是人类中心主义,还是非人类中心主义,都是从行为的某种道德规则出发论证"自然的权利""自然的价值""自然的道德地位",并以此为基础确定人对自然界的道德义务，规范人对自然界的道德行为。人类中心主义将人的利益当作环境道德的出发点和归宿点，认为对待自然界的行为只要合乎人类利益，就是道德的、善的，破坏自然界的行为则由于违背了人类利益，因而是一种不道德的、恶的行为。非人类中心主义则将动物的天赋权利，生命本身的目的性或生态系统的内在价值作为基本的道德原则，认为尊重动物本身的天赋权利、敬畏生命、尊重自然本身的内在价值即是善的，而相反则是恶的。在这种类型的环境伦理学研究中人本身是"缺场"的，看不到环境道德责任主体本身的道德态度、主体自身的道德品质所应该发挥的作用。就像笔者于2004年在《伦理学研究》上发表的文章所指出的那样，人类中心主义和非人类中心主义的环境伦理学属于"人未到场的生态伦理学研究"，即环境伦理学研究在还没有明确"人是什么"的情况下，就去探究"人的"道德行为。正是人类中心主义和非人类中心主义在"人未到场"的情况下确认了人对待自然界的行为规范，结果导致他们的理论自身总是处在不可克服的二律背反之中。在该文中笔者指出，生态危机实质上是人的危机，只有首先将人从危机中拯救出来，实现人之为人的存在，才能够将自然环境从危机中拯救出来。人只有向自然生成为人，即人与自然在本质上融为一体，成为关爱自然的人，拥有关爱自然的人性，人才能够自觉地承担起关爱自然界的道德责任并表现出关爱自然界的行为。虽然笔者当时并没有使用环境美德的概念，也没有专门探究环境美德伦理，但已经存在了环境美德伦理学研究的某些内容。

  人向自然生成为人，亦是人对着自然界要成为一个什么样的人的问题，对自然世界拥有什么样的一种身份。人向自然生成为人，是人与自然界在本质上融为一体，也就意味着人成为一个看护自然界的人，向自然界生成一种看护者的身份。人成为自然界的看护者，践行看护自然的道德责任，并成功地看护了自然界，就成就了人的看护自然的道德品质，拥有了看护自然界的美德。在这里我们可以看出，看护自然界的美德是看护自然界身份的必要的道德品质，拥有了看护自然界的身份，并在行动上履行身份所内置蕴含的道德责任，就能够成就看护自然界的美德。身份是美德的内在规定性和根据，美德则是身份的外在表现形式，是身份应具有的道德品质。看护自然界的美德作为人的一种良好的道德品质，首先表现为人能够理性、清晰地思考人与自然之间的辩证关系，对自然界的所作所为表现出亚里士多德所谓的明智，即根据生态法则，运用生态智慧确定什么是人对自然界应当做的事情，什么是人对自然界不应当做的事情，避免人对自然界的盲目性。其次是看护自然界的坚定意志力，无论看护自然界的道德义务多么沉重和困难，无论是看护自然界需要克制人自身的欲望，还是牺牲人自身的一定的利益，都能够坚定地履行看护自然界的道德义务，并将看护自然界的道德责任贯彻到底。最后是在实践活动中坚持亚里士多德的中道、不偏不倚，既不以人类中心主义为主，也不以自然中心主义为主，而是维护人与自然的和谐共生。

按照麦金泰尔的研究，在人类历史上至少有三种不同的美德观念："美德是一种使个人能够履行其社会角色的品质（荷马）；美德是一种使个人能够朝实现人所特有的目的而运动的品质，无论这目的是自然的抑或是超自然的（亚里士多德、《新约圣经》、阿奎那）；美德是一种有利于获得尘世或天国成功的品质（富兰克林）。"[①] 由此可见，从人的身份出发确认人的美德是有历史经验可借鉴的。麦金泰尔所说的美德是社会角色即身份的品质，发生在古希腊英雄社会时期。在那个时期，人们完全是通过个人的身份和角色来认识他是谁，确认他的德性。"在这样一个社会中，一个人是通过认识到他在这个系统中的角色来认识到他是谁的；而且，通过这种认识他也认识到他应当做什么，每一个其他角色和位置的占有者应把什么归于他。"[②] 也就是说，在古希腊英雄社会时期，身份或角色是判断一个人德性的基本依据，人占有了社会的某种位置，拥有了某种身份或角色，就相应地具备了某种美德。因为身份或角色行为靠品德完成，品德就蕴含在身份或角色当中，是身份或角色不可缺少的内容。麦金泰尔对此说道："判断一个人的德性和恶

---

① ［美］麦金泰尔：《追寻美德》，宋继杰译，译林出版社2003年版，第234页。
② ［美］麦金泰尔：《德性之后》，龚群译，中国社会科学出版社1995年版，第153页。

的依据,在于他在具体社会环境中所做的具体行为;因为德性就是维持一个充当某种角色的自由人的那些品质,德性就表现在他的角色所要求的行为中。"① 在古希腊英雄社会的秩序中,一个人如果没有这样一种身份或角色,不仅他人无从认识他和他的德性,其他人也无从回应他,甚至就连他自己也无从认清楚自己,不知道自己究竟是谁。因为在英雄社会中,个人自我完全浸透在他的身份或角色中,甚至就是他的身份或角色。就此而言,英雄社会的个人自我和美德完全是社会的创造物,而不是个人的创造物。身份能够成为美德,身份能够为美德提供依据,有某种身份就应当相应地具备某种美德,美德是身份的必要品质。柏拉图正是基于这一理路,在《理想国》中确认了国家中三种基本身份所应当具有的美德:治理国家的国王这一身份所应当具有的美德是智慧,保卫国家的武士这一身份所应当具有的美德是勇敢,为国家生产产品的生产者这一身份所应当具有的美德是节俭。

在现代社会中,人们不再重视传统社会中的身份,而是重视社会角色。虽然角色也是对社会结构中位置的表达,但现代社会中的角色完全不同于传统社会中的身份。依据麦金泰尔的理解,传统社会中的人们完全是通过身份来辨认自己的美德和他人的美德的,个人自我以及美德就是他的身份,因为传统社会基本上属于特殊文化群体,是人们都相互熟悉的"熟人社会"和"私人领域",亲情关系和风俗习惯制约着人们的所作所为;现代社会则属于普遍性公共领域的"陌生人社会",个人自我以及美德则与他所扮演的社会角色是完全分离的,从个人所扮演的角色中不能再辨认他的美德。现代人在现代社会科层体制中被迫扮演多种角色,就如同演员演戏一样,个人仅仅是按照角色的要求表现出事先规定好的行为,个人自我和道德品质几乎根本不参与其中,哪一个角色是他的真实自我,与其互动的他人根本不知道,甚至连角色扮演者自己都不清楚、都不知道。就像麦金泰尔所指出的那样:"某类社会角色可以以一种截然不同的方式体现各种信念,由此,这个

---

① [美] 麦金泰尔:《德性之后》,龚群译,中国社会科学出版社 1995 年版,第 154 页。

第八章 看护自然界与人的美德

角色所表达、预设的观念、理论与学说至少可以在某些情况下与扮演此角色的个体所信奉的观念、理论与学说大相径庭。"① 例如，某个天主教神父凭借其角色，主持弥撒活动和参与各种其他宗教仪式典礼，但他可能对上述活动不存在信仰，甚至可能他个人的真实信仰与他扮演的角色活动所表现出的信仰完全不同。一个扮演贸易工会官员角色的人，代表工会在与雇主谈判时，表达的是工会的目标和提高工资、改善工作条件等工人的诉求，但他个人却可能会坚信，工会只不过是驯服和腐蚀工人阶级的手段，因为它转移了工人对革命的兴趣。如此一来，个人的真实自我与所表演的角色就分裂开来，自我美德与角色扮演也就无涉。社会角色只要求职业道德，不论是谁，只要承担了某个角色，就必须遵守角色行为的道德规范，至于个人的自我要求和诉求根本不予考虑。用欧文·戈夫曼的话说，自我不过是角色之衣借以悬挂的一个衣架。

> 这种不具有任何必然社会内容和必然社会身份的民主化的自我能够是任何东西，能够扮演任何角色、采纳任何观点，因为他本身什么也不是，什么目的也没有。……对于戈夫曼来说，社会是一切，自我根本什么也不是，他不占据任何社会位置。对于萨特来说，自我不论占据了什么样的社会地位，都是偶然为之，因此，他也看不到自我的任何真实性。②

既然真实的自我隐匿于社会角色之后，个人所扮演的角色表现出来的道德行为，也不属于个人自我形象的表达，完全属于角色规定的行为。就像角色行为是表演一样，个人履行角色行为规范也同样是一种表演，与个人的自我形象、个人的道德品质完全无关。

为了克服现代社会角色与个人自我、与个人美德的分离，麦金泰尔提出了"特性角色"概念。"特性角色"不同于一般的社会角色，社会

---

① ［美］麦金泰尔：《追寻美德》，宋继杰译，译林出版社2003年版，第36页。
② ［美］麦金泰尔：《德性之后》，龚群译，中国社会科学出版社1995年版，第42页。

角色在社会结构中有成千上万,但"特性角色"却仅有几种。因为"特性角色"是道德理想和人格的承载者和体现者,"特性角色"将社会道德理想和人格尊严置于其内涵之中。"得到如此说明的特性角色决不能混淆于一般意义上的社会角色。因为他们是一种非常特殊类型的社会角色,他们以其他角色所不具有的方式,把某种道德束缚置于相应角色的人格之中。我之所以选用'特性角色'来表达他们,恰恰由于这个词能把戏剧和道德联系在一起。"① 在麦金泰尔看来,所谓"特性角色",是其所属文化的道德表达形式,借助"特性角色"的行为,道德和形而上学的思想与理论便活生生地具体化在社会现实生活当中。"特性角色是道德哲学戴的面具。"② 同时,"特性角色"还是社会文化和社会成员所追求的目标,在道德上表明和证成了社会存在的一种样式的合理性。在此我们可以看出,麦金泰尔借助"特性角色"概念,将身份或角色与道德理想、人格尊严结合在一起,以便重新恢复古希腊英雄社会中身份与美德的一致性。

在人与人的社会关系中,能不能通过麦金泰尔的"特性角色"恢复身份或角色与美德的契合,通过身份或角色显现美德和辨识美德,现在还不得而知。因为社会生活越是公共化,道德生活越是被政治生活殖民化,个人越是成为社会制度的代表,成为社会角色的衣架,个人美德就越是不被重视。尽管美德伦理要求在当代复兴,前进的道路虽然困难重重,但我们可以在人与自然关系中实现麦金泰尔所谓的"特性角色",实现身份与美德的统一。因为在任何一个社会时代,人对自然世界都仅有一个唯一的身份,要么在自然世界之下,要么在自然世界之上,要么在自然世界之中。任何社会时代的身份对于该时代来说,都是这个时代的道德理想和道德诉求的表达,代表着这个时代人对自然世界的人格形象。传统社会屈从于自然世界的身份,表达着古代人对神灵的敬畏和祈求神灵庇护的道德愿望;现代人征服自然的身份则表达着人本主义道德理想。黑格尔说过,哲学是时代的精神。而哲学是

---

① [美]麦金泰尔:《德性之后》,龚群译,中国社会科学出版社1995年版,第37页。
② [美]麦金泰尔:《德性之后》,龚群译,第37页。

第八章 看护自然界与人的美德

对人在宇宙中位置的设定与表达，即哲学是世界观和方法论，那么我们有理由可以说，人对自然界的身份同样是时代的精神，时代的灵魂。因为哲学对人在宇宙中位置的安排就是对人在宇宙中身份的认定，哲学表达了对世界的看法，也就表达了人在宇宙中的位置，设定了人在宇宙中的身份。当我们否认人在自然世界之下和人在自然世界之上，而强调人在自然世界之中时，就确认了人是自然界看护者的身份。这一身份代表了生态文明时代或生态文明社会对自然世界的道德诉求、道德理想和人格形象。看护自然界的身份将道德责任和人格形象融合在一起，看护自然界即是人的身份，又是人的道德责任，还是人的自我形象和道德品质。人们完全可以通过看护自然界的身份而辨识出人的美德，看护自然界的身份就是人的美德，就是人对自然界的自我形象。或者说人对自然界的美德和自我形象，就是他在宇宙中的位置和身份。

亚里士多德在论述人的美德时强调行为的卓越和优秀：

> 一切德性，只要某物以它为德性，就不但要使这东西状况良好，并且要给予它优秀的功能。例如眼睛的德性，就不但使眼睛明亮，还要使它的功能良好（眼睛的德性，就意味着视力敏锐）。马的德性也是这样，它要马成为一匹良马，并且善于奔跑，驮着它的骑手冲向敌人。如若这个原则可以普遍适用，那么人的德性就是使人成为善良，并获得其优秀成果的品质。[①]

根据亚里士多德的这一思想我们可以说，看护自然界是人的最卓越、最优秀的行为。因为真正做到看护好自然界，即维护自然界的生态平衡并让自然万物都欣欣向荣，意味着人必须拥有非凡的智慧和非凡的实践能力，既对自然界有所作为，又避免胡作非为。古希腊人将自然让万物和谐共生的运行法则称为"神"和"智慧"，强调人只能模仿自然而不可能创造自然，强调人的最高学问只能是"爱智慧"而不可能

---

① ［古希腊］亚里士多德：《尼各马科伦理学》，苗力田译，中国社会科学出版社1999年版，第35页。

拥有智慧，强调人只能近神而居而不可能成为神；现代人则把上帝统治自然万物的权利归于自己，遗忘了上帝创生自然万物并让自然万物和谐共生的能力和智慧，以为掌握了统治自然万物的权利就可以成为上帝而为所欲为，结果却将自然界糟蹋的不像样子。看护自然界的美德，则真正使人拥有像神那样的智慧和能力，不仅创生自然万物，还遵循自然运行法则，让自然万物按照自己的生存目的去生存、去灿烂，做到万物和谐共生，人与自然和谐共生。就此而言，唯有看护自然界，才能够充分彰显人的优秀智慧和卓越行为。

看护自然界是道德的卓越的和优秀的行为，还可以通过与古代人对自然界的行为、与现代人对自然界的行为相比较而确认。古代人出于敬畏自然界的价值理念，对自然界不敢有所作为，不敢大规模地开发自然界，生怕惹神灵愤怒而遭受神灵的惩罚，结果导致人自身的正常需要不能得到充分满足，物质生活处于贫乏状态；现代人出于征服自然界的价值理念，对自然界胡作非为，就像一个永远饥渴的胃囊，恨不得将整个自然界吞入口中。虽然现代社会充分满足了人的物质需求，让人能够在物质丰饶中纵欲无度地生活，却严重破坏了自然界，将人置于可能毁灭的巨大风险之中。无论是对自然界不敢有所作为，还是对自然界胡作非为，都不属于卓越和优秀的行为，因为它们或者对人自身，或者对自然环境造成了某种伤害，都不能成就人对自然界的美德。看护自然界要求从自然界整体出发，运用自然界生态智慧和生态运行法则，既要对自然界有所作为，还要避免对自然界胡作非为。对自然界有所作为不仅包括尽量满足人们的物质需求而开发自然界，把自然界所隐藏的秘密揭示出来，还包括调节物种之间的生态平衡，对濒危动物进行立法保护，对数量增长过多的动物加以抑制。避免对自然界胡作非为，就是充分认识和掌握自然界的生态法则，按照生态法则对待自然万物，减少人类对自然界的盲目性和破坏性。看护自然界秉持的是生态优先原则，不仅让人存在，也让自然界存在；不仅让人生活美好，让自然万物生存得美好，亦让自然界美丽和生机勃勃。

在目前的环境美德伦理研究中，自希尔教授提出"什么样的人会

第八章　看护自然界与人的美德

破坏自然环境，什么样的人会保护自然环境"之后，环境美德即人的道德品质在保护自然环境中的作用开始受到人们的青睐。希尔教授"优先考虑的是'卓越'、'谦卑'、'繁荣'等美德概念，而不是判断行动正确与否的伦理标准或道德准则"①。即使是强调"正确行动"的环境美德伦理学研究者，仍然把"正确行动"的根据归属于人的美德，如豪斯特豪斯提出："行动是正确的，当且仅当美德行为者在具体情境下会这样行动。"② 然而，环境美德伦理学往往把人的美德归结为心理动机，归结为人的仁慈、善良、同情等自然属性。如此一来，环境美德就有可能陷入情感主义伦理学之中，成为个人善恶的情绪表达。看护自然界的美德虽然也重视人的道德品质，却将美德的来源和根据置于人在宇宙中的位置，人对自然界的身份之基础上，由此摆脱了环境美德的个人主观性和心理动机性来源，使看护自然界的美德成为一种普遍的客观伦理法则。它作为一种道德品质能够指导人们遵循看护自然界的道德原则，并把看护自然界的道德原则应用于改造自然界的实践活动之中。

　　无论是传统美德伦理学，还是现代美德伦理学，以及环境美德伦理学，都把个体、个人视为美德的主体或载体，因而美德的根据就只能奠基在个人的心理动机上。当代西方伦理学大致也是从道德心理学视域理解美德的。然而，保护环境的美德伦理学不仅仅是个人善良、仁慈、同情、仁爱的问题，不仅仅是个人道德品质的心理自觉问题，还包括全世界所有人的普遍意志、普遍行动的问题。就像康德所认为的那样，道德责任必须是一个普遍的道德法则，无论是谁，都必须是你要如此行动的绝对命令，人的德性的崇高就在于自觉克服个人的感性欲望冲动，担当起普遍的道德责任，执行普遍的道德律令。由于自然环境的问题不是哪一个人的问题，也不是哪一个民族、哪一个地区、哪一个国家的问题，而是全世界所有人、所有国家的问题，是这个时代的问题，因此，保护自然环境就超出了个人的喜怒哀乐和道德偏好，而成为整个

---

① 董玲：《正确行动与环境美德伦理学》，《科学技术哲学研究》2019 年第 5 期。
② 转引自董玲《正确行动与环境美德伦理学》，《科学技术哲学研究》2019 年第 5 期。

人类不得不承担的普遍道德责任。就此而言，美德的个人主体需要让位于人类主体，做到人人都拥有环境美德，共同关爱自然环境，才有可能真正解决环境危机问题。《责任伦理学》的作者约纳斯就提出了技术时代的责任伦理的主体是人类整体的观念，认为面对庞大的技术时代的问题，个人应对问题的威能已经变得渺小不堪，唯有仰仗集体的威能，才有可能化解技术时代的巨大风险。

> 正由于无论是在最后的结果中有份的、参与造就了这一系统的成果的，还是在塑造世界和未来的过程中起了始因作用的力量，都并非单个的某一个人，而是我们大家或作为整体的我们，因而，就涉及对周围世界的事物和命运的规定的行为——真正能够对整个社会、自然界和人类未来生存条件造成决定性影响（包括保护性的和破坏性的两种不同性质的影响）的行为——来说，其主体又并非某一个单个的个人，而是由所有作为我们而实存着的人们构成的现实的人类整体这么一种集体性的主体，又称之为超—主体或我们的政治—社会共同体。①

看护自然界的美德，就是从整个人类出发，从本体论上确认人类在宇宙中的位置是人与自然世界共在，人与自然世界本身为一个整体，由此合乎逻辑地引出人类是自然界看护者的身份，以及人类的看护自然界的美德。看护自然界的身份是人类的一种当代的普遍身份，看护自然界的美德也必然是人人必须拥有和具备的美德。也就是说，看护自然界的美德不是个人的道德偏好，而是人类一种普遍性的德性，人类是这种美德的主体。在人与人的关系方面，个人处于不同的社会关系之中，受不同的生活风俗习惯的影响，因而个人可以形成不同的美德，不同的人也可以拥有不同的美德，但在人与自然的关系当中，人们面对的是一个共同的自然环境，看护自然界是整个人类的共同生活，

---

① 高湘泽：《一种可能作为比较纯正的规范伦理的原义"责任伦理"纲要》，武汉大学出版社2015年版，第62—63页。

因而所形成的美德应当是人类的普遍美德。当然，这里所谓的共同自然环境，是人类最基本的维持生存的自然环境，与环境正义理论所说的人们没有共同的自然环境并不矛盾。看护自然界的美德正是人类的普遍德性，因此，人人都应该具备这种美德，做到共同看护自然界，共同守护人类的存在家园。故而，看护自然界代表着人类的整体道德形象，是人人应当共有的美德。面对自然环境危机和人类的将要毁灭，人类已经是一个命运共同体了，不仅经济可以全球化，科技产品可以全球化，甚至病毒也可以全球化。2020年初新型冠状病毒在全世界的传播漫延就已经表明了这一道理。因此，应对环境危机的环境美德也必然需要从"类"出发传递给个体，由"类"出发来规约个体。看护自然界的美德就试图提供这样一种情景和路径，只要人们承认人与自然界是一个统一的整体，认同看护自然界是人不得不承担的道德责任，那么每个人也就会认同人是自然界看护者的身份，并自觉看护自然界。

二 看护自然界与人性崇高

看护自然界作为当代人类的普遍美德，不仅担保人对自然界的正确行动，还使得人性走向崇高。在美德伦理学所主张的"成为什么样的人"的思想中，除了人要成为道德的人，拥有良善的道德品质外，还蕴含着人性崇高的意蕴，即蕴含着人要成为一个高尚之人的道德要求。麦金泰尔专门分析了亚里士多德的德性论，认为在亚里士多德的美德理论体系中"存在着一种'偶然成为的人'与'一旦认识到自身基本本性后可能成为的人'之间的重要对照。伦理学是一门使人们懂得如何从前一种状态转化到后一种状态的科学"[1]。所谓"偶然成为的人"即是"偶然形成的人性"，也是"未受教化状态下的人性"[2]；而所谓"一旦认识到自身基本本性后可能成为的人"则是人的"真实本性"，

---

[1] [美] 麦金泰尔：《德性之后》，龚群译，中国社会科学出版社1995年版，第67页。
[2] [美] 麦金泰尔：《德性之后》，龚群译，第68页。

并"以对作为一个有理性动物的本质的解释为前提条件"。人的美德则是实现从"偶然成为的人"向"一旦认识到自身基本本性后可能成为的人"转化的关键。"通过善与恶的选择,使我们成为什么样的人"①。在亚里士多德那里,人们所追求的终极目的是属人性的,只有人性上的目的和实现人性的目的才是真正的善和最高的善。亚里士多德的美德理论预设了一个重要的区别,即任何特定个人在任何特殊情况下,认为对他是善的东西与作为人而言对他是善的东西的区别。为了获得后一种善,实现从"偶然成为的人"向具有"真实人性"的人转换,我们需要践行美德,并在这一目的指导下选择达到目的的手段。由此可见,在亚里士多德的美德论中,人之为人的存在,或者说实现人的真实本性才是终极性的目的。人的美德与人性是内在一致的,拥有了美德,也就实现了人的完美存在,实现了人之为人存在和崇高的人性。人拥有了人性,即拥有了善,拥有了美德,人必然会做出符合人性、符合善、符合美德的行为。由此我们可以明白,美德伦理学所主张的"成为什么样的人"的问题,实际上就是主张成为品性高尚的人,成为人性崇高的人。

中国传统儒家伦理也表达了与亚里士多德相同的思想,而且中国传统儒家伦理也属于美德论。在中国历史上孔子提出"仁者为人"的思想,最早将仁爱的美德原则作为人之为人存在的根本。在孔子看来,作为真正的人即作为有德性的仁者,首先是能够约束自己的欲望冲动,保证自己的所作所为符合"礼"的道德规范要求,克己复礼为仁;其次是仁者表现为爱人,将自己愿意得到的东西施于他人,将自己不愿意接受的东西不给予他人,己所欲施于人,己所不欲勿施于人。作为孔子仁学思想的继承人孟子同样认为,德性是人性的根本保证,拥有了德性就拥有了人性,丧失了德性就不再为人。如孟子所言:"恻隐之心,人皆有之;羞恶之心,人皆有之;恭敬之心,人皆有之;是非之心,人皆有之。"(《孟子·公孙丑上》)既然人之初性本善,德性是人

---

① [古希腊]亚里士多德:《尼各马科伦理学》,苗力田译,中国社会科学出版社1999年版,第50页。

先天具有的人性素质，那么"无恻隐之心，非人也；无羞恶之心，非人也；无辞让之心，非人也；无是非之心，非人也。"（《孟子·告子上》）无论是孔子，还是孟子，他们所主张的人都是顶天立地的"圣人""真君子"和"大丈夫"，由此可以窥见，传统儒家美德伦理也是将美德与人性的崇高结合在一起的。

在儒家的美德伦理中，美德的实践并不只具有古希腊美德伦理（如亚里士多德）所具有的那种道德目的论向度，即：努力追求人自身道德潜能和道德目的的最优实现；而且还有一种内在的道义论向度，即：实现自身的道德潜能和道德理想，同时也是人自身本性和人格的自我要求，按照儒家"成人"的道德终极理想，这种自我要求具有其绝对义务——做人的义务——性质，是一种高度自律的"为人"承诺。①

即使是反对孟子人性善的儒家荀子，反其道而行之提出人性本恶，认为人"生而有好利焉""生而有疾恶焉""生而有耳目之欲，有好声色焉"（《荀子·性恶》）。但是，荀子提出性恶论的目的在于强调，人的道德品质并不是先天具有的，而是经过社会的道德教化而成就的，经过"礼法"的"化性起伪"和个人的"修身养性"，最终达到由性恶向性善的转化。荀子性恶论的本质仍然是主张德性引领人向善，德性成就人之为人的存在，有了德性的引领人才可以成为"圣贤"。

康德虽然是规范伦理学的主要代表人物，但他也有着丰富的美德论思想，尤其是他强调唯有人自觉地承担道德责任，即你要如此行动，使你自身的行动成为一个普遍的道德法则，才能够使人性变得崇高和伟岸起来。康德将人的存在分属于两个王国：一个是人被自然必然性所束缚的"自然王国"，在这个"自然王国"里，人如同其他动物一样利用自然界来满足自己的物质需求，以维持自己的肉体生存；另一个是

---

① 万俊人：《人为什么要有道德》（下），《现代哲学》2003 年第 2 期。

实现人的自由意志的"自由王国",人通过为自身立法,即抑制自己的物欲冲动而从"自然王国"中超拔出来,获得人自身的自由。正如康德所说:"有两样东西,我们愈经常愈持久地加以思索,它们就愈使心灵充满日新月异、有加无已的景仰和敬畏:在我之上的星空和居我心中的道德法则。"① 在我之上的星空将我和无数堆积的自然景观联系在一起,把我还原为一个动物性被造物而取消了我的重要性;这个被造物被赋予了短暂的生命力之后,最终化为尘埃归还给星空。心中的道德法则赋予我人格尊严,使我不屈从于自然欲求的无情驱使,无限地提升我作为理性存在者的价值。道德法则向我展示了一种完全不同于动物性,甚至完全不同于整个感性世界、令人钦佩和仰慕的生命,使我的存在不受此生条件的限制,趋于无限并获得永生。康德反复强调,唯有道德所产生的人性才具有无可比拟的尊严和价值,"虽然在责任概念上,我们感到对规律的服从,然而我们同时还是认为那些尽到了自己一切责任的人,在某种意义上是崇高的,有尊严的。他之所以崇高,并不由于他服从道德规律,而是由于他是这规律的立法者,并且正因为这样,他才服从这一规律。"② 即使一个地位卑微的人,只要在他身上体现出这种普遍的道德法则,尽管人们表面上可能不对其鞠躬,但内心深处一定会对其鞠躬,因为在他身上展现出无可替代的人性光辉。

丰持奈尔说:我在贵人面前鞠躬,但我的精神并不鞠躬。我可以补充说:在一位出身微贱的普通市民面前,当我发觉他身上有我在自己身上没有看到的那种程度的正直品格时,我的精神鞠躬,不论我是否愿意,哪怕我仍然昂首挺胸以免他忽视了我的优越地位。这是为什么?他的榜样在我面前树立了一条法则,当我用它来与我的行为相比较,并通过这个事实的证明而亲眼看到了对这条法则的遵守、因而看到了这条法则的可行性时,它就消除了我的自大。即

---

① [德]康德:《实践理性批判》,韩水法译,商务印书馆1999年版,第177页。
② [德]康德:《道德形而上学原理》,苗力田译,上海人民出版社1986年版,第93页。

❖ 第八章 看护自然界与人的美德 ❖

使我意识到自己有同样程度的正直,这种敬重也仍会保持。①

在康德的道德理念里,只有按照绝对命令行动并完全尽到道德责任的人,才能够获得人性的尊严;只有在有限感性世界中展现出无限的道德法则,才能赢得人性的崇高。"道德就是一个有理性东西能够作为自在目的而存在的唯一条件,因为只有通过道德,他才能成为目的王国的一个立法成员。于是,只有道德以及与道德相适应的人性,才是具有尊严的东西。"②

美德是对人性崇高的担保,美德的,往往意味着是人性崇高的。在亚里士多德那里,人性崇高是人生追求的根本目的。人生可以追求许多目的,但只有人性崇高作为人生目的才是真正的善。脱离了人性崇高这一目的,或者说脱离了目的论,人性与道德就有可能发生二律背反。麦金泰尔之所以强调回到亚里士多德的美德伦理学,就是因为他发现了近现代道德谋划失败的一个根本性原因,即将亚里士多德关于人的终极目的追求——"认识到自己真实目的后可能成为的人"的观念取消了,结果导致他们对人性各执一词,并在继承下来的道德规则与人性之间无法建立起稳固的一致性联系。麦金泰尔指认,近现代启蒙思想家对道德合理性的论证取得了一致意见,即从人性出发,把道德解释为具有某种人性的人所能够接受的规则,或者说把道德规范建立在某种人性假设的基础上。

> 所有思想家们共同参加了构建道德有效性论证的运动,即从他们所理解的人性前提出发,推出关于道德规则、戒律的权威性结论。我要指出的是,任何以这种形式出现的论证都必然失败,因为在他们所共有的道德规则、戒律的概念和他们的共同的人性概念(尽管他们之间也有较大差别)之间,存在着一种根深蒂固的不

---

① [德] 康德:《实践理性批判》,韩水法译,商务印书馆1999年版,第105页。
② [德] 康德:《道德形而上学原理》,苗力田译,上海人民出版社1986年版,第88页。

一致。①

这种根深蒂固的不一致表现为从"未受教化的人"之"是"中不能推出道德规则之"应当",从休谟的"是"中不能推出"应当"的命题由此而得以建立。麦金泰尔指认,在亚里士多德美德伦理传统中,说一个东西或一个事件是好的,就等于说想要把这个东西和这个事件所具有的特性视为自己目的的人都会选择这一东西和这一事件。说一块表是好表,也就等于说想要借助表来准确守时的人都会选择该表。某个东西或某个事件是好的,这种说法所应当具有的前提条件是:那些可以恰当称作好或坏的事物,事实上都具有某种既定的已有的目的或功能。因此称某个东西好、某个事件好,也就是对该东西和该事件做出事实性陈述。由此可以推论出,说某一行为是正义性的或正当性的,就等于说这是一个拥有美德之人在某种情境中将会做出的行为,这一判断性陈述也是事实性陈述。在这一美德伦理传统中,道德的和评价性的陈述被称为真假性陈述,如同其他所有事实陈述一样。但是,当人的目的性这一概念从道德中消失了之后,把道德判断视为事实陈述便开始显得不合理了,因而才有了是与应当的区分。进而言之,虽然近现代道德谋划将道德规则建立在人性的基础上,可是道德规则本身并不重视人性问题,也不是对人性目的的实现,而是把人当作道德规范的对象,即把人性当作恶来加以对待。结果在谈论道德的哲学基础时人性是善的,而当道德成为对人的行为规范时人性则是恶的,现代道德谋划中的这种二律背反是其必然失败的根源。

顺着麦金泰尔这一思路,我们进一步反思近代启蒙精神,同样可以发现近现代人与道德分离的这一背反现象。众所周知,发生在近代欧洲的启蒙运动,自认为有一个了不起的贡献,那就是发现了人,找到了人,将中世纪基督教压迫下"小写的人"转变为"大写的人",由此开启了一个真正的人的时代。启蒙精神强调人的尊严、人的价值和人的

---

① [美] 麦金泰尔:《德性之后》,龚群等译,中国社会科学出版社1995年版,第67页。

基本权利，倡导人的自由和人的解放，确立了以人为主体和本位的人性价值观。"人是目的"成为启蒙运动的基本话语。现代化、现代性、现代主义都是启蒙运动的创造物，现代社会的人性观、价值观、社会观以及整个社会形象都是对启蒙精神的继承。生活在现代化国家或现代化社会的人们，在全球化的影响下，几乎都拥有一种基本相同的现代性人性观。这种基本相同的现代性人性观从人与自然关系的向度来说，那就是"人是目的"，而自然万物全都是手段。"人是目的"，意味着人是这个世界的主人和统治者，自然万物都向人类俯首称臣。就像费尔巴哈所认为的那样，人就是统治世界的上帝。"人认为上帝的，其实就是他自己的精神、灵魂，而人的精神、灵魂、心，其实就是他的上帝；上帝是人之公开的内心，是人之坦白的自我。"[1] 然而，启蒙精神自诩发现了人，并将人捧到了至高无上的地位，可是，他们所发现的"人"却不是把人性崇高本身作为目的的人，而是将物欲的满足和对自然世界的统治作为人生追求的终极目的。于是，"大写的人"只不过是人性崇高的幻象，终究没有走出康德所言的"自然王国"。

启蒙精神或现代性所倡导的人性观主要是自然主义人性观和理性主义人性观。自然主义人性观和理性主义人性观虽然互相反对，但在骨子里却存有一致性的共谋，即都遗忘了人性崇高的目的论，把对自然界的占有和征服当作目的。自然主义人性观发源于14世纪的意大利文艺复兴，其认定：人根本不是上帝创造的，也不是神性规定的，人性是一种自然而然的存在，人性就是人身上的自然本性。既然人性是人自身的自然本性，由此一种合乎逻辑的结论就必然生成出来：按照自然本性而生活才是合乎人性的生活，才是一种好生活或善生活。人的自然本性像所有动物的本性一样追求趋乐避苦和感官欲望满足，因此，回归自然而然，充分满足感官欲望和本能快乐，才是人性的根本。意大利文艺复兴的人道主义之父彼得拉克说过："我不想变成上帝，或者居住在永恒中，或者把天地抱在怀抱里。属于人的那种光荣对我就够了。

---

[1] ［德］费尔巴哈：《基督教的本质》，荣震华译，商务印书馆1984年版，第43页。

这是我所祈求的一切，我自己是凡人，我只要求凡人的幸福。"① 文艺复兴之后的启蒙运动继承了这一传统，深化了人的利己自私本性，把自爱、自利、自我保护视为人性的基本特征。霍布斯强调利己自私乃是人的天性，追逐自我利益乃是人人必然的行为，人对人像狼一样。孟德维尔提出："人类行为动机都发端于人的自私本性。人类的一切行为、一切美德，都起源于人的利己心，没有任何力量能够消灭人类的这种自私本性。"② 霍尔巴赫则认为："人从本质上就是自己爱自己，愿意保存自己、设法使自己的生存幸福。"③ 自然主义人性价值观重视世俗生活，充分释放了人内心深处的贪婪欲望，把"上帝之城"的美好愿景化为当下的感官欲望满足，开辟了物质主义、经济主义、享乐主义的生活模式。人要想充分满足自己的物欲，尽享物质丰饶的快乐，占有自然和掠夺自然就成为人的不二选择。在强大的贪婪物欲力量的驱使下，近现代人对自然万物展开了疯狂的杀戮，把天上飞的、地上爬的、水中游的几乎所有东西，统统纳入永远饥渴的巨大胃囊之中。据资料显示，已经灭绝的旅鸽在欧洲曾经漫山遍野地存在，拥有几十亿只。可是，文明起来的欧洲人借助工业力量，竟然在一天之内猎杀十几万只旅鸽，以便能够送到各个国家的餐桌上。当今在网络上热传的一首诗《戒吃铭》——"下嘴唇落地，上嘴唇顶天；一脸愚昧，一脸贪婪！一说吃，荷尔蒙瞬间飙升，植物神经立时紊乱。啥能吃？从海底吃到海面，从海面吃到沙滩，从沙滩吃到平原，从平原吃到高山，从山顶吃到山洞，从山洞吃到云端，从云端吃到阎王殿；河豚海豚，明知剧毒拼死吃；蝎子蜈蚣，雄黄泡酒勺中颤；蜘蛛蝙蝠，没肉就嚼皮和骨；果子狸穿山甲，有毛没毛一块涮；燕子口水猴的脑，童子尿液人胎盘，鸡鸭幼雏未破壳，螳螂靓汤好新鲜；名字听得直恶心，视屏看了要疯癫"④——就充

---

① 北京大学西语系资料组编：《从文艺复兴到十九世纪资产阶级文学家艺术家有关人道主义人性论言论选辑》，商务印书馆1971年版，第11页。
② 罗国杰、宋希仁：《西方伦理思想史》（下卷），中国人民大学出版社1988年版，第106页。
③ ［法］霍尔巴赫：《自然的体系》（上卷），管士宾译，商务印书馆1999年版，第273页。
④ Bestwode2020－02－20 08：30：50。

❖ 第八章 看护自然界与人的美德 ❖

分揭示了世人对野生动物的贪婪和野蛮。

理性主义人性观认为，人的本质不在于自然性而在于理性，唯有理性才能够将人从动物界中拯救出来而成为人的存在。理性主义人性观并不是启蒙运动的发明，在古希腊哲人那里，也倡导理性主义人性观，甚至还提出未经理性审视的生活是不值得过的主张。但是，古希腊人的理性主义人性观重视的是明智选择，遵循自然法则而靠近神的生活，或者说合乎自然而生活，最终达成人性的高尚。现代理性主义人性观则主张，人的理性就在于认识自然，把自然踩在脚下，做自然的主人。也就是说，现代理性主义人性观所追求的根本目的，是把自然界所隐藏的秘密和丰宝暴露出来，交给人类使用与享乐，为自然主义人性观占有自然提供认识论基础。笛卡尔提出的"我思故我在"的哲学命题，从本体论高度确立了人作为知识英雄的主体地位，使得自然界完全沦落为任由理性打扮的认识对象和认识客体。康德提出了人拥有理性，自在就是目的，自然存在物只不过是供人使用的工具，从而把人抬高到为自然立法的地位。在敢于运用你的理性，把一切都押到理性的审判台上进行审判的启蒙理性鼓舞下，自然科学得到了前所未有的发展，自然界的堡垒不断被攻克，一轮又一轮的科学技术革命令人头晕目眩。现代人凭借科学技术魔鬼般地召唤出令人叹为观止的物质财富，让人过上醉生梦死般的生活。由此可见，理性主义人性观与自然主义人性观是同谋的，对自然界来说都是把人的利己自私视为人生目的。萨林斯对此说道：

> 自利被当作是自然的，并在维持社会平衡中被赋予了积极的作用；在每个人心房中跳动的自利，终于在18世纪末踏上变成一件好东西之路。它是如此的好，乃至在20世纪，一些人已把它当作最好的东西。当然，以可赞美和可算计的自利这一资本主义形式出现的原罪的救赎，从没有终结过。相反，它给我们留下社会道德和个体利己主义之间的矛盾（这个矛盾也被称作"社会科学"）。尽管它从来没有动摇其恶的氛围，但是自我愉悦从它有罪祖宗的阴影

中解脱出来,在道德上来了个180度的大转弯。个人专注于自我的私利被看成是社会的基础,而不是社会的敌人——它同时也成了民族最伟大财富的必要条件。①

不可否认,现代自然主义人性观和理性主义人性观具有将人从基督教神学束缚中解放出来的积极价值。但是,当自然主义人性观和理性主义人性观把人之为人的存在目的规定为对自然的占有和征服时,无疑是误读了人性,并没有真正地将人从"自然王国"中解放出来。首先,征服自然本身就表达着人的蛮横无理和利己自私,其与达尔文生物进化论弱肉强食的自然法则同属于一种逻辑。弱肉强食和利己自私肯定是动物性的,绝不可能是人性的。人性代表的是仁慈善良,是对弱者的同情和关心。一位母亲忍受着饥饿的痛苦,把最后的食物让给孩子,其彰显着人性的光辉。反之,要是一个成年人将最后的食物从孩子手中掠夺走而任由孩子饿死,无疑会被文明视为兽性行为并称其不是人。近现代人为了满足自己的物欲而疯狂地杀戮自然万物,只能说是野蛮,不可能获得人性的崇高。其次,人性意味着有道德的行动,是道德赢得了人之为人存在的尊严。可是,现代性道德观念认为自然存在本身不具有任何道德地位,也根本不是道德主体,断然拒绝将道德贯彻到人与自然的关系之中,断然拒绝从道德上关怀自然万物。道德在自然界面前戛然而止,由此就决定了征服自然行为本身获得了道德的正当性,人类可以任意地处置自然万物,虐待它、折磨它、杀死它,对自然万物再残酷、再残忍也都无须考虑道德良心的谴责。不道德地对待自然万物,必然造成不道德的人,不道德的人必然如同动物一般充斥着野蛮性。在启蒙精神的普遍统治中,"人类不是进入真正合乎人性的状况,而是堕落到一种新的野蛮状态"②。最后,人把利己性的本能

---

① [美]萨林斯:《人性的西方幻象》,赵丙祥等译,生活·读书·新知三联书店2019年版,第214—215页。

② [德]霍克海默、阿多诺:《启蒙辩证法》,洪佩郁、蔺月峰译,重庆出版社1990年版,第1页。

❖ 第八章　看护自然界与人的美德 ❖

欲望当作德性，只能是比动物性还动物。中世纪基督教神学把人的自然欲望视为魔鬼，认为只有借助上帝的约束力量才能够将其锁闭在灵魂的深处。近现代的启蒙运动杀死了上帝，将灵魂深处的欲望魔鬼充分释放了出来，其不仅热烈拥抱和亲吻了这个魔鬼，还把它当作社会发展的基本动力。曼德维尔提出私利即公德，亚当·斯密通过对市场经济的论证，把个人对私利的追求加以道德合法化，即每个人都是"经济人"，在经济市场上最大化地谋求个人私利，"无形之手"则把它们引向公共福利，导致公共福利的增加，个人私利反而成为公德。贪婪欲望本来是道德控制的对象，现在化身为道德并无所约束地引领社会发展，这无疑会给自然万物带来巨大的灾难。"将生活界定为追求幸福的人长期看来无一幸免都是不幸福的。"① 鲍曼在《现代性与大屠杀》中表明："现代文明不是大屠杀的充分条件，但毫无疑问是必要条件。没有现代文明，大屠杀是不可想象的。"② 鲍曼所谓的"大屠杀"，虽然指认的是第二次世界大战德国纳粹对犹太人的屠杀，但现代人对自然万物何尝不是如此呢！没有现代文明和现代人性观，哪来人对自然的征服和人对自然的疯狂掠夺呢？在自然界正常情况下，一个物种的灭绝需要几百年，甚至是上千年的时间，自从有了现代文明人对自然生存过程的干预，物种灭绝过程由此大大缩短，由原来的几百年时间缩短到几十年，由几十年缩短到几年，由几年再缩短到几十天，现在已经达到令人瞠目结舌的地步，一天就灭绝十几个物种。现代人造成数不胜数的物种灭绝，可以说比动物还要兽性，比动物还要野蛮。现代人野蛮地对待自然万物，暴露的只能是人性的丑陋，不可能是人性的崇高。借用拉·罗什福科在他著名的《道德箴言录》中的话说，"我们的美德不过是被掩藏的邪恶"③。

自然主义人性观和理性主义人性观所确认的"大写的人"，以占有

---

① ［美］萨林斯：《人性的西方幻象》，赵丙祥等译，生活·读书·新知三联书店 2019 年版，第 133 页。
② ［英］鲍曼：《现代性与大屠杀》，杨渝东、史建华译，译林出版社 2002 年版，第 18 页。
③ 转引自 ［美］萨林斯《人性的西方幻象》，赵丙祥等译，第 215 页。

自然和征服自然，最大化地满足自己的幸福为目的，结果导致了对自然环境的破坏和生态危机的发生。笔者曾经多次指证说，生态危机的实质是人性的危机，是人性对自然的恶才招致了生态危机的恶结果。当代人要想将生态从危机中拯救出来，需要先行将人性从危机中拯救出来。对人性的自我救渡，需要变征服自然为看护自然，做到道德上关怀自然万物，这才是人性走向崇高的必由之路。当然，这种普遍的人性要求具有境遇性，在不同的社会生活条件下，允许有差别地对待自然万物，但善待自然万物则必须是绝对命令。康德早就论证过，使人成为幸福之人和使人成为善良之人决非一回事，以幸福作为行为动机和唯一追求的目的，只会败坏道德，摧毁人性的崇高。康德指认说，道德决不是谋求幸福的手段，道德只能是实现人之为人存在的目的，人性的根本在于人的道德性，唯有心中的道德律才能担保人的所作所为具有道德价值。"有理性的东西的一切行动都必须以道德规律为基础，正如全部现象都以自然规律为基础一样。"① 康德的伦理学属于义务论伦理学，强调只有纯粹的利他动机所引起的行为，或者说只有出于纯粹义务的行为才具有道德价值。

康德的道德思想具有重要的意义，它通过承担普遍立法的道德义务而使人性光辉和伟岸起来。可令人遗憾的是，康德的人类中心主义倾向使得他所主张的纯粹义务论道德，只能应用于人与人的关系范围内，不可能进入自然界，康德在"自然王国"与"自由王国"之间画了一条不可逾越的鸿沟。当代美国环境伦理学家罗尔斯顿嘲笑康德为残留的利己主义，认为他没能将利他主义精神贯彻到底，使人成为一半是天使、一半是野兽的自我分裂性存在。

> 根据其伦理学目标来看，康德乃是一个残留的利己主义者；他虽然对伦理主体谆谆教诲道：他们应成为人本主义的利他主义者，但他本人并不是他们所希望的那种真正的利他主义者。他认为，只

---

① [德]康德：《道德形而上学原理》，苗力田译，上海人民出版社1986年版，第107—108页。

有"自我"(个人)才与道德有关;他还没有足够的道德想象力从道德上关心真正的"他者"(非人类存在物)——树木、物种、生态系统。他只是一个人本主义意义上的利他主义者,还不是一个环境主义意义上的利他主义者。①

罗尔斯顿对康德的批评是有道理的,康德所主张的利他主义义务只是针对自己的同类而言的,只有利于人类自身这一个物种。当我们超出人类的立场而采取一种地球共同体立场时,人对人的利他主义义务就变成了人类物种内的利己主义,人仍然被动物本性所支配。因为在所有的群居动物中,几乎都有某种牺牲自我而维持类存在的利他行为倾向。正是在这一意义上说,人在人际关系范围内与动物不同并不是真正意义上的与动物不同,人在人际关系范围内的文明并不是真正意义上的文明,一半是天使、一半是野兽毕竟不是人的完整人性。人只有超越了人与人关系的范围,打破自然王国与自由王国的壁垒,将道德贯彻到自然界之中,不仅善待他人,也善待自然万物,承认自己对自然万物承担着不可推卸的道德责任,才是真正地背叛了自己动物本性的冲动,在终极意义上成为人之为人的存在。在"物竞天择、适者生存"的支配下,所有动物都不可能为其他自然存在物承担道德义务,即使是群居动物也不可能超越物种的限制而对其他物种尽道德义务,唯有人才能够打破这一自然必然性的限制,真正做到并能够做到从道德上关怀自然万物。当人将自己的道德光辉普照自然万物时,才最终完成了自己的道德存在并走向人性崇高。正如罗尔斯顿所言,植物和动物从根本上讲不具有"自我",至多只具有"自身"。植物和动物不可能生成利他主义精神,即使是那些以互利的方式彼此合作的有一定智慧的动物也不具有。植物和动物的利己主义特点决定了它们不是,也不可能是道德代理人。然而,"人类能够培养出真正的利他主义精神;当他们认可了他人的某些权利——不管这种权利与他们的自我

---

① [美]罗尔斯顿:《环境伦理学》,杨通进译,中国社会科学出版社2000年版,第464页。

利益是否一致——时,这种利他主义精神就出现了,但是,只有当人类也认可他者——动物、植物、物种、生态系统、大地——的权益时,这种利他主义精神才能得到完成。……这种终极的利他主义是或应该是人类的特征"①。

在这个世界上,所有的生命存在都遵循着生物学弱肉强食的自然法则,努力维护着自己的生命存在和本种群生命的存在,除了人类之外没有哪一个生命能够违背这一自然法则而维护其他物种生命的存在。看护自然界意味着人彻底背叛了弱肉强食的生存法则,背叛了自己的动物性本能,不再把利己自私视为指导自己存在的目的与行为的准则,于是,人就必然真正地从动物界、从"自然王国"中超拔出来,而获得人之为人的尊严,赢得人性的伟岸。看护自然界是人的卓越行为,通过看护自然界人成就了自身的美德。因为在这个世界上,还没有哪一种存在像人类这样,自觉地担负起让整个世界存在的道德重任,没有哪一个物种像人类这样能够维护整个世界的存在,没有哪一种生命像人类这样不以幸福和快乐为行为准则,而以普遍的道德律令为行为准则。看护自然界,还意味着人类不得不忍受不能快乐地消费自然之物的痛苦,自觉地牺牲自己的某些物质利益和享受,节制自己的生活,约束自己不必要的物欲冲动,就像康德所指认的那样,道德律令是对欲求冲动的自我否定和自我抑制。但正是在这种痛苦和自我牺牲中,一种真正的超凡脱俗的精神升华出来,人必定为自己做了一件像上帝那样创生万物的伟业而赢得对自我的敬重,为"自己超出了尘表"而感到自豪。守护自然界的道德律令平复了人类对自然界的自负和狂妄,一切自爱、自私的东西对由道德而产生的自我尊重来说都不值得一提和没有任何资格,让自然界美丽和谐完整、实现人与自然和谐共生的道德实践,最终必然引导人性走向崇高。当康德说,他内心能够对心中充满道德律令而身份卑微的人鞠躬时,我们说,对自觉践行看护自然界道德责任的人,我们应当充满敬意并向其鞠躬。

---

① [美] 罗尔斯顿:《环境伦理学》,杨通进译,中国社会科学出版社 2000 年版,第 465 页。

当然，看护自然界而走向人性崇高，并不是让人牺牲自己的生命，亦不是让人不吃、不喝地等死，而是让人在维护自然万物存在的利益中，在让自然万物生机盎然、欣欣向荣中实现自己的生存利益。毋庸置疑，人与自然万物之间确实存在着生存竞争关系，但是，当人与自然万物之间生存竞争性矛盾没有发展到激烈程度的情况下，即在自然界还能够容忍人类对其破坏的条件下，人类不需要超越这种人与自然万物的生存竞争关系，也不可能意识到要超越这种生存竞争关系。但是，当人与自然竞争性矛盾尖锐到自然界不能够生存下去，尖锐到人自身也不能生存下去时，人必然能够觉醒而超越这种生存竞争关系，做到像珍惜自己的生命那样珍惜自然界，像爱护自己的眼睛那样爱护自然界，最终达成人与自然的和谐共生。在人与自然的生存竞争关系当中，人是主导的方面，人必须不断调整自己对待自然界的行为，否则，人类就不能在自然界之中存在下去，就会被淘汰出地球。就当今而言，人唯有通过对自己行为的调整，即由征服自然之人转变为看护自然界之人，才能够走向完美和完善，自然界也才能够获得完整和美丽。人向自然生成为人，是人对自己本性的真正洞察，真正地知道了自己是什么样的人。正是人明察了自己是自然界的看护者，才能正确地回答出"斯芬克斯之谜"的谜底，由此人才能够在自然界中永续地存在下去；在此也明确回应了托马斯·希尔所提出的基本问题，什么样的人才能保护自然环境呢？答案是：拥有看护自然界美德的人才能保护自然环境。

三　看护自然界与美好生活

看护自然界是人的美德，而美德的践行在于实现人类的美好生活。美德伦理是一种目的论的道德，它总是要追求高尚的人性品质和卓越的实践成就，最终达成一种美好生活。美好生活问题是研究美德伦理不可或缺的一项基本内容。美德伦理学不仅关注"人应当成为一个怎样的人"的问题，同时也关注"人应该怎样生活"的问题。前面我们已经论述了看护自然界担保人性走向崇高,人应当成为一个看护自然界的人,现在我们需要进一步阐明看护自然界美德的卓越实践,目的在于导向人类的美好生活。自生态危机发生后,伦理学突破了人与人关系的限制,进入自然环境领域,自然万物被承认拥有道德地位,并成为道德关怀的对象。然而,由此产生的环境伦理仍然属于规范伦理,虽然其最终目的亦是实现人类的美好生活,但其却把美好生活仅仅当作物质丰裕和自然环境良好,而忽视了人的道德品质的完善和人性的高尚,因为规范伦理总是内在地蕴含着人性恶因而需要道德规范的价值取向。在美德伦理学当中,美好生活是一种完满的生活,其总是与人性高尚、品德完美密切地结合在一起。美好生活是善好之人的生活,缺少了人的美德于其中,美好生活就会丧失完满性,而成为一种有缺陷的生活。因此,环境伦理还需要美德的向度,确保人类美好生活成为善好之人的生活,而不是道德品质恶劣之人的生活。

自人类诞生之后,人就向往过上一种美好生活,可以说美好生活是古往今来人类追求的终极目的。无数思想家对此著书立说,对此吟诗作画,以给人们指明他们渴望过上的美好生活。在西方哲学开端处,哲学作为"爱智慧"的学问,探讨的就是如何有智慧的生活。"对智慧的爱……当它在希腊人中间发端时,哲学其实是被视为一种与人生态度不可分割的智力活动。它的终极关怀就是'生活','人应当怎样生活'是哲学的首要问题。"[①] 即使是在现代道德价值理念当中,幸福生活也被视为人的一项基本权利,人人都理所应当地追求自己的幸福生活。功利主义伦理学将追求幸福视为人的基本目的,并将谋求"最大多数人的最大幸福"作为基本伦理原则,义务论伦理学的代表康德则把德与福的统一看作"至善"。

古希腊哲学作为西方哲学的源头一开始就关注生活,并探讨一种什么样的生活才是好生活,什么样的生活才是值得过的生活,即古希腊哲学是对生活理想的探索,是对生活之道的关切。卢风教授在《哲学

---

① [法]吕克·费希:《什么是好生活》,黄迪娜等译,吉林出版集团有限责任公司2010年版,第4页。

回归生活》一文中表明，古希腊哲学不仅是对话语体系、理论体系、论辩术或逻辑进行分析研究，而且是一种追求智慧的生活方式。卢风教授通过分析柏拉图的《会饮篇》，对"何谓爱""爱谁"和"何谓智慧"进行考察之后提出："哲学家既明了自己的无知和不足，又明了自己求美向善的内在欲望。哲学家不断省识自己的人生，力图过真正值得过的生活，力图达到卓越，或养成真正的德行。归根究底，智慧只能体现为哲人的生命境界和德行，体现为哲人不懈追求的他自认为值得过的生活。"①"人应当怎样生活？"是苏格拉底始终追问的一个命题，其结论毫无疑问是人应当过"好生活"或"善生活"，因为哲人"自认为值得过的生活"，一定是人心目中的美好生活，道德上值得追求的生活。

古希腊人对美好生活的判断有两个重要维度：一是美好生活必须是合乎神性的生活，即合乎自然法则的生活，人的小宇宙需要与自然的大宇宙和谐一致；二是美好生活是合乎美德的生活，道德内在于幸福生活之中，并成为幸福生活的基本构成要素。"按照亚里士多德等人的观点，一个成熟的、具有理性的人会很自然地对道德的观点产生兴趣，因为这样做就是一个人的幸福或者完善的自然要求。"②

从美好生活必须合乎神性、合乎自然法则来说，法国前教育部长吕克·费希在《什么是好生活》中表明：

> 大部分古希腊思想家都将关于"好生活"的问题与世界的总体秩序、宇宙整体相提并论，而不像我们今天这样往往只把该问题与主观性、个人满足感或者个体的自由意志相联系。柏拉图、亚里士多德乃至斯多葛学派哲学家都理所当然地认为美满生活以意识到自己从属于一个"外在于"并"高于"我们每个人的现实秩序为

---

① 卢风：《哲学回归生活》，《哲学分析》2012年第1期。
② 徐向东：《美德伦理与道德要求》，江苏人民出版社2008年版，"编者的话"第15页。

必需条件。①

例如，柏拉图认为："我们宣布神给予我们每个人如他的守卫（精灵，守护天使）一样的灵魂，它居于我们身体的顶部——把我们看作非尘世的而是天国的植物——因此将我们从尘世向在天国的同类提升。……我们应当试图尽快从尘世逃离到诸神的居所；逃离就是尽可能变得接近神；接近神就是变得正直神圣和明智。"② 古希腊人所谓的"神"，更多的是指自然宇宙整体本身，或者说是指自然宇宙本身运行的法则，古希腊人始终将自然宇宙本身视为活的、有灵魂的神性存在。因此，接近神而生活，做到近神而居，实际上就是按照自然宇宙自身的法则而行动、而生活。斯多葛学派提出了"合乎自然而生活"，如塞涅卡提出："我跟随自然的指导——所有的斯多葛学派都一致同意这个原则。不要远离自然，根据她的法则和模式塑造我们自己——这才是真正的智慧。"③ 斯多葛学派所说的"自然"，并不是指纯粹的自然界，而是指自然法则、宇宙伦理秩序。由于这一自然法则或宇宙伦理秩序使得整个自然世界得以和谐运行，使得各物各安其位，各尽其责，因而其具有神性、理智和美德。因此，"合乎自然而生活"也就是合乎神圣性而生活，合乎自然法则和宇宙伦理秩序而生活，合乎自然的美德而生活。

从美好生活是美德的生活来说，亚里士多德最具代表性。他在《尼各马科伦理学》中将"好生活"视为"幸福"，并认为幸福是人追求的最高目的或终极目的，幸福属于"至善"，其自身是"自足"和"完满"的，是不假外求的。亚里士多德认为，自然界存在着多种目的，人自身也同样拥有各式各样的目的，无论何种目的，都是所欲求和所要到达的对象，因而对所欲求者来说目的是一种善。但是，有些目的是为了实现其他目的而选择的，有些目的是因为自身而被选择的。为

---

① ［法］吕克·费希：《什么是好生活》，黄迪娜等译，吉林出版集团有限责任公司2010年版，第19页。
② ［法］吕克·费希：《什么是好生活》，黄迪娜等译，第164—165页。
③ ［法］吕克·费希：《什么是好生活》，黄迪娜等译，第173页。

了实现其他目的而选择的目的属于工具善,只有因自身而被选择的目的,才是目的善和终极善。"很显然并非所有目的都是最后的,只有最高善才是某种最后的东西。倘若仅有一个东西是最后的,最完满的,那么,它就是我们所寻求的最后目的。……我们说为其自身来追求的东西比为了他物的东西更为完满。……只有那由自身而被选择,而永不为他物的目的才是最完满的。"① 对于人来说,这最后的目的,或者因自身选择的目的就是幸福,它是一切事物中的最高选择。即幸福本身是完满和自足的,它是行为最终要达到的目的。幸福作为人追求的终极目的,不仅包括生活优裕和外在善的补充,还包括行为优良,即长笛手能把笛子吹得优美动听,雕刻家能把物品雕刻得尽善尽美。行为优良和卓越表达着人的美德,是美德品质的结果,因此幸福也是合乎美德的实现活动。"幸福就是一种合乎德性的灵魂的实现活动""合乎德性的实现活动,才是幸福的主导"②,只有那些行为优良、品质高尚的人才能赢得生活的美好和善良。如果说幸福生活本身是一种快乐,那么合乎美德的行为,自身就是快乐,最高尚、最善良、最快乐就是幸福。当然,德性和幸福是完满的,是终其一生的,如果一个人一生命途多变,年轻时运气亨通,到老时陷入悲惨境地,那么,没有人会把这种悲惨结果称为幸福。"希腊人深深刻有这样的想法:这样的问题问的一定是人的整个一生,良好的生活必须是这样的一种生活——到生活结束的时候,人将看到这一生过的是良好的生活。"③

亚里士多德所谓的幸福生活是一种完满的整体状态,幸福就是美好生活本身,既包括人的生活优裕和某些外在善的补充,也包括人的美德和行为的卓越于其中,还包括对自然法则和宇宙秩序的遵循。

古希腊人发明哲学之初,所谓宇宙、世界、社会和人生,原本

---

① [古希腊] 亚里士多德:《尼各马科伦理学》,苗力田译,中国社会科学出版社1999年版,第12页。

② [古希腊] 亚里士多德:《尼各马科伦理学》,苗力田译,第18、20页。

③ [英] B. 威廉斯:《伦理学哲学的限度》,陈嘉映译,商务印书馆2017年版,第9页。

是同体贯通的,"大宇宙"与"小宇宙"之分与合,仅具有逻辑理论的分辨意义,而实质上和根本上它们是同心一体的,社会人生的"小宇宙"不过是世界"大宇宙"的一个内在构成部分,而非外在于甚或高于世界整体的独特部分。因此,哲学的世界观乃是社会历史观和个人人生观的当然大前提,或曰本体论"基始"。没有清晰完整的世界观,绝不可言清晰完备的社会历史观和个人人生观。①

也就是说,亚里士多德所描述的幸福生活作为完满状态是物质优裕、美德和宇宙秩序的统一,幸福生活是三者构成的完满整体,缺少了其中的任何一项,幸福生活就会变得不完满而有缺陷,甚至丧失了幸福本身的含义。幸福生活首先是有德之人的生活,是合乎美德的生活,人性高尚、行为卓越、功能良好是幸福生活的内在要素和内在要求,尽管一个人在生活当中不可避免会遇到挫折、艰辛和不幸,有酸甜苦辣和喜怒哀乐,但仍然展现自己的美德,借助明智美德和实践智慧应对生活中的无常和变故,卓越地成就自身;其次是人与自然和谐地生活,人要遵循宇宙秩序并合乎自然而生活,小宇宙要与大宇宙保持和谐一致,并把宇宙秩序纳入现实城邦生活当中,对自然万物保持敬重的态度;最后是物质优裕的生活,拥有财物、朋友、权利等外在善,"幸福需要外在的时运亨通为其补充"②。剥夺了一个人的正常物质需求,或者说一个人正常的物质需求处于贫乏状态,显然不能说是幸福。正因为幸福生活是一个完满而统一的整体,所以幸福生活本身必然是自足的、至善的,在它之外没有任何东西再值得欲求了。幸福生活的完整性和完美性,使得其必然成为人一生追求的终极目标。

在古代伦理学中,由于道德的观念已经被整合进一个人的幸福或者完善的概念中,因此古代伦理学关注的焦点就不是"一个人

---

① 万俊人:《世界的"膨胀"与哲学的"萎缩"》,《读书》2015 年第 5 期。
② [古希腊]亚里士多德:《尼各马科伦理学》,苗力田译,中国社会科学出版社 1999 年版,第 17 页。

应该如何行动"这个问题,而是"一个人应该如何生活"这个问题。为了在实际生活中探究对这个问题的回答,一个人就得对他的整个生活采取一个具有统一作用和整合作用的观点——一个占据主导地位的价值观念或终极目的。简单地说,这样一个人必须具有一个长期的、理性的生活计划,必须按照这样一个计划来思考他所具有的各种目的和价值观念,并尽可能把它们统一起来。因此,古代伦理学关注的焦点就不是任何单一的、分离的行为,而是作为一个整体的人或者一个人一生的幸福和完善。所以,古代伦理学对道德生活实际上提出更高的要求——一个人必须按照他理性地接受的那个具有统一和整合作用的观点,来批评和修改他在社会生活中被灌输的约定俗成的伦理观念和道德信念。而且,这样的反思和批评必须贯穿他的一生,直到生命的自然终结。①

虽然亚里士多德所指认的幸福是生活的完整、完满状态,因其遵守自然的客观法则而具有客观属性,但由于幸福概念本身仍然属于一个主观性极强的价值观念,不同的人和不同的时代对幸福本身会做出差异迥别的理解,即使是同一个人也会因时间、地点的不同,而对幸福的感受不同。在亚里士多德之后,从理论上讲,就出现了伊壁鸠鲁的快乐主义幸福观和斯多葛学派的注重精神生活的禁欲主义幸福观,亚里士多德的完整、完满的幸福生活由此开始分裂。伊壁鸠鲁把幸福理解为纯粹的快乐,由此把对幸福的追求转变为对快乐的追求,并认为快乐才是最高的善。"快乐是幸福生活的开始和目的。因为我们认为幸福生活是我们天生的最高的善,我们的一切取舍都从快乐出发;我们的最终目的乃是得到快乐,而以感触为标准来判断一切的善。"② 然而,伊壁鸠鲁所说的快乐并不是对完满生活和合乎美德的现实活动的感受,而是单纯指肉体的快乐和感官的快乐。他认为如果抽掉了嗜好之快乐,失却了爱情之快乐,缺少了听觉与视觉之快乐,人们根本就不知道还

---

① 徐向东:《美德伦理与道德要求》,江苏人民出版社 2008 年版,"编者的话"第 15 页。
② 转引自周辅成编《西方伦理学名著选辑》(上卷),商务印书馆 1987 年版,第 103 页。

怎么想象善，想象美好生活。虽然伊壁鸠鲁也强调："当我们说快乐是最终目的时，我们并不是指放荡者的快乐或肉体享受的快乐，而是指身体上无痛苦和灵魂上无纷扰。"① 但是，伊壁鸠鲁反对柏拉图的禁欲主义，主张感性快乐是无疑的。对伊壁鸠鲁的快乐主义，斯多葛学派持反对态度，他们把亚里士多德的幸福解读为道德的完善，从而走向了注重精神幸福和几乎禁欲主义的道路。芝诺强调："在一个人的生命里，只有德行才是唯一的善；像健康、幸福、财产这些东西都是微不足道的。"② 克吕西波提出："有道德的人总是幸福的，没有道德的人总是不幸的。因为既然善就是要依据自己的理性，那么按照理性生活也就是按照德性生活，也就能得到善和幸福。……由此，善、道德本身就是幸福。"③ 斯多葛学派强调，善是合乎自然而生活，合乎自然而生活就是合乎理性生活，合乎德性生活，合乎自然而生活就必须抑制和克服自己的情感冲动，因为情感冲动是人身上的能够使人违背自然法则的东西。总之，"斯多葛学派认为只有一种不动感情的、无动于衷的境界，才是唯一正确的、美好的、理想的。聪明人、哲人、贤人，他们的最高德性就是不动心、恬静、沉思、寡欲。这种在一切行为中都服从理性的人，同时又是泰然自若的，永远不会被恐惧、欲望、痛苦和快乐的情感所烦扰，因而永远是幸福的"④。

如果说伊壁鸠鲁和斯多葛学派是从理论上撕裂了亚里士多德关于幸福是完满、完整生活的思想，那么中世纪和近现代社会则在现实生活实践中撕裂了亚里士多德关于幸福生活的思想。中世纪基督教神学继承了斯多葛学派的禁欲主义思想，把自然宇宙本身的神性即"逻各斯"转化为一个拥有具体人格形象的上帝，现实生活被看成是一片苦海，唯有通过忏悔原罪、虔诚地追随上帝和禁欲苦行方式，才能够在来世

---

① 周辅成编：《西方伦理学名著选辑》（上卷），商务印书馆1987年版，第104页。
② 转引自［英］罗素《西方哲学史》（上卷），何兆武、李约瑟译，商务印书馆1963年版，第322页。
③ 罗国杰、宋希仁：《西方伦理思想史》（上卷），中国人民大学出版社1985年版，第293页。
④ 罗国杰、宋希仁：《西方伦理思想史》（上卷），第294页。

脱离苦海，进入上帝之城而获得永生，进而享受真正的无穷无尽的幸福。《圣经·新约全书·罗马书》说："不可荒宴醉酒，不可好色邪荡，不可争竞嫉妒；……不要为肉体安排，去放纵私欲。"《圣经·新约全书·约翰一书》则提出："不要爱世界和世界上的事；人若爱世界，爱父的心就不在他里面了。因为凡世界上的事，就像肉体的情欲，眼目的情欲，并今生的骄傲，都不是从父来的，乃是从世界来的。这世界和其上的情欲都要过去，惟独遵行神旨意的，是永远常存。"作为基督教教父哲学集大成者的奥古斯丁在《忏悔录》中则说："主，在向你忏悔的仆人心中，决不存有以任何快乐为幸福的观念。因为有一种快乐决不是邪恶者所能得到的，只属于那些为爱你而敬事你、以你本身为快乐的人们。幸福生活就是在你左右、对于你、为了你而快乐；这才是幸福，此外没有其他幸福生活。"① 在基督教神学思想的引导下，基督徒普遍认为，世俗生活是不值得过的，追求欲望的满足是一种罪恶，于是一些基督徒弃绝婚姻、家庭，弃绝父母子女，弃绝各种欲望，跑到深山老林之中苦苦修行，后来修士修女们则齐聚修道院集体修行，没有人愿意从事具体的经济活动，使得中世纪的经济发展几乎处于停滞状态，百姓的生活极度贫乏可怜。

随着中世纪晚期基督教会的腐败，欧洲掀起了宗教改革的浪潮以及意大利的文艺复兴，开启了西方现代化的历史。文艺复兴的人文主义者反对基督教神学的禁欲主义，倡导"凡人的幸福"，使得西方近现代社会走上一条注重世俗化的发展道路。然而，西方社会世俗化道路的实质，是由对彼岸世界神圣的重视转变为对此岸世界世俗享乐的追求。世俗享乐生活的核心内容是物质产品的富足和感官欲望的满足，由对禁欲主义律条的恪守转变为对享乐主义的信奉。就像韦伯在《新教伦理与资本主义精神》中所描述的那样，宗教改革后所出现的新教伦理的核心教理是："上帝应许的惟一生存方式，不是要人们以苦修的禁欲主义超越世俗道德，而是要人完成个人在现世里所处地位赋予他的责

---

① ［古罗马］奥古斯丁：《忏悔录》，周士良译，商务印书馆1963年版，第206页。

任和义务。这是他的天职。"① 这种"天职"表现为"在牛身上刮油，在人身上刮钱"，尽可能多地创造物质财富以荣耀上帝。如果说新教伦理还蕴含着精打细算和"为上帝节约每一个便士"的意思，那么，随着世俗化进程的进一步深化，物质主义、经济主义、享乐主义便大行其道，新教伦理由此耗尽了它的能量，人们不必再战战兢兢地克制自己的物欲，可以尽情地将其释放，堂而皇之地享受各种欲望的满足。丹尼尔·贝尔在《资本主义文化矛盾》中说道：人的贪婪欲望在传统基督教中被视为魔鬼，可是"十九世纪中叶宗教权威的破产引发了向着松弛方向的心理转变。结果是文化——尤其是现代文化——承接了同魔鬼打交道的任务。可它不像宗教那样去驯服魔鬼，而是以世俗文化（艺术与文学）的姿态去拥抱、发掘、钻研它，逐渐视其为创造的源泉。"② 也就是说，当新教伦理耗尽了它对经济生活监管的能量而被资产阶级社会抛弃之后，现代社会剩下的便只是享乐主义了。现代性社会的世俗化生活，彻底放纵了人的欲望，对金钱和财富的追求开始急速膨胀，极大地激发了人们创造的热情，生产出了极其丰富的物质产品，使得现代人过上了花天酒地、骄奢淫逸的生活。尤其是进入"消费社会"之后，人们更是在物质丰饶中纵欲无度，在世俗生活中尽情地享受着"上帝之城"的快乐。

亚里士多德的幸福生活是完满而自足的生活，既保证人们能够享有外在的善，又在美德的指引下使得这种享受维持在既不奢侈浪费，又不吝啬贫乏的"中道"上，同时还时时处处精心地与自然宇宙秩序保持一致，体现出灵魂的善。从这种幸福生活中我们可以窥见到人性的完善与高尚，行为的优秀与卓越，生活的美满和惬意，以及人与人之间的公平正义和人与自然之间的和谐共生。然而，无论是伊壁鸠鲁将幸福生活理解为感官快乐，还是斯多葛学派将幸福理解为纯粹的道德生

---

① ［德］马克斯·韦伯：《新教伦理与资本主义精神》，于晓、陈维纲等译，陕西师范大学出版社 2006 年版，第 34 页。

② ［美］丹尼尔·贝尔：《资本主义文化矛盾》，赵一凡等译，生活·读书·新知三联书店 1989 年版，第 65 页。

活，抑或是中世纪的禁欲主义现实生活和近现代的享乐主义生活现实，都割裂了亚里士多德关于幸福生活的完满性和自足性，使得一种丰富、丰满而完整的幸福生活变成了某种单一性的诉求。斯多葛学派和中世纪社会鄙视肉体快乐而注重精神上的清高，虽然其减少了对自然资源的消耗，维护了自然环境的美丽，具有占领道德制高点的意蕴，但却剥夺了人的正常需要，消解了外在善在美好生活中的价值，致使漫漫人生长途没有任何宴饮，从而扭曲了人性，导致人成为干瘪苍白、没有自我的无情存在。伊壁鸠鲁的快乐主义和现代性社会注重欲望满足和感官快乐，任凭物欲泛滥，虽然给社会释放了强大的欲望驱动力，但人是利己自私的存在这一观念在道德层面上似乎总是使人显得不太高尚，人与人之间也像狼一样尔虞我诈，并造成对自然界的无情掠夺和破坏，其同样扭曲了人性，使人与动物比肩。当幸福生活的完满性被割裂开来之后，幸福生活的幸福性也就消失殆尽了，尽管人们还在言谈幸福生活，其实都是不幸的生活或生活的不幸。

克服对幸福生活的割裂，恢复美好生活的真义，无疑要回归幸福生活的完满性和自足性，即实现人性崇高，生活富裕和自然环境美丽的统一。看护自然界的美德则能够肩负起这种重任，达成人类所向往的真正的美好生活，保证美好生活的完整性和丰富性。因为看护自然界的美德都是从人与自然是一个整体出发而建构出来的，其哲学基础是人与自然平等和谐、共生共在。唯有把人的生活置于与整个宇宙相统一的视域，才有可能保证人的美好生活的完整性和充实性。

除非我们准备把生活看作一个整体，否则这个问题便无法解决；惟有看作整体才能够对其价值作出判断。但是应当如何把它作为一个整体来理解呢？不错，我们必须做这种尝试，我们对幸福的向往要求这样，这乃是有理性的人的渴望，他不能完全沉湎于流逝的瞬间，而必须追求某种包罗一切的目标。然而，无论这种要求有多强烈，无论推动着它的激情有多深沉，不超越人类的特殊范围便无法满足它。因为人的生活与宇宙的生活无可解脱地连在一起：人必须弄清楚他在宇宙中的地位,并据此来调节他的活动,而避免耽溺于任何有悖于万物之理,有悖于他自身的诚实本性的幸福。①

德国学者奥伊肯正是在反对自然主义、理智主义和人本主义生活观的基础上,提出了一种整体主义的美好生活思想。这种整体主义美好生活思想表现为人与宇宙统一的"精神生活"。这种"精神生活"既植根于人的心灵之中,又超越主观的个体,接触到宇宙的广袤和真理,是主体自我生活和客体宇宙生活的统一。

> 精神的价值标准履行同样的职能:它们断然区别于一切仅仅出于快乐和功利的考虑。它们是我们的,但又不只是我们的。它们把我们提升到单纯人类实践以外的另一个世界,同时,对于我们来说,它们又比任何其他东西所可能成为的更内在、更本质。……我们已经深信不疑的是,无论人或世界,单独都不能为生活提供一个稳固而永久的基础,我们必须把两者结合起来。②

看护自然界身份和美德的产生,克服了人与自然世界的分裂,因而它能够向我们保证过上一种美好生活。首先,看护自然界是人的一种美德,通过看护自然界的实践行动,人性最终走向崇高,灵魂最终趋向完善,完成亚里士多德所言的从"偶然成为的人"向"一旦认识到自身基本本性后可能成为的人"的转变。看护自然界是使自然界变得美丽、完整和平衡,保证自然万物生机勃勃和欣欣向荣。当人通过看护自然界而创造出自然界的美丽存在时,人也就完成了自己的人之为人的存在,人是在创造自然界的美丽存在中实现自己美好人性的。因为自然界的美彰显着人性美,自然界的善显现着人性的善。前面我们已经表明,人与自然界在本质上融合为一个整体,自然界就变成了人本身,自然界就成为

---

① [德]鲁道夫·奥伊肯:《生活的意义和价值》,万以译,上海译文出版社2005年版,第2页。

② [德]鲁道夫·奥伊肯:《生活的意义和价值》,万以译,第63页。

❖ 第八章　看护自然界与人的美德 ❖

对象性的人，通过现实自然界人就可以反观自我形象。当然，人看护自然界的创造活动需要遵循自然运行的生态法则，把自然宇宙秩序内化为自我意识并成为人类自我形象的一部分。人要想让自然界人化，人就应当自然化。当自然宇宙秩序内化为自我意识时，人就成为自然界的对象性存在并看护自然界的存在，人性所能够达到的自我实现境界就必然成为自然界实现的境界，即人性的崇高也意味着自然界的欣欣向荣，自然万物受到人的道德关怀和照顾。进而言之，看护自然界的美德之所以是崇高的，是因为其使人性摆脱了狭隘的人本主义限制，与整个宇宙的存在、与世界大全紧密地结合在一起，宇宙的命运就是人的命运，人的命运亦是宇宙的命运，如此才真正地获得了人性的尊严和生活的快乐。"直接分享宇宙的内在生活，并用我们的劳动去推进它，正是这样的可能性，给予了生活以稳定性、自发性和崇高性，用一种内在的欢乐去鼓舞它。只要存在这样的可能性，生活的意义与价值便是无可怀疑的。"①

其次，看护自然界的道德律令和美德保证自然界和谐美丽存在，万物生机勃发，而自然界的健康存在与永续发展，则会提升人类的生活质量，满足人的生态化美好生活需求。清新的空气、干净的水、安全卫生的食品，遍地鲜花绿草，到处莺歌燕舞，满眼都是心旷神怡的自然环境，这无疑是人类美好生活不可或缺的物质内容。亚里士多德强调美好生活不能脱离"外在善"而存在，这种"外在善"不仅是指数量上的丰盛，一定还包括产品的优质和环境的美好。人与自然界之间存在着一种辩证关系，人类对自然界善，自然界也对人类善，人类努力看护好自然界，自然界也就让人类生活得惬意；反之，人类对自然界恶，自然界也对人类恶，人类将自然界置于死地，自然界也必定将人送上不归之路。因此，看护好自然界，也就是看护好自己，看护好人类美好生活本身，就充分实现了人类美好生活。看护自然界不是取消"外在善的补充"，不是实行禁欲主义，而是要以生态美好引领经济的发展，以

---

① ［德］鲁道夫·奥伊肯：《生活的意义和价值》，万以译，上海译文出版社2005年版，第96页。

绿水青山换来金山银山。看护自然界既要对自然界有所作为，充分利用好自然资源，又要避免胡作非为，千万不要破坏自然界的生态平衡和伤害自然界的美丽；既要满足人们不断增长的物质需求，可持续地开发自然资源，又要避免物欲泛滥和对自然资源的挥霍无度。看护自然界是实现人与自然和谐共生，维护自然界可持续发展，对自然界的不存在和人的不存在坚决说"不"的行动，同时也是对剥夺人的正常需求而使人处于生活贫乏状态坚决说"不"的行动。就像中国共产党十九大报告所指出的那样：

> 我们要建设的现代化是人与自然和谐共生的现代化，既要创造更多物质财富和精神财富以满足人民日益增长的美好生活需要，也要提供更多优质生态产品以满足人民日益增长的优美生态环境需要。必须坚持节约优先、保护优先、自然恢复为主的方针，形成节约资源和保护环境的空间格局、产业结构、生产方式、生活方式，还自然以宁静、和谐、美丽。①

看护自然界的美德既要维持自然界的繁荣美丽，又要保证人类社会生活的美好富足，因而看护自然界是人类最卓越和最优秀的行为，是人类智慧的最杰出显现。看护自然界的美德充分彰显着人的理智美德和实践智慧，维持"未经理性审视的生活是不值得过的"道德原则，以及践行作为行为善的"中道"。

再次，看护自然界还代表着人对自然界的正确行动。赫斯特豪斯在《美德伦理学》中批评了美德伦理只注重成为什么样的人，而不注重如何采取行动的诘难，认为美德伦理同功利主义伦理和道德义务论一样，能够从美德中推出人的正确行动，美德伦理本身包含着"我应该决定做什么"的行动答案。如果说功利主义对正确行动的表述是："一个行

---

① 习近平：《决胜全面建成小康社会 夺取新时代中国特色社会主义伟大胜利——在中国共产党第十九次全国代表大会上的报告》，人民出版社2017年版，第50页。

为是正确的,当且仅当,它增进了最好的结果。"① 道德义务论对正确行动的表述是:"一个行为是正确的,当且仅当,它符合正确的道德规则或原则。"② 美德伦理对正确行动的表述则是:"一个行为是正确的,当且仅当,它是一位有美德的行为者在这种环境中将会采取的典型行为(即出于品质而采取的行为)。"③ 也就是说,功利主义伦理学是通过行为的好结果规定行动正确的,道德义务论是通过遵守道德规则而规定行动正确的,那么美德伦理则是通过美德行为者的道德品质规定行动正确的,即实现了美德品质的行动就是正确的行动。根据赫斯特豪斯的观点我们可以说,看护自然界本身是人的崇高美德,而看护自然界本身作为行动又是拥有看护自然界美德行为者的行动,它能够充分实现人对自然界的看护美德,成就人对自然界的看护美德。让自然界本身在人的看护下确实美丽起来,因而看护自然界作为行动亦是一种正确行动。看护自然界既是行动,又是美德,是行动与美德的统一。看护自然界作为行动之所以是正确的,还因为看护自然界能够实现人与自然和谐共生的本体论要求。人是自然界看护者的这一身份,是通过人在自然世界之中的本体论论证而达成的,看护自然界是内在于这一本体的行动要求,其本质是让自然界美丽存在,让人自身的生活美好。因此,看护自然界将人的本体存在形态落实到改造自然界的实践活动中,必然是正确的行动,它无论是对自然界本身的存在,还是对人本身的存在,都具有积极的价值,是值得称赞的行动,亦是合乎人性崇高和美德的行动。

最后,看护自然界的行动不是一个人、一个民族、一个国家的行动,而是所有人、所有民族、所有国家的共同行动。因为环境污染、自然界对人类的报复,以及环境保护是无国界和无国籍的。人类只有结成命运共同体,共同承担看护自然界的道德责任,共同采取看护自然界的行动,才能够真正实现人与自然的和谐共生,达成看护自然界的

---

① [新西兰]赫斯特豪斯:《美德伦理学》,李义天译,译林出版社2016年版,第28页。
② [新西兰]赫斯特豪斯:《美德伦理学》,李义天译,译林出版社2016年版,第29页。
③ [新西兰]赫斯特豪斯:《美德伦理学》,李义天译,译林出版社2016年版,第31页。

目的。正是看护自然界的实践是人人参与的活动,是所有国家参与的活动,因而看护自然界的成果就应该人人共享,国与国共享,在国际层面实现公平正义。如果说看护自然界意味着人与自然和谐共生,而人与自然和谐共生表达着人与自然之间的平等正义,即实现了人与自然之间的权利义务的公平交换——看护自然界是人类对自然所尽的义务,而享有美丽自然环境是人类的权利,那么,人与自然之间的公平正义性必然要求人与人之间的公平正义性与其相适应,即人与自然和谐共生必然要求人与人之间、国与国之间平等共享。因为人与自然之间的关系状态,影响和制约着人与人之间的关系状态,而人与人之间的关系状态,同样也影响和制约着人与自然的关系状态。威廉·莱斯在《自然的控制》一书中指认说,控制自然是为了控制人,即人与自然关系的不平等必然导致人与人关系的不平等;而社会生态学的创始人布克钦在《自由生态学》中则表明,人与人之间关系的不平等必然导致人与自然之间关系的不平等。由此可以合乎逻辑地推论出,人与自然之间公平正义的关系必然要求人与人之间建立公平正义的关系,反之,人与人之间关系的公平正义性也必然要求人与自然之间的公平正义。也就是说,看护自然界所导致的美好生活必然是公平正义的生活,是人与自然和谐共生同人人平等共享统一的生活。

当代美德伦理学复兴的领军人物麦金泰尔,要求伦理学回到亚里士多德的美德伦理,从而重振美德伦理学研究。但就美好生活来说,回到亚里士多德时代显然是不可能的。由于当代与古希腊之间上千年的时间差距,人类生活的水平和内容已不可同日而语。然而,就美好生活的内涵来说,亚里士多德所规定的幸福生活目的依然值得当代借鉴。美好生活应当成为人类追求的终极理想,美好生活本身应当是完满自足和精彩纷呈的,在它之外已经没有什么东西再值得我们欲求了。在当今时代,要达成完满自足的美好生活,看护好自然界无疑是关键,它能够通达"天人共美"的生活目的。

第九章

看护自然界的实践

无论是看护自然界的身份、道德责任，还是看护自然界的美德，都内在地蕴含着实践要求，最终指向如何看护自然界的问题。看护自然界的身份是一套权利义务规范的行为模式，看护自然界的道德责任则表达着你"应该"因为你"能够"，看护自然界的美德则是一种实现生命价值的实践活动，三者共同指向人类改造自然界的实践活动。况且，看护自然界之"看护"本身也意味着一种关爱性和维护性并使自然界美好的行动。因此，在探究人对自然界的身份、道德责任和美德之后，必然要分析人对自然界的实践活动，并最终将身份、道德责任和美德转化为保护自然环境的行动。看护自然界的实践活动能够实现看护自然界的身份，落实看护自然界的道德责任，成就看护自然界的美德，达成保护自然环境的目的。

一 看护自然界的实践目的

改造自然界的实践活动是人的存在方式，是人的天命。人必须劳动、生产，改造自然环境的原初存在状态，变自在之物为"为我之物"，方能存在于这个世界之上。诚如马克思所言："任何一个民族，如果停止劳动，不用说一年，就是几个星期，也要灭亡，这是每一个小孩都知道的。"① 虽然改造自然界的实践活动是人的普遍存在形式，但是人类为什么要进行改造自然界的实践活动？这却是一个反思性的本体论问题的追问。对该问题的回答直接关涉到人类如何存在，自然界如何存在的大问题。因为对该问题的追问牵涉到人类改造自然界实践活动的目的性，而改造自然界实践活动的目的性则规定着改造自然界实践活动本身的性质，以及改造自然界实践活动的实现方式。目的设定不同，改造自然界实践活动本身的性质和实现方式也就不同。按照西方马克思主义创始人卢卡奇的理解，正是劳动的目的性设定，才将人的劳动活动变成有意识、有计划的活动，才与动物的被盲目因果必然性所支配的改变周围自然环境的活动真正区别开来，并彻底破除了目的论的神秘主义。

> 我们所知道的最高级的存在形式即社会存在，只是由于目的论的东西在它内部现实地发挥作用，才能作为独特的存在结构而从它的实存赖以为基础的那种有机生命的存在阶段中形成出来，成为一种新的独立的存在类型。只有当我们理解到，社会存在的形成过程、它对自己的基础的超越以及获得独立的过程，都是以劳动，就是说，都是以不断实现目的论设定为基础的，我们才能合理地谈论社会存在。②

看护自然界的身份及其道德责任属于实践性的，必然要求落实到改造自然界的实践活动上。当看护自然界的身份及其道德责任现实化为改造自然界的实践活动时，就成为实践活动的目的性设定，即把改造自然界实践活动的目的规定为对自然界的看护。看护自然界一旦成为改造自然界实践活动的目的，就从本体论层面彻底改变了工业文明发展的进程，由掠夺自然界的实践活动转变为保护自然界的实践活动，

---

① 《马克思恩格斯选集》（第4卷），人民出版社1995年版，第580页。
② ［匈］卢卡奇：《关于社会存在的本体论》（下卷），李秋零等译，重庆出版社1993年版，第13页。

并同时澄明了劳动为什么创造了人的基本问题。

在此需要做出说明的是，本章所讨论的改造自然界的实践活动内涵与劳动概念、生产概念的内涵视为等同，如果没有特别说明，就认为它们表达的是同一含义，并相互交替使用这些概念。另外，当我们说改造自然界的实践活动是人的有目的的活动时，这个目的指认的是人类的普遍目的，而不是个人的劳动目的，即我们是在本体论层面言说改造自然界实践活动的目的问题。唯有从本体论层面讨论清楚了改造自然界实践活动的目的问题，才能够从根本上确定其正当性，并给人们判定各个时代的劳动目的是否合理提供依据和标准。尽管劳动活动是具体的，劳动活动的具体性表现为劳动是由一个个活生生的个人做出的，劳动的主体是个体，只有个体才能够抱着某种具体目的投入生产活动当中，但是本体论讨论能够将具体的个人劳动抽象到普遍的类劳动之上，个人的劳动目的由此就普遍化为类的劳动目的。人类是个人的集合，属于普遍化的概念，但当我们把这一问题上升到本体论层面进行讨论时，就可以言说人类改造自然界的实践活动目的，人类能够有自己的实践活动目的。在人类历史上，各个时代都有自己的关于劳动目的的基本看法，这些基本看法就属于对劳动目的的本体论叙述。

从历史上看，对改造自然界实践活动目的的追问，有两种基本的答案：一是将改造自然界实践活动的目的设定为满足人类肉体生存，另一是将改造自然界实践活动的目的设定为创造人之为人的存在。将改造自然界实践活动目的视为创造财富以维持人的肉体生存，按照马克思的理解属于人类"史前史"，即共产主义社会之前所有的人类社会形态都是如此理解改造自然界实践活动本质的。共产主义社会则彻底摆脱了肉体生存的目的性设定，升华为对人之为人的创造，劳动的功能由此从对人的奴役转变为对人的解放。

在古希腊人那里，劳动被看作自然必然性对人的强迫，人为了肉体生存而不得不进行劳动，而且劳动本身也意味着辛苦、辛劳、无奈、被迫和奴役。古希腊人都持有这样一种基本信念，"由于我们的身体需求而成为必需的劳动是奴性的"①,即劳动本身是一种恶,劳动表达着被因果必然性所奴役和不自由。正是劳动是低贱的、被迫的、不自由的,在古希腊城邦中从事劳动的人主要是那些战败了的敌人,他们被带回来从事劳动,作为奴隶为主人生产生活必需品,他们所从事的主要是体力劳动,像牲畜一样用自己的身体去劳动、去服役,所以古希腊人将这些从事劳动的人称为"贱民",称为劳动动物。既然劳动是奴性的,城邦公民为了保证自己的自由就不能够从事劳动,只能参与城邦的公共事务,完成人是政治动物的责任。至于生活必需品的生产就只能够靠统治奴隶去完成。"劳动意味着被必然性所奴役,而这种奴役内在于人类生活条件中。因为人受到生命必需品的统治,他们就只能通过统治那些由于被迫而服从必然性的人,来赢得他们的自由。"②劳动目的等同于满足人的肉体生存,劳动者由此必然成为像动物一样的存在,不劳而获者即从事公共事务者则被看作真正的人的存在。

在中世纪基督教神学视域里,劳动同样也被视为一种恶,视为对罪的惩罚和汗流满面的劳作。《圣经·旧约全书》创世纪篇记载,上帝在创造了人类祖先亚当和夏娃之后,把他们安排在伊甸园中,让他们管理空中的鸟、水中的鱼、地上的爬行物,以及为万物命名。当亚当和夏娃受到蛇的诱惑而偷吃了智慧果之后,引起上帝的愤怒。于是,上帝将人类祖先赶出了伊甸园,并作为对人类犯罪的惩罚,令亚当"你必须汗流满面劳作才能够糊口",令夏娃遭受生孩子的痛苦。由此可见,中世纪基督教神学也将劳动视为痛苦,是人类违抗上帝的诫命之后所必须遭受的苦难,所必须遭受的惩罚。劳动之所以是一种痛苦,乃是因为劳动是辛苦的活动,人必须辛苦劳作才能够生存和谋生。在基督徒的传说当中,伊甸园是幸福生活之地,到处是鲜花碧草,果实累累,牛奶像泉水般地涌出。亚当和夏娃根本不用劳动,就能够享有这一切。由此可见,为了谋求生存而劳动对人来说仍然是不幸的,纯粹的谋求生存不属于真正的人的追求。

---

① [美]汉娜·阿伦特:《人的境况》,王寅丽译,上海人民出版社2009年版,第62页。
② [美]汉娜·阿伦特:《人的境况》,王寅丽译,第62页。

第九章 看护自然界的实践

经过启蒙的近现代欧洲人对劳动活动本身性质的看法发生了根本性的变化，即劳动不再是一种恶，不再是对人的奴役，而被看作一种善，看作对上帝的荣耀和对财富占有的依据。如马克斯·韦伯在《新教伦理与资本主义精神》中分析指认说，宗教改革之后所创立的新教就将劳动视为得到上帝垂青的必要条件，基督徒要想成为上帝的选民，就必须辛勤劳动，为上帝所创造的世界添砖加瓦，为上帝增加荣耀。由此一来，人们的日常劳作就具有了神圣价值，服务于上帝的荣耀，完成上帝交给人类的使命。"这样一来，就使那些非人格化的社会劳动也显得好像在为上帝的荣耀添砖加瓦，所以说，这种社会劳动也变成了上帝的意愿。"[①] 新教徒们也虔诚地认为，上帝就是因为他的选民勤奋劳作获得成就而赐福于他们的，只有完全依照上帝的意旨生活，辛勤劳动而非闲适享乐才真正不失为一名上帝的信徒。随着资本主义的发展和启蒙精神的深入，劳动的宗教神圣性色彩逐渐隐退，成为个人创造财富的源泉。洛克认为，产品价值的十分之九都是劳动的结果，"给一切东西加上价值差异的是劳动。"[②] 虽然劳动的性质在近现代由原来所认为的恶转变为善，但是劳动的目的仍然是创造财富而维持人类的肉体生存。尽管当代人类改造自然界的实践活动的能力在科学技术的支持下得到了空前的提高，但其本质并没有发生改变，劳动的根本目的仍然是让人在物质丰饶中纵欲无度。

将改造自然界实践活动的根本目的设定为维持人的肉体生存，存在着几个难以克服的缺陷：首先是劳动的异化和人的异化。改造自然界的活动完全以满足肉体生存需要为目的，就决定了改造自然界的活动本身必然为自然必然性所支配，与动物的捕食活动几乎没有差异。马克思已经明确指出：

> 动物和自己的生命活动是直接同一的。动物不把自己同自己的

[①] [德] 马克斯·韦伯：《新教伦理与资本主义精神》，龙婧译，群言出版社2007年版，第92页。

[②] [英] 罗素：《西方哲学史》（下卷），马元德译，商务印书馆2008年版，第169页。

生命活动区别开来。它就是自己的生命活动。人则使自己的生命活动本身变成自己意志的和自己意识的对象。……有意识的生命活动把人同动物的生命活动直接区别开来。正是由于这一点,人才是类存在物。或者说,正因为人是类存在物,他才是有意识的存在物,就是说,他自己的生活对他来说是对象。仅仅由于这一点,他的活动才是自由的活动。异化劳动把这种关系颠倒过来,以致人正因为是有意识的存在物,才把自己的生命活动,自己的本质变成仅仅维持自己生存的手段。①

在这种异化劳动中人与人的本质发生了分离,动物的东西由此成为人的东西,人的东西由此成为动物的东西,人沦落为非人的存在。这种"生产不仅把人当作商品、当作商品人、当作具有商品的规定的人生产出来;它依照这个规定把人当作既在精神上又在肉体上非人化的存在物生产出来。"② 其次是导致了人与人之间的不平等。把改造自然界的实践活动视为谋求生存的手段,就像古希腊人所认为的那样,劳动是自然必然性对人的强迫,只有那些丧失了人的存在资格的奴隶才从事劳动,那么势必使另一些人不再从事劳动,并支配从事劳动的人。就像马克思所分析的那样,工人生产的产品不属于工人自己,那么它一定属于另外一个人;工人不能支配自己的劳动活动,那么它一定被另外一个人所支配。这个人在劳动之外不劳动却占有劳动的产品,这个人不从事生产活动却支配着生产活动。最后是造成了人对自然界的占有和掠夺。将改造自然界的实践活动看作满足人的肉体生存的手段,自然界就必然成为维持肉体生存的对象。古希腊人和中世纪基督教神学的劳动价值观是将劳动视为恶,因而不会促逼城邦公民和基督徒对自然界展开大规模的开发,但是经过启蒙的近现代人,将劳动活动视为向上帝获取荣耀的手段和积累财富的源泉,其后果必然是释放出人心中的魔鬼——贪婪的物欲,促使人积极开发各种自然资源,以不断满足

---

① [德] 马克思:《1844 年经济学哲学手稿》,人民出版社 2000 年版,第 57 页。
② [德] 马克思:《1844 年经济学哲学手稿》,第 66 页。

人的日益增长的欲望和不断增加的社会财富。因此,生态危机作为一项现代性事件,其深刻根源就在于改造自然界实践活动目的的物欲化和动物化,自然界的资源化和工具化。

马克思反对将改造自然界实践活动的目的规定为满足人的肉体生存,认为把劳动目的设定为增加财富是极其有害的:"劳动本身,不仅在目前的条件下,而且就其一般目的仅仅在于增加财富而言,在我看来是有害的、招致灾难的。"① 由此,马克思和恩格斯提出改造自然界实践活动的目的是创造人之为人存在的学说。即改造自然界的实践活动是人的存在方式,人正是通过改造自然界的实践活动而与动物相别,赢得了自己的专门属于人的存在。诚如马克思所言:"通过实践创造对象世界,改造无机界,人证明自己是有意识的类存在物。"② 也如恩格斯所言:"人类社会区别于猿群的特征在我们看来又是什么呢?是劳动。"③ 马克思所谓的创造对象世界和改造无机界的实践活动证明人是有意识的类存在物,或者恩格斯所说的"劳动创造了人本身",都意在表明人之为人的存在不是劳动的附属成果,不是劳动活动本身偶然造成的,而是劳动的根本目的。劳动是人的劳动,人是劳动活动的主体,劳动的目的也就是人自己追求的目的。人所追求的终极目的显然不是维持自己的肉体生存,而是实现人之为人的超越性存在。既然人所追求的根本性目的是实现人之为人的存在,而改造自然界的实践活动又是人与动物分野的必要条件,那么改造自然界实践活动的目的就只能是且必然是创造人之为人的存在。

马克思和恩格斯在《德意志意识形态》中专门从生产活动角度论述了历史唯物主义关于劳动创造了人的这一基本理论。马克思和恩格斯认为,人类的生产活动对于一切人来说都是生存的第一个前提,没有劳动的发生人类就不能够存在,因而一切人类历史的第一个前提必然是劳动。尽管生产活动的直观形式是生产吃、喝、住、穿等生活资料

---

① [德] 马克思:《1844年经济学哲学手稿》,人民出版社2000年版,第13页。
② [德] 马克思:《1844年经济学哲学手稿》,第57页。
③ 《马克思恩格斯选集》(第4卷),人民出版社1995年版,第378页。

用品，但透过这一表象却可以发现，生产活动的本质是创造人之为人的存在。"一当人开始生产自己的生活资料的时候，这一步是由他们的肉体组织所决定的，人本身就开始把自己和动物区别开来。"然而，人将自身与动物区别开来的这第一步仅仅是生物学意义上的，由此马克思和恩格斯还补充道："个人怎样表现自己的生活，他们自己就是怎样。因此，他们是什么样的，这同他们的生产是一致的——既和他们生产什么一致，又和他们怎样生产一致。"① 这一补充就充分表明了人的存在与"生产什么"和"怎样生产"具有一致性，而"生产什么"和"怎样生产"是对生产目的的表达，由此可以确认，人的存在与生产活动的目的性是统一的，生产活动的目的不同，人的存在也就不同。

马克思和恩格斯所认定的生产劳动创造了人，创造了人类历史和自然世界，是在"应然"的意义上言说的，并不是说人类只要进行劳动，人、人类历史和自然世界就自动产生出来。否则，马克思就不会指认资本主义的劳动是异化劳动，资本主义社会中的人是异化了的人。当马克思说社会主义以前的社会都只不过是人类的"史前史"时，就宣告了真正的人的历史还没有开始。既然劳动创造了人是在"应然"的意义上所言说的，而不是一种实然状态，这就意味着真正的人、真正的人类历史、真正的属人的自然界应当是生产活动追求的目的。因为"应然"的东西也就是"将来"所要达到的理想境界，将来所要达到的理想境界必然是现实或当下追求的目的。在马克思和恩格斯看来，要实现人之为人的真正存在，就必须扬弃资本主义私有制以及资本主义异化劳动，进入共产主义社会才可能真正实现人的自由和解放。"一旦社会占有了生产资料，商品生产就将被消除，而产品对生产者的统治也将随之消除。社会生产内部的无政府状态将为有计划的自觉的组织所代替。个体生存斗争停止了。于是，人在一定意义上才最终地脱离了动物界，从动物的生存条件进入真正人的生存条件。"②

马克思和恩格斯虽然提出了劳动创造了人的思想，但是对劳动到底

---

① 《马克思恩格斯选集》（第1卷），人民出版社1995年版，第67—68页。
② 《马克思恩格斯文集》（第9卷），人民出版社2009年版，第300页。

怎样创造了人，马克思和恩格斯并没有具体阐明。恩格斯在《自然辩证法》中也只是说，劳动创造了工具，创造了人手，创造了语言，创造了思维，创造了人本身，至于人怎样劳动才使人真正地生成出来，恩格斯也是语焉不详的。由此，就给我们留下了一个深入思考问题的空间：劳动创造了人，但并不是只要进行劳动，人之为人就会自动生成出来，一定有一种合理的生产方式即合理地对待自然界的方式，人才能够从中得以创造、得以生成。把维持肉体生存或增加财富当作劳动的目的，与把人之为人的存在当作劳动的目的，其形成的生产方式以及对待自然界的方式一定会有本质的差异。我们可以依据马克思提供的一些思想线索把捉到改造自然界实践活动的目的应当是看护自然界。因为只有通过看护自然界的实践活动和生产方式，才能够真正实现人之为人的存在。马克思说：

> 诚然，动物也生产。它为自己营造巢穴或住所，如蜜蜂、海狸、蚂蚁等。但是，动物只生产它自己或它的幼仔所直接需要的东西；动物的生产是片面的，而人的生产是全面的；动物只是在直接的肉体需要的支配下生产，而人甚至不受肉体需要的影响也进行生产，并且只有不受这种需要的影响才进行真正的生产；动物只生产自身，而人再生产整个自然界；动物的产品直接属于它的肉体，而人则自由地面对自己的产品。动物只是按照它所属的那个种的尺度和需要来构造，而人懂得按照任何一个种的尺度来进行生产，并且懂得处处都把内在的尺度运用于对象；因此，人也按照美的规律来构造。①

通过马克思的这一论述，我们可以清晰地看出，真正地创造人的生产活动，或者说真正地属于人的生产活动一定是不受肉体需要的支配，按照任何一个种的存在尺度进行生产而不仅仅是按照自己所属种的存

---

① ［德］马克思：《1844年经济学哲学手稿》，人民出版社2000年版，第57—58页。

在尺度进行生产，要再生产出整个自然界，并且再生产出来的整个自然界一定是按照美的规律构造出来的美丽自然界。马克思所谓的这样的一种生产活动无疑蕴含着看护自然界的意蕴，甚至可以说是将看护自然界设定为劳动生产活动的目的。因为只有看护自然界才不再是以肉体生存需要为实践活动目的；只有看护自然界才能够让自然界从工业社会压迫下得以真正复活，并再生产出整个美丽的自然界；只有看护自然界才能克服人类仅仅以自身这一物种为尺度运用于每个物种的自私性，真正做到按照任何一个种的存在尺度对待自然万物，因为要看护自然界就需要认识和掌握任何一个物种的生存规律和整个自然界的生态规律，并按照它们的存在规律来构造它们。如果我们再进一步根据马克思所说过的一句话——"社会是人同自然界的完成了的本质的统一，是自然界的真正复活"，就可以充分体会到看护自然界的实践要求：人与自然界本质上融合为一个整体，人本身就成为自然界，自然界就成为人本身，人与自然界就像一枚硬币的两个面；在如此条件下，看护自然界就必然成为人的基本道义和必须履行的使命，因为看护自然界就是看护自己，看护自己必然要看护自然界；人履行了看护自然界的道德义务，必然克服异化劳动所导致的人与自然界的分裂和自然界作为被掠夺对象的"死亡"，才能够使自然界得以真正复活。

由此我们可以确定，将改造自然界实践活动的目的设定为创造人，并证明人是类存在物，就必须将改造自然界的实践活动转变为看护自然界活动，看护自然界成为生产实践活动的内在目的。人之为人与看护自然界具有内在一致性，因为在自然界中除了人之外所有其他物种的活动都受盲目自然必然性所支配，没有哪一个物种能够做到有意识地看护其他物种，把道德利他主义精神贯彻到整个自然界。当人通过看护自然界的方式改造自然界时，人就背叛与超越了自身的动物属性，达成了劳动活动的内在目的而成为人之为人的存在。人并不是在占有自然、掠夺自然的实践活动中成为人的，而是在看护自然界的实践活动中赢得人本质存在的，看护自然界才是人走向自由与解放的必由之路。改造自然界的实践活动从直观来看，是人加工自然物以满足人的生活需要，但是，在这一直观的背后却存在着人的意义世界的生成，存在着人是沉沦于动物界，还是超越于动物界的准则。人把改造自然界实践活动规定为与动物一样的谋生活动，人就沉沦于动物界之中；把"成为人"和"看护自然界"规定为实践活动的目的，人的实践活动就不再纯粹是谋求生存，而是升华为构造人的存在价值的活动，创造了人之为人存在的意义世界。人是生活在自己创造的意义世界之中的，动物则是生活在自然环境之中的。看护自然界一旦成为改造自然界实践活动的目的，就彻底改变了实践活动本身的性质，即改造自然界的实践活动不再是对自然界的征服与掠夺，而是人与自然的和谐共在，人与自然和谐共生，人与自然和谐共荣。看护自然界不是禁止人们消费使用自然资源，而是在让自然界的美丽中实现对自然物的消费，或者说是在消费自然资源的同时还自然界美丽、和谐与安宁。看护自然界也不是只令人看护自然万物而不看护自身，看护自然界是在看护自然万物的过程中实现对自身的看护。看护自然界的实践活动的本质是限制那些不利于自然万物生存、不利于自然界美丽的行为，增加有益于自然万物存在的因素，在确保自然界欣欣向荣的过程中实现人类生活的美好。

  看护自然界实践活动的本质是让自然万物按照自己的生存目的去生存，按照自己的存在目的去存在，减少不必要的对自然万物的干扰。当自然万物按照自己的生存目的而生存，按照自己的存在目的而存在时，就意味着其实现了自身的自由，整个自然界达成了万物竞自由的状态。因为自由的真义是自己主宰自己，自己规定自己。尽管自然存在物没有自我意识，其按照自己的存在目的存在，根本不是像人那样有意识地自我决定的，但是我们仍然可以认定其有自己的自由。黑格尔提出："真正的目的论考察在于把自然看作在其特有的生命活动内是自由的，这种考察是最高的。"[①] 海德格尔也曾指证，真理的本质是自由，自由的本质是让存在者存在。"向着敞开域的可敞开者的自由让存在者成其

[①] [德]黑格尔：《自然哲学》，梁志学等译，商务印书馆1980年版，第8页。

所是。于是,自由便自行揭示为让存在者存在。"① 承认自然万物竞自由的实质,是为了确证人的自由本质。黑格尔曾经表明,自然界是自我异化的精神,马克思也指认过自然界是人本质的对象化。既然自然界是对象性的精神、对象性的人,那么自然界就是作为人的一面镜子而存在的,人通过自然界可以反观自身的本质,反观自身的自我形象。由此可以合乎逻辑地确认,自然万物竞自由象征着人自由,实现着人在自然面前的自由。如果人有自由而不让自然界有自由,人也就在自然界中丧失了自己的自由,因为不自由的自然界无法确证人的自由,人在不自由的自然界面前也无法直观自我的自由形象。因此黑格尔强调,精神的无限自由必定也允许自然万物有自由。自然万物不能竞自由,或者说自然界丧失了自身的自由,也就等于人丧失了自己的自由。看护自然界的实践活动,是让自然万物竞自由,也就是让人在自然界中实现自己的本质规定性,即实现自己的自由。自然万物的自由是对人自由的呈现,人让自然万物有自由,也就是让自己在自然界中有自由。人本质的最终实现,意味着人的解放和自由,而人的解放和自由同自然万物的解放和自由紧密地结合在一起并一同实现的,即人的解放和自由同自然的解放和自由是统一的。人屈服于大自然,或者人支配大自然,都不是人的解放和自由,只有人自由亦让自然万物竞自由,才是人的真正解放和自由。

二 看护自然界的实践方式

看护自然界是人的一种新的身份,这种新的身份与工业社会征服自然的身份发生了根本性决裂,因而其势必带来改造自然界的实践活动方式发生一场革命,即由工业社会的黑色生产方式向生态社会的绿色生产方式转变,由不可持续的发展方式向可持续的发展方式转变,用

---

① [德]海德格尔:《路标》,孙周兴译,商务印书馆2000年版,第216页。

❖ 第九章　看护自然界的实践 ❖

笔者的话来说，就是由促逼自然界的实践方式向看护自然界的实践方式转变。我们正生活在一个充满着巨大挑战和无限契机的时代，所谓挑战是指当代人应当竭尽所能地避免自然界和人类社会的灾难性毁灭，契机则是要终结贪婪的原始欲望冲动和工业社会对自然环境的杀伤力，建立起一种安宁和谐健康的文明新秩序。人类应当行动起来，用一种看护自然界的实践方式改造自然界，守护好人类的家园，迎接生态文明新秩序的来临。

欧洲的文艺复兴和启蒙运动揭开了西方近现代社会发展的序幕，使得西方社会发生转型而走向了现代化工业发展道路。按照马克思的理解，西方工业社会即资本主义之所以能够战胜封建主义，是因为资本主义社会有着比封建主义社会更为先进的生产力和先进的生产方式。资本主义工业社会能够利用机械大规模地开发自然资源，不仅将人从沉重的劳动负担中解放出来，大大地提高了生产效率，还创造了丰盛的物质财富，在很大程度上满足了人们的物质需要。马克思在《共产党宣言》中曾表明：

> 资产阶级在它的不到一百年的阶级统治中所创造的生产力，比过去一切世代创造的全部生产力还要多、还要大。自然力的征服，机器的采用，化学在工业和农业中的应用，轮船的行驶，铁路的通行，电报的使用，整个整个大陆的开垦，河川的通航，仿佛用法术从地下呼唤出来的大量人口，——过去哪一个世纪料想到在社会劳动里蕴藏有这样的生产力呢？[1]

在马克思之后的年代，资本主义工业社会更是加速度地得以发展，自动化、计算机、生物工程、卫星通信、宇宙飞船、试管婴儿、克隆技术、互联网技术、基因编辑、智能机器人接踵而来；生产性社会进入"消费社会"，甚至是"景观社会"；丰富的物质商品琳琅满

---

[1] 《马克思恩格斯选集》（第 1 卷），人民出版社 1995 年版，第 277 页。

目，五光十色的霓虹灯到处闪亮，商业的叫卖声此起彼伏，到处觥筹交错和纸醉金迷，现代人完全沉醉于丰饶的物质享乐之中。波德里亚在《消费社会》一书中对当代西方社会奢侈性生活进行了描述和批判，波德里亚指认，现代西方社会已经是一个消费社会，它以生产出无限丰富的物品、使人人都成为奢侈消费的消费者为本质。消费社会通过人人都可以大量地消费各种物品，以消除无产者和享有特权者之间的消费矛盾，实现人与人之间在需求和满足面前的平等，在物与财富的使用价值面前的平等，以使社会上的所有人都能够享受权贵生活的梦想为目的。在消费社会中奢侈生活已不再是上流社会的专利，而成为社会大众所追求的普通消费行为，物质产品的极大丰裕和过剩使整个西方现代性社会处于癫狂的奢侈性享受状态。消费社会的特征是"生产主人公"的传奇到处让位于"消费主人公"，富裕的人们不再像过去那样受到人的包围，而是受到物品的包围，被"消费"所控制，消费成为人的本质：消费即幸福，"我消费故我存在"。电视、报纸和杂志等各种媒体所宣扬的具有大众榜样性质的公众人物以及他们值得炫耀的品质，无不是花天酒地、奢侈淫逸的生活。消费社会就这样忠诚地履行着一种奢侈、无益、无度的消费功能，并积极鼓励社会大众充分实现这种消费功能。波德里亚进一步指证，消费社会如此竭力鼓噪奢侈性消费，其目的不是让人们享有物品，而是让人们浪费物品。特别是豪华的浪费，时尚的浪费，被大众媒介反复向社会推广并被社会大众普遍接受。结果是胡乱丢弃物品，不断且又迅速地更换商品成为个人乃至社会的时尚行为，因为只有持续不断地浪费才能维持生产秩序的持续存在，只有大量浪费才能造成大量生产。消费社会所生产出来的商品，并不是根据其使用价值和使用时间而存在，而是相反，根据商品的死亡来确定其存在的价值。"消费社会需要商品来存在，但更确切地说，需要摧毁它们。……商品只有在破坏中才显得过多，而且在消失中才证明财富。无论是以强烈的象征形式，还是以系统的、惯例的破坏形式，破坏都注定要成为后工业社会决定性的功能之一。"① 浪费就是奢侈，奢侈就是浪费，只有大量地浪费物品才能显现出奢侈，只有奢侈地将物品大量浪费掉，才能使企业把这些被浪费掉的物品又源源不断地生产出来。大量生产、大量消费、大量浪费，成为西方现代性社会存在的基本模式。

然而，就在现代人欢呼雀跃现代化的丰功伟绩，并为能够在物质丰饶中纵欲无度而举杯庆祝时，大自然却在流血，在流泪，在一步一步地走向破败与衰亡。现代人毫无节制地开发、掠夺大自然，同时把大量废气、废水、废物排放给大自然，造成物质家园不堪重负，使生态危机骤然降临人世。能源枯竭、森林减少、土地沙化、河流污染、温室效应、生物多样性减少等成为威胁人类生存的严重问题。诚如恩格斯所言，大自然对于人类的每一次胜利都报复了人类。启蒙精神和工业社会向往的本来是人类获得解放、求得幸福，最终进入千年福祉的自由王国，可实际结果却与启蒙目的相反，人类正面临着由于自毁家园而无家可归的境地。

> 我们不能给全球体系打上有缺陷的或罪恶的标签，所以我们不能用判断是非的标准来衡量它，这是因为全球体系的主要核心是关注利益而非人类和动物的生活安康。但我们可以确切地说，全球体系会给环境和社会带来毁灭性灾难，而且是非理性的，因为全球体系的发展本身就处于一个自我毁灭的过程中。②

为什么人类从良好的愿望出发却得到一种恶果呢？仔细分析不难发现，启蒙运动和工业文明自身就蕴含着人类对自然的奴役和破坏的机制，生态危机的发生是其演化的必然结果。前面已经讲过，现代社会改造自然界的目的是满足人的物质欲望，实现"凡人的幸福"。而要达成这一目的，就必须开发自然资源和创造更多的物质财富。"因此，生产

---

① ［美］波德里亚：《消费社会》，刘成福、全志刚译，南京大学出版社2000年版，第30页。

② ［美］格雷姆·泰勒：《地球危机》，赵娟娟译，海南出版社2010年版，第57页。

的开发以及对财富的追求,已经成为现代世界最高的目标,至于一切其他的目标,无论曾费多少口舌去鼓吹,到头来只能屈居次席。"① 可是,人的欲望是无限贪婪和永无止境的,叔本华对此有过精彩的描述,其充分道出了欲望本身的贪婪本性。

> 欲望是经久不息的,需求可以至于无穷。而所得满足却是时间很短的,分量也扣得很紧。何况这种最后的满足本身甚至也是假的,事实上这个满足了的愿望立即让位于一个新的愿望;前者是一个已认识到了的错误,后者还是一个没认识到的错误。……如果我们还是欲求的主体,那么,我们就永远得不到持久的幸福,也得不到安宁。②

欲望就像一个永远饥渴、不知满足的巨大胃囊,在其支配和作用下,其结果必然是人对作为满足对象的自然界进行无尽的掠夺,对自然环境造成无穷的伤害。尽管地球上拥有众多充足的、几乎可以满足所有人基本需要的资源,但对于满足所有人的没有止境的贪欲来说却微不足道和无能为力。因此,工业社会文明注定要走向失败,因为它所蕴含的世界观和价值论,以及生产方式和技术体系都是为不可能满足的欲望和无限的物质增长服务的。

工业文明之所以注定要走向失败,是因为工业文明的结构体系及其生产方式与自然界本身的鲜活存在发生着尖锐冲突。首先,资本主义生产以追求经济的无限增长和财富的无限积累为目的,努力以做大蛋糕的生产方式来缓和或消解劳资之间的矛盾和不平等。西方经典经济学教科书几乎无不以此为目的教导人们如何运用经济手段无限增加社会的物质财富。但是,追求经济无限增长的基本前提是自然资源的无限性和自然环境的无限性,唯有无限的自然资源才能给经济无止境增长提供源源不断的物质资料,只有无限的自然环境才能够容纳无限多

---

① [英] E. F. 舒马赫:《小的是美好的》,李华夏译,译林出版社2007年版,第243页。
② [德] 叔本华:《作为意志和表象的世界》,石冲白译,商务印书馆1982年版,第273页。

的人类废弃物。然而，我们面临的基本生态事实是：地球上的自然资源是有限的，地球上的自然空间也是有限的。有限的自然资源和有限的自然空间不可能为掠夺自然的资本主义生产力提供无限增殖的空间，资本主义生产力无限扩张的要求与地球自然环境的有限性处于尖锐矛盾之中。其次，资本主义生产力只是以追求利润或交换价值为根本目的，以刺激人的无限需求为生产力的发展动力，把自然界完全当作工具价值来看待，根本不顾及自然界的死活。诚如马克思所言："只有在资本主义制度下自然界才真正是人的对象，真正是有用物；它不再被认为是自为的力量；而对自然界的独立规律的理论认识本身不过表现为狡猾，其目的是使自然界（不管是作为消费品，还是作为生产资料）服从于人的需要。"① 既然资本主义经济活动只是使自然界服从于人的需要，根本不考虑自然界本身的存在，那么资本主义经济活动就完全脱离了生态系统的承受能力和限度，将自己置于自然生态系统之外并与自然生态系统相对立。人类的真实生活和真实生产是在自然生态系统之内并受这一自然生态系统的限制，但资本主义社会满足人的生存需要的生产活动却在自然生态系统之外且不受自然生态系统的制约，其后果势必引起人的经济生产活动与自然生态系统稳定性的尖锐对立。

正是现代工业社会无限增加财富的欲求同自然环境有限性的矛盾，生产力和生产方式与自然生态系统相分离并且反对自然生态系统，其破坏自然环境进而威胁人自身的存在就成为一种逻辑必然。因此，克服工业社会的生产力和生产方式，就成为人类进步和新文明的内在要求。因为自然生态系统的存在事实，以及自然环境有限性和自然资源有限性的事实是无法改变的，能够改变的只能是人自身的经济生产活动。对此罗马俱乐部率先提出了"增长的极限"，认为："如果在世界人口、工业化、污染、粮食生产和资源消耗方面现在的趋势持续下去，这个行星上增长的极限有朝一日将在今后一百年中发生。最可能的结

---

① 《马克思恩格斯选集》（第 2 卷），人民出版社 2012 年版，第 715 页。

果将是人口和工业生产力双方有相当突然的和不可控制的衰退。"① 要避免经济增长极限的到来和不可遏制的衰退，就必须改变人类经济增长方式，将人类的经济增长与自然环境稳定统一起来，而且改变这种经济增长方式和建立稳定的生态经济，以支撑遥远的未来是极有可能的。博尔丁则提出了"宇宙飞船地球经济学"，认为工业社会的生产模式类似于"牛仔经济"，牛仔是对开放性、无边无际平原的表达和象征，其代表着冲动妄为、敢于开拓进取、罗曼蒂克精神和粗犷暴烈的行为，属于开放性社会所具备的特征。与这种开放社会相对的生产模式则是循环经济，亦可以称为"太空人"经济，其产量应当是最小化而不是最大化。"未来的封闭经济可以被称为'太空人'经济，那时地球就好像一艘孤立的宇宙飞船，它的生产能力和净化污染能力都将是有限的。这个循环生态系统能够通过消耗能量而不断进行物质再生产，人类必须找到自己在其中所处的位置。"② 赫尔曼·E.戴利在提出稳态经济学的基础上，又提出了"可持续发展的经济学"，强调可持续发展经济学是以一个有限的、非增长的、物质上封闭的生态系统为基础，"可持续发展的整个理念就是经济子系统的增长规模绝对不能超出生态系统可以永久持续或支撑的容纳范围"③。可持续发展经济学是用质量性改进的经济范式来代替数量性扩展的经济范式作为未来进步的道路的。

稳态经济、循环经济、可持续发展经济理论虽然在当代世界产生了广泛的影响，它们在本质上也表达了看护自然界的实践意愿，但真正实现对促逼自然的工业文明生产方式进行革命，并最终走向看护自然界的实践方式，当属马克思的"物质变换"理论。马克思"物质变换"的劳动思想才是稳态经济、循环经济和可持续发展经济的本体论基础，

---

① [美]丹尼斯·米都斯：《增长的极限》，李宝恒译，吉林出版社1997年版，英文版序第17页。
② [美]赫尔曼·E.戴利、肯尼思·N.汤森编：《珍惜地球——经济学 生态学 伦理学》，马杰等译，商务印书馆2001年版，第340—341页。
③ [美]赫尔曼·E.戴利：《超越增长——可持续发展的经济学》，褚大建等译，上海译文出版社2006年版，第32页。

因为没有劳动,任何经济活动都不可能得以发生,劳动是一切社会存在的前提。马克思晚年在《资本论》中提出:"劳动首先是人和自然之间的过程,是人以自身的活动来引起、调整和控制人和自然之间的物质变换过程。"① 马克思在这里表明,劳动的实质是人与自然之间的物质变换,这种物质变换完全是由人自身的活动所引起的,且受人自身的活动的调整和控制。尽管在人类历史上人们对劳动的本质给出了各种不同的定义,但马克思对劳动的见识则是最为深刻且与众不同的。如对马克思自然概念有过深入研究的施密特就认为,马克思将劳动规定为人与自然之间的物质变换,"就给人和自然的关系引进了全新的理解"②。

物质变换也就是物质循环和物质代谢,其基本含义是:"(1)生命体为维持其生命活动必须在体内或与体外进行物质的代谢、交换、结合、分离活动;(2)在自然与生态系统中,包含人类在内的所有动植物、微生物都处于相互联系相互依赖的关系之中,共同构成了一个由自然要素组成的生命循环。"③ 人与自然之间的物质变换则主要是指人与自然之间在生命、能量、信息、物质方面的循环和交换。这一"劳动过程不仅包括人改造自然这一'由自然到人的过程',而且包括自然穿过人又重归自己的'由人到自然的过程',是一个人与自然双向交流过程"④。岩佐茂教授认为,马克思所使用的"物质变换"概念包括两个方面的内容:一是"人和自然之间的物质代谢",这是人在生活意义上或在消费意义上的一种物质变换类型;二是在劳动过程中人与自然之间材料的转换,这是在人的生产意义上的物质变换类型。⑤ 由此可以认为,马克思强调通过劳动这一中介在人与自然之间实现物质变换,意味着劳动生产的方式一方面是人向自然环境提取自己所需要的物质材料以供养自身,另一方面是向自然环境反馈人自身的能量以供养自

---

① [德]马克思:《资本论》(第1卷),人民出版社1975年版,第201—202页。
② [德]A.施密特:《马克思的自然概念》,欧力同、吴仲昉译,商务印书馆1988年版,第78页。
③ 韩立新:《马克思的物质代谢概念与环境保护思想》,《哲学研究》2002年第2期。
④ 韩立新:《马克思的物质代谢概念与环境保护思想》,《哲学研究》2002年第2期。
⑤ [日]岩佐茂:《环境的思想》,韩立新等译,中央编译出版社2006年版,第110页。

然环境。人类向自然环境提取物质材料就是生产人类所需要的物质产品，属于物质资料的生产与再生产过程；人类反馈自身能量以供养自然环境，则是排放给自然环境的生活废弃物和生产废弃物能够被自然环境所还原和吸收，属于维持自然万物存在的过程。唯有如此，人与自然之间才算是真正形成了物质循环和物质代谢，并完成了人与自然之间相互作用、相互影响的生态过程。人类在自然界中生活，必然要向自然界提取物质材料以养育自身的生命，同时也必然要将自己的废弃物排放给自然环境。对自然环境的吸收与排放，是人类与自然界进行物质代谢的必然过程，也是人类参与自然活动的必然环节。人类作为生态系统的成员一方面是消费者，即向自然环境索取自己生存和生活所需的东西，消费自然资源，这是人类应该享有的自然权利；另一方面人类又是供养者，即排放给自然环境的废弃物能够被生态系统中的分解者所分解，以被其他生物吸收和利用，这是人类必须为自然世界所承担的道德义务。当马克思将人类劳动活动规定为人与自然之间的物质变换时，就把劳动规定为一种人类既向自然提取所需之物而又供养自然界的双向过程，尤其是将生产和消费所排放出的废弃物对自然环境产生的后果也考虑在劳动之内，表明马克思所确证的人类劳动活动属于生态性的劳动。生态性掠夺打破了工业社会生产活动单纯地对自然界的占有和掠夺，实现了人与自然之间在物质、能量、信息方面的循环和动态平衡。马克思关于人类社会生活资料的生产与再生产活动是人和自然之间物质变换的过程，意味着人类的生产活动一方面不断改变自然物的存在形态，使其能够满足人的生存要求；另一方面又不断将废弃物和排泄物返回自然界，使自然界能够利用和吸收。人类通过这种不断循环往复的物质变换活动，完成了社会经济系统和自然生态系统之间物质和能量的循环，由此建构起一种人与自然之间的基本生态关系，并耦合成生态经济有机整体。

但是长期以来，现代化的工业社会生产只注重向自然环境提取自己所需要的物质材料，单纯地利用自然、占有自然、索取自然，根本不考虑如何供养自然环境，甚至漠视自然界物质循环对人的基本要求，结

❖ 第九章　看护自然界的实践 ❖

果发生了马克思所说的人与自然之间物质变换的断裂。"资本主义生产使它汇集在各大中心的城市人口越来越占优势,这样一来,它一方面聚集着社会的历史动力,另一方面又破坏着人和土地之间的物质变换,也就是使人以衣食形式消费掉的土地的组成部分不能回到土地,从而破坏土地持久肥力的永恒的自然条件。"① 马克思又说:"这些条件在社会的以及由生活的自然规律决定的物质变换的过程中造成了一个无法弥补的裂缝,于是就造成了地力的浪费,并且这种浪费通过商业而远及国外。"② 在马克思之后,工业文明进一步加大了人与自然之间物质变换出现的裂缝,其所抛弃的生产和生活的废弃物不仅不能回到土地中去,反而还毒害着自然环境,毁灭着自然环境。从这一意义上讲,克服只是单纯地向自然索取资源的工业文明片面的生产方式,遵循人与自然之间物质变换的生态学生产方式,是当今生态文明建设的当务之急和必由之路。

马克思关于物质变换的劳动思想为我们确立了看护自然界的实践方式,即看护自然界的实践方式是人与自然之间实现物质变换的过程,或者说以物质变换的劳动方式实现人对自然界的看护。看护自然界本身就是一种实践活动,这种实践活动融入人的生产活动或劳动活动之中,并且就是人的生产活动和劳动活动。如果我们承认并接受马克思关于物质变换的劳动思想是合理的,是对劳动活动本质的真正把握,那么,我们就必然把人与自然之间的物质变换作为看护自然界的实践方式。除此之外,没有别的选择。由此,看护自然界的实践方式即物质变换的生产方式就成为超越工业文明的生态文明的基本生产方式。看护自然界的实践方式作为人与自然之间的物质变换过程包括两方面的内容:首先是在人类社会生活内部实现物质资料的循环,将生产过程中和生活过程中排放的各种废物废料尽可能地作为资源重新加以利用。尤其是对那些不可再生资源,以及不能够被自然环境尽快吸收与还原的废弃物,尽可能在人类社会生活内部进行广泛而深入地循环使用,

---

① [德]马克思:《资本论》(第1卷),人民出版社1975年版,第552页。

② [德]马克思:《资本论》(第3卷),第916页。

建立起企业与企业之间物质循环的经济运行模式。这样既可以减少对自然资源的过度提取、避免资源浪费，又可以减少对自然环境的污染。人们常说，垃圾是放错地方的资源，对生产和生活废弃物的重复利用是物质循环的必然要求。其次是在人与自然之间实现物质变换，对那些不得不排放到自然环境中的生产和生活的废弃物，要做到不污染自然环境，使其能够以最短的时间被自然环境所分解和还原，回到自然循环过程中，以保证能够有益于自然万物的生存、生长，最起码不危害自然环境。正如刘思华教授所认为的那样：

> 正确处理与协调人与自然之间的物质变换关系，要求人类的劳动生产必须做到：一是对自然的利用、占有、索取和补偿、爱护、恢复良性循环必须有机结合起来；二是把改造自然、全面建设自然和创新自然、美化自然有机结合起来，使"自然界的真正复活"，达到人与自然的和谐统一、生态经济协调发展的完美的理想境界。①

由此可见，将人与自然之间的物质变换过程作为看护自然界的实践活动方式，能够充分实现利用自然界与供养自然界的统一，社会经济循环系统与自然生态循环系统的一致。如此才能够避免掠夺自然界和破坏自然界，实现人与自然的和谐共生，实现人与自然的可持续发展。

看护自然界的实践方式是人与自然之间的物质变换，而人与自然之间的物质变换活动还必须置于所有人的共同控制之下，即人与自然之间物质变换的生产方式是一个人人都应当参与的实践活动方式。只有在全民参与、全民共同控制下，人与自然之间的物质变换才能够真正得以实现。在马克思看来，资本主义生产方式之所以会出现物质变换的中断，是由于资本主义生产活动完全被资本家个人所控制，由此，要

---

① 刘思华：《生态马克思主义经济学原理》，人民出版社2006年版，第207页。

第九章 看护自然界的实践

弥补资本主义生产方式所造成的人与自然之间的物质变换所出现的裂缝，就必须是"社会化的人，联合起来的生产者，将合理地调节他们和自然之间的物质变换，把它置于他们的共同控制之下，而不让作为盲目的力量来统治自己"①。联合起来的生产者"合理地调节"和"共同控制"人与自然之间的物质变换，也就是人人参与人与自然之间的物质循环活动，以保证物质变换活动表达全民意愿，属于全民意志的活动。生态文明建设是一个人人都必须参与的活动，因为生态文明建设是全球化的行为，每一个人都自觉自愿行动起来保护自然环境，才能够建设起绿色家园。进而言之，以物质变换为主要内容的看护自然界的实践活动赋予人们一项公共权利和公共义务。公共权利要求每个人既要积极主动地参与人与自然之间的物质变换过程，亲身投入物质变换过程中，又要广泛监督社会的物质变换过程，预防破坏自然环境现象的出现。公共义务则要求每个人为实现人与自然之间的物质变换做出自己的贡献，即为保护自然环境和节约自然资源尽一份自己的道德义务。从公共管理的角度来说，全民参与并共同控制人与自然之间的物质变换，意味着社会上凡涉及重大物质变换的活动，如重大的生产项目和工程建设，都必须体现全民的公共生态意志，在决策程序方面必须体现全民参与的正义性质。虽然政府部门不可能做到让全民投票来表达对某一工程或项目赞成抑或反对的态度，但是吸收一定地区的各个利益阶层的民众代表，对一些工程和项目举行听证会，让他们参与绿色发展决策却是可以做到的。自然资源和自然环境属于全人类所有，因此对自然资源使用和向自然环境排放废弃物就不再是私人的事情，而是全民的事情且应该由全民来管理和控制。全民共同控制物质变换，才可保证对自然资源的全民性使用，以及对生产和生活废弃物的全民性控制排放。

---

① [德]马克思：《资本论》（第3卷），人民出版社1975年版，第926—927页。

三 人自由亦让物自由

　　人的本质是自由，这是西方近现代以来启蒙精神的重要内容之一。不自由毋宁死，充分表达了人们对自由的向往和追求。自由的本义是指个人的无拘无束，不受任何限制和约束。但是，在现实生活中不受任何限制和约束的个人自由是根本不存在的。诚如卢梭所言："人是生而自由的，但却无往不在枷锁之中。"① 人在现实生活中所受到的束缚主要包括两方面：一是人在社会面前即在他人面前所受到的约束，另一是人在自然面前所受到的限制。人在社会中生活必然要与他人处于对立之中，人在自然界中生活必然与自然万物处于对立之中，只要人与他人对立、人与自然界对立，就必然会受到对立面的限制，从而使自由变得不自由。因此，克服与他人的对立、克服与自然界的对立就成为实现自由的必由之路。

　　从人与人关系方面来讲，个人自由只有通过建立某种合理的社会关系才能呈现出来。霍布斯、洛克、卢梭等人都强调个人自由的社会契约的重要性，认为人与人之间唯有订立相互一致同意的表意性契约，才能克服人们之间的相互妨碍关系而赢得真正的自由。"要寻找出一种结合的形式，使它能以全部共同的力量来卫护和保障每个结合者的人身和财富，并且由于这一结合而使每一个与全体相联合的个人又只不过是在服从自己本人，并且仍然像以往一样地自由。这就是社会契约所要解决的根本问题。"② 在近现代启蒙思想当中，对个人的社会自由进行较为系统认识与理解的当属约翰·密尔，他在《论自由》一书中开宗明义地阐明了其主题：讨论"公民自由或社会自由"，以及"社会所能合法施加于个人的权利的性质和界限"，并认定"自由"是在不妨碍和不损害他人自由的条件下，个人不受外界强制而能够按照自身要求

---

① ［法］卢梭：《社会契约论》，何兆武译，商务印书馆1980年版，第8页。
② ［法］卢梭：《社会契约论》，何兆武译，第23页。

自主地追求自己的生活目标。"唯一实称其名的自由,乃是按照我们自己的道路去追求我们自己的好处的自由,只要我们不试图剥夺他人的这种自由,不试图阻碍他们取得这种自由的努力。"①

从人与自然的关系来说,对作为对立面之自然界的对立性的克服,在哲学上表现为对自然界的征服和统治,即征服自然界、统治自然界成为现代性自由的基本表达。近现代哲学家弗朗西斯·培根提出的"知识就是力量",意在表明掌握了关于自然界的技术性知识,就可以支配自然界。笛卡尔确认的"我思故我在"的第一哲学原理,实际上确立了人作为认识主体对作为认识客体或认识对象的主宰性,即自然界作为认识客体的是之所是,完全依赖于认识主体通过"新方法"对其的揭示与解释。尤其是笛卡尔提出的动物是机器的观念,目的在于让人成为自然界的最高统治者与占有者,并圆满地为人类毫无顾忌地统治自然界的行为扫清了道路。康德所主张的"人为自然立法",充分表明了人类认识自然界同支配自然界的同一性。不仅哲学家提倡对自然界的征服,就是自然科学家也积极参与到这种主张的行列当中。近现代自然科学家们普遍认为,研究自然界的全部目的就是掌控自然界,管理自然界,为了人类的福祉而利用自然界。"人类统治自然是现代初期的科学家自觉树立的理想。尽管他们'掌握''征服'与'统治'之类话语中明显表露出攻击性的专横意象,但是由于世世代代传承的基督教教义,它们认为这样做在道德上清白无辜。"② 如达尔文所强调的:"在他现在所生存的最粗犷的环境中,人是地球上所出现过的最具优势的动物。他的分布范围比任何一种高度组织起来的生命形式都要宽广得多,而其他生命形式在他面前都要俯首称臣。"③ 由此可以看到,征服自然、掌控自然,是近现代哲学谋划自由的一个基本主题,人在自然面前的自由与对自然世界的征服是同义词。现代人普遍相信,凭借

---

① [英]约翰·密尔:《论自由》,许宝骙译,商务印书馆1959年版,第14页。
② [英]基思·托马斯:《人类与自然界:1500—1800年间英国观念的变化》,宋丽丽译,译林出版社2008年版,第18页。
③ [美]罗尔斯顿:《环境伦理学》,杨通进译,中国社会科学出版社2000年版,第86页。

科学技术，人类能够彻底征服自然界，并将整个自然界彻底踩在脚下，实现人对自然界的绝对自由。

然而，自然界本身是不可征服的，做自然界的主人只不过是"危险的谬误"和"人道主义僭妄"。霍克海默和阿多诺在《启蒙辩证法》中深刻表明，启蒙运动所指认的人是自然之主人这一理想，只不过是杜撰出来的神话故事而已。正如美国前副总统阿尔·戈尔警告人们的那样，现代人僭越了上帝的位置，妄为地行使了上帝的权力，然而却不曾拥有上帝的智慧。把不可能实现的事情当作可以实现的事情妄加追求，把不可征服的自然非要加以征服，必将酝酿巨大的社会风险。当今全球性生态危机的发生正是征服自然的必然后果，并且其宣告了征服自然之自由的破产。在自然界存在着对人类报复能力的情况下，人类何以言征服自然的自由。

既然自然界本身是不可征服的，人们不可能获得征服自然的自由，那么，与自然和谐统一，实现人与自然的和谐共生，就是当代人实现在自然界面前之自由的必然选择。所谓人与自然的和谐统一，是指人在自然世界之中，自然世界在人之中，人与自然融合为一个统一的整体。所谓人与自然和谐共生，是指人与自然平等的存在，人既不在自然世界之上，亦不在自然世界之下，而是拥有相同的地位和价值。唯有人与自然之间平等，才有人与自然的真正和谐；唯有人与自然之间生成真正的平等和谐关系，才有人与自然的共生共荣。人与自然之间达成平等和谐、共生共荣的关系，就在终极意义上克服了人与自然之间的对立，真正实现了人在自然面前的自由。诚如黑格尔所言："自由的真义在于没有绝对的外物与我相对立""只有当没有外在于我的他物和不是我自己本身的对方时，我才能说是自由的。"① 因为人与自然的和谐统一，人与自然融为一体，自然界就变成了人自己，人自己就成为自然界的代表和象征；人对自然界的关系由此就升华为一种人对自我的关系，自然界由此成为自我的对象和自我的内容。当自然界成为我自己、我

---

① [德] 黑格尔：《小逻辑》，贺麟译，商务印书馆1980年版，第115、83页。

自身时，人对自然界的关系就是一种自我决定的关系，成为一种人为自身立法的关系，自由必然由此而产生出来。"自由正是在他物中即是在自己本身中、自己依赖自己、自己是自己的决定者。"① 黑格尔哲学始终坚持的是，任何存在只要处于对立之中，就必然丧失自身的自由，因为对立本身就内含着限制和束缚，对立本身必然造成对立双方都被对方所限制从而成为有限且不自由的存在。唯有扬弃对立而走向统一，才能克服有限而走向无限，克服限制而走向自由。作为黑格尔哲学本体的"绝对精神"，就是克服了主体与实体、思维与存在、精神与自然界的外在对立，达成了内在的统一，因而"绝对精神"又是自由的精神，其自己支配自己，自己决定自己，自己按照自己的内在逻辑而自我展开自己。

人与自然和谐统一而生成的自由是生态自由，这种自由才是人之为人的存在本质。自由是人的本质，这是西方理性主义伦理学普遍强调的一个原则。但是长期以来，人们总是将个人的社会自由当作人的本质，而并不将人在自然面前的自由，即征服自然的自由视为人的本质。康德就曾确认，认识自然必然性而获得的自由，其目的是实现人自身的生存和幸福，因而这种自由不是人的真正自由，人仍然囿于"自然王国"之中，被自然必然性即感性欲望所决定。"凡是把欲求能力的客体（质料）作为意志决定根据的先决条件的原则，一概是经验的，并且不能给出任何实践法则。"② 康德所谓的"实践法则"，就是自由法则，这种自由法则只有发生在人与人的关系范围里，实现于人与人组成的"目的王国"之中。即人们克制自己的感性欲望冲动，遵守人人遵守的普遍法则，才能从"自然王国"进入"目的王国"。也就是说，你要如此行动，使你的行动准则成为一个普遍法则，如此才能获得真正的自由。然而，康德忽视了一个基本问题，人的本质到底是根源于人的社会存在，还是根源于人在自然面前的普遍存在？换句话说，人的本质到底是社会自由，还是生态自由？按照康德的理解，自由必须通过人

---

① ［德］黑格尔：《小逻辑》，贺麟译，商务印书馆1980年版，第83页。
② ［德］康德：《实践理性批判》，韩水法译，商务印书馆1999年版，第19页。

为自身立法实现出来，而人为自身立法亦是人的道德。既然道德是实现自由的根本路径和必由之路，由此推而论之，道德也是人之为人存在的本质。人是自由存在物，等同于人是道德存在物。于是，康德自由思想的局限性就彻底暴露出来：如果将人的自由仅仅局限于人与人组成的"目的王国"，即人只对人施与道德关怀，而对自然万物却根本不讲道德，那么人到底还是不是真正的道德存在者。只对自己的同类施仁爱，而对任何异类施残暴，其仍然是利己主义者，而不是真正的利他主义者，不是彻底的、完全的道德人。属于一半是天使，一半是魔鬼之人，这种分裂的人格不可能使人实现自由的普遍本质。人对自然万物采取野蛮的征服手段，结果导致自然界对人类的报复即生态危机的发生，这说明人对自然界野蛮残暴并不能够保证人的为所欲为和无拘无束。人不仅在他人面前为自身立法，而且应当在自然万物面前为自身立法，生成与自然和谐统一的生态自由，才算彻底超越了类的利己主义，最终成为一个真正的利他主义者，在终极意义上完成人的自由本质。就像马克思在《1844年经济学哲学手稿》中所描述的那样，扬弃异化劳动、向合乎人性的人复归，必须是完成了的人道主义等于自然主义，而完成了的自然主义等于人道主义；当进入共产主义社会，同自然界完成了本质统一的最高状态时，人与人之间的那些矛盾、人与自然之间的那些矛盾，最终都会得以真正解决，到那时，人才可以最终获得自由，自然界才得以真正复活。人的解放与自由同自然的解放与自由是统一的。

既然生态自由才是人之为人存在的真正本质，那么，生态自由对个人的社会自由就具有先在性，对生态自由的关切应当优先于对其他一切自由的关切。人与自然和谐所生成的生态自由是人类整体的自由，其他一切社会自由仅仅是个体的自由。根据整体优先于个体，整体价值大于个体价值的原则，人们应当将生态自由置于优先位置。人与自然和谐统一的生态自由关涉的是人类能否在自然界中真正地永续生存，所有其他的社会自由都建基于这一自由之上，在当今人与自然关系紧张的条件下，生态基本自由不存在了，人类其他一切自由都将不复存在。人必须先自由地在自然界中生活,然后才能追求过一种好的社会自由生活和好的政治自由生活。哲学大师黑格尔关于"绝对精神"的哲学界说,为生态自由处于优先地位提供了理论支撑。黑格尔将"绝对精神"设定为整个世界存在的本体论地位,整个世界的一切存在,包括人的思维、自然界、人类社会,都是从"绝对精神"自身当中合乎逻辑地生成演绎出来的,都是"绝对精神"的外在表现形态。处于本体论地位的"绝对精神",在黑格尔那里,是思维与存在、主体与实体、精神与自然界对立统一的整体,是万事万物存在的真理。"当理性之确信其自身即是一切实在这一确定性已上升为真理性,亦即理性已意识到它的自身即是它的世界,它的世界即是它的自身时,理性就成了精神。"① 正是"绝对精神"是思维与存在、主体与实体、精神与自然界相统一的整体,没有任何外物与其对立,其必然成为自由的存在,即绝对精神的本性是自由。"'物质'的'实体'是重力或者地心吸力,所以'精神'的实体或者'本质'就是'自由'。……'自由'是'精神'的唯一真理,乃是思辨的哲学的一种结论。"② 实际上,黑格尔的"绝对精神"具有生态意蕴,因而其自由也具有生态属性。当黑格尔认定"绝对精神"是自由的,是整个世界的开端和逻辑前提,就向我们隐喻地表明了生态自由的在先性。只不过,由于时代的限制,黑格尔本人并没有意识到罢了。承认人与自然和谐统一的生态自由具有先在性,就为个体的社会自由树立起一种普遍的道德法则:第一,人对自然界认识之自由,必须接受人与自然和谐统一之生态自由的指导,人对各种自然资源的利用不能妨碍和破坏人与自然界之间的和谐共生关系和生态平衡;第二,人们在追求社会生活中的各种自由时,不仅不能妨碍和侵犯他人的自由,更不能妨碍和侵犯人对自然界的生态自由。

生态自由是人与自然和谐统一的自由,这种自由需要通过人为自身

---

① [德]黑格尔:《精神现象学》(下册),贺麟、王玖兴译,商务印书馆1979年版,第1页。

② [德]黑格尔:《历史哲学》,王造时译,上海书店出版社2001年版,第17页。

立法得以实现。人为自身立法是对人的道德律令,生态自由所需要的道德律令表现为:人自由亦让万物竞自由。所谓让自然万物竞自由,是指让自然万物按照其自身的生存目的、按照其自身的自然本性去生存,去自主地进行自身的活动。地球上的所有生命都有自己的生存目的和生存习惯,任何生命都以合乎自己生命存在的方式进行活动并达成其生存目的,在某种意义上说,其具有自主性、自我规定性,因而可以说是其自身的自由。自然万物之自由就是自然万物合乎自身目的而活动、而发展,不被强迫、不被干涉的自由,是自然万物自由自在的自由。虽然有人可能会认为,自然万物的这种自由根本不是真正的自由,因为自然万物的生存方式都是被预先规定好的,其所作所为完全被自然必然性所决定,但这并不妨碍我们可以根据研究的需要做出这样的认定,认为自然物按照自己的生存目的进行生存活动,就是自然物的自由。康德在《判断力批判》中就曾提出"无目的的目的论",即自然界本身不存在目的,但我们可以假设自然界有目的,以便能够合理地解释自然万物本身以及自然万物之间的有机性。认定自然万物存有自由,无非是说让自然万物按照自己的目的去生存、去存在,人类不要无故干涉和转变自然万物自身的存在方式和存在目的。让自然万物按照自己的生存目的自主地规定自己,自主地实现自己的生存目的,属于自然万物的生存自由。自然万物根据自身本性而存在,亦是让物回到物自身,自由地敞开自身。人有人的生存自由,自然万物有自然万物的生存自由。人自由亦让自然万物竞自由,人才能够像庄子所说的那样在自然界中"逍遥"。

近现代所形成的机械论自然观,认为自然界只不过是一架被事先装配好的机器,没有任何自由可言。虽然这种机械论自然观完成了对自然界的祛魅,打击了基督教的上帝创世说,但也否认了自然界的有机性存在这一事实,因而遭到了康德、黑格尔哲学的批判。康德提出对自然界可以进行目的论考察,以便呈现自然界的有机性。黑格尔则干脆强调目的概念并不外在于自然界,而是内在于自然界本身之中。"目的概念,作为内在于自然事物的概念,是这些事物的单纯规定性。例如植

❖ 第九章　看护自然界的实践 ❖

物的种子，就现实可能性来讲，包含着会在树上长出的一切，因此作为和目的的活动，也只是趋向自我保存。亚里士多德就已经在自然界认识到了这个目的概念，并且把这种活动称为事物的本性。"① 既然自然事物有自身的存在目的，于是黑格尔认为，这种目的的实现就可以是事物本身的自由，对自然事物进行哲学研究就是要揭示事物的这种自由本性，这是自然哲学研究的意趣所在和关键环节。"真正的目的论考察在于把自然看作在其特有的生命活动内是自由的，这种考察是最高的。"② 这种最高性表现为人们在使自然事物成为普遍性东西，或成为我们特有东西的同时，也认为自然事物是自由地自为存在的，也让自然事物自由地自为存在。黑格尔在此提出了一个超越前人的观点，即自然界本身有自己的自由。这种自由便是："让事物听其自然，自由地在其自身规定自己。"③ 黑格尔进一步强调，"精神的无限自由也允许自然界有自由"，即人要让自然万物按照其自身的目的去生存、去发展。否则的话，自然界就会沦落为被知性任意处置的僵尸。

人自由亦让自然万物竞自由，作为当代人对自然界的一种道德责任，其命令我们，不要强行干涉自然万物自由自在的存在，不要强行改变自然万物之生命的存在方式，除非涉及人类自身的生存自由。人让自然万物竞自由，亦是改变人类对自然万物的工具性价值观念，从自然万物本身出发看待自然万物和对待自然万物。让万物竞自由，之所以是规范人类行为的道德命令，是因为只有让万物竞自由，人的生态自由才能够得以显现。人的生态自由就寓于自然万物竞自由之中。如果说征服自然的自由是人仅让自己有自由，而让自然万物不自由，那么，人与自然和谐统一的生态自由则是人自由，也保证自然万物有自由，让自然万物有自由。征服自然之自由失败的教训告诉我们，人不让自然万物竞自由，自己亦不能在自然面前实现自身的生存自由；自然万物失去了物自身，人也就失去了人自身。换句话说，如果人仅让自己

---

① ［德］黑格尔：《自然哲学》，梁志学等译，商务印书馆1980年版，第18页。
② ［德］黑格尔：《自然哲学》，梁志学等译，第11页。
③ ［德］黑格尔：《自然哲学》，梁志学等译，第8页。

活，仅让自己有自由，而不让自然万物活，不让自然万物有自由，其结果是自然万物也不让人活，不让人有自由。自然之死的后果是人也必须死。人只有让自然万物活，让自然万物有自由，人自己才能活，自己才能有自由。

结束语

自我与他者

列维纳斯对自我与他者关系问题的研究,即《总体与无限》这部著作在国际社会产生了很大的影响。他认为,西方哲学史充满了自我对他者的暴力,自我总是处于支配地位,把他者消融到自身当中,根本不给他者留有任何存在空间。因此,哲学需要一场革命,将他者从自我主义欺凌之中解救出来,树立绝对他者的权威和不可剥夺的独立地位。列维纳斯所谓的自我,是指总体性、存在论的自我主义哲学,所谓的他者是指与自我相对的他人、他物。人与自然的关系问题,不可避免地属于自我与他者的关系。当人作为自我在面对作为他者的自然界时,人在自然世界中位置的合理性问题,能否经得起列维纳斯的拷问,便摆在我们面前,使我们不得不做出回答。为了更好地说明人在自然世界中位置的合理性,并摆正自我与他者的关系,同时超越列维纳斯关于自我与他者的关系,我们先要对列维纳斯的自我与他者理论做简明扼要的交代。

列维纳斯在其所著的《总体与无限》中开篇便指出,古希腊哲学家赫拉克利特那些晦涩的残篇已经向人们表明:"对于哲学思想来说,存在显示为战争;而战争则又影响着存在——不仅作为最明显的事实影响之,而且作为实在的显现本身或真理影响之。"[1] 列维纳斯在这里借助赫拉克利特所言的"战争是万物之父,亦是万物之王,它证明这一

---

[1] [法]列维纳斯:《总体与无限》,朱刚译,北京大学出版社2016年版,"前言"第1页。

些是神,另一些是人;它也让一些人成为奴隶,一些人成为自由人"①,深刻地揭示出两千多年以来整个西方哲学的一个基本特征,那就是存在"总体"扼杀"他者"的历史。用黑格尔的话说,一部西方哲学史就是一个厮杀的战场,其中充满了累累骸骨。当然,在列维纳斯眼里,这累累骸骨便是被"总体"杀死的"他者"。列维纳斯认为,西方两千多年以来的传统哲学是一种总体性哲学,这种总体性哲学把一切存在物都归结到一个总体当中,并把这个总体的存在作为万物的最终意义来源,而万物则只有借助于这一存在"总体"才能显现自身,才能够获得其自身的存在意义。"在战争中显露的存在的面孔,固定于总体这一统治着西方哲学的概念之中。"② 因为在"总体"这个概念中,存在物个体或者说他者总是在无形中被还原为那个暗中统治它们的总体力量,即个体唯有借助这个总体并从这个总体中才能获取自身存在的意义。每个个体当前的唯一性都不得不为这样一个"将来"牺牲自己,该"将来"要求个体放弃自身当前的客观意义,归属于总体并成为总体的附庸。总体本身是在将来成为的,唯有最终的将来意义才是至关重要的,唯有行进到最后的行为才使诸多存在个体变为它们自身。正是总体把作为他者的一切存在个体都同一化到自身当中,才使他者归属于总体,并成为总体的一个部分、一个结构、一个结果等,从而导致作为他者的个体丧失了自己的独立性存在。这就是列维纳斯所言的总体性对个体性、对他者的扼杀。列维纳斯确实把握住了西方传统哲学的命脉和本性,从西方哲学产生之日起,哲学家就锲而不舍地追求众多事物背后的唯一本质、本原、本体,并认为作为唯一存在的本质、本原、本体是真实的,而众多事物的存在则是不真实的,它们只是本质、本原、本体所产生的现象,并依赖于本质、本原、本体获得自身的存在。西方哲学所追求的本质、本原、本体,就是众多事物的总体,众多事物背后的唯一性和统一性。这种总体性思维机制一直支配着西方哲学,并对作为众多事物和现象的他者、他人、他异性产生排斥和拒绝。

---

① 苗力田主编:《古希腊哲学》,中国人民大学出版社1989年版,第41页。
② [法]列维纳斯:《总体与无限》,朱刚译,北京大学出版社2016年版,"前言"第2页。

总体性哲学虽不否认他者、他人、他异性，并承认他者、他人、他异性的存在，但却始终要把他者、他人、他异性同一化到总体性之中，变成总体性的一部分。因此，他者、他人、他异性在总体性哲学中始终没有立足之地，没有自己的价值与地位，更遑论被尊重了。

在西方传统哲学中，最大的总体非"存在"莫属，因而，总体性哲学也始终是一种存在论哲学。从西方哲学史来看，爱利亚学派的巴门尼德最早提出了"存在"概念，他借助女神之口提出"一条是存在而不能不在，这是确信的途径，与真理同行；另一条是非存在而绝不是存在，我要告诉你，此路不通"①。以后的亚里士多德则把对"存在本身"，即对"作为存在的存在"研究称为形而上学，并将"存在的存在"视为万事万物的最终本原或最终依据。诚如当代存在主义哲学大师海德格尔所言："按传统来看，哲学把存在问题理解为存在者之为存在者的问题。它就是形而上学的这个唯一问题。对此问题的回答向来依据于一种对存在的解释，这种解释永远无可怀疑，并且为形而上学提供了基础和根基。"② 正是着眼于存在本体，才使存在者成为存在者，才能把存在者思为"共属一体"的东西，思为整体或总体。然而，在列维纳斯看来，无论何种形式的"存在论"哲学都有一个共同的含义，那就是把具体存在者即他者同一化到存在中，以达到消灭他者的目的。

> 与存在的关系作为存在论起作用。这种关系就在于把存在者中性化，以便摧毁它或掌握它。因此存在论并不是与他者本身的关系，而是把他者还原为同一。这就是自由的定义：维持自己，反对他者，不管与他者有任何关系，都确保自我的自给自足。不可分割的主题化与概念化并不是与他者的和平相处，而是对他者的消灭或占有。③

---

① 苗力田主编：《古希腊哲学》，中国人民大学出版社1989年版，第93页。
② ［德］海德格尔：《路标》，孙周兴译，商务印书馆2000年版，第453页。
③ ［法］列维纳斯：《总体与无限》，朱刚译，北京大学出版社2016年版，第17页。

即使是当代胡塞尔的现象学,海德格尔的存在主义哲学,都被列维纳斯视为存在论哲学传统并加以批判。

列维纳斯认为,存在论哲学的根本要害是同一化,即把他者同一化到总体之中,同一化到存在之中,使他者成为表现总体性或存在本身的部分和现象。"占有的可能性,亦即,对那只是初看起来是他者,而且是相对于自我的他者的东西的他异性本身的悬置的可能性——是同一的方式。"① 列维纳斯强调,开创同一化哲学先河的是苏格拉底提出的"认识你自己",而"认识你自己"的内在含义是:除去我身上自己已有的东西之外,我从不从他人那里接受任何东西,而且我还一直占有和同化从外部进入我身中的东西。我自身只有拒绝任何外来东西的影响,才保证自身不受任何外在东西的控制,所以我才能够真正是自由的。列维纳斯进一步指证说,同一化的主体是自我,同一性发生在自我之中。例如,现代哲学之父笛卡尔提出的"我思故我在"命题,明确地把自我确定为世间万有之物存在的合理性根源。

> 成为自我,就是——处于我们可以从一个参照系中得出的任何个体化的彼岸——拥有同一性作为内容。自我,它并不是一个总是保持同一的存在者,而是这样一个存在者:它的实存就在于同一化,在于穿过所有发生在它身上的事情而重新发现它的同一性。它是卓越的同一性,是同一化的原初作品。②

然而,自我反对他者的方式就在于通过在世界之中的居家实存而自身同一化,即一切皆属于我,一切皆由我来把握,一切皆由我来统一。"自我是同一的,直至在它的诸种变异中。它表象它们,思考它们。异质能够被包容其中的普遍的同一性,具有一个主体的和第一人称的骨架。普遍之思乃是一种'我思'。"③ 由此可以看出,列维纳斯批判的主

---

① [法]列维纳斯:《总体与无限》,朱刚译,北京大学出版社2016年版,第9页。
② [法]列维纳斯:《总体与无限》,朱刚译,第7页。
③ [法]列维纳斯:《总体与无限》,朱刚译,第7页。

线是：总体、存在论、同一化、自我主义，并将它们对无限、他者、非同一化的统治称为"存在论的帝国主义"和存在论的"自我主义"。

列维纳斯把自我对他者的同一化称为自我对他者的暴力，他反对这种抹杀个体存在价值和意义的哲学暴力，与总体性哲学相反，他所建构的哲学要拯救他者，将他者从总体性哲学中解放出来并创建一种始于他者、关于他者的哲学。在《总体与无限》中，列维纳斯开门见山就提出了一种另一样的哲学。"'真正的生活是不在场的。'但我们却在世界之中。形而上学即出现于这一不在场的证明之中，并与其中得以维持。它转向'别处'，转向'别样'（的维度），转向'他者'。……从我们所住的'家'出发，向着一个陌异的他乡、向着一个彼处而去。"[①] 列维纳斯所指认的他者是绝对他者，即他者是无限的、外在性的，超越此岸而立于遥远的彼岸，永远不在场，永远不能被总体化、内在化、同一化。"形而上学的欲望并不渴望返回，因为它是对一块我们根本不是在其中诞生的土地的渴望。对一块对于任何自然来说都是陌异土地的欲望，这块土地并不是我们的故土，我们也永不能亲身踏上这块土地。"[②] 形而上学欲望之所以不渴望返回，是因为它不可返回，它具有不可逆性，指向遥远的不能够同一的无限。形而上学的欲望于是被理解为一种疏离性、分离性，理解为他者的他异性和外在性，而且他者的他异性先于自我的同一性。正是他者先在于同一同化者，才确保他者的他异性、绝对外在性，真正的无限性，不可能被存在论总体或自我还原为内在性，不可能被同一化。基于此，自我只能是在与他者"相遇"之后，展开与他者的对话，从而聆听他者的诉求和召唤。列维纳斯认为，他者是无限的，因而他者也是无形的，那么自我怎样与一个无形的他者相遇呢？列维纳斯由此想象出了一个他者的"脸"，并以"脸"来说明他者对自我的要求。也就是他者以"脸"的形态呈现自己，或者说"脸"是他者呈现自身的方式。当然，这张"脸"并不是一个真正的现实的脸，而仅仅具有象征意义。他者的"脸"是在自我

[①] ［法］列维纳斯：《总体与无限》，朱刚译，北京大学出版社2016年版，第3页。

[②] ［法］列维纳斯：《总体与无限》，朱刚译，第4页。

与他者相遇时产生出来，并带领自我走向未来世界。自我面对他者的"脸"并与之对话，从而对他者的请求、呼吁、要求，自我需要做出回应。列维纳斯将自我对这一要求的回应活动就称为伦理，即人的伦理行为是自我遇到他者的"脸"而回应他者"脸"的必然结果。"他人的陌异性——它向自我、向我的思想和我的占有的不可还原性——恰恰作为对我的自发性的质疑，作为伦理而实现出来。"[①] 例如，他者之"脸"与自我相遇必然首先发出"不许杀我"的要求，即不可同一化到自我的要求中，自我对这一要求做出回应，而与他者展开平等对话，就属于伦理行为。因为自我对他者所提出的要求进行回应，就是道德地对待他者，对他者承担道德责任。更为重要的是，他者的他异性和不可还原性，使我必须尊重他者，尊重他者的他异性，并真心实意地听从他者的召唤。由此列维纳斯证明，自我与他者的伦理关联先于自我与他者的存在关系，也先于自我与对象的认识关系，因而伦理学先于存在论。列维纳斯宣称：第一哲学不是存在论哲学，而是伦理学，他者本身就是形而上学。

将列维纳斯关于自我与他者的关系理论运用到人与自然的关系方面，便产生了作为自我的人面对着作为他者的自然界。从西方哲学史来看，自然宇宙作为他者最初是支配人类这个自我的，古希腊哲学基本上都将自然凌驾于人类之上。虽然巴门尼德提出了"存在"本体论思想，但这一存在本体似乎是要将人归属于自然宇宙，而不是将宇宙归属于人。只是从近现代开始，自然才被人类踩在脚下，成为被支配、被宰治的对象，成为被同化的对象。笔者将人与自然这两种关系类型——自然同化人和人同化自然——都视为主奴关系建构，认为其属于非正义性的人与自然关系，都未能寻找到人在自然世界中的合理位置。笔者所认定和赞许的是：人在自然世界之中，自然世界在人之中，人在自然世界中的合理位置是人与自然的对立统一。这种对立统一性，既维持了自我与他者的分离性以及他者的无限性和不可彻底同一性，又

---

① ［法］列维纳斯：《总体与无限》，朱刚译，北京大学出版社 2016 年版，第 14—15 页。

维持了自我与他者的统一性，自我对他者的无限接近性。笔者既反对自我对他者的同化和欺凌，同样也不赞同他者对自我的同化和欺凌。无论是自我建立支配他者的帝国，还是他者建立宰治自我的帝国，都处于主奴关系囹圄之中，都违背了平等正义秩序。虽然列维纳斯反复说，人类自我与他者展开平等对话，但他在将他者置于本体论地位时，就已经失去了人与他者平等对话的基础与可能。他者为本体，就已经确定了他者对自我的支配地位和权能。

人与自然对立统一是人在自然世界中的合理位置，其之所以合理，是因为人与自然界的对立性。人与自然界的对立性，一方面是说人不同于动物，人保持着对自然本性的超越性；另一方面是说人类永远不可能将自然界同一化到自我意识之中，自然界本身具有绝对他者的意蕴和地位。自然界并不是专门为人存在的，"天行有常，不为尧存，不为桀亡""天不为人之恶寒而辍冬，地不为人之恶辽远而辍广"。既然自然界是为自己而存在的，那么对于自然界本身存在的法则和运行规律，人类永远不可能完全认识和掌握，它始终对人类保持着神秘性和无限性，人类的理性不可能彻底照亮自然界那幽暗的深渊并将自然界彻底同化。因为自然界本身所拥有的秘密不是有限的，而是无限的。随着人类对其认识的深入，其秘密不是减少，而是不断地增多。人类揭示了自然界的一个秘密，随之会产生两个、三个甚至更多的秘密。人类永远不可能达到对大全的认识，不可能找到支撑地球的支点，以便把地球撬动起来。具体来说，自然界本身让万物和谐、有机存在的生态整体性，人类智慧是永远不可能精确地计算出来的。康德已经明确论证过，知性对具体自然物的认识，始终局限于时空范围之内，而自然界本身的整体性则在时空范围之外，因此，对时空范围内具体自然事物的认识，永远不可能通达在时空范围之外的自然界整体，自然世界本身作为"物自体"是不可知的。"物自体"的不可知性并不完全是消极的，"不可知性"还意味着无限性，这种无限性意蕴为抑制人类的狂妄和傲慢设置了最后界限，即人类自我永远不可能将自然界彻底同一化，自然界始终保持着他异性。正是自然界始终保持着他异性，意味着自然界是不可能被征服的，人们需要对自然界保持敬畏之心，避免以自我的权力意志强加于自然界身上。

然而，人与自然不仅是对立的，还是统一的。人与自然的这种统一性不仅表明人对自然界的同一化，还表明自然界对人的同一化。人在自然界中生存，需要不断地认识自然界，同一化自然界，变自在之物为自我之物。否则，人类便不能生存，也不可能发展和进步。虽然现代人将上帝驱逐下神坛，自己僭越了上帝的位置并开始扮演上帝的角色，但人终究不是上帝，不能像上帝那样独立于自然世界之外而无欲无求，根本不食人间烟火。人毕竟还是生活在自然世界之中的，依赖于自然万物而存在。因此，人对自然界的同一化还是必要的，甚至人类还需要保持有限意义上的征服性，以便更好地应对那些人类不可抗拒的自然灾害。当然，人们同时需要清楚明白的是：一方面人类自我对自然界的同一化不可能最终完成，同一化只能是一个无限的趋向，即无限趋向于或者接近于自然界的终极所在，而不可能将自然界彻底同一化，自然界始终保留着和完全抵抗着不被彻底同一化的绝对他者的地位；另一方面对自然界的同一化务必保持在一个合理限度之内，用生态性思维认识和对待自然万物，决不能再像现代自然科学那样对自然界盲目地进行同一化。现代自然科学对自然界的认识，是分门别类化和原子式的，即只见树木不见森林，从而导致对自然界的生态整体性表现为无知和盲目。因此，人类自我要合理地同一化自然界的他者，必须完成自我被他者的同一化。自然界是对象性的人，人也必须是对象性的自然界，把自然界存在的整体要求和生态法则内化为自我意识，成为人类自我的本质属性。当人类自我被自然界同一化，人类自我就会成为自然界这一他者并归属自然界这一他者，因而人类自我就会代表自然界他者而执行他者的道德要求，自觉维护自然界，并为自然界担负起无限的道德责任。列维纳斯没有意识到，在人与自然界融合为一个整体的整体性中，在自然界归属于人类自我的同时，人类自我也同样归属于自然界这个他者。

人与自然的对立统一，首先意味着人不是自然界，自然界不是人；

自我不是他者，他者不是自我。其次意味着人就是自然界，自然界就是人；自我就是他者，他者就是自我，因为人同一化着自然界，自然界也同一化着人；自我同一化他者，他者也同一化自我。列维纳斯仅仅要求自我与他者面对面的对话，听从他者的召唤，以便更好地对他者做出回应。而自我与他者的相互同一化，则超越了对话视域，自我不再仅仅听从他者的召唤，而是以他者的身份在世，以他者的身份自居，代表他者行动，这样才能够对自然界承担起彻底和无限的道德责任。人类对自然界之他者的道德责任的本体论根据不是他者的无限性，不是他者的他异性，而是人与自然统一为一个整体。人与自然是一个整体，自我就成为作为他者之自然界的代表和象征，因而人必定要对他者负道德责任。人与自然对立统一所生成的对自然界的道德责任，一方面使人意识到自然界的无限性确保了它不可能被完全征服，它握有对人类胡作非为进行报复的利剑，因而人类应当审慎地改造自然界，负责任地改造自然界；另一方面也使人意识到，看护自然界就是看护自己，看护自己必须看护自然界，从而确保人类不要对自然界胡作非为。